AF708033

Marion Küstenmacher
Tilmann Haberer
Werner Tiki Küstenmacher

GOTT 9.0

Wohin unsere Gesellschaft
spirituell wachsen wird

Sollte diese Publikation Links auf Webseiten Dritter enthalten, so übernehmen wir für deren Inhalte keine Haftung, da wir uns diese nicht zu eigen machen, sondern lediglich auf deren Stand zum Zeitpunkt der Erstveröffentlichung verweisen.

MIX
Papier aus verantwortungsvollen Quellen
FSC® C014496

Klimaneutral*
Druckprodukt
ClimatePartner.com/14044-1912-1001

Penguin Random House Verlagsgruppe FSC® N001967

10. Auflage, 2022
Copyright © 2010 Gütersloher Verlagshaus, Gütersloh,
in der Penguin Random House Verlagsgruppe GmbH,
Neumarkter Str. 28, 81673 München

Umschlagmotiv: © Fotolia / Roland Marz
Illustrationen: Werner Tiki Küstenmacher
Druck und Einband: GGP Media GmbH, Pößneck
Printed in Germany
ISBN 978-3-579-06546-5
www.gtvh.de

Inhalt

Vorwort

von Richard Rohr

Zu Beginn dieses Vorworts würde ich Sie gerne mit meinen bescheidenen Lateinkenntnissen beeindrucken: *Quidquid recipitur, recipitur ad modum recipientis.*

Wir mussten diesen Satz in unserem Unterricht über scholastische Philosophie auswendig lernen. Irgendwann rief der Professor »Quidquid!« in den Raum, und wir Studenten vollendeten pflichtschuldig sein Mantra. Es bezeichnet ein Grundprinzip der Weltsicht von Thomas von Aquin und Johannes Duns Scotus im 13. Jahrhundert. Übersetzt bedeutet es: »Was auch immer empfangen wird, wird in der Weise des Empfängers empfangen.«

Warum erwähne ich das hier? Weil Sie nicht glauben sollen, Gott 9.0 wäre irgendein neuer Trend aus dem ausgeflippten Kalifornien oder der Münchner Eso-Szene. Die Idee, dass sich die menschlichen Fähigkeiten stufenweise entwickeln, ist für Christen nichts Neues. So etwas erzählt Jesus schon in seinem Gleichnis über den Sämann (Matthäus 13,23). Dort ist von mindestens vier verschiedenen Weisen die Rede, wie Wirklichkeit empfangen werden kann. Später platzierten wir Katholiken diese Idee der inneren geistlichen Reise mit bestimmten Entwicklungsstufen an den Wänden unserer Kirchen: den Kreuzweg Jesu mit 14 Stationen. Intuitiv wurden damit genau die Bilder geschaffen, die unsere Seele braucht, um tiefer zu verstehen und geheilt werden zu können. Ja, es gibt in der Tat Stationen und Stufen auf der spirituellen Reise.

Dieses Muster ging weiter mit Augustinus. Er formulierte verschiedene Stufen, die Heilige Schrift zu verstehen. Danach kamen die klassischen Wege Reinigung, Erleuchtung und Vereinigung. Teresa von Avila sprach von verschiedenen Wohnungen in der »inneren Burg«, Johannes vom Kreuz vom Aufstieg auf den Berg Karmel, in der Moderne ging es weiter mit Jean Piaget, Jean Gebser, James Fowler, Laurence Kohlberg, Eric Erikson, Ken Wilber, Carole Gilligan, Bill Plotkin und schließlich Clare Graves mit »Spiral Dynamics«, das diesem Buch zugrunde liegt.

Einige unterscheiden sechs Stufen, andere sieben, acht oder neun, doch die Zahl ist nicht so wichtig. Klar ist: Es gibt so etwas wie eine menschliche

Reifung, und sie hat eine Richtung! Wenn wir nicht das Ziel kennen oder den voraussichtlichen Pfad des menschlichen Wachstums, bleibt unsere Menschlichkeit unzusammenhängend, ohne Struktur, ohne Flugbahn, ohne Absicht und schließlich ohne Sinn. Das genau ist die postmoderne Angst und das Dilemma, das weite Teile der westlichen Welt ergriffen hat.

Die drei Autoren dieses Buches werden Sie einführen in die Stufen menschlicher Entwicklung und spirituellen Wachstums. Über die Beschreibung dieser einzelnen Stufen herrscht ein ruhiger, klarer Konsens. Ich überlasse Sie gerne den Einsichten und der Erfahrung der drei Autoren, den Ergebnissen der Wissenschaft und den Fußnoten. Vorher aber möchte ich Sie ermutigen, einen Moment lang meine eigene Reise mit mir zu teilen. Eine Reise, die schon bald 70 Jahre dauert und typisch ist für so manchen Mann oder manche Frau. Ich frage mich, ob all diese spirituellen Dinge mit zunehmendem Alter klarer werden. Kierkegaard sagte einmal, wir könnten unser Leben nur vorwärts leben, es aber nur rückwärts verstehen. Für mich ist das absolut wahr.

In meiner Kindheit sorgte ich mich, wie es wohl alle tun, um Wohlbefinden und Geborgenheit. Ich hatte doch nur meinen Körper, der Schmerz fühlte und Freude, Sicherheit und Unsicherheit. Glücklicherweise hatte ich eine ziemlich berührungsfreudige deutsch-amerikanische Familie, in der es erlaubt war, sich zu berühren und berühren zu lassen. Es gab keinen Missbrauch und nur wenig Konflikte, und so war meine erste Welt sicher und gut. Es ging nicht gerade ekstatisch zu, aber bis auf den heutigen Tag festigt und erdet sie mich.

Wie viele meiner Generation wuchs ich in einer religiösen Familie auf, mit Gesprächen über Gott, katholische Heilige und Schutzengel, die da draußen alles unter Kontrolle hatten. Überall Rituale und Symbole. Ich lernte früh, was Gott glücklich machte und was ihm missfiel. Das schuf einen weiteren Kreis von Sicherheit und Klarheit, der mir erlaubte, weiter hineinzuwachsen und mich hineinzuversetzen in eine liebevolle und vollkommen beseelte Welt, die angefüllt war mit Geist, so weit ich Geist damals begreifen konnte.

Bald lernte ich, dass ich Gott kontrollieren konnte durch mein gutes Verhalten, durch Gehorsam gegenüber der Kirche und gegenüber verschiedenen Geboten. Ich machte mich selbst zu einem kleinen Helden, und Gott stand mir auf Abruf zur Verfügung – einfach dadurch, dass ich ein braver Junge war gegenüber meinen Eltern und allen Autoritäten. Ich hatte alles unter Kontrolle, indem ich mich richtig verhielt. Und was richtig war, definierten unsere Familien. Es war eine glückliche Welt, und ich blieb dort eine lange, gute Zeit. Es gab eine Menge Belohnungen, und man lebte fast ohne Angst. Es war gut für die soziale Ordnung in der Schule und auf den Straßen. Meine Lehrer und Trainer mochten mich. Ich kann verstehen, warum viele Menschen niemals dieses komfortable Zuhause verlassen. Es fühlt sich »gottgemäß« an.

Als ich ein Teenager wurde, übernahmen die Verlockungen der Freiheit und die Lust der Hormone das Kommando. Religion empfand ich dabei als eine Art Schutzraum, der mir half, weiter die Kontrolle zu behalten. Außerdem gab er mir die Sicherheit, dass ich der bestmöglichen Gruppe in der Welt angehörte (amerikanisch, männlich, katholisch). Wenn die Welten, in denen ich lebte, gut und sicher waren, dann war auch ich gut und sicher. Selbst wenn ich mal die Grenzen austestete oder gegen die Regeln verstieß – ich stellte niemals infrage, dass ich und die Welt nur durch diese klaren Regeln zusammengehalten werden konnten. Diese guten Grenzen sicherten meine Identität und meine Würde. Ich verließ mich darauf, dass mich dieses solide Fundament vorwärts katapultieren würde zum Erfolg. Wenn ich einmal daran zweifelte, schämte ich mich und fühlte mich schuldig. Es fühlte sich logisch und vernünftig an, Regeln zu gehorchen, sogar beim Sport, auf jeden Fall in Sachen Religion. Ich bewunderte mich und andere für diesen Gehorsam. Das alles fühlte sich noch »gottgemäßer« an als vorher.

Dann ging ich aufs Priesterseminar und entwickelte einen starken Wunsch nach persönlicher Erleuchtung. Ich bekam eine großartige Ausbildung, ein begrenztes Wissen über mich selbst und über die historischen Zusammenhänge. Aber niemals so viel, dass ich wirklich die Gruppen hätte hinterfragen können, die mir all diese Identität und Sicherheit für meine zukünftige Karriere gaben. Das Seminar vermittelte uns auf perfekte Weise das Gefühl, gut ausgebildet zu sein, doch vieles davon war pure Propaganda. Es war nicht wirklich gelogen, aber unser Denken bewegte sich innerhalb einer Art Schachtel, die für uns prima funktionierte.

Wir erlebten dort tatsächlich persönliches Wachstum. Wir dachten vernünftig und rational, aber noch nicht selbstkritisch. Wir waren noch weit entfernt von dem, was ich heute Weisheit nennen würde. Ich und die Gruppen, in denen ich mich bewegte, blieben das Zentrum der Welt, zumindest der Welt, die für Gott zählte. Ich hatte Freunde, Gefährten und nützliche Menschen um mich. Aber ich war nicht sicher, ob ich wirklich jemanden mehr lieben könnte als mich selbst. Das sehe ich natürlich erst heute so – damals hätte ich geschworen, dass es ganz anders war.

Gott sei Dank hatte ich das Glück, meine Jugend in den 60er-Jahren erleben zu können. Ich wurde wirklich gebildet, las eine Menge verschiedenster Sachen und wurde zum ersten Mal konfrontiert mit ernsthaftem kritischem Denken. Damit begann für mich erstmals eine Phase jenseits der Kindheit.

Der Vietnamkrieg ließ uns Amerika kritisch sehen, das Zweite Vatikanische Konzil ließ uns den Katholizismus kritisch sehen, und durch die neuen therapeutischen Wissenschaften sahen wir uns selbst und alle anderen kritisch. Wir waren nicht mehr so glücklich, aber wir waren sicher, dass wir jetzt echt erleuchtet waren und frei. Wir fühlten uns sehr sensibel und bewusst. Wir waren liberale Demokraten in Amerika, wir waren für Gleichheit, Gerechtigkeit und jede Art politischer Korrektheit. Uns taten die Menschen leid, die nicht so frei waren wie wir. Wir waren nicht so sicher, was oder wen wir liebten. Aber wir wussten genau, was falsch war und was wir hassten. Das verschaffte uns eine solide Grundlage für beruflichen Erfolg, gab uns Identität, und obendrein hatten wir einen Kreis gleichgesinnter Freunde, die ebenso erleuchtet waren wie wir.

Dann kamen die mittleren 30 Jahre des Lebens, mit all ihren Erfahrungen von Liebe und Verlust, voller Suche nach Antworten, nach innerer Wahrheit, voll von ständigen Desillusionierungen, immer wieder gefolgt von neuen Versuchen. Es gab viele persönliche Fehler – im Denken, bei den Beziehungen und bei praktischen Projekten. All diese Fehler waren unbezahlbar, obwohl ich das erst jetzt sehen kann. Es war die schlimmstmögliche Form von Leben und die bestmögliche Form von Sterben. Ich habe aufgegeben, all die verschiedenen Arten von Glauben und Unglauben zu zählen, all die Gotteserfahrungen und Sündenerfahrungen, denen ich ausgesetzt war. Ich habe ausgesprochen heilige Menschen außerhalb der Kirche getroffen, und sehr tote Menschen innerhalb der Kirche.

Ich reiste durch die ganze Welt und traf viele Menschen, die weder Amerikaner noch Christen waren und trotzdem sehr liebevoll und glücklich. Ich traf viele Menschen, die »unsere« Werte viel besser lebten als wir. Viele meiner neuen Helden kamen von außerhalb meiner Gruppen und außerhalb meiner Religion. Ich schaffte es, einen gewissen Grad von Zweifel auszuhalten und mich trotzdem in der Hand von jemandem zu fühlen, den ich nach wie vor Gott nennen möchte. Schließlich bin ich Priester.

Ich erlebte viel Dunkelheit, viele Versuchungen, aber noch viel mehr Segen. Am Ende fand ich mich inmitten einer »verborgenen Ganzheit«, wie Thomas Merton das nannte. All die Widersprüche und Paradoxien, die ich erlebt hatte, waren nicht nur o.k., sondern wünschenswert! Sie erschufen eine wunderbare neue Welt, in der Liebe endlich möglich war. Mehr und mehr wurde das Leben ein Feld der Vereinigung. Weniger und weniger war Gott jemand da draußen. Ich urteilte nicht mehr über die, die nicht so waren wie ich. Ich konnte Dinge leichter zulassen und mich an ihnen erfreuen, anstatt sie ständig kontrollieren oder erklären zu müssen (obwohl das nach wie vor seinen Reiz hat!). Es war eine ganz neue Art von Glück, mit der ich meine eigenen Ängste und Zweifel ruhig ertragen konnte. Regelmäßig konnte ich dieses Feld der Vereinigung wiederfinden, jedes Mal in einer tieferen Weise. Es gab nun weniger Hochs und weniger Tiefs, sondern einfach Leben. Und zwar mein Leben, das jetzt irgendwie auch Gottes Leben geworden war.

Ich denke, Sie spüren allmählich die Verbindung zu Gott 9.0. Sie werden in diesem Buch erfahren, dass Sie nicht verrückt sind, wenn Sie ähnlich verrückte Erfahrungen gemacht haben wie ich.

Wir beginnen gerade, einen neuen, starken und geräumigen Behälter zu bauen, der endlich alle verrückten, scheinbar nicht zusammenpassenden Inhalte des Lebens enthält. Das Ziel ist der Inhalt. Homers »Odyssee«, Hermann Hesses »Siddharta«, Etty Hillesums »Das denkende Herz« – all diese großen Bücher machen in verschiedenen Formen ein Muster deutlich: Sie und ich leben in Kulturen und Kirchen, die den Behälter für wichtiger halten als seine Inhalte. Überall begegnen wir dummen Auseinandersetzungen von der Art »mein Behälter ist besser als deiner«. Solche Sätze kommen häufig von Menschen, die eine sehr schwache Wahrnehmung von sich selbst haben, von ihrer eigenen Seele und dem, was sie zusammenhält. Wenn ihr die Weinbehälter verliert, sagt Jesus, verliert ihr auch den Wein.

Marion, Tiki und Tilman werden Ihnen in einer neuartigen und frischen Weise zeigen, wie wir wachsen: in Richtung Mitgefühl, Inklusivität, Weisheit, Geduld, Nondualität. Wir werden immer weniger Antworten brauchen und immer weniger Kontrolle. So entfaltet sich die Seele stufenweise auf ihrem Weg. So werden wir erwachsener. So werden wir eine Gesellschaft nicht nur der Älteren, sondern derer, die Weisheit und Orientierung haben für die nächste Generation. Solche im besten Sinne »Ältesten« haben wir bitter nötig. Gott 9.0 wird Ihnen den Weg in diese Richtung weisen, hin zu mehr Glück und Klarheit.

Ken Wilber hat einmal klug bemerkt, dass wir alle elitär starten, aber egalitär landen. Dort allein, in der egalitären Verbundenheit mit allen, sind menschliche Gemeinschaft, Zusammenhalt, Weisheit und Mitgefühl möglich. Das ist die normale und natürliche Richtung menschlichen Wachstums. Dorthin wachsen kreative Kulturen. Das ist das Ziel jeder gesunden Spiritualität. In diesem Buch werden die vielen Rastplätze, Umwege und Sackgassen entlang dieses Weges beschrieben. Aber Sie werden dabei auch sehen, dass die Seele immer geführt wird, und zwar nach vorne, in die Zukunft. Wenn wir es ihr nur erlauben.

Sie werden auf neue und aufregende Weise geduldiger werden mit anderen, die noch wachsen, Sie werden mehr Hoffnung haben für diese Menschheit, die sich auf eine wunderbare Ganzheit zubewegt. Und Sie werden den Mut haben, sich als Geschöpf Gottes zu bezeichnen. Endlich hat der Behälter seinen ureigensten und besten Inhalt gefunden.

Richard Rohr, O.F.M.
Center for Action and Contemplation
Albuquerque, New Mexico, Ostern 2010

Einleitung

»Neun punkt null. Donnerwetter!« So reagierten viele, als sie den Titel dieses Buchs zum ersten Mal hörten. Bei Updates von Computerprogrammen (wo die Schreibweise »punkt null« ihren Ursprung hat) ist man höchstens 7.0 gewöhnt; die Rede vom »Web 2.0« war seit 2003 ein großes Schlagwort, und ein paar besonders futuristische Feuilletonisten riefen schon mal ein »Internet 3.0« aus. Aber 9.0, das ist schon was, selbst im Reich der kurzatmigen Innovationen.

Ausgerechnet auf die Zahl 9 sind wir gekommen, weil wir Ihnen in diesem Buch ein Modell vorstellen wollen, das die Entwicklung des menschlichen Bewusstseins beschreibt, und dieses Modell hat tatsächlich neun Stufen. Ja, es deutet sich sogar schon eine zehnte an, und auch die wird eines Tages von einer elften abgelöst werden. Sie merken schon, hier geht es um etwas Großes.

Etwas ganz Großes sogar. Denn der Anspruch dieses Buchs ist kein geringerer als der, die gesamte geistige Entwicklung der Menschheit einzubeziehen. Es geht um einen Zeitraum von über 100 000 Jahren und eine Gesamtzahl von über 100 Milliarden Personen. Das ist die Summe aller Menschen, die zurzeit leben und jemals davor gelebt haben.[1]

Wir stellen Ihnen in diesem Buch ein bisher einmaliges System vor, mit dem Sie sich in den zahllosen Strömungen unserer Zeit besser zurechtfinden können. Auch die Geistesgeschichte der Vergangenheit werden Sie besser verstehen.

Wo das System herkommt

Vieles davon beruht auf den Gedanken von Clare Graves und Ken Wilber. Die Erkenntnisse dieser amerikanischen Wissenschaftler ihrerseits haben ihren Ursprung in der Arbeit vieler Denker. Seit Jahrhunderten hat es innovative Frauen und Männer gegeben, die weit in die Zukunft geblickt und die Entdeckungen von Graves und Wilber vorbereitet haben.

Clare Graves (1914–1986) war ein US-amerikanischer Professor für Psychologie und begründete die »Ebenentheorie« der Persönlichkeitsentwicklung. Er selbst nannte sie »Theorie der zyklisch auftauchenden Existenzebenen« (Emergent Cyclical Levels of Existence Theory, kurz ECLET). Von 1952 bis 1959 befragte er mit einer von ihm entwickelten psychometrischen Methode vor allem Studenten aus allen Kulturkreisen. Er entdeckte dabei, dass sich deren Wertsysteme und Grundüberzeugungen in typische Gruppen zusammenfassen lassen, die aufeinander aufbauen. Er nannte diese Bewusstseinsebenen »level«, was gewöhnlich mit »Stufen« übersetzt wird.

Als wir das erste Mal von dieser Theorie hörten, waren wir als Theologen wie elektrisiert. Denn Graves stellte bei seinen sozialpsychologischen Forschungen ganz nebenbei fest, dass sich auch die Gottesvorstellungen nach festen, vorhersagbaren Mustern verändern. Wenn jemand »Gott« sagt, müsste er eigentlich dazu die Stufe seiner Entwicklung nennen, sozusagen die Versionsnummer seines Gottesbegriffs. Dann stellt sich beispielsweise heraus, dass orthodoxe Juden, konservative Katholiken oder traditionelle Moslems meistens Gott 4.0 meinen, wenn sie von ihm sprechen. Protestanten verstehen unter Gott eher Gott 5.0, wobei es auch Kreise gibt, die zurück zu Gott 4.0 tendieren. Die meisten engagierten Christen dagegen meinen mit Gott die Version 6.0 – und werden von ihren Bischöfen und anderen 4.0-Anhängern permanent missverstanden.

Was Sie davon haben

Wir sind, je länger wir uns damit beschäftigen, umso überzeugter, dass diese Einsicht unseren Glauben revolutionieren kann. Ja, möglicherweise sogar unsere Gesellschaft. Mit Graves' Modell lassen sich bei vielen festgefahrenen Diskussionen und ideologischen Grabenkämpfen die Blockierungen leichter benennen – und dadurch hoffentlich auch lösen.

Bisher hat noch kein Theologe das Ebenenmodell von Graves für Kirche und Spiritualität nutzbar gemacht. Das macht die Sache reizvoll, weil es ein neuer Blick auf die Wirklichkeit ist. Sie können bei anderen Menschen, denen Sie davon berichten möchten, vermutlich nichts voraussetzen. In Diskussionen zu diesem Thema werden Sie also immer ein wenig ausholen müssen, so wie wir das mit diesem Buch auch tun.

Sie werden am Beginn dieses Buchs ein Schema lernen, mit dem Sie die einzelnen Bewusstseinsstufen schnell benennen können: neun Farben, die sich noch leichter merken lassen als die Zahlenbezeichnungen Gott 1.0 bis Gott 9.0. Diese Farben haben zwei Schüler von Clare Graves eingeführt, Don Beck und Christopher Cowan. Sie verwenden das Schema in der Unternehmens- und Organisationsberatung und haben es »Spiral Dynamics« genannt. Unter diesem Namen wird es Ihnen vielleicht ab und zu begegnen.

Die Software unseres Bewusstseins

Bei jedem Übergang (oder Update), etwa von Gott 5.0 zu Gott 6.0, ändert sich, so würde man das mit technischen Begriffen sagen, das gesellschaftliche Betriebssystem. Ganz ähnlich wie bei den verschiedenen Windows-Versionen machen längst nicht alle Menschen das Upgrade sofort mit, sobald es angeboten wird. Einige springen zwar sofort auf, die meisten aber warten erst einmal ab, ob es sich bewährt. Irgendwann ist die Mehrheit umgestiegen, aber einige wollen sich nicht umstellen und halten gewohnheitsmäßig am alten fest, weil es ihren Bedürfnissen genügt. Das geht durchaus eine Zeit lang gut. Unangenehm spürbar wird das erst, wenn Ihnen jemand eine Textdatei von Word 2010 schickt, das Ihr altes Word von 1993 nicht mehr lesen kann. Dann merken Sie, dass Sie Ihre Software allmählich auf den neuesten Stand bringen sollten. Ähnlich ist es bei den Bewusstseinsstufen von Menschen und Gesellschaften.

Es gibt allerdings ein paar signifikante Unterschiede. Bei einem Computer können Sie auch einmal eine Softwaregeneration überspringen. Bei den Bewusstseinsstufen geht das nicht. Nach Gott 4.0 müssen Sie sich zu Gott 5.0 weiterentwickeln. Sie werden sehen, dass viele Menschen gern direkt zu 6.0 upgraden möchten und dass das ein Grund ist für die vielen Unstimmigkeiten in Glaube, Theologie, Kirche und Gesellschaft.

Verschiedene Systeme nebeneinander

Ein weiterer Unterschied betrifft die Komplexität unseres Bewusstseins. Ein Computer erhält stets als Ganzer ein neues Betriebssystem. Das menschliche Bewusstsein dagegen besteht aus mehreren Bereichen, die unterschiedlichen Bewusstseinsstufen angehören können. So kommt es durchaus vor, dass Menschen ein Glaubenssystem mit Gott 4.0 haben, im Berufsleben reibungslos in 5.0 funktionieren, in Partnerschaft und Freundeskreis aber ist für sie bereits 6.0 Standard. Und wenn sie am Wochenende ein Sportstadion besuchen, erfreuen sie sich im Betriebssystem 3.0. Wir werden dieses Phänomen, das der Philosoph Ken Wilber beschrieben hat, »Entwicklungslinien« nennen: Stellen Sie sich Ihr Bewusstsein vor wie verschieden hohe Türme, die unterschiedlich weit in die Bewusstseinsstufen hineinreichen.

Die Betriebszustände des Bewusstseins

Es gibt noch eine Differenzierung, die vor allem den Gottesbegriff betrifft. Als Vergleich kann wieder ein moderner PC gelten, am besten ein Laptop. Der hat verschiedene Betriebszustände: Wenn Sie ihn an eine Steckdose anschließen, läuft er im Normalmodus. Arbeiten Sie unterwegs mit dem Akku, schaltet das Gerät in den Energiesparmodus. Wollen Sie das Ding ausschalten, ist das gar nicht so einfach. Sie müssen sich entscheiden zwischen einem »Ruhezustand«, einem Stand-by-Modus und dem kompletten »Herunterfahren«. Und selbst dann sind bestimmte Funktionen noch in Betrieb – die Uhr läuft weiter, oder Netzwerkanschlüsse werden noch weiter versorgt.

Auch Sie als Mensch leben in verschiedenen Modi. Während Sie diese Zeilen lesen, sind Sie (hoffentlich) im Wachzustand. Wenn Sie abends zu Bett gehen, fallen Sie nach einiger Zeit in den Schlafzustand. Viele Körperfunktionen sind dann gleichsam im Energiesparmodus, andere aber sind noch in Betrieb: Atmung, Herz, Kreislauf, der Gehörsinn, auch Ihr Gehirn ist keineswegs abgeschaltet. Ja, es vollbringt während des Träumens sogar Leistungen, zu denen es im Wachzustand gar nicht fähig wäre.

Die Kenntnis und Unterscheidung der unterschiedlich tiefen spirituellen »Zustände« gehört zum Kerngeschäft aller Religionen. Deswegen haben wir dem Phänomen dieser meditativen Zustände ein Extrakapitel gewidmet.

Stufen und Typen

Als Computernutzer oder -nutzerin wissen Sie, dass es viele verschiedene PC-Hersteller und PC-Arten gibt, und dass das so gut wie keinen Einfluss hat auf die Software, die darauf läuft.

Vergleichbar ist das mit den verschiedenen Typen von Menschen: Es gibt Männer und Frauen, Alte und Junge, hochgebildete und sehr schlichte Gemüter, Europäer und Afrikaner, Asiaten und Amerikaner. Nach verschiedensten Rastern lassen sich Persönlichkeitstypen aufteilen: C. G. Jungs Archetypen, Riemanns Grundformen der Angst, das DISG-Schema, der Myers-Briggs-Typenindikator oder das Enneagramm. Braucht es da wirklich noch ein weiteres Stufenmodell? Und wenn ja, wie hängen Typen und Stufen zusammen?

Wir drei haben uns über 20 Jahre lang mit den neun Enneagrammtypen beschäftigt und uns immer wieder gefragt: Warum zeigen mehrere Personen des eindeutig gleichen Enneagrammtyps so deutliche Unterschiede in ihren Weltbildern und Reifegraden? Warum erlebten manche von ihnen innere

Umbrüche und hatten danach das Gefühl, auf einem völlig neuen Bewusstseinsfeld angekommen zu sein? Warum erlebten andere nichts dergleichen? Mit Hilfe von Graves' Bewusstseinsstufen haben wir das Rätsel endlich lösen können: Die einen erlebten eine Wanderung durch *mehrere* Stufen, während die anderen innerhalb *einer* Stufe zu höherer innerer Reife fanden.

Alle neun Enneagramm-Muster kommen auf jeder der sechs, sieben oder mehr Bewusstseinsstufen vor. Das jeweilige Muster bleibt auch bei einem Stufenwechsel erhalten. Ein harmoniebedürftiger Typ vom Muster NEUN kann sich mit seinem spirituellen Schwerpunkt auf der Ebene von Gott 2.0 befinden oder auf 6.0 und höher. Sein Persönlichkeitsmuster wird immer erkennbar bleiben. Sein Reifegrad aber, seine Integrationsfähigkeit und sein spirituelles Bewusstsein werden immer von der Stufe abhängen, in der er sich befindet. Entsprechend setzt sich eine NEUN auf der Stufe Gott 4.0 mit einem völlig anderen Gottesbild auseinander als eine NEUN auf der Stufe Gott 7.0 – und jeder dieser Menschen braucht psychologisch wie seelsorgerlich eine andere Begleitung!

Die Auseinandersetzung mit dem eigenen Muster kann viel zur Persönlichkeitsentwicklung beitragen. Dieses Buch bietet ähnlich einschlagende Aha-Erlebnisse. Die neun *vertikalen* Stufen, die hier in Gott 9.0 beschrieben werden, sind die ideale Ergänzung zu den neun *horizontalen* Typmustern, die das Enneagramm vermittelt.

Schattenarbeit

In unserer Therapeuten- und Seelsorgearbeit haben wir gelernt, dass es ohne Schattenarbeit kein wirkliches persönliches und spirituelles Wachstum gibt. Mit Schatten sind die unbewussten Anteile einer Persönlichkeit gemeint, die man – ohne es anfangs zu bemerken – verleugnet, verdrängt und abspaltet. Man nimmt zum Beispiel Neid, Hochmut, Angst, Wut nicht mehr bewusst wahr, obwohl sie noch da sind. Andere aber bemerken das durchaus und reagieren mit Abwehr oder Kritik. Die Beziehung zu sich selbst und zu anderen wird durch den unbewussten Schatten belastet. Alles, was unterdrückt wird, kann sich auch zurückmelden als schmerzliches Körpersymptom. Ein körperlicher Leidensweg beginnt, dessen Ursache aber psychischer Natur ist.

Den Schatten aufzuspüren ist ein wesentlicher Beitrag zum eigenen Wohlergehen in körperlicher, seelischer und geistiger Hinsicht. Um den Schatten aufzudecken, muss man sich kritisch selbst betrachten und sich auseinandersetzen mit den problematischen Anteilen der eigenen Persönlichkeitsstruktur. Gute Techniken dafür sind Voice Dialogue, Enneagramm, Wertimagination oder Big-Mind-Prozess. Dort kann man sich seinen Vermeidungsstrategien, Abwehrmechanismen oder inneren Gegenspielern zuwenden und mit ihnen sprechen. Gerade bei Schattenarbeit sollte man darauf achten, sich eine seriöse und kompetente Begleitung zu suchen. Inzwischen gibt es auch einen psychotherapeutischen Ansatz, der alle Stufen berücksichtigt. Welche Art von Psychotherapie gerade angemessen ist, hängt dabei von der Entwicklungsstufe ab, auf der eine Störung aufgetaucht ist.[2]

Die Grenzen aller Vergleiche

Trotz aller Vergleiche mit Betriebssystemen und Versionsnummern ist natürlich klar: Wir Menschen sind keine Computer. Wir sind unendlich viel komplexer. Wir haben mehr Fragen als Antworten angesichts dieser widersprüchlichen Wirklichkeit. Und wir haben besonders viele Zweifel in Glaubensfragen. In diesem Buch aber werden Sie entdecken, dass Sie nicht nur zweifeln dürfen an Ihrem gegenwärtigen Glauben, sondern dass dieses Zweifeln eine ganz wesentliche, wunderbare Fähigkeit von Ihnen ist.

Zweifeln löst Sie heraus aus den Grenzen einer überholten Bewusstseinsstufe. Der Zweifel ist ein Indiz dafür, dass Sie die nächsthöhere Bewusstseinsstufe bereits anzieht wie ein Magnet. Der Mystiker Franz von Sales sprach davon, dass Gott selbst diese magnetische Anziehungskraft ist, die ein »Kraftfeld des Hinweggerissen-Werdens«[3] erzeugt. Dieser wunderbare Magnetismus ermöglicht es Ihrem Bewusstsein, sich immer weiter aufzuschwingen – von Ihrer aktuellen Stufe bis hin zu Gott 9.0 und vielleicht darüber hinaus.

Laden Sie also bitte Ihren inneren Zweifler zur Lektüre ein. Sehen Sie in seiner Anwesenheit ein Indiz für Ihr spirituelles Interesse, weiter zu wachsen. Sind Sie neugierig geworden? Sehr gut, denn jetzt geht es los.

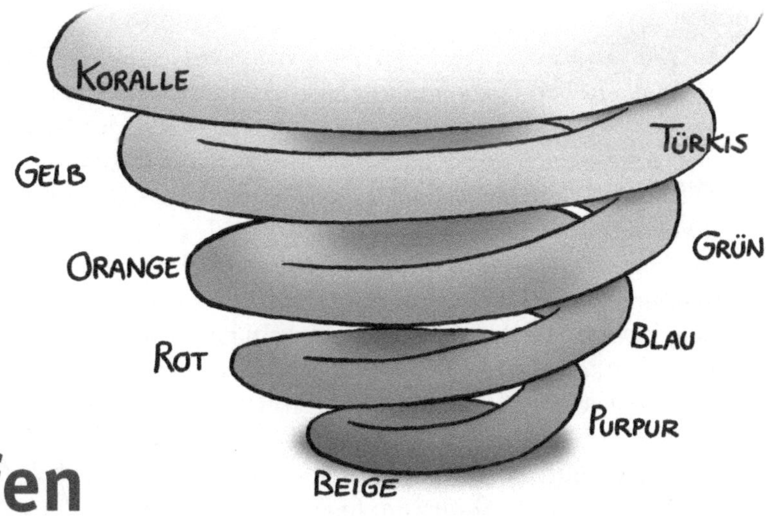

Stufen

– die Grundkonstruktion unseres Bewusstseins

Gottes Kommen kündigt sich darin an,
dass wir fühlen: So darf ich nicht bleiben!

Friedrich Rittelmeyer, protestantischer Pfarrer und Gründer der Christengemeinschaft

Leben heißt, sich verändern. Vollkommen sein heißt,
sich oft verändert haben.

Kardinal John Henry Newman

Das Land der Wahrheit kann ich nur erforschen, wenn ich meinen Standpunkt ändere.

Hans Urs von Balthasar, katholischer Theologe

Von diesem neuen Sein schreitet der Mensch weiter und geht über in ein anderes, neues Sein durch das Leiden, das heißt durch ein Anderswerden in ein besseres Sein, und von hier wiederum in ein anderes. Darum ist es wirklich so, dass der Mensch immer im Zustand des Entblößtseins ist, immer im Werden oder im Zustand der Möglichkeit.

Martin Luther

Am Morgen erwacht Peter vom leisen Wimmern des Babys. Er holt es zu seiner Frau ans Bett und schaut ein bisschen zu, wie die Kleine gestillt wird.

Als sich Peter an den Frühstückstisch setzt und in der Zeitung einen Bericht über indianische Schamanen überfliegt, ist er konfrontiert mit dem plötzlichen Wutausbruch seines dreijährigen Sohnes, der unbedingt Nudeln zum Frühstück will.

Unten vor dem Haus entdeckt Peter an seinem Auto einen Strafzettel der kommunalen Verkehrsüberwachung, weil er zwei Meter zu nah an der Kreuzung geparkt hat. In seiner Firma angekommen, nimmt Peter den ganzen Tag teil an einem internen Managementtraining zur Kostenreduzierung und Effizienzsteigerung seiner Abteilung, bei dem er die Analyseergebnisse kritisch kommentiert. Auf dem Rückweg besucht Peter noch rasch den Eine-Welt-Laden, wo er Biogemüse und Fair-Trade-Produkte kauft und eine Spende für ein Alphabetisierungsprojekt in Indien in eine Sammelbüchse wirft.

Am Abend, als die Kinder schlafen, liest Peter ein Buch über systemische Organisationsaufstellungen. Zum Abschluss des Tages schaut Peter auf seinem iPhone noch die Twitter-Streams an, die er abonniert hat: von einer amerikanischen Klimaforscherin, einem bretonischen Franziskaner in Indien und einem australischen Surflehrer.

Vom Leben in verschiedenen Bewusstseinsstufen

Wo war Peter eigentlich? Er erlebte einen für heutige Zeitgenossen ziemlich normalen Tagesablauf. Gleichzeitig streifte er, ohne sich dessen richtig bewusst zu sein, während weniger Stunden auch durch verschiedene unsichtbare innere Bewusstseinsgebiete und äußere sichtbare Lebensräume: Er begegnete nacheinander

- dem archaischen Bewusstseinsraum eines Babys,
- dem magischen Vorstellungsraum der Schamanen,
- dem egozentrischen Machtwillen seines kleinen Sohnes,
- dem polizeilichen Ordnungsdenken aufgrund verbindlicher Regeln,
- dem rationalen Denken und Gestalten einer modernen Leistungsgesellschaft,
- dem Bewusstsein und Handlungsraum sozialer Wärme und ökologischer Verantwortung,
- dem Interagieren mittels systemischer Prozesse und Verknüpfungen und
- dem integralen Bewusstseinskonzept auf der Basis globaler Vernetzung.

Diese menschlichen Bewusstseinsgebiete deutlich voneinander zu unterscheiden, gelang Entwicklungsforschern verschiedener Disziplinen erst in den letzten 50 Jahren. Sie stießen unabhängig voneinander auf verschiedene fortschreitende Grade menschlicher Entwicklung. Man fand eine Menge von Bezeichnungen dafür: Bewusstseinsstufen, Bedürfnispyramiden, Wertepyramiden, Erkenntnisfelder, Stufen des Glaubens, Entwicklungswellen, Reifestadien oder Wahrnehmungsebenen.

Der amerikanische Erkenntnistheoretiker Clare Graves konnte auf der Basis von jahrelangen sozialpsychologischen Studien nachweisen, dass weltweit und kulturübergreifend immer die gleichen typischen Entwicklungsstufen erscheinen. Sie bauen aufeinander auf und bilden Wertesysteme. Graves dynamisches Stufensystem wurde von seinen Schülern weiterentwickelt und findet sich heute vor allem unter der Bezeichnung »Spiral Dynamics«.

Graves hatte einen grundsätzlichen Zusammenhang erfasst: Zu bestimmten Werten passt stets eine bestimmte Kultur menschlicher Zusammenarbeit. Entsprechend verändern sich Führungsstruktur und Leitkultur in Familien, Gruppen, Stämmen, Gesellschaften und auch Unternehmen. Es geht also immer um das Zusammenleben »kultureller Institutionen«. Graves erkannte acht verschiedene Stufen, weitere postulierte er theoretisch.

Anpassung an neue Lebensbedingungen

Diese Stufen sind alles andere als eng oder statisch. Man stellt sie sich am besten als weiträumige Ebenen oder Räume vor, in denen ein ständiger Austausch stattfindet zwischen einem bestimmten Set aus Umweltbedingungen und einem damit konfrontierten sozialen Organismus. Dieser Organismus braucht passend ausgereifte körperliche wie geistige Bewältigungsmechanismen (»conditions for existence«), die ihm helfen, mit dieser Umgebung (»conditions of existence«) zurechtzukommen.

Ein Wissenschaftler, der ein halbes Jahr in einer Forschungsstation am Nordpol leben soll, muss psychisch wie physisch dieser Situation gewachsen sein und mit den notwendigen Ressourcen (Technik, Energieversorgung, Lebensmittel) ausgestattet werden. Ist er das, so kann er das Leben unter diesen Existenzbedingungen meistern. Das Gleiche gilt für ein sechsjähriges Kind, das in die Schule kommt. Es braucht passende Bewältigungsmechanismen, damit es sich unter den Bedingungen dieser Existenzebene zurechtfinden kann: Es muss sich sprachlich ausdrücken können, feinmotorisch fit sein, sich sozial verhalten und Regeln akzeptieren können. Darüber hinaus braucht es Stifte, Bücher, einen Lernraum und Lehrkräfte.

Jeder Wechsel von einer Stufe zur nächsten markiert ein Rettungsprogramm für die Spezies Mensch, ohne das sie nicht überlebt hätte. Es geht um eine Evolution des menschlichen Geistes. Dabei entwickeln sich neue Werte und neue Gewohnheiten. Das geht nicht schlagartig, sondern in einem dynamischen Anpassungsprozess an eine sich verändernde Umwelt. Neue Möglichkeiten werden sichtbar. Manche Menschen ergreifen sie schneller, andere brauchen sehr lange, um sich umzustellen. Wer mittendrin ist, spürt die Veränderungen kaum. Rückblickend aber wird klar, dass sich eine ganz neue Lebensform entwickelt hat, mit einem eigenen Mix aus Werten, Weltanschauungen, Denkweisen, Glaubensgebäuden, Organisationsprinzipien und Lebensstilen, der sie klar von den anderen unterscheidet.

Sobald man eine Stufe erreicht hat, stehen einem die neuen Wahrnehmungs- und Verstehensmöglichkeiten dauerhaft zur Verfügung. Etwa wie bei der Sprache: Wer sprechen gelernt hat, hat einen bleibenden Zugang zu dieser Form von Kommunikation. Er kann sein Sprachverständnis aber auch ausbauen. Er kann lernen, komplexer zu denken, sich immer differenzierter auszudrücken und dadurch weitere Entwicklungsstufen zu erschließen.

Test

Wenn Sie Lust haben, wäre jetzt ein guter Zeitpunkt bei der Lektüre dieses Buchs, um einen Selbsttest zu machen: Auf welcher Stufe leben Sie momentan schwerpunktmäßig? Damit bekommen Sie einen guten Überblick über die Themen der Bewusstseinsstufen, über sich selbst und was beides miteinander zu tun hat.

Lesen Sie die folgenden 11 mal 7 Aussagen durch. Kreuzen Sie spontan an, wie sehr Sie der Aussage zustimmen:

0 = gar nicht 1 = ein wenig 2 = viel 3 = total

Mein Beruf

1. Die Höhe der Bezahlung ist mir bei einem Beruf weniger wichtig. Hauptsache, meine Arbeit fördert das Wohl anderer und der gesamten Gesellschaft. 0 1 2 3
2. Für mich kommen nur Unternehmen infrage, die mir meine Freiheit lassen: dass ich frei kommen und gehen kann und nicht vorgeschrieben bekomme, was ich zu denken habe. 0 1 2 3
3. Ich lerne leidenschaftlich gerne und erkenne selbst, welche Informationen wie zusammenpassen. 0 1 2 3
4. Der für mich ideale Job ist eine Tätigkeit, bei der man mir meine Ruhe lässt und ich möglichst viel Geld verdienen kann. 0 1 2 3
5. Ich finde es wichtig, dass ein Unternehmen klare Grundsätze hat, an die sich jeder halten muss und die auch schriftlich vorliegen. 0 1 2 3
6. Im Beruf suche ich mir meine Nische, in der meine Fähigkeiten optimal zur Geltung kommen und gut bezahlt werden. 0 1 2 3
7. Eine Arbeitsgruppe in einer Firma braucht feste Rituale, damit alle wirklich zusammenhalten. 0 1 2 3

Mein Einkommen

8. Die Bezahlung eines Mitarbeiters sollte sich nach seinem Engagement für das Unternehmen ausrichten. Auch Mut zum Risiko sollte belohnt werden. 0 1 2 3
9. Materielle Dinge sind mir im Lauf meines Lebens immer weniger wichtig geworden. 0 1 2 3
10. Materielles ist mir durchaus wichtig, ja, es kann auf mich durchaus eine magische Wirkung ausüben. 0 1 2 3

11. Ich bin zutiefst überzeugt, dass es für mein eigenes Überleben und das Wohlergehen meiner Familie immer ausreichend Mittel geben wird. 0 1 2 3
12. Die Armut in der Gesellschaft muss besiegt werden. Dafür bin ich auch bereit, deutlich weniger zu verdienen. 0 1 2 3
13. Ich finde es in Ordnung, wenn der Stärkere oder Schnellere mehr verdient als der Schwächere oder Langsamere. 0 1 2 3
14. Ich würde niemals meine Ideale verraten, nur um beruflich weiterzukommen. Der Zweck heiligt nicht die Mittel. 0 1 2 3

Meine optimale Arbeitsumgebung

15. Es stört mich, wenn in einer Gruppe ein schlechter Geist herrscht, wenn Einzelne zu egoistisch sind und die Gemeinschaft nicht mehr im Blick haben. 0 1 2 3
16. Ich kann gut mit Menschen zusammenarbeiten, die eine ganz andere Persönlichkeitsstruktur haben als ich und die Ideologien anhängen, die mir völlig fremd sind. 0 1 2 3
17. Ich mag ein schlichtes, minimalistisches Umfeld, weil es mir hilft, zu maximaler innerer Weite zu finden. 0 1 2 3
18. Ich mache mir keine Illusionen: Im Berufsleben geht es in erster Linie um Macht, und wenn alle noch so lieb und kuschelig tun. 0 1 2 3
19. Ich mag ein dynamisches Umfeld, in dem Leistung belohnt wird und ein sportlich-fairer Wettkampfgeist herrscht. 0 1 2 3
20. Ich brauche um mich herum vor allem Menschen, die ehrlich sind, pünktlich und auf deren Zusagen ich mich verlassen kann. 0 1 2 3
21. Ich mag Teams, in denen einer stark auf den anderen angewiesen ist und wir uns im Notfall füreinander aufopfern würden. 0 1 2 3

Mein Verhalten in Krisen

22. Wenn ich gesundheitlich oder beruflich in einer ausweglos erscheinenden Situation bin, sage ich mir: Es lohnt sich immer, zu kämpfen! 0 1 2 3
23. Ich beuge Krisen vor, indem ich wie beim Schach ein paar Züge voraus denke und Strategien für alle möglichen Szenarien entwickle. 0 1 2 3
24. Bei großem Stress ziehe ich mich auf meine innere Ordnung zurück und werde dadurch ruhig. 0 1 2 3
25. In Krisen gelingt es mir, in Gedanken auf sehr große Höhe zu gehen und meine Schwierigkeiten im Verhältnis zu den wirklich großen Problemen des Lebens zu sehen. 0 1 2 3

26. Ich würde in einer schwierigen Situation auch mal zu einer Wahrsagerin oder einem Hellseher gehen, um Rat zu erhalten. 0 1 2 3
27. In persönlichen Krisensituationen suche ich Hilfe bei Therapeuten und den seelischen Beistand anderer. Ich finde es gut, dass es so viele Selbsthilfeorganisationen gibt. 0 1 2 3
28. In Krisensituationen kann ich mich auf eine andere Bewusstseinsebene begeben und fühle mich auf eine faszinierende Weise den Beschränkungen dieser Zeit und dieser Materie enthoben. 0 1 2 3

Meine Überzeugungen

29. Es gibt eine höhere Macht, die diese Welt regiert – nicht nur durch die Naturgesetze, sondern auch durch die Gesetze des Geistes. 0 1 2 3
30. Diese Welt ist ein elegant ausbalanciertes System, in dem unzählige Kräfte wie in einem riesigen Organismus dafür sorgen, dass das Leben auf der Erde weitergeht. 0 1 2 3
31. Ich glaube, dass diese Welt ein ziemlich chaotisches System ist, das uns noch viele Überraschungen bieten wird. 0 1 2 3
32. Unsere Gesellschaft und Wissenschaft hat die Kraft, für Fortschritt zu sorgen und die Zukunft zu gestalten. 0 1 2 3
33. Alles hängt mit allem zusammen. Solange es so viele Benachteiligte, Schwache und Ausgegrenzte gibt, kann eine Gesellschaft nicht gesund und glücklich werden. 0 1 2 3
34. Unsere Gesellschaft ist ein Dschungel, in dem nur die Stärksten und Listigsten überleben. 0 1 2 3
35. Ich glaube, dass die Seelen meiner Vorfahren noch in einer geheimnisvollen Weise anwesend sind und über mich wachen. 0 1 2 3

Meine typischen Verhaltensweisen

36. Ich halte mich daran: Das Einzige, worauf ich mich in dieser Welt wirklich verlassen kann, bin ich. 0 1 2 3
37. Ich denke gerne sehr langfristig, bin in den Entscheidungen des Alltags aber sehr flexibel und unideologisch. 0 1 2 3
38. Ich beachte für mich selbst hohe moralische Werte und erwarte, dass diese auch von anderen respektiert werden. 0 1 2 3
39. Ich kann mich aufrichtig freuen an dem Schönen, was dieses technische Zeitalter und diese Zivilisation an Errungenschaften zu bieten haben. 0 1 2 3

40. Ich kann in Gedanken aus meinem Alltag gleichsam nach oben fliegen und den Planeten Erde als Ganzes sehen. 0 1 2 3
41. Die Gleichberechtigung von Mann und Frau, die Gleichheit aller Menschen und die Bewahrung der Schöpfung sind mir wirkliche innere Anliegen und nicht nur angelernte Verhaltensweisen. 0 1 2 3
42. Ich versuche, mich den Rhythmen der Natur anzupassen: an den Wechsel der Jahreszeiten, den Menstruationszyklus, die Mondphasen. 0 1 2 3

Ein paar Marotten von mir

43. Wenn ich einen armen oder leidenden Menschen sehe, fühle ich mich ganz tief mit ihm verbunden und spüre einen starken Impuls, zu helfen. 0 1 2 3
44. Ich liebe Computerspiele, in denen ich einmal ganz ungeniert der starke Held sein darf. 0 1 2 3
45. Manchmal überkommt mich ein Gefühl des Glücks darüber, in einer Gesellschaft zu leben, in der Informationen frei verfügbar sind, ohne dass bestimmte Bücher verboten werden oder ich bespitzelt werde. 0 1 2 3
46. Ich halte mich prinzipiell an die Gesetze, auch in Kleinigkeiten: Ich warte selbst nachts an einer roten Ampel und schummle nicht bei der Steuer. 0 1 2 3
47. Ich bezeichne mich gerne als Weltbürger und empfinde mehr als andere eine brennende Liebe für diesen Planeten und seine Bewohner. 0 1 2 3
48. Wenn ich in einer Kirche oder auf einem öffentlichen Platz sehe, dass Menschen eine Statue an einer bestimmten Stelle anfassen (weil das vielleicht Glück bringt), tue ich das auch. Es kann ja nicht schaden. 0 1 2 3
49. Ich kann paradoxe Wahrheiten aushalten, aber ich gehe weg, wenn eine Gesellschaft, ein Unternehmen, eine Kirche oder sonst eine Gruppe nur an ihre eigenen Interessen denkt. 0 1 2 3

Ein paar negative Eigenschaften von mir

50. Ich bin mit Einzelpersonen und Gruppen auf der ganzen Welt vernetzt, über Internetforen und virtuelle Netzwerke, dabei bleiben die ganz normalen menschlichen Kontakte manchmal etwas auf der Strecke. 0 1 2 3
51. Ich erlebe meine Intuition als genauso kompetent wie meinen Verstand. Dadurch fühle ich mich anderen oft deutlich überlegen. 0 1 2 3
52. Es gab Situationen, in denen ich eine Konkurrentin oder einen Konkurrenten gnadenlos besiegt und mich tierisch darüber gefreut habe. 0 1 2 3

53. Über Ungerechtigkeiten kann ich mich sehr ereifern, bis hin zu Vorwürfen, die dann schon wieder ungerecht sind. 0 1 2 3
54. In Meetings ist es mir so wichtig, dass sich alle wohlfühlen und Platz für Gefühle ist, dass ich die eigentliche produktive Arbeit dabei schon mal aus den Augen verliere. 0 1 2 3
55. Ich habe große Schwierigkeiten mit Menschen, die nicht für sich selbst Verantwortung tragen wollen, sondern stets Hilfe von anderen oder vom Staat erwarten. 0 1 2 3
56. Wenn ich nachts allein zu Hause bin oder allein auf der Straße gehe, überfallen mich manchmal völlig irrationale Ängste. 0 1 2 3

Mein Glauben

57. Ich habe es erlebt, dass ich mit ausdauernden, aus tiefstem Herzen kommenden Gebeten die Realität verändern kann. 0 1 2 3
58. Ich fühle mich spirituell mit allen Menschen verbunden, auch mit denen aus anderen Religionen. 0 1 2 3
59. Tief in mir drin fühle ich mich mit meiner Kirche, meiner Heimat und meinen Landsleuten stark verbunden. 0 1 2 3
60. Ich mag Kraftplätze und heilige Orte und spüre, wie viel übersinnliche Energie in alten Ritualen steckt, auch in den Sakramenten. 0 1 2 3
61. Ich fühle mich mit dem Göttlichen so sehr verbunden, dass ich mich über alle Weltanschauungen, Religionen und Glaubenssysteme hinweg tief als Teil der Menschheitsseele empfinden kann. 0 1 2 3
62. Ich bin innerlich völlig angstfrei, meinen eigenen spirituellen Weg zu gehen, und erfasse die spirituelle Qualität religiöser Autoritäten, Weltanschauungen oder Ratgeber. 0 1 2 3
63. An Gott oder Glaubensvorstellungen zu zweifeln ist für mich kein Unglück, sondern eine wichtige Fähigkeit eines freien Menschen. 0 1 2 3

Meine religiöse Praxis

64. Vor Gott ist der Mensch prinzipiell allein. Er kann sich nicht herausreden auf »die Gesellschaft«. Was zählt, ist sein Gewissen. 0 1 2 3
65. Ich bin überzeugt, dass bei entsprechender Gestaltung eine Gemeinde möglich ist, in der alle gewinnen: ich, die Gesellschaft und die Umwelt. 0 1 2 3
66. Wirklicher Frieden zwischen Menschen, Völkern und Religionen fängt im alltäglichen liebevollen Umgang miteinander an, und ich will gerne meinen Beitrag dazu leisten. 0 1 2 3

67. Ich fühle mich in einer Kirchengemeinde nur wohl, wenn dort meine Fähigkeiten und meine Person angemessen respektiert werden. 0 1 2 3
68. Ich kann mich in Gottesdiensten und Versammlungen mit Menschen anderer Kulturen zutiefst verbunden fühlen, obwohl ich kein Wort ihrer Sprache verstehe. 0 1 2 3
69. In meiner Familie sorge ich dafür, dass keine bösen Geister Macht über uns bekommen. Und wenn keiner zusieht, bin ich manchmal schon ein wenig abergläubisch. 0 1 2 3
70. Unaufrichtigkeit und Betrug zahlen sich nie aus, auch wenn es oft so scheint, als wäre der Ehrliche der Dumme. 0 1 2 3

Meine Weltsicht

71. Auf der Basis von Wissenschaft, Vernunft und gesundem Menschenverstand lassen sich alle Dinge auch ohne Religion erklären. 0 1 2 3
72. Alle Menschen sollten die gleichen Ausgangschancen haben. Staat, Kirchen und Gesellschaft müssen für entsprechende Unterstützung der Schwachen sorgen. 0 1 2 3
73. Wer sich an Gottes Gebote hält, kann immer Gutes von Bösem unterscheiden und wird dafür in den Himmel kommen. 0 1 2 3
74. Alle Materie wird beeinflusst vom Geist und ist vom Geist durchdrungen. Religion und Naturwissenschaft stellen keine Gegensätze mehr dar. 0 1 2 3
75. Ich bin auf lebenslanges Lernen eingestellt und betrachte mein Leben als eine lange Reihe tiefgreifender Veränderungsprozesse meines Bewusstseins. 0 1 2 3
76. Die Welt ist das, was ich aus ihr mache. 0 1 2 3
77. Manchmal spüre ich, dass auch Tiere, Pflanzen oder Steine eine Seele haben. 0 1 2 3

Auswertung

Schreiben Sie in der folgenden Tabelle Ihr Ergebnis neben die Nummer der jeweiligen Frage, also 0, 1, 2 oder 3. Weil 77 Fragen eine ganze Menge sind, brauchen Sie zum Eintragen ein wenig Geduld. Aber es lohnt sich!

Zum Schluss zählen Sie die von Ihnen eingetragenen Zahlen in jeder Spalte zusammen und schreiben die jeweilige Summe in die leere letzte Zeile. Damit erhalten Sie für jede der sieben Farben einen Zahlenwert. Der mögliche Höchstwert pro Spalte ist 33, der niedrigste 0.

PURPUR	ROT	BLAU	ORANGE	GRÜN	GELB	TÜRKIS
7	4	5	6	1	2	3
10	13	14	8	12	9	11
21	18	20	19	15	16	17
26	22	24	23	27	25	28
35	34	29	32	33	31	30
42	36	38	39	41	37	40
48	44	46	45	43	49	47
56	52	53	55	54	50	51
60	57	59	63	58	62	61
69	67	70	64	66	65	68
77	76	73	71	72	75	74

Wo dieser Wert am höchsten ist, ist Ihr Bewusstsein derzeit »zu Hause«. Die zweit- und dritthöchste Zahl ist ein Hinweis, wo Ihr Bewusstsein außerdem noch oder schon ist. Aber bitte nehmen Sie diesen Test als das, was er ist: als spielerische Orientierung, und als Motivation zum Weiterlesen. Denn nun erfahren Sie, was die Farben bedeuten und was es mit »Ihrer« Farbe (oder Ihren Farben) auf sich hat. Beim Test haben wir der Einfachheit halber die unterste Stufe (BEIGE) und die höchste Stufe (KORALLE) weggelassen.

Schnellüberblick

Clare Graves bezeichnete die Bewusstseinsstufen mit einem Buchstabencode (A-N, B-O, C-P usw.) und beschrieb sie mit dem Bild einer schwingenden, nach oben hin offenen Doppel-Helix. Damit wollte er darstellen, wie die Prozesse der Persönlichkeitsreifung und die Bedingungen kultureller Lebensräume ineinander greifen. Seine Schüler Don Beck und Christopher Cowan entwickelten Mitte der 1970er-Jahre einen leichter einprägsamen Farbcode, wandelten die Doppel-Helix in eine Spirale um und nannten das Modell »Spiral Dynamics«. Diesen Farbcode wollen wir hier übernehmen, weil er inzwischen recht gut eingeführt ist. Farben haben den Vorteil, dass sie ziemlich neutrale Bezeichnungen sind und sich gut merken lassen.

1. Beige: Instinkt und Überleben

Die erste Bewusstseinsstufe kennzeichnet den Übergang vom Tier zum Menschen, der vor etwa 100 000 Jahren begann. In Beige geht es um das nackte Überleben des Einzelnen. Wir spüren diese Stufe heute noch bei Lebensgefahr, Krankheit, Depression, Selbstmordgefährdung. Unter extremen Lebensbedingungen können Menschen auf diese Urstufe ihres Bewusstseins zurückfallen: bei Obdachlosigkeit, traumatisierenden Naturkatastrophen, Bürgerkrieg und Völkermord. Beige ist auch zu finden bei hilflosen Neugeborenen. Nahrung, Wasser, Wärme und Sicherheit haben oberste Priorität. Die Alternativen sind: Überleben oder Sterben – und ich will überleben.

2. Purpur: Magier und Clan

Vor etwa 50 000 Jahren fingen Menschen an, sich in Clans und Stämmen zusammenzuschließen, um das Überleben zu sichern. Die Bewegung geht vom Ich zum Wir. Heilige Feste, Rituale und persönliche Passageriten (Pubertät, Hochzeit, Beerdigung) werden als Gruppenerlebnisse begangen. Der Ausschluss aus der Gruppe oder Familie ist die größte Bedrohung, vor der man sich schützen muss. Die Welt hat magische Züge: Es wimmelt von übersinnlichen Wesen, die Segen oder Fluch bringen können. Für Kinder ist das Stofftier lebendig. Erwachsene tragen Amulette, Glücksbringer, Piercings, Tatoos. Heilige Symbole und Sakramente dienen dem Zusammenhalt. In Purpur gibt es gute und böse Geister, daher ist es wichtig, sich mit den guten zu verbünden.

3. Rot: Krieger und Eroberungen

In dieser Stufe löst sich das Individuum aus der magischen Einbettung in die Gruppe oder Familie. Kinder entwickeln erste Ich-Strukturen (Trotzphase). Rot hilft, sich zu wehren gegen Verführung, Abhängigkeit und Unterdrückung. Man entwickelt draufgängerisches Selbstbewusstsein und provozierende Ich-Stärke. Einzelne wagen kreative Aufbrüche. Ihr Freiheitsdrang hilft ihnen, sich mutig aus starren Traditionen zu befreien. Es gilt, Neuland zu erobern und Feinde zu schlagen. Bei Bedrohung reagiert Rot impulsiv mit körperlicher Gewalt. Die Mafia und viele Terrorgruppen sind rote Organisationen. Rot teilt die Welt ein in Starke und Schwache, daher ist es wichtig, zu den Starken zu gehören.

4. Blau: König und heilige Ordnung

Blau setzt Grenzen. Es definiert Regeln und Gesetze, schafft Ordnungen, beschreibt Werte und Tugenden. Blau fällt Urteile über Richtig oder Falsch, verhängt Strafen. So entstehen Moralvorstellungen, sinnstiftende Traditionen, Kaisertum und Königreiche. Die mächtige rote Impulsivität wird eingedämmt und kontrolliert durch Gehorsam, Schuld und Scham. Blau entwickelt Tugenden wie Treue, Fleiß, Pünktlichkeit, Ordnung und Höflichkeit. Die großen monotheistischen Weltreligionen entstehen und binden den Einzelnen in das große absolute Ganze ein. Auch den König, der nicht mehr selbstherrlicher Herrscher sein darf. Er hat ein höheres Gesetz über sich: Gott, ein heiliges Buch oder andere absolute Werte. Es gibt ein erlösendes Jenseits, das die moralisch Guten mit ewigem Leben belohnt. In Blau gibt es Heilige und auf ewig verdammte Sünder, darum sollte man Gutes tun.

5. Orange: Unternehmergeist und Erfolg

Nach vielen Jahrhunderten Konzentration aufs Jenseits beginnt die Menschheit auf der orangen Bewusstseinsstufe, das Diesseits zu erforschen. Aufklärung und Moderne schaffen einen neuen Menschentyp: den ich-bewussten, forschenden und alles hinterfragenden mündigen Bürger. Moderne demokratische Staaten, das Finanzsystem und Industrien bilden sich. Niemand muss mehr an Gott glauben. Um die Weltdeutung kümmert sich die Wissenschaft. Es regieren nicht mehr feudale Aufpasser, sondern Wettbewerb und Markt. Orange schafft Gewinner und Verlierer – ich strenge mich an, um zu den Gewinnern zu gehören.

6. Grün: Gleichheit und Gemeinschaft

Als in den Weltkriegen Materialismus und Leistungsdenken auf schreckliche Weise an ihre Grenzen stoßen, wird der Ruf laut nach mehr Wir-Gefühl und Menschlichkeit. Nach dem Äußeren wird jetzt das Innere erforscht. Die Psychologie wird die neue grüne Leitwissenschaft. Alle Menschen sind gleich, Minderheiten und Benachteiligte werden gewürdigt und integriert. Auch Mann und Frau sind gleichberechtigt. Die Erde darf nicht länger ausgebeutet werden. Entscheidungen müssen auf Konsens beruhen, was wegen Dauerdiskussion zu Stillstand führen kann. Auch wenn in Grün alle Menschen gleich sind – es unterscheidet zwischen sensiblen, bewussten Menschen und unsensiblen, unbewussten.

7. Gelb: Geist und Gestaltungsraum

Der grüne Traum von der Gleichheit hat auch seine Tücken: Die besonders Fleißigen und Pfiffigen fühlen sich eingeschränkt, weil sie immer mehr Rücksicht nehmen sollen auf die Benachteiligten. Das führt zu einer neuen Sehnsucht nach Freiheit und Selbstverantwortung. Wieder machen sich Einzelne auf und durchbrechen die bisherigen Tabus. Sie nutzen vor allem das Internet auf ständig neue, überraschende Weise. Sie sind wendig, pfeifen auf materielle Symbole, vernetzen sich international und verstehen – als die erste aller Bewusstseinsstufen – die Entwicklung dieser Bewusstseinsstufen. Das neue gelbe Bewusstsein hält Paradoxien aus. Für Gelb ist die menschliche Gesellschaft ein großartiger, chaotischer Organismus, der sich natürlich und fließend weiterentwickelt. Wissen und Kompetenz haben Vorrang vor Macht, Status, Besitz oder Gruppeninteressen. Man bevorzugt flexible Arbeitszeiten und persönliche Unabhängigkeit, ist aber emotional eng verbunden mit seiner Arbeit. Gelb kann innere Widersprüche und gegensätzliche Positionen in einem höheren Dritten vereinen.

8. Türkis: Kooperation und Spiel

Danach wird eine neue Wir-Ära anbrechen, befördert von den gelben Individualisten. Türkis handelt kooperativ wie Grün, lässt aber wie Gelb Unterschiede und Gegensätze gelten. Für Türkis ist die Welt ein elegant ausbalanciertes System ineinandergreifender Kräfte und Wellen. Alles ist mit allem verknüpft in lebendigem Zusammenspiel, auch Gefühl und Wissen. Globale Vernetzung ist selbstverständlich, die positiven Kräfte aller Bewusstseinsstufen werden souverän genutzt. Das ganze Universum wird gefeiert als ein einziger dynamischer Organismus, bei dem Geist und Materie in einer wundervollen Beziehung stehen. Bei maximaler innerer Weite und Großherzigkeit pflegen TÜRKISE Menschen einen spielerisch-schlichten, minimalistischen Lebensstil.

9. Koralle: Weitere Weiten

Noch ist diese Bewusstseinsstufe reine Theorie. Aus der bisherigen Erfahrung mit dem menschlichen Geist ahnt man, dass auch Türkis nicht alle Probleme der sich ständig verändernden Lebensbedingungen wird lösen können. Nach dem TÜRKISEN weltweiten Wir-Gefühl wird ein noch weiter greifendes Ich-Gefühl kommen, für das wir immerhin schon eine Farbbezeichnung reserviert haben: Koralle, wie die Tiefenbewohner der noch unentdeckten ozeanischen Weiten unseres Planeten. Weil die neue Stufe alle bisherigen integrieren wird, wird Koralle »BeigePurpurRotBlauOrangeGrünGelbTürkis plus X« sein. Es bleibt lebendig, bleiben Sie neugierig!

Version	Farbe	Stufe	Farbe erinnert an
Gott 1.0	Beige	Archaische Stufe des Überlebenswillens	die Savanne
Gott 2.0	Purpur	Magisch-animistische Stufe der Ahnengeister und Sippe	königlichen Schmuck von Stammeshäuptlingen
Gott 3.0	Rot	Egozentrische Stufe der Machtgötter und Kämpfer	heißblütige Emotionen und das »innere Feuer«
Gott 4.0	Blau	Absolutistische Stufe der Wahrheit und Werte	den Himmel der Rechtgläubigen
Gott 5.0	Orange	Rationale Stufe des Strebens und Forschens	glühenden Stahl in einem Hochofen
Gott 6.0	Grün	Relativistische Stufe der sozialen Verantwortung	grüne Politik, Wälder, Umweltbewusstsein
Gott 7.0	Gelb	Systemisch-integrative Stufe des multiperspektivischen Einbeziehens aller Stufen	Sonnenenergie, alternative Technologien
Gott 8.0	Türkis	Integral-holistische Stufe der globalen Vernetzung	Farbe der Ozeane und der Erde vom Weltraum aus
Gott 9.0	Koralle	Noch unbekannte nächste Stufe, der weitere folgen können	Leben auf dem Meeresgrund

Wenn wir in diesem Buch die Kurzbezeichnung Blau oder Grün usw. verwenden, meinen wir damit von nun an immer den gesamten, lebendig pulsierenden, fließenden und schwingenden Wertekomplex jener Stufe, die durch diese Farbe repräsentiert wird.

Die Farbe Koralle steht für eine weitere Ebene, die eines Tages erscheinen wird, deren Strukturen bisher aber noch nicht klar erkennbar sind. Auf Koralle können weitere Bewusstseinsstufen folgen.[4] Dass Graves' Stufenmodell nach oben offen ist, macht es besonders reizvoll.

Bemerkenswert ist auch, dass alle Stufen von ihren Tiefenmustern her universell und kulturübergreifend rund um den Globus zu beobachten sind. Die sichtbare Ausgestaltung ihrer Oberflächenmuster variiert natürlich: Einen Schöpfergott etwa oder ein Schöpfungsereignis stellt man sich in jeder Kultur anders vor. Die Grundidee ist aber in allen Religionen verblüffend ähnlich.

Eine Stufe markiert den Durchschnitt

Wenn eine Gesellschaft auf der blauen Stufe steht, bedeutet das: Die durchschnittliche Bewusstseinsebene in dieser Gesellschaft enthält die Wertvorstellungen von Blau. Das heißt nicht, dass alle Mitglieder dieser Gesellschaft schon oder nur dieses Bewusstsein haben. Es werden alle Stufen unterhalb vertreten sein, gerade bei den Kindern und Jugendlichen dieser Gruppe. Mit Sicherheit wird es auch einzelne Individuen geben, die bereits die nachfolgende Stufe Orange leben oder schon Grün entwickeln. Einige wenige haben vielleicht schon gelbes Bewusstsein entdeckt. Trotzdem stammen Gesetze, Moralvorstellungen, Werte, Umgangsformen, Arbeitsfelder, Beziehungsmuster und Organisationsformen aus Blau und dominieren damit das öffentliche wie private Leben.

Frühere Stufen sind stärker

Einmal erschienene Stufen verschwinden nicht, wenn eine neue erscheint. Im Gegenteil, sie bilden das Fundament für die darüber liegenden Stufen. Frühere Stufen sind tiefer in der menschlichen Psyche verankert als jüngere. In der nächsten Tabelle finden Sie den Versuch von Clare Graves, die einzelnen Bewusstseinsstufen in der Entwicklungsgeschichte der Menschheit zu datieren. Die Jahresangaben sind sehr unscharf und sollen nur eine ungefähre Orientierung geben.

Version	Stufe	Beginn etwa	Merkmale
Gott 1.0	BEIGE	vor 100 000 Jahren	Menschliche Wesen, nicht nur Tier sein
Gott 2.0	PURPUR	vor 50 000 Jahren	Stammeskulturen, archaische Kunst, Magie
Gott 3.0	ROT	vor 10 000 Jahren	Truppen, Eroberungen, Königreiche
Gott 4.0	BLAU	vor 5 000 Jahren	Staaten, Monotheismus, Sinn für Transzendenz
Gott 5.0	ORANGE	vor 650 Jahren	Mobilität, Volkswirtschaft, Forschung
Gott 6.0	GRÜN	vor 150 Jahren	Menschenrechte, Kollektivismus, Umwelt
Gott 7.0	GELB	vor 60 Jahren	Komplexität, Chaos, Interdependenz
Gott 8.0	TÜRKIS	vor 40 Jahren	Globalismus, weltweite Vernetzung
Gott 9.0	KORALLE	heute	Noch weitgehend unklar

Wie Stufen entstehen

Für das Hervortreten einer neuen Bewusstseinsstufe gibt es immer Gründe. Sie wird nötig, wenn die bisher komplexeste Stufe die Probleme der aktuellen Lebensbedingungen nicht mehr befriedigend lösen kann, oder wenn völlig andere Lebensbedingungen eintreten. Je weniger sich in einer Zivilisation, Kultur oder Gesellschaft verändert, umso länger kann sich eine Stufe behaupten. Verändert sich dagegen die Umwelt stark, müssen neue Wertvorstellungen und Handlungsmuster gestaltet werden.

Salopp könnte man mit George Santayana sagen: »Das Leben ist weder ein Fest noch eine großartige Show. Es ist eine ungelöste Situation.« In diesem Sinne ist jede Bewusstseinsstufe ein guter Lösungsversuch, der im Lauf der Geschichte von noch besseren Lösungen abgelöst werden wird.

Wichtig ist es, alle Stufen zu würdigen. Es gibt keine guten oder schlechten Bewusstseinsstufen. Jede war für die Epoche, in der sie entstanden ist, lebensrettend.

Als Grundregel kann man festhalten: Damit höhere Stufen der Zivilisation bestehen können, müssen frühere Stufen verlässlich funktionieren. Es ist eine wichtige Aufgabe, die bleibenden Verdienste der früheren Stufen zu kultivieren und zu festigen, damit der Übergang zu höheren Stufen nachhaltig ermöglicht wird. Auf diese Weise bilden alle Stufen gemeinsam einen lebendigen Strom wechselnder Komplexität, in dem wir uns auf und ab bewegen.

Jeder Mensch wiederholt die Geschichte

Was in der Menschheitsgeschichte Jahrtausende dauerte, schafft heute ein Kind in ein paar Jahren. Was für die Entwicklung von Stämmen, Völkern, Kulturen und Gesellschaften gilt, das gilt auch für die Entwicklung jedes einzelnen Menschen. Es ist ähnlich wie bei der biologischen Entwicklung: Jedes Individuum durchläuft auf seinem Weg von der befruchteten Eizelle bis zum Säugling und schließlich Erwachsenen noch einmal im Schnelldurchlauf die Jahrmillionen der Geschichte des Lebens – vom Einzeller über einen im Wasser lebenden Zellklumpen bis zum lungenatmenden, aufrecht gehenden und sprechenden Säugetier.

Genauso durchlaufen wir nach unserer Geburt (und teilweise schon davor) die Evolutionsgeschichte des Bewusstseins. Und zwar – das ist eine der entscheidenden Entdeckungen von Clare Graves und anderer Entwicklungsforscher – in der gleichen historischen Reihenfolge. Keine Stufe darf dabei verachtet oder übersprungen werden.

Stufen sind Lebensstationen

Insofern ist jede Stufe auch eine Station Ihres Lebens, auf deren Wertvorstellungen Sie eine Zeit lang verweilen, die Sie dann aber auch wieder verlassen. Es geht dabei nicht zwingend aufwärts (Progression), Sie können auch immer wieder auf eine tiefere Ebene zurückfallen (Regression). Das passiert, wenn Krieg, Naturkatastrophen, Lebenskrisen, Krankheit, Arbeitslosigkeit oder andere einschneidende Veränderungen Ihre Lebensbedingungen drastisch verschlechtern.

Viele Menschen bleiben ein ganzes Erwachsenenleben lang auf einer Stufe. Andere wandern weiter zur nächsten Entwicklung mit ihren neuen Lebensbedingungen und Herausforderungen. Auf jeder Stufe, die hinzukommt und sich mit den darunter liegenden zu einer neuen lebendigen Einheit verbindet, sieht die Welt anders aus, weil man sie mit anderen Augen betrachten kann. Frühere Stufen werden durch eine veränderte Sichtweise neu bewertet. Der Zugang zu diesen früheren Stufen bleibt stets erhalten: Das Gebiet, in dem Sie auf und ab navigieren können, wird so immer größer.

Menschen treten in Stufen ein, erkunden ihre Möglichkeiten, füllen sie aus und reifen darin heran zu Persönlichkeiten. Einige werden zu wahren Meistern im geistigen, politischen oder künstlerischen Gestalten dieser Lebensform. Andere entwickeln sich zu weisen spirituellen Lehrern, die auf dieser Stufe die Tiefe des Heiligen erforschen und damit das religiöse Wissen der Menschheit vermehren.

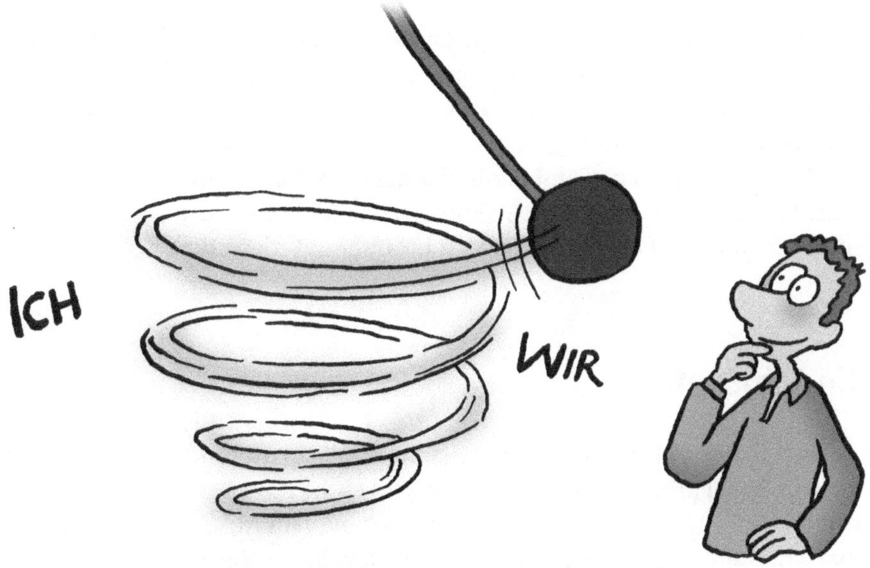

Das Ich-Wir-Pendel

Als Clare Graves die einzelnen Bewusstseinsstufen herausgearbeitet hatte und dann miteinander verglich, machte er eine bemerkenswerte Entdeckung: Die großen Themen der Stufen wechseln sich ab. Wie bei einem riesigen Pendel schwingen sie hin und her zwischen dem Einzelnem und der Gruppe, zwischen Ich und Wir. Er nannte die beiden Ausschläge des Pendels »self-supporting« (das Selbst unterstützend) und »self-sacrificing« (das Selbst opfernd).

Wenn das Pendel nach einem großen Schwung wieder zum Ausgangspunkt zurückkehrt, hat sich dieser jedoch geändert. Die neue Ich-Stufe hat sich gegenüber der zwei Stufen darunter liegenden Ich-Stufe weiterentwickelt. Genauso ist das auch bei den Wir-Stufen. Es ist also mehr als ein bloßes Hin und Her.

Die Schüler von Graves wollten diese besondere Art der Pendelbewegung in ein anschauliches Bild bringen und kamen auf die Metapher der Spirale: eine sich nach oben öffnende, immer ausladender und komplexer werdende, kreisende Struktur. Daher auch die Bezeichnung »Spiral Dynamics«. Wir bleiben in diesem Buch jedoch beim Bild der Stufen, weil diese Bezeichnung zum Standardbegriff in der neueren Literatur geworden ist (und weil der Begriff »Spiraldynamik« im Deutschen eine Bewegungstherapie für die Wirbelsäule bezeichnet).

Durch diesen Pendelschwung zwischen Ich und Wir erhält die Entstehung der Stufen eine eigentümliche Dynamik: Das menschliche Bewusstsein startet mit Egoismus und Eigeninitiative. Doch nach und nach schwächt sich das ab zugunsten eines wachsenden Gemeinschaftsgefühls. Die Ziele werden deutlich weniger egozentrisch, bis das Pendel ganz den gruppenorientierten Wir-Pol des höchsten Gemeinschaftsinteresses und Gemeinschaftsgefühls erreicht hat. Von da aus erwacht langsam wieder die Frage nach dem Eigeninteresse, und das Pendel bewegt sich hinüber auf die andere Seite.

Die Ich-Stufen

Die auf den Einzelnen konzentrierten Bewusstseinsstufen liegen im Bereich der warmen Farben: Beige, Rot, Orange und Gelb. Auf diesen Stufen wollen Menschen ihren eigenen Spielraum erweitern, sie wollen Grenzen überschreiten und sich befreien aus den Regeln des Bisherigen. Sie wollen sich in Sicherheit bringen (Beige), Macht haben (Rot), etwas darstellen (Orange) oder den Überblick haben über das gesamte System (Gelb).

Auf einer Ich-Stufe erfährt sich ein Mensch als Individuum oder als Teil einer kleinen Elite, jedenfalls deutlich abgegrenzt von anderen Menschen und Situationen. Er betont seine Autonomie, Selbstständigkeit und Einzigartigkeit. Er will aus seinem Inneren heraus Verantwortung übernehmen für sich selbst. In seinem Inneren erklingen Botschaften wie: »Überschreite die Grenzen der Natur.« »Zerreiße die Ketten, die dich binden.« »Weite den Blick.« »Fordere neue Rechte und Freiheiten.« »Wage dich nach vorne.« »Gestalte die äußere Welt.« »Verlass dich auf die Kraft in deinem Inneren.« »Vertraue deinem eigenen Urteil.« »Gestalte dein Leben selbst.«

Auf den Ich-Stufen wird mit den Sicherheiten der bisherigen Tradition gebrochen. Neue Gebiete jenseits der vertrauten Gruppe wollen erkundet und neue Ressourcen erschlossen werden. Man hat das Bedürfnis, die äußere Welt zu erkunden und zu beherrschen.

Die Ich-Stufen	Das Individuum / die kleine Elite / der Einzelne Grundthemen: Selbstwahrnehmung, Selbstverantwortung, Selbstverwirklichung
Beige	Ich-Ziel: nicht zugrunde gehen, zurechtkommen mit Widrigkeiten der Natur, feindlichen Angriffen und der Verletzlichkeit des eigenen Körpers. Credo: Ich, der *Mensch,* versuche hier unter schwierigsten Bedingungen zu überleben. »Ich existiere!«
Rot	Ich-Ziel: als Einzelkämpfer Unabhängigkeit und Respekt gewinnen, den eigenen Vorteil herausholen, Schande vermeiden. Credo: Ich, der *Mächtige,* drücke mein Selbst impulsiv nach eigenem Belieben ohne Scham und Schuldgefühle aus. »Ich will alles, jetzt!«
Orange	Ich-Ziel: Freiheit, Selbstverantwortung, Erkenntniszuwachs, Erfolg, Einfluss, Wachstum, Wertschöpfung und Wertsteigerung (Kompetenz, Wissen, Prestige, Geld), Zielorientierung, Effizienz und Effektivität (Optimierungsprozesse). Credo: Ich, der *Fähige,* drücke mein Selbst vernunftgesteuert und mit wenig Scham und Schuldgefühlen aus. »Ich mache die Sache am besten und überflügle so andere Wettbewerber!«
Gelb	Ich-Ziel: größtmögliche Freiheit und Eigenverantwortung, Innovationssuche, neue Lernkontexte, Offenheit für flexibles Denken und Handeln in großen Zusammenhängen, systemische Prozesse als integratives Zusammenspiel mit allen Kräften aus allen Stufen. Credo: Ich, der *Wissende,* drücke mein Selbst aus, allerdings nie auf Kosten anderer oder der Erde. »Ich lerne von allen, vernetze alle mit allen!«

Die Wir-Stufen

Anders sieht es aus, wenn sich der eigene Schwerpunkt gerade auf einer der Wir-Stufen befindet. Diese umfassen die kühleren Farben Purpur, Blau, Grün und Türkis. Die Wir-Stufen sammeln Menschen in Gruppen und bilden neue, immer komplexere soziale Einheiten, die durch äußere gemeinsame Kontrolle des Kollektivs geschützt werden. Gebote und Verbote spielen hier eine wichtige Rolle – Spielregeln, Normen, Gesetze, Menschenrechte. Um der Gemeinschaft willen werden von jedem Einzelnen Verzicht und Selbstaufopferung verlangt. Purpur umfasst die Sippe (Blutsverwandtschaft), Blau die Gemeinschaft der Gläubigen, das Königreich oder den Nationalstaat, Grün alle sensiblen, einfühlenden Menschen weltweit, Türkis das Leben und Bewusstsein im gesamten Kosmos.

Auf einer Wir-Stufe hören wir in unserem Inneren Botschaften wie diese: »Nimm das Unabwendbare an.« »Akzeptiere die Gegebenheiten der Natur.« »Vertiefe den Blick.« »Suche nach Anleitung durch eine Autorität.« »Erfahre und fördere den Zusammenhalt der Familie.« »Spüre die größere Ordnung.« »Binde dich an zuverlässige Strukturen einer Gesellschaft.« »Lebe in Übereinstimmung mit anderen.« »Teile Interessen.« »Erfreue dich an der Gemeinschaft.« »Trage das große Ganze mit.« »Bewahre das lebendige System der Erde und aller atmenden Wesen.« »Bette dein Leben ein in den kosmischen Vollzug.«

Auf den Wir-Stufen konzentriert sich alles darauf, mit sich selbst und anderen so in Übereinstimmung zu kommen, dass gemeinsam Gutes gelingen kann. Man bereichert sich nicht selbst, sondern verteilt in Übereinstimmung mit anderen die Ressourcen um, damit sich daraus eine stabile Gemeinschaft bilden kann.

Die Wir-Stufen	Die Gemeinschaft / das Kollektiv /die soziale Gruppe Grundthemen: Selbstaufopferung, Selbsthingabe, Verzicht
PURPUR	Wir-Ziel: Harmonie und Einklang, Sicherung der Existenzgrundlagen, Zugehörigkeit, vertrautes Umfeld, gemeinsame Gewohnheiten und Rituale. Credo: Wir, die *Clanmitglieder,* opfern jetzt der Lebensweise der Ahnen. »Wir sind eine Familie und halten alle zusammen, das gibt Sicherheit.«
BLAU	Wir-Ziel: Alle profitieren von verbindlicher Loyalität, Disziplin, festen Rollen und Zuständigkeiten, Verlässlichkeit, Gewissheit über den Sinn des Lebens, gemeinsamer Ethik, Unterordnung unter ein höheres, Gerechtigkeit stiftendes Ordnungsprinzip, stabiles Weltbild, feste Wertevereinbarungen, die eine Wahrheit. Credo: Wir, die *wahren Gläubigen,* opfern uns jetzt für zukünftigen Lohn. »Wir finden Sicherheit unter dem Dach eines größeren Ganzen und befolgen treu dessen Regeln. So kommt man zu etwas, auch wenn es dauert.«
GRÜN	Wir-Ziel: gegenseitige Wertschätzung und Würdigung, konsensbildende Unterstützung, um persönlich und menschlich zu wachsen und mehr zu erreichen, einander ergänzende Prozessarbeit. Credo: Wir, die *Annehmenden,* opfern jetzt für einen Lohn, der uns und anderen unmittelbar zukommt. »Wir bilden eine mitfühlende, handlungsfähige Gemeinschaft, die sich um Schwache und Ausgegrenzte kümmert. Das ist gut für unsere gesamte Gesellschaft.«
TÜRKIS	Wir-Ziel: globales Mitgefühl, Sinnorientierung auf das Höhere und Allgemeingültige. Hohe ethische Werte global implantieren und fördern, globale Wirkungszusammenhänge zum Wohl der ganzen Menschheit mitgestalten, ganzheitliches Wissen aus Vernunft und Intuition verbreiten, holistisches Bewusstsein teilen. Credo: Wir, die *Werdenden,* opfern unser Selbst, damit alles Leben, nicht nur unser eigenes, fortbestehen kann. »Wir dienen mit unserem Zusammenschluss dem Sein selbst und damit dem Überleben der ganzen Menschheit, auch wenn es uns alles kostet, vielleicht sogar das eigene Leben.«

Auf einer Wir-Stufe erlebt man das eigene Selbst als nicht mehr so scharf abgrenzt wie vorher auf der Ich-Stufe. Man wird durchlässiger für andere und erfährt sich wieder stärker als Teil eines Netzes aus sozialen Beziehungen. Angekommen auf einer Wir-Stufe, können ehemalige Einzelkämpfer wieder sagen: »Wir passen zusammen.« »Wir teilen wichtige Werte.« »Wir sind Gleichgesinnte, auf neue Weise miteinander verbunden.« »Wir sind in einem gemeinsamen Ganzen aufgehoben, das uns umfängt.« »Wir können zusammen mehr bewirken als ein Einzelner allein.«

Hierdurch wird das individuelle Ich wieder in die Welt des Wir eingegliedert. Das Gefühl der Zugehörigkeit wird mit jeder weiteren Wir-Stufe umfassender. Es beginnt in PURPUR bei der Familie, erweitert sich in BLAU zum Volk (oder Kirchenvolk), in GRÜN zur Menschheitsfamilie und in TÜRKIS schließlich zum Kosmos. Auf dem Höhepunkt einer Wir-Stufe erfahren sich Menschen gegenseitig als Spiegel und lebendiger Bestandteil des größeren Ganzen.

Leben ist Wechsel

»Wer glaubt, ist nicht allein.« Diesen Satz sprach Joseph Ratzinger bei seiner ersten Rede als neu gewählter Papst Benedikt XVI. Ein klares Bekenntnis zur Wir-Stufe als dem wahren Ort des Glaubens. Ein ebenso großer Satz stammt von dem katholischen Religionsphilosophen Romano Guardini: »In der Regel steht der Christ allein.«[5] Ein ebenso klares Wort über das innere Wissen eines Christen, der sich als Einzelner auf der Ich-Stufe wiederfindet. Es wäre Unsinn, beide Sätze gegeneinander auszuspielen. Zusammen ergeben sie die spannungsvolle Polarität paradoxer Weisheit.

Für uns gehört die Ich-Wir-Polarität zu einer der wichtigsten Einsichten dieses Stufenmodells. Ich- und Wir-Stufen fördern sich gegenseitig. Sie lösen Probleme der vorangegangen Stufe, erweitern den Rahmen und sorgen für umfassendere Perspektiven. Die Pendelschwünge von Ich und Wir erzeugen eine permanente Korrektur: Der Nachteil der einen Stufe wird durch den Vorteil der darauffolgenden Stufe ausgeglichen. Durch diese geheimnisvolle Dynamik entwickeln wir Menschen ein immer komplexeres Bewusstsein als Individuen und als Gemeinschaftswesen.

Ich – die Kategorie des Einzelnen

Gerade bei der spirituellen Entwicklung kommen eine Menge Probleme auf den Einzelnen zu. Ein moderner Mensch kann nicht mehr blindlings an etwas glauben, nur weil es ihm irgendwelche Kirchenautoritäten vorschreiben. Er will die Wahrheit selbst erfahren. Der Kirchenlehrer Augustinus, berühmt geworden mit seinem spirituellen Selbsterforschungsbericht »Confessiones«, ermutigte ausdrücklich dazu, die Ich-Stufen zu erkunden: »Ein Mensch muss zuerst zu sich selbst zurückfinden, zu seinem Selbst, als wäre es eine Treppe, auf der er zu Gott aufsteigen kann.«

Damit lastet viel auf den Schultern eines spirituellen Suchers, der die Grenzen der vorigen Wir-Stufe nicht länger akzeptieren kann und sie überschreitet. Er verliert den Halt, die Zustimmung und die Geborgenheit seiner bisherigen religiösen Gemeinschaft. Nun steht er ohne äußere religiöse oder kirchliche Autorität da, die ihm sagt, was er glauben soll und was er zu tun hat. Er kann zwar sein eigenes Befreiungsprojekt werden und spirituelles Neuland erforschen. Aber er muss dabei auch mit Haltlosigkeit und Einsamkeit fertig werden. Ich-Stufen sind daher für viele kirchlich geprägte Gläubige ein rotes Tuch – denn es wirkt so, als würde man vom Glauben abfallen, wenn man sich nicht mehr mit einer Wir-Stufen-Gemeinschaft identifizieren kann.

Gegen solche Ängste macht das Modell der Bewusstseinsstufen eine klare Aussage: Ich-Stufen sind für spirituelles Wachstum genauso wertvoll wie die Wir-Stufen. Der protestantische Theologe und Philosoph Sören Kierkegaard sagte es kurz und knapp: »Der Einzelne ist die Kategorie, durch die, in religiöser Hinsicht, die Zeit, die Geschichte, das Geschlecht hindurch muss.«

Eine wertvolle Inspiration für tiefe spirituelle Erlebnisse ist das Buch »Die Vielfalt religiöser Erfahrung« des amerikanischen Religionsphilosophen William James (1842–1910). Dieser Klassiker von 1901 enthält unzählige Beispiele für ganz persönliche spirituelle Erfahrungen. Für James war klar: Religion hat ihren wirklichen Ort im inneren Erleben des Einzelnen. Sein Ziel war es deshalb, durch die »anrührenden Zeugnisse« Einzelner seine Leserschaft für bewusst geübte spirituelle Selbsterkundung zu sensibilisieren.

Für viele kirchentreue, an der »rechtgläubigen« Orthodoxie ausgerichtete Christen (katholisch wie evangelisch) ist das heute noch ein gefährlicher Individualismus, den sie als unchristlich ablehnen. Trotzdem gilt: Nur auf einer neuen Ich-Stufe kann nach zukünftigen Lösungen gesucht werden für die Widersprüche und Probleme, welche die bisherige Wir-Stufe erzeugt hat. Hier wird man als spiritueller Pionier neue Abenteuer des Geistes wagen und Bewusstseinsdurchbrüche erzielen, von denen später die Gemeinschaft der nächsthöheren Wir-Stufe profitieren kann. Gerade auf den Ich-Stufen werden die künftigen Grundmuster komplexerer spiritueller Ordnungen entdeckt und erprobt – auch das ist ein Dienst für andere.

Wir – die Kategorie der Gemeinschaft

Während James die Bedeutung des Einzelnen hervorgehoben hatte, begreift der kanadische Politikwissenschaftler und Professor für Philosophie Charles Taylor (*1931) dagegen den Menschen wieder als schlechthin soziales Wesen, das durch Gemeinschaft geprägt ist. In seinem Buch »Die Formen des Religiösen in der Gegenwart« (2001) kritisiert Taylor den modernen individualistischen Ansatz von James als zu einseitig mit der Begründung, dass es einfach keine soziale Voraussetzungslosigkeit der religiösen Erfahrung gibt. Taylor ergänzt damit James' Perspektive durch den Wir-Aspekt der religiösen Gemeinschaftserfahrung und erinnert daran, dass bestimmte spirituelle Erfahrungen tatsächlich nur in der Gemeinschaft gemacht werden können: »Es gibt auch bestimmte Gefühle, die man nicht alleine für sich haben kann, sondern nur in der Solidarität.« Z. B. braucht es für die »Realisierung von Nächstenliebe« ein Du, dem ich mich zuwenden kann. Das bedeutet aber auch, dass sich die Erfahrung allein durch den Umstand, dass sie geteilt wird, in etwas Anderes, Eigenes und Neues verwandelt, das sonst nicht erfahrbar wäre.

Wir würden also spirituell sehr schnell verarmen, wenn wir uns dem reichen Erfahrungsraum der Wir-Stufen gänzlich entziehen würden. Man kann sogar noch weiter gehen wie die protestantische Theologin Dorothee Sölle und daran erinnern, dass es einem Einzelnen nicht zusteht, seine spirituellen Erfahrungen als persönlichen Besitz zu betrachten: »Was nicht geteilt werden kann, ist nicht wert, besessen zu werden.« Vielleicht haben Sie sich das auch schon gefragt: »Warum habe ich diese Erfahrung gemacht? Mit wem könnte oder sollte ich sie teilen? Wer kennt das auch?«

Auf den Wir-Stufen sucht und findet man seine »spiritual intimates«, Freundinnen und Freunde, Glaubensgenossen, Pilgergefährten, Brüder und Schwestern im Geiste. Umfasst von dieser Glaubensgemeinschaft kann man auch über Kontinente und Zeiten hinweg Heimatgefühl und Geborgenheit erfahren. Das christliche Symbol für diese Verbundenheit ist das gemeinsame Brotteilen.

Jesus zwischen Ich und Wir

Jesus selbst pendelte aus Sicht der Evangelisten zwischen Alleinsein und Gemeinschaft mit anderen Menschen hin und her. Er ging in die Einsamkeit, konnte aber ebenso gut mit anderen zusammen sein, teilen und feiern. Er verband die befreiende Dynamik der Ich-Stufen mit den bergenden Kräften der Wir-Stufen. In der Bergpredigt spricht Jesus einmal über das Gebet (Matthäus 6, 6–12). Er nimmt die Bedürfnisse der Ich-Stufen in den Blick und empfiehlt dem Einzelnen das Beten im stillen Kämmerlein. Dort soll jeder seine individuellen spirituellen Erfahrungen mit Gott im eigenen Inneren machen – mit individuell formulierten Gebeten oder in wortloser Stille, Versenkung und Kontemplation.

Unmittelbar darauf wendet sich Jesus den Wir-Stufen zu und formuliert für sie das »Vaterunser«. Ein Gebet mit festem Wortlaut, den alle zusammen sprechen sollen und der die Gemeinschaft kräftigt, vor allem in der gemeinsamen Hinwendung zu Gott und in der Bitte um das für alle Lebensnotwendige, symbolisiert in »unser tägliches Brot«. Zugleich verweist seine Formulierung »unsere Schuld« auf die Komplexität jeder Gruppe, in der die Einzelnen verstrickt sind in lebensfeindliche Haltungen und Strukturen. Eine Lösung gibt es nur, wenn sich alle gemeinsam den kollektiven Schatten ihrer Gesellschaft stellen.

Wenn Jesus Kranke heilt, will er damit Menschen auf den Ich-Stufen befreien. Jesus spricht einen leidenden Menschen oft allein an, nimmt ihn beiseite, führt ihn heraus aus dem Dorf oder aus der Menge. Jesus ermöglicht den Menschen, selbst sehen zu lernen. Wohl deshalb scheinen Blindenheilungen seine Lieblingswunder gewesen zu sein.

Gleichzeitig enden die kurzen Erzählungen häufig mit einem Fest oder einer Einladung, bei der auch die Ausgeschlossenen miteinander Brot, Fisch und Wein teilen, zusammen feiern und sich mit Jesus unterhalten. All diese Gastmähler symbolisieren die Erfahrung, dass in einer Gemeinschaft eine Zuwendung erlebt werden kann, die auch die Seele satt macht.

Ich-Paulus und Wir-Petrus

Paulus könnte man als Apostel für die Ich-Stufen bezeichnen. Fern vom Jüngerkreis in Jerusalem, auf dem Weg nach Damaskus, offenbart sich Christus ihm allein. Später trägt Paulus fast als Einzelner den neuen Christusglauben auf zahlreichen Missionsreisen hinaus in die Welt. Wie bei vielen Mystikern steht bei Paulus die eigene religiöse Erfahrung im Zentrum. Immer wieder betont er, dass er persönlich und unmittelbar Christus erfahren hat.

Petrus dagegen ist der Schirmherr für die Wir-Stufen. Zuerst war er die Zentralfigur der zwölf Jünger, dann leitete er die Jerusalemer Urgemeinde. Als Fels der Kirche sorgt Petrus für Ordnung und Zusammenhalt. Für ihn war die kollektive Gemeinschaft der selbstverständliche Ort religiöser Erfahrung. Er begegnet Christus stets als Teil einer Gruppe; Spiritualität bedeutet für ihn den Dienst am anderen und an der leidenden Welt.

Gott 1.0: Beige

Was ist der Mensch, dass du seiner gedenkst,
und des Menschen Kind, dass du dich seiner annimmst?

Psalm 8, 5

Ich lebe, und ihr sollt auch leben.

Jesus in Johannes 14, 19

Wir sind etwas von Anfang an.
Vollende deine Geburt! Das ist die Aufgabe des Lebens.

Willigis Jäger

Willst du gewiss fahren und Gott in seinem Wesen recht lernen erkennen, so musst du unten anfangen. Ich fange bei der Krippe an.

Martin Luther

Und jedem Anfang wohnt ein Zauber inne,
der uns beschützt und der uns hilft zu leben.

Hermann Hesse

Weil jeder Mensch aufgrund des Geborenseins ein Anfang und Neuankömmling in dieser Welt ist, können Menschen Initiative ergreifen, Anfänger werden und Neues in Bewegung setzen.

Hannah Arendt

Das letzte halbe Jahr war für Daniela besonders schwer. Manchmal brachte sie es kaum über sich, ihren Vater im Heim zu besuchen. Zu deprimierend war, was von dem brillanten Mann übrig geblieben war, als den sie ihn seit ihrer Kindheit gekannt hatte und der ihr so viel beigebracht und gezeigt hatte. Zuerst konnte er noch selbst essen und trinken, und das tat er mit vollem Einsatz und ohne eine Miene zu verziehen. Sein Schmatzen störte Daniela – und die Tatsache, dass er alles, selbst Kartoffelpüree und Mischgemüse, mit der Hand essen wollte. Wenn sie ihn ermahnte, die Gabel zu benutzen, hatte er anfangs nur ungläubig gekichert, später reagierte er gar nicht mehr auf ihre Kommentare. Sein Geist war irgendwo in ihm verloren gegangen und seine Sprache verschwunden. Sein Verhalten kam Daniela oft vor wie die sinnlosen Bewegungen, die ein leer laufender Automat ausführt. Irgendwann begriff Daniela, dass sie ihn nicht mehr mit »Papa« oder »Vater« anzureden brauchte. Er reagierte allenfalls noch auf seinen Vornamen. Wie ein Baby war er geworden, ohne Geschichte, ohne Zukunft und völlig schutzlos. Daniela konnte nur noch über seine Körperempfindungen Kontakt zu ihm herstellen. Manchmal gelang es ihr, durch liebevolles Streicheln seiner Wangen oder eine kleine Massage seiner Füße mit duftendem Babyöl oder das Summen eines alten Kinderliedes einen inneren Widerhall bei ihm zu erzeugen.

Die Demenz schritt fort. Daniela war froh, dass sie ihren Vater nicht selbst zu wickeln brauchte. Wenn sie ihn besuchte, dreimal die Woche, fütterte sie ihn, schob ihn im Rollstuhl durch die Gänge oder in den kleinen Garten, solange er überhaupt noch aus dem Bett kam. Am Ende lag er nur noch da, mit geschlossenen Augen, schob die Zunge im Mund hin und her, und ab und zu kam ein Stöhnen aus ihm heraus, das ihr ins Herz schnitt. Als er starb, wusste Daniela nicht, was größer war, ihre Trauer oder ihre Erleichterung darüber, dass sein Leiden nun ein Ende hatte.

Drei Wochen nach der Beerdigung wurde sie schwanger. Und als sie neun Monate später ihren Sohn Max in den Armen hielt, war es wie ein Déjà-vu. Ein winziges, hilfloses Bündel von Instinkten, unfähig, sich in der Welt zu bewegen oder zu orientieren. Satt, trocken und warm zu sein, sowie genügend Schlaf zu haben – etwas anderes interessierte ihn nicht, kam in seiner Welt gar nicht vor. Doch eins war entscheidend anders. Sie wusste, ihr Sohn würde diesen Zustand der instinktgesteuerten Hilflosigkeit bald hinter sich lassen, heranwachsen zu einem Menschen mit einem klaren Bewusstsein für sich selbst, für andere und für seine Umwelt.

Mensch 1.0: Reines Überleben

Die BEIGE Stufe bedeutet den Schritt vom Tier zum Menschen, das Auftreten der ersten Exemplare der Gattung Homo sapiens. BEIGE bildet die Grundlage unseres Menschseins. Auf dieser Stufe gibt es noch kein ausgeprägtes Zeitempfinden, die Menschen leben in einer zeitlosen reinen Gegenwart. Sie bilden noch keine sozialen Systeme, keine organisierten Stämme oder Clans, sondern leben zusammen in losen Verbänden, in kleinen Sippen oder noch unstrukturierten Horden. Ohne diese Gruppe können sie nicht überleben. Große Tiere etwa kann niemand allein jagen, und außerdem bietet die Sippe Schutz und Wärme. Gewohnheiten und instinktives Verhalten dienen dem bloßen Überleben. Der Mensch 1.0 hat noch kein Wissen, was planerisches Gestalten betrifft. Es mangelt ihm an komplexem Denken und er ist auch noch nicht in der Lage, sich in einen anderen Menschen hineinzuversetzen.

In der individuellen Entwicklung jedes Menschen steht BEIGE am Anfang. Der Säugling kann in den ersten Wochen nicht zwischen sich und der Welt unterscheiden, auch nicht zwischen sich und der Mutter. Er lebt in vollkommener Selbstbezogenheit und ist, wie die Kinderärztin und Psychoanalytikerin Margret Mahler es nannte, »ganz von sich selbst erfüllt – Narzissmus in Reinkultur«.

Jedes Baby ist zunächst einmal einfach ein Körperselbst, das in eine Welt geworfen wurde, in der es allein niemals überleben könnte. Das Baby kann noch nicht »ich« denken, darum übernimmt vorläufig sein Körper die Rolle des Subjekts. Der Körper entscheidet, was zum Überleben hilft, was ihm gut tut und was nicht. Auf diese Weise kann das Baby erste emotionale Unterschiede erfassen, die ihm später helfen, ein eigenes Ich-Bewusstsein auszubilden. Erst dann kann es lernen, zwischen sich und seinem Körper oder zwischen sich und der Mutter zu unterscheiden.

Gelingt einem Menschen der Ablöseprozess aus dieser symbiotischen Einheitsphase nicht oder nur teilweise, kann er später keine klaren emotionalen Grenzen ziehen zwischen dem eigenen Selbst und dem anderer. Er versteht nicht, dass andere Menschen eigene Gefühle haben. Autismus, Narzissmus oder Borderlinestörungen haben hier ihren Ursprung.

Gesellschaft 1.0: Das Notfallprogramm unserer Seele

Ganz ähnlich waren die Urmenschen anfangs ganz unbewusst eingehüllt in ihre Umgebung. Sie konnten noch nicht unterscheiden zwischen sich und der Natur. Sie »waren« Natur, sie waren einfach »da«, wie Pflanzen, Tiere, Berge oder Flüsse. Ethnologen vermuten, dass in einigen entlegenen Winkeln dieser Erde, etwa mitten im brasilianischen Urwald, noch kleine Gruppen von steinzeitlichen Menschen leben könnten, die der BEIGEN Stufe zuzurechnen sind.

Die BEIGE »Gesellschaft« ist klein. Sie besteht höchstens aus ein paar Menschen, die sich unmittelbar als Teil der Natur fühlen, sich fortpflanzen und instinktiv mit allen Sinnen auf die Gefahren reagieren, die ihnen im Dschungel oder von anderen drohen. Ihr Denken ist prälogisch und präsozial. Letztlich versucht jeder, allein zu überleben.

Bei Menschen, die in höheren Bewusstseinsstufen leben, ist BEIGE nicht einfach verschwunden. Es bleibt, wie bei Danielas Vater, bestehen als letztes Fundament. Auch Menschen, die an sich geistig gesund und moralisch integer sind, können unter bestimmten Umständen bis BEIGE zurückfallen.

Auslöser für solches Zurückfallen auf die fundamentalste Stufe des Bewusstseins kann eine Hungerkatastrophe sein, ein Bombentrauma, eine Geisteskrankheit oder Senilität, die zur Demenz führt. Auf den Intensivstationen liegen bewusstlose Schwerstkranke oder Sterbende, die ohne fremde Hilfe nicht überleben könnten. Auch sie befinden sich in der Bewusstseinsstufe BEIGE, genau wie Frühchen, die ohne Brutkasten und künstliche Ernährung keine Chance auf Überleben hätten.

In Kriegsgefangenenlagern und Flüchtlingscamps, unter den Opfern von Folter, psychischem Terror, Erdbeben, Tsunamis oder anderen Naturkatastrophen finden sich Menschen, die zurückgeworfen werden nach BEIGE. Selbst ein Verkehrsunfall kann einen schockartigen Absturz zu BEIGE auslösen. Sobald die Notsituation vorüber ist, können sich den Betroffenen ihre vorherigen Bewusstseinsstufen wieder erschließen. Doch das ist oft erstaunlich schwierig, weil BEIGE schwere Traumatisierungen erzeugen kann.

Gesellschaft 1.0: Die Kraft der Überlebensinstinkte

Die Stufe BEIGE ist dennoch alles andere als primitiv. Die verborgenen Fähigkeiten aller Sinne, der Intuition bis hin zu den rätselhaften Erscheinungsformen des »siebten Sinns« sind hier angesiedelt. Jörg Zink, der große evangelische Theologe, begegnete bei einer seiner Wüstenreisen einem kleinen, etwa zehnjährigen Beduinenmädchen, das mit seinen Ziegen in einem staubtrockenen Wadi unterwegs war. Es war stechend heiß, ringsum nur trockenes Gestein und Sand, und Zink sah absolut keine Chance, hier irgendwo Wasser zu finden. Das Mädchen aber lief witternd wie ein Tier ein bisschen auf und ab und fing plötzlich an zu graben. Nach dreißig Zentimetern kam Wasser. Sie hatte es einfach gerochen.[6]

»Ja, sehr dement. Das einzige, worauf sie reagieren, sind ein paar Jahrhunderte alte Lieder.«

Telepathie, Hellsichtigkeit und andere erstaunliche Begabungen scheinen bei Naturstämmen mit hohen BEIGEN Bewusstseinsanteilen ausgeprägter zu sein als bei Menschen, die auf späteren Stufen in einer technischen Umgebung leben. Wo das Überleben davon abhängt, mögliche Bedrohungen durch Tiere oder Wetterumschwünge rechtzeitig zu erkennen, bleiben instinktive Fertigkeiten länger erhalten.[7] Von Menschen, die auf einer einsamen Insel gestrandet oder im Urwald abgestürzt waren, wird berichtet, dass sich ihre Sinne in kurzer Zeit enorm geschärft haben. Diese BEIGE Basis des Überlebenswillens schlummert in jedem Menschen und kann wiedererweckt werden, wenn es notwendig ist.

Die traumähnliche BEIGE Existenz ist Menschen nur möglich, solange sie in kleinen Grüppchen ungestört leben können. Wenn sie sich in einer bestimmten Region stark vermehren, zwingt sie die Konkurrenz um Nahrung und Jagdgründe dazu, sich in festeren Gruppen zu organisieren. Neue Synapsenverbindungen bilden sich im Hirn aus, die eine deutlichere Unterscheidung zwischen dem Ich und dem Anderen ermöglichen. Es entsteht ein Bewusstsein für Zeit, etwa für die Spanne zwischen Saat und Ernte, sodass sich erste Formen von Ackerbau herausbilden können. Die urtümliche Egozentrik weitet sich zum Bewusstsein eines »Wir«, das einen selbst und die Stammesgeschwister umfasst. Der erste Wir-Raum entsteht, PURPUR zieht am Horizont herauf.

Gott 1.0: Urzustand Einheit

Auf dieser frühesten Stufe ist es schwierig, überhaupt von Gott zu sprechen. Der Mensch ist noch ganz mit seinem Ursprung identisch.[8] Es gibt im strengen Sinne noch gar kein Bewusstsein, weil bewusste Wahrnehmung immer eine gewisse Distanz zum Wahrgenommenen voraussetzt. Solange wir mit dem Urgrund vollkommen identifiziert sind, leben wir zwar in der Einheit, doch ohne jegliches Bewusstsein davon.

Gott 1.0 ist vergleichbar mit dem BIOS eines Computers. Dieses *Basic Input Output System* ist in die Hardware eingebaute elementare Software, die bei jedem Start automatisch als Erstes geladen wird. Das BIOS ermöglicht es dem eigentlichen Betriebssystem, in den Speicher hineingefüllt zu werden.

Es ist wohl kein Zufall, dass dieser technische Begriff BIOS das griechische Wort für Leben, *bios,* nachahmt. Überleben ist das beherrschende Thema von Beige, und so ließe sich Gott 1.0 bezeichnen als das Leben oder das Sein selbst. In diesem Sinn wäre Gott die unreflektierte, unbewusste Grundlage unserer Seele. Dieser Urbegriff von Gott bezeichnet das seelische Fundament unseres Lebens ebenso wie das Material, aus dem es besteht, aber kein unterscheidbares Gegenüber.

Auf der beigen Stufe ist Gott noch nicht entfaltet. Er ist, wie das gesamte Bewusstsein des Babys, noch »eingefaltet« in die Materie. Das kann uns als Erwachsene daran erinnern, dass wir die Materie nicht gering schätzen dürfen. Ohne Materie wären wir nichts, und selbst wenn unser Bewusstsein möglicherweise in anderen Seinsformen unabhängig von einem Körper existieren könnte, sind wir doch in diesem Leben nichts ohne unseren Körper, ohne die materielle Basis. Deswegen ist es auch von so großer Bedeutung für den christlichen Glauben, dass Gott selbst sich inkarniert hat, dass er sich eingelassen hat auf die Materie, indem er Mensch geworden ist.

Jesus 1.0: Der Säugling in der Krippe

Kaum eine Religionsgemeinschaft betont so sehr die niedrige Herkunft ihres Gründers wie die Christen. »In einer Krippe, nackt und bloß« kommt Gott als Mensch zur Welt, als hilfloser Säugling, auf normalem Weg von einer Frau geboren. Während in der Geburtserzählung Maria das gewickelte Kind in eine Futterkrippe legt, haben viele kluge Maler auf ihren Bildern das neugeborene Jesuskind nackt auf die nackte Erde gelegt.

Mit der Kenntnis der Bewusstseinsstufen lässt sich die Absicht dieser Darstellungen gut verstehen: Der Retter der Welt kommt nicht von oben, sondern von ganz unten. Als nacktes Kind, das versorgt werden muss wie jeder andere hilflose Säugling auch. Man will sagen, dass der Erlöser im BEIGEN Bewusstsein verankert ist, und Gott damit alles Leben durchdringt, auch die frühesten menschlichen Erfahrungen. Dass das neugeborene Jesuskind in der Weihnachtslegende nur knapp dem Kindermord in Bethlehem entgeht, unterstreicht noch einmal die Dramatik dieser ersten Überlebens-Stufe.

Die jüdische Philosophin Hannah Arendt (1906–1975) sah in Jesus vor allem den »Geborenen« und nicht den Gekreuzigten. Für sie war die »Natalität«, also das Geborensein oder die Gebürtigkeit, das, was menschliche Existenz im Wesentlichen bestimmt.[9]

Zwei Dinge leiten sich aus diesem Denkansatz ab: Zum einen ist das Geborenwerden der Weg, durch den sich die göttliche Wirklichkeit täglich auf unübersehbare Weise erneuert. Mit dem Geborensein eines jeden Menschen entsteht eine ureigene Weise, Bewusstsein zu verkörpern. Ganz gleich, wie weit sich ein Mensch durch die Stufen entwickeln wird, sein Blick auf die Welt ist immer unverwechselbar und einzigartig, weil in ihm Gott in die Welt schaut. Zum anderen ist niemand bei seiner Geburt allein – anders als es beim Sterben sein mag. Die Geburt ist ein unvergleichliches schöpferisches Beziehungsgeschehen, das zwei Wesen gleichzeitig erleben. Beide können ihm nicht ausweichen, beide sind gefährdet, beide müssen sich danach finden, damit das Kind überleben kann. Das christliche Symbol für diese rettende Urbezogenheit ist die stillende Maria.

Jesus 1.0: Die strömende Milch der Güte

Maria, die ihr Kind stillt, ist das Gegenprogramm zur kalten Formel, dass das Leben nichts ist als Fressen und Gefressenwerden. Die Madonna mit dem kleinen Jesuskind an der Brust sagt: Das Leben ist vor allem ein Nähren und Genährtwerden.

Insofern hat die Wertschätzung Marias, aller Mütter und aller weiblichen Gottheiten tiefen Sinn. Die Mutter, die ihr Kind an die Brust legt, gibt ihm alles, was es braucht: Nahrung, Sicherheit, Wärme, Kontakt. Sie spricht mit ihm und lächelt es an. Für das Neugeborene steht die Urbeziehung zwischen seinem Mund und der nährenden Mutterbrust an der Stelle Gottes. Es erfährt dabei eine doppelte Einheit: Es wird außen gehalten und von innen trinkend erfüllt. In der zweifachen Geste des Stillens und Gestilltwerdens steckt die erste Meditationserfahrung, die ein Mensch machen kann. Sie vermittelt das Grundgefühl des Vertrauens.

Gott 1.0 schmeckt nach unbegrenzter Güte und ist ein Geschenk des Geistes, in allen Religionen. Im Judentum wird die Geborgenheit an der Mutterbrust als Gottesgabe bezeichnet (Psalm 22, 10) und Gott wird gebeten, »mit dem Segen der Brüste« zu segnen (1. Mose/Genesis 49, 25).

Der islamische Mystiker Dschelaleddin Rumi (1207–1273) drückte sein Gottesvertrauen auf Allah, den »alle Ernährenden« (Al-Muquiet), in einem ungehemmten Ruf nach der göttlichen Mutterbrust aus: »Ich werde schreien nach dir und schreien nach dir, und ich werde nicht aufhören zu schreien, bis die Milch deiner Güte überfließt!« Frauen, die schon einmal gestillt haben, wissen, dass bereits das Schreien ihres Babys, ja sogar schon das bloße Denken an das Baby den Milchflussreflex auslöst und die Milch zu strömen beginnt.

Im Taoismus ist eine Hymne an die »nährende Mutter Tao« überliefert, in der es heißt: »Du verströmst dich in alles, was lebt und leben will. Du liebst und ernährst Zehntausende Wesen, niemals versagst du dich ihnen.«

Das Gegenstück zur Mutter Gottes, die ihrem Kind Leben gibt und es stillt, ist dieselbe Mutter Jesu, die ihren toten Sohn in den Armen hält. In der Bibel wird eine derartige Szene nicht direkt erwähnt. Eingang in die Frömmigkeit fand sie erst im 14. Jahrhundert, als in der christlichen Kunst das Motiv der Pietà (»Mitleid«) auftauchte und zum erfolgreichsten neu gefundenen Bild des Mittelalters wurde. Eine derart intensive Hinwendung des Göttlichen zum Leid und Tod des Menschen ist die herausragende Besonderheit des christlichen Glaubens. Für die Beige Bewusstseinsstufe hat er ein wunderbares Gottesbild angelegt: Das Unendliche kann sich rückhaltlos zum Menschen hin verströmen und dabei ganz und gar eins sein mit ihm.

Glaube 1.0: Findelkind und Schrei des Körpers

Das archetypische Gegenbild des liebevoll gehaltenen und genährten Kindes ist das ausgesetzte und dem Verderben preisgegebene Findelkind. Es repräsentiert unsere Beige Urangst, dass die äußeren überlebenswichtigen Kräfte sich gegen uns entscheiden und uns fallen lassen. Das Alte Testament erzählt die bewegende Findelkindgeschichte von Mose, der im Alter von drei Monaten in einem Binsenkörbchen auf dem Nil ausgesetzt wird. Das Wasser symbolisiert das riesige Unbewusste, in dem wir untergehen, wenn uns niemand hilft, zu einem eigenen Bewusstsein zu gelangen. Moses erbärmliches Wimmern sichert ihm schließlich das Überleben. Er wird von der Pharaonentochter gehört, die ihn herausfischt und für die Ausbildung seines Bewusstseins sorgt. Diese Geschichte schildert die große Gefährdung eines hilflosen Körperbewusstseins in Beige, das nach Hilfe schreit.

Auch in den Psalmen sind solche Rufe des Körper-Ichs erhalten, qualvolle Erinnerungen an Erlebnisse in tiefstem, notvollem Beige:

> Das Wasser geht mir bis an die Kehle. Ich versinke in tiefem Schlamm, wo kein Grund ist; in tiefe Wasser bin ich geraten, und die Flut will mich ersäufen. Ich habe mich müde geschrien und mein Hals ist heiser (Psalm 69, 2–4).

Wenn wie bei Demenzkranken das Bewusstsein verschwunden ist und nur noch der Körper seufzen kann, bleibt Beige trotzdem ein Raum, in dem Gott 1.0 erfahren werden kann. Die Mitarbeiterinnen von *Haus Schwansen,* einer norddeutschen Pflegeeinrichtung für Demente, berichten im Internet, wie wichtig ihnen die spirituellen Anteile der Menschen sind, die sie begleiten, und wie sie mit ihren Kranken bewegende Taizé-Gottesdienste feiern:

> In so einem Gottesdienst geht es nicht mehr schwerpunktmäßig um das gesprochene Wort, sondern es wird sehr viel gesungen, und zwar in Art von gregorianischen Gesängen, sehr ruhig, meditativ, sich wiederholend. Der Raum ist erhellt von einer Unzahl an Kerzen, im Verlauf massieren wir die Hände der Bewohner mit Rosenlotion, regen also sanft die Sinne an, immer in Beobachtung, ob es demjenigen in dem Moment guttut. Es wird im Verlauf auch ein Getränk gereicht, das Trinken und Schlucken geht wie von Zauberhand plötzlich viel besser! Die Wirkung eines solchen Gottesdienstes ist sehr berührend: Die Bewohner sind am Ende sehr entspannt, manche schlafen im Verlauf auch ein.

Hier hat der Körper Gottes Gegenwart erfahren dürfen und seine wohltuende Wirkung verspürt.

Glaube 1.0: Die Urgeste des Nährens

Wo ein Mensch andere nähren kann oder wo eine Gemeinschaft bereit ist, sich gegenseitig zu füttern mit Speisen, liebevollen Worten und hilfreichen Taten, da wird Leben gestiftet und erhalten. Da geschieht die Zuwendung, die alle am Leben erhält und das Charisma von Beige ausdrückt.

Diese Grundhaltung zieht sich durch das ganze Erwachsenenleben Jesu: Er sorgt für Getränke, verteilt Brot, sättigt mehrere tausend Menschen, hilft beim Fischfang, macht seinen Jüngern Frühstück. Er kümmert sich um den

Körper, berührt Kranke, umarmt Aussätzige, lässt seinen Jünger Johannes an seiner Brust liegen wie eine Mutter ihr Kind.

All das versinnbildlicht seine elementare Zusage zu Beige. Jesus identifiziert sich mit der Existenz an sich und macht seinen Jüngern die elementare Zusage: »Ich lebe und ihr sollt auch leben« (Johannes 14, 19). Und er hinterlässt seinen Freunden als Erinnerungszeichen die Urgeste des Nährens: das gemeinsame Mahl.

Das Abendmahl gehört zum sicheren Kern der Jesusüberlieferung. Es ist »echt«, ohne spätere legendenhafte Übermalungen. Jesus fasste darin das Überleben-Dürfen und Gefüttertwerden von Gott zusammen: »Nimm hin und iss, das ist mein Leib, nimm hin und trink, das ist mein Blut.« Das ist, wenn man den Kannibalismus ausschließt, in der Realität nur in einer Situation möglich: Die Mutter stillt ihr Baby. Jesus greift zurück auf die unbewusste, archaische Erfahrung von Mensch 1.0 und macht sie bewusst als Hingabe Gottes.

Später wird daraus der Glaube an Christus als Brot des Lebens. Darum ist die Abendmahls- bzw. Eucharistiefeier der Kern der christlichen Gemeinschaft. Wenn sie Christus glaubwürdig nachfolgen will in der schrankenlosen Liebe des sich Verströmens zum anderen, will und muss sie dazu *alle* einladen. Je weiter sich das Bewusstsein entwickelt zu Gott 2.0, 3.0 usw., desto weiter, inklusiver und globaler wird man diese Gemeinschaft fassen. Sie wird dabei nach oben hin immer weniger materiell, sondern immer mehr geistig gedeutet werden können, obwohl sie tief hinunter in die Materie greift und den Körper einschließt.

Jesus 1.0 nährt und stillt den Hunger, der größer ist als nur der des Körpers. Er stillt auch den Hunger nach höchster Bewusstwerdung, ohne die Bedürfnisse des Körpers und seine Würde zu vernachlässigen. Keine andere Religion hat auf etwas Vergleichbares aufbauen können: So tief hinab zu Beige hat sich Jesus gebeugt, dass seine Jüngerinnen und Jünger bereit waren, Kranke zu pflegen und Sterbende von der Straße zu holen, Hospize und Waisenhäuser zu bauen, Suppenküchen einzurichten und Armenhäuser. Selbst Carepakete, Rosinenbomber, Tafeln für Sozialhilfeempfänger, Babyklappen, Adoptionen, Traumatherapie, Unicef und Rotes Kreuz entspringen diesem Geist der Verbundenheit mit Beige. Die Stufe Gott 1.0 würdigen bedeutet, eine hohe Achtung zu entwickeln vor dem kostbaren menschlichen Körper als unersetzlichem und zugleich so verletzlichem Träger der Bewusstwerdung. Die Achtung vor Beige hat weitreichende ethische Konsequenzen. Sie drückt sich aus im Schutz für das Leben der Ungeborenen, Behinderten, Alten, Dementen und Sterbenden.

Gott 2.0: Purpur

Gott sprach zu Mose: Tritt nicht herzu, zieh deine Schuhe von deinen Füßen; denn der Ort, auf dem du stehst, ist heiliges Land!

2. Mose/Exodus 3, 5

Meine Tochter wird von einem bösen Geist übel geplagt.

Matthäus 15, 22

Du großes Geheimnis,
dessen Stimme ich in den Winden vernehme,
dessen Atem der Welt Leben gibt,
höre mich!

Überlieferung der Sioux[10]

Über dem verrenkten Fuß eines Fohlens sprechen drei Personen den magischen Spruch:
Bên zi bêna, bluot zi bluoda, lidzi geliden, sôse gelîmida sîn!
(Bein zu Beine, Blut zu Blute, Glied zu Gliede, als seien sie zusammengeleimt!)

Aus den Merseburger Zaubersprüchen

Sobald sich die flammende Scheibe des Sonnengottes über den Baumwipfeln erhob, schlug Der-den-Jaguar-fängt die Augen auf. Neben ihm räkelten sich seine Frau und seine Brüder. Ihr Vater, der alte Flink-wie-die-Wasserschlange, schnarchte noch, eins der kleinen Kinder plärrte, die größeren sprangen von ihrer Matte auf. Der-den-Jaguar-fängt war der Erste, der die Matte vor der Tür ihrer Hütte beiseiteschob und auf die Lichtung hinaustrat. Aus den anderen Hütten krochen weitere Gestalten, verschlafen oder schon hellwach. Sie stellten sich im Halbkreis auf, um den Sonnengott zu begrüßen. Voller Dankbarkeit, dass das Unterwelt-Krokodil ihn wieder freigelassen hatte und er einen weiteren Tag erhellte, stimmte der Clan den Morgengesang an.

Später ging Der-den-Jaguar-fängt mit seinen Brüdern und Vettern zum Fischen. Mit ihrem Einbaum glitten sie über die stillen Arme des großen Wassers. Zwei stakten den Einbaum, zwei saßen mit dem Speer in der Hand da und suchten die Tiefe des Wassers nach Fischen ab, zwei von ihnen hielten das Blasrohr bereit, um gegen alle Gefahren gewappnet zu sein. Sie konnten nur gemeinsam fischen gehen, etwas anderes war gar nicht denkbar. Die Frauen sammelten währenddessen die Wurzeln und Kräuter, die sie heute zum Essen brauchten.

Nach der Mahlzeit, die sie im Kreis auf der Lichtung einnahmen, döste Der-den-Jaguar-fängt eine Weile vor der Hütte, während die Kinder kreischend um ihn herum Fangen und Verstecken spielten. Am Abend, als sich das Unterwelt-Krokodil wieder anschickte, den Sonnengott zu fressen, versammelten sich alle im Kreis. Die Trommeln schlugen, der Schamane stimmte den Gesang an, und alle fielen mit ein. Sie sangen und sangen, immer wieder die gleichen Worte, die durch sie hindurch flossen wie der Atem der Welt.

Das ist die fantastische Entdeckung der PURPURNEN Bewusstseinsstufe, die die Menschen erst sehr viel später werden deuten können: Wir sehen die Welt nicht, wie sie ist, sondern unser Geist fügt dem Gesehenen ständig etwas hinzu. Die Menschen fragen sich, warum etwas geschieht, und zur flirrenden Außenwelt um sie herum entdecken sie eine zweite, mindestens ebenso vitale Welt, die in ihren Vorstellungen wohnt. In diesem inneren Universum wimmelt es von Geistern und Figuren, von Stimmen und Melodien. Dass es zwei verschiedene Welten sind, ist ihnen auf der PURPURNEN Stufe noch nicht bewusst.

Mensch 2.0: Im Zauberreich des Kindes

In der individuellen Entwicklung markiert Purpur das Ende der symbiotischen Säuglingszeit. Wenn ein kleines Kind »fremdelt«, unterscheidet es zwischen den Familienangehörigen, seiner engsten Überlebensgruppe und den anderen weiter draußen. Das Kind sagt erste Wörter wie »Mama«. Es erlebt sich nun körperlich, als von seiner Mutter und Umgebung getrennt, steht auf eigenen Beinen und entdeckt die Welt.

Aber seelisch hat es diese Trennung noch nicht vollzogen. Deswegen sind die Objekte in seinem Blickfeld »animistisch« belebt: Die Schmusedecke tröstet und beruhigt, das Kuscheltier kann reden, der Schrank erzählt Geschichten. Wenn sich das Kleinkind an einer Stuhlkante stößt, ist der Stuhl böse und die Mama schimpft den »bösen Stuhl« zu Recht. Das Kind entdeckt seine Gefühle und das, was in ihm gut und böse ist, draußen in und an den Dingen. Es entdeckt auch seine vermeintliche Macht über die Natur und glaubt, dass die Sonne aufgeht, wenn es morgens nach ihr ruft.

Purpur ist die Zeit der Märchen, Spukgeschichten, sprechenden Tiere, kleinen Hexen, Kobolden und Feen. Viele Kinder haben auch unsichtbare Freunde oder Tiere, die eine Weile mit ihnen leben, für die sie die Türe öffnen oder etwas zum Essen hinstellen. Das Kind baut ein Nest und freut sich über die bunten Eier, die der Osterhase zum Dank hineinlegt. Es erträgt den Verlust des ersten Zahns und findet unter dem Kopfkissen eine Münze, hingezaubert von der Zahnfee. Ein Gefühl von Kontrolle und vertrauensvollem Zusammenwirkenkönnen mit der unsichtbaren Welt des Übersinnlichen entsteht.

Mensch 2.0: Überleben durch Kooperation

Purpur markiert kulturgeschichtlich die erste Wir-Stufe. Ungefähr mit dem Beginn des Jungpaläolithikums vor 50000 Jahren, so mutmaßt man, trat es erstmals auf. Auch heute noch leben schätzungsweise etwa zehn Prozent der Weltbevölkerung schwerpunktmäßig bis ausschließlich in der purpurnen Bewusstseinsstufe: in den Urwäldern Amazoniens und Papua-Neuguineas sowie in den ländlichen Gebieten mancher Entwicklungs- oder Schwellenländer.

Erstmals beginnt der Mensch auf der Stufe Purpur sich von den anderen zu unterscheiden – und kann sich trotzdem ohne sie gar nicht denken. Seine Seele gehört ihm nicht allein, sondern er hat Teil an der gemeinsamen Gruppenseele. Ohne die Sippe kann er ohnehin nicht existieren. Es gibt Berichte aus dem 19. Jahrhundert über afrikanische Stammesangehörige, die man für eine Nacht von ihren Angehörigen getrennt hatte, und die am nächsten Tag tot waren. Der Clan, die erweiterte Familie, ist für einen Stammesmenschen die Überlebensgarantie.

Auch Angehörige anderer Stämme sind prinzipiell eine Bedrohung. Nur wer zur eigenen Gruppe gehört, gilt als Mensch. Tatsächlich bezeichnet das Wort für »Mensch« in vielen frühen Kulturen nur die Angehörigen der eigenen Gruppe – das geht bis hin zu den alten Griechen, für die alle Nichtgriechen »bar bar«, stammelnde »Barbaren« waren.

Gesellschaft 2.0: Alles für meinen Clan

Der Zusammenhalt im engsten Familienkreis ist enorm stark. Beutetiere werden nicht nur gemeinsam gejagt, sondern auch an alle verteilt. Es gibt so gut wie keinen Privatbesitz im Stamm. Die Kehrseite ist ein Phänomen, das in westlichen Ländern oft als Korruption oder Vetternwirtschaft bezeichnet wird: Entwicklungsgelder oder auch Steuern kommen nicht dem Ganzen des Nationalstaats zugute, wie es von den Gebern geplant war, sondern dem Clan dessen, der die Zahlung in Empfang nimmt. Für einen Menschen, der seinen Schwerpunkt in PURPUR hat, ist dies das natürliche Vorgehen. Er hält das keineswegs für moralisch anrüchig, sondern sogar für geboten. Wer etwas hat, muss es mit seinen Verwandten teilen, sonst macht er sich innerhalb des Clans schuldig. Individualismus hat auf der PURPURNEN Bewusstseinsstufe nichts zu suchen.

Ein einzelnes Leben zählt nicht viel neben dem Wohlergehen der Gruppe. Menschenopfer sind üblich. Blutrache ebenfalls. Ein Reporter des GEO-Magazins berichtete, was er von einem alten Waldmenschen gehört hatte: Ein Angehöriger eines Urwaldstammes wird wegen Zauberei angeklagt; er sei schuld am Tod eines Nachbarn. Sofort wird er von der eigenen Familie gefesselt und zum Fluss gebracht. Der Angeklagte sieht ein, dass seine Lage aussichtslos ist. »Oh, ich gebe auf, unsere Familien sind sich einig, was kann ich noch tun?«, sagt er resigniert. Dann wird er mit Pfeilen getötet, sein Körper wird aufgeteilt und von den eigenen Verwandten gegessen. Selbstaufopferung garantiert das Überleben der eigenen Gruppe. So wird der Friede zwischen den Clans wiederhergestellt und die eigene Familie geschützt.

Oft gibt es einen Häuptling, der aber nicht im absolutistischen Sinn herrscht, sondern über alle wacht und durch seine Person das Wohlergehen des Stammes repräsentiert. Geht es ihm gut, gedeiht das Volk, ist er krank, leidet der ganze Stamm. In manchen Kulturen wird der Häuptling geopfert, wenn das Volk von einem Unglück heimgesucht wird. Weil es noch keine Schriftkultur gibt, gilt das in Stamm und Clan gespeicherte mündliche Wissen als wertvolle Kostbarkeit und wird von Generation zu Generation weitergeben. Schöpfungsmythen entstehen. Die Ältesten werden hoch geachtet, sie ernähren den Stamm mit ihrem Wissen und ihrer Weisheit. Bei den Azteken in Mexiko verehrte man eine Gottheit namens Huehueteotl, was so viel bedeutet wie »die verehrte, alte Energie«. Noch heute glauben Indianer, wer die alten Menschen verehrt, erkennt in ihnen Schöpfung und Gottheit: »Großvater, Schöpfer der Welt, von Kräutern duftende Canyons erzählen mir von dir. Das Echo der Taubenrufe wiederholt deinen Namen. Ich spüre deine Gegenwart, meine Stimme dankt dir. Vogel, Insekt, Fels und Baum beten mit mir. Danke, Großvater!«

Gesellschaft 2.0: Erkennungszeichen Kreis

Purpurne Siedlungen aus Hütten oder Zelten sind kreisförmig »im Ring des Volkes« angelegt, ebenso die frühen Kultstätten wie Stonehenge. Man tanzt im Kreis, sitzt im Kreis ums Feuer und stellt sich die Welt als runde Scheibe vor, weil der Himmel in jeder Richtung die Erde berührt. Noch lange baut man Städte am liebsten rund, mit Stadttoren nach den vier Himmelsrichtungen. Die Lagerordnung der zwölf israelitischen Stämme sieht nach 4. Mose/Numeri 2 so aus: In der Mitte steht die Stiftshütte als numinoses Zentrum, im Kreis außen herum lagern die zwölf Stämme Israels, erkennbar an ihren Bannern. Jeder Stamm wird dabei einer der vier Himmelsrichtungen zugeordnet, angefangen mit dem Osten, dann im Uhrzeigersinn über Süden nach Westen und Norden.

Tiefenpsychologisch ist der Kreis ein Symbol der Ganzheit und damit auch ein Symbol für das Selbst. Taufbecken und Baptisterien haben deswegen meistens eine Kreisform und setzen so ein Zeichen für den ersten Schritt hin zur Bewusstwerdung. Doch der Kreis kann auch negativ besetzt sein: als dauernde Wiederholung, mit der schöpferische Energie blockiert wird; als magischer Bannkreis oder Teufelskreis, aus dem es kein Entrinnen gibt. Den Ausweg wird erst die nächste Bewusstseinsstufe Rot finden. Ein populäres modernes Beispiel für die Ambivalenz der Metapher vom Kreis ist R.R. Tolkiens Opus *Herr der Ringe*, in dem der magische Ring rituell zerstört werden muss, um die bösen Mächte zu bannen.

Lebendig ist der purpurne Bannkreis auch in der biblischen Exoduserzählung. Bevor Mose auf den Berg steigt, um dort den großen Bund mit Gott zu besiegeln, zieht er einen Bannkreis um sein Volk. Niemand kann so den Kreis verlassen. Der Berg selbst wird mit einem Tabu belegt. Wer es wagen sollte, ihn zu besteigen oder auch nur den Fuß des Berges zu berühren, soll gesteinigt oder mit Pfeilen erschossen werden (2. Mose/Exodus 19, 13).

Gesellschaft 2.0: Rituale und Initiationen

Auf der Bewusstseinsstufe Purpur sind die Beziehungen ritualisiert. Initiation, Brautwerbung und Hochzeit, Bestattung der Toten, die Verteilung der Beute, Jagen und Handwerk – alles folgt einem festgelegten Regelwerk, das »von den Alten« stammt und nicht hinterfragt wird. Die Zeit ist kein Pfeil, der von der Vergangenheit über die Gegenwart in die Zukunft verläuft, sondern ein Kreis. Ewig wiederholen sich Tag und Nacht, die Jahreszeiten, Frost und Hitze, Saat und Ernte. Die Sonne bestimmt den Jahreslauf, der Mond den Zyklus der Frauen und die Zeiten für bestimmte Handlungen. Bis heute hat sich dieses zyklische Zeitverständnis auch in der christlichen Tradition erhalten: Die Feste im Kirchenjahr bestimmen sich nach Sonne und Mond – Ostern wird am ersten Sonntag nach dem ersten Vollmond im Frühjahr (Sonne im Sternbild Widder oder Stier) gefeiert, und davon leiten sich die Termine für Fastnacht, Christi Himmelfahrt und Pfingsten ab.

Gesellschaft 2.0: Fruchtbarkeit als göttliche Gunst

Auf der purpurnen Stufe erwacht das Bewusstsein für Tod und Leben. Man versucht, den Unterschied zwischen einem toten und einem lebendigen Körper zu erklären. Es entsteht die Vorstellung von der »Lebensseele«, die einem Körper mit der Zeugung eingehaucht wird, und die ihn beim Sterben wieder verlässt. Fruchtbarkeit wird als überlebenswichtig erkannt. Der Ruf »Frauen und Kinder zuerst!« drückt das purpurne Bedürfnis aus, das Überleben des Stammes zu sichern. Viele Nachkommen zu haben stellt Zukunft und Sicherheit im Alter dar. Unfruchtbarkeit ist in der purpurnen Schicht der Bibel ein Zeichen für die Abgewandtheit des eigenen Schutzgottes. Bekommt eine lange unfruchtbare Frau wie Sara, Rahel oder Elisabeth schließlich einen Sohn, steht er für das purpurne Bewusstsein in besonderer Nähe zu Gott.

Die frühesten figürlichen Darstellungen sind Frauenstatuetten aus der Jungsteinzeit, mit riesigen Brüsten und kräftigem Becken. Offensichtlich dienten sie als magische Unterstützung der weiblichen Gebärkraft. In der Bibel haben sich davon noch originelle Spuren erhalten: Rahel, die Frau Jakobs, stiehlt den heidnischen Fruchtbarkeitsgott ihres Vaters Laban, versteckt die Figur unter dem Sattel ihres Kamels und setzt sich darauf, damit er nicht gefunden wird (1. Mose/Genesis 31). Ihrem Vater sagt sie, dass sie gerade ihre Menstruation hat, weshalb sie nicht vor ihm aufstehen darf. Die »Mondzeit« der Frauen ist heilig, sie anzufassen ist in dieser Zeit tabu.

Gesellschaft 2.0: Purpurne Schatten

Die Bindungs- und Opferbereitschaft von Purpur kann auch ausgenutzt werden. Adolf Hitler spielte meisterhaft auf der purpurnen Klaviatur. Massenveranstaltungen mit Sprechchören und rhythmischer Marschmusik, Fahnen und Uniformen weckten in den Deutschen archaisch-magische Sehnsüchte und befriedigten sie gleichzeitig. Hitler griff zurück auf die germanische Mythologie, benutzte Runen und Symbole, stilisierte sich selbst zum magischen Retter aus Not und nationaler Schande. Er schuf abgestufte Systeme von Zugehörigkeit zu Partei, Bünden, SA und SS und baute den latent vorhandenen Antisemitismus aus zu einem radikalen »Wir, die Guten – die da, die Bösen«. Wie die Azteken zwischen 10 000 und 20 000 Kriegsgefangene pro Jahr ihren Göttern geopfert haben sollen, so »opferte« er Millionen Juden, Sinti und Roma, Homosexuelle und politisch Andersdenkende auf dem Altar von »Nation«, »arischer Reinheit« und »Rasse«. In beiden Fällen wurden die Opfer »draußen« gesucht, um das »Drinnen« zu stärken.

Gesellschaft 2.0: Signale der Zugehörigkeit

Purpur war in der mittleren Steinzeit die Speerspitze der menschlichen Entwicklung. Vermutlich zwangen gewaltige klimatische Veränderungen die Menschen dazu, sich auf neue Art Nahrung zu beschaffen und den Alltag zu bewältigen – und das ging nur als Gruppe. Nur die Clans mit dem strengsten Zusammenhalt überlebten.

Seitdem hat der *homo sapiens* einen weiten Weg zurückgelegt. Doch in uns allen steckt ein purpurner Kern. Alles, womit wir unsere familiäre Verbundenheit ausdrücken, verbindet uns mit unseren purpurnen Wurzeln: das gute Porzellan von Tante Irmi, die Taschenuhr vom Urgroßvater, die Fotoalben aus der Kinderzeit oder die witzigen Super-8-Filme, die die Eltern in ihrer Jugend gedreht haben. Freundschafts- und Eheringe sind Ausdruck einer tiefen purpurnen Bindung – wehe, einer geht verloren!

Auch alle Insignien, mit denen sich ein Clan vom anderen abgrenzt, gehören zur purpurnen Bewusstseinsstufe. Der Fan-Schal in den Vereinsfarben und die Club-Aufnäher auf der Jeansweste, Glatze, Bomberjacke und Springerstiefel mit der richtigen Schnürsenkelfarbe, die in die Kniekehlen hängenden Baggie-Pants mit überweitem Sweatshirt und der passenden Strickmütze – all das sind keine bloßen Outfits, sondern Identität stiftende Signale von Gruppen, die das »Wir« abgrenzen gegen »die anderen«. Purpur in seinen positiven Aspekten bildet den notwendigen Kitt unserer Gesellschaften und Familien. Es verleiht Beziehungen Saft, Wärme und Farbigkeit.

Gesellschaft 2.0: Magie, Mode, Esoterik

Purpurne Elemente haben sich bis heute frisch gehalten in Astrologie, Tarot, Pendeln. Es gibt Wahrsagerinnen, Wunderheiler und eine neue Blüte des Schamanismus. In der esoterischen Szene werden auf der Suche nach neuen Geschäftsideen laufend alte Verfahren wiederbelebt: Runen, Energie-Pyramiden, Hexenwissen, Mondkräfte, Heilsteine, das tibetische Orakel usw. Modernes Purpur kann sich elegant verkleiden. Die »Kraft des positiven Denkens«, »The Secret« oder »Wünsche an das Universum« beschreiben in zeitgenössischer Psychologensprache alte magische Techniken.

All das wird gerne als »mystisch« bezeichnet, ist aber magisch-animistisches Denken. Purpurne Magie denkt beim Wünschen ausgesprochen materiell und unterscheidet sich damit klar von echter Mystik, deren Ziel es ist, sich selbst zu lassen, um zu Gott zu gelangen. Die Kurzformel zur Unterscheidung lautet daher: Magie will haben, Mystik will lassen.

Ebenso zu Purpur gehören die teilweise extremen Modifizierungen des Körpers, um ihn erotisch attraktiver zu machen oder sich selbst attraktiver zu fühlen: Tätowierungen, Piercings, Halsringe zur Verlängerung des Halses (wird noch heute bei den Padaung in Myanmar praktiziert). Selbst die genau kalkulierten Effekte von modernem Make-up oder Schönheitsoperationen gehen zurück auf die archaischen purpurnen Muster, was als anziehend gilt und was nicht. Viele Kunstgriffe der Mode, vom Ideal der schlanken Frau

»Wir möchten jetzt unseren Trauspruch mit Ihnen auspendeln!«

und dem muskulösen Mann, vom Schuh-Tick bis zum erotischen Fetisch, all das hat seine Wurzeln in der PURPURNEN Bewusstseinsstufe.

PURPUR ist – wie jede Bewusstseinsstufe – weder gut noch schlecht. Tief in jedem von uns stecken der Steinzeitmensch und das innere Kind. Eine gesunde Bindung zwischen Eltern und Kindern, vielleicht der tiefste Ausdruck von PURPUR, ist die Basis für seelische Gesundheit, Unabhängigkeit und Liebesfähigkeit. Lebendige Verwandtschaftsbeziehungen, Fürsorglichkeit und Zusammenhalt in jeder Gemeinschaft haben ihren festen Grund in einer gesunden PURPURNEN Bewusstseinsschicht.

Gott 2.0: Wohin gehen die Toten?

Die Menschen stehen vor dem Rätsel des Todes. Intuitiv erfassen sie, dass Energie nicht verloren gehen kann, und gehen davon aus, dass die geistige oder seelische Energie, die den Körper verlassen hat, irgendwohin reisen muss. Es gibt noch keine Vorstellung, wo genau das sein könnte – ein Himmel oder ein Hades.

Die Verstorbenen gehen ein in den Kreis der Ahnen. Aber die Ahnen bleiben lebendig. Wenn Indianer mit dem Sprechen fertig sind, beenden sie ihre Rede mit dem berühmten »hugh« (eigentlich »ha-how«). Das bedeutet: »Was ich gesprochen habe, kommt nicht von mir, sondern von unseren Ahnen.«

Die Toten »wohnen« im nächsten Wald, bleiben in der Nähe des Dorfes oder Wohnhauses. Sie greifen in die Geschicke der Lebenden ein. Man muss sie besänftigen und bei Laune halten, doch prinzipiell bleiben sie unberechenbar. Der Volksglaube hielt daran fest: Friedhöfe gelten besonders nachts als unheimlich, in alten Häusern spukt die Ahnfrau. An Allerseelen wird der Toten gedacht, man bringt ihnen Lichter oder Blumen ans Grab. In der Märchenfee, die man nicht zur Taufe von Dornröschen einlud und die darum ihre hundert Jahre wirkende Verwünschung aussprach, schimmert die Angst von URPUR vor den mächtigen Ahnengeistern noch kräftig durch.

Als Abraham starb, so heißt es im Alten Testament, wurde er »versammelt zu seinen Vätern« (1. Mose/Genesis 25, 8). Auch wenn die Bibel keine Ahnenverehrung propagiert, die langen Geschlechtsregister im Buch der Chronik oder am Beginn des Matthäus- und Lukasevangeliums erinnern dennoch an die magische Zeit der Ahnenkulte: Keiner darf vergessen werden, die Erinnerung an ihn muss sorgfältig verehrt und gepflegt werden, weil er sonst Unheil bringen könnte über den Stamm.

In Familienaufstellungen lässt sich das verborgene PURPURNE Beziehungsnetz einer Sippe mit allen ihren Verstrickungen und tiefen Gefühlsbanden wieder sichtbar machen – über Generationen hinweg.

Gott 2.0: Eine Welt voller Geister

Zum ersten Mal kann der Mensch Ursache und Wirkung miteinander in Verbindung bringen: Wenn etwas geschieht, muss das einen Grund haben. Naturerscheinungen wie Gewitter, Überschwemmungen oder Sonnenfinsternisse erklären die Bewohner der PURPURNEN Bewusstseinsstufe mit dem Wirken von übermächtigen Geistkräften. Ständige Vorsicht ist angebracht, um keinen dieser Geister zu verärgern. Geister lassen sich aber positiv beeinflussen, durch gute Magie, Zauberei, Tänze oder Opfer.

Die Vorstellung einer oder mehrerer allmächtiger Gottheiten ist noch nicht ausgebildet. So wie es zwar einen Namen für jede Biegung des Flusses gibt, aber keinen Namen für den ganzen Fluss, so gibt es in jedem Baum eine Fee und in jeder Quelle eine Nixe, aber keine übergeordnete Gottheit. Bestimmte Orte oder Handlungen gelten als von höchster göttlicher Stelle verboten: Eine Speise, die tabu ist (etwa Schweinefleisch im Judentum und Islam), darf nicht gegessen werden; einen Ort, der als tabu gilt, darf man nicht betreten.

In der Bibel werden mächtige Fluchworte und Verwünschungen gegen Feinde oder Gesetzesbrecher ausgesprochen. In 5. Mose/Deuteronomium 27, 11–26 ist eine Liste von zwölf Fluchworten erhalten, die bei orientalischen Bündnisverträgen üblich waren. Damit führte Mose in einer öffentlich inszenierten »Fluchshow« allen Stämmen des Volkes Israel die bösen Folgen vor Augen, falls sie die darin ausgesprochenen Tabus verletzten. Flüche, böser Blick, Verwünschungen und Voodoo-Zauber sind wirksame Mittel im Kampf gegen Widersacher aller Art. Solche Erscheinungsformen von PURPUR spielen in Teilen Afrikas bis heute eine verhängnisvolle Rolle. Aus Angst vor den Zauberern, die angeblich überall am Werk sind, kommen viele notwendige soziale Neuerungen nicht zum Zuge.

Viele Ethnologen meinen, die Wirkung von Schadenszaubern und Flüchen hänge vor allem daran, dass der Verfluchte um den Fluch weiß. Sein magisch-animistisch geprägtes Bewusstsein teilt die PURPURNE Überzeugung, dass der Fluch wirksam ist, und produziert nach Art des Placebo-Effekts die »angehexten« Krankheiten oder bösen Folgen selbst – bis hin zum eigenen Tod. Positiv gesehen zeigt der Placebo-Effekt: Der Glaube an die Heilkraft eines Mittels (oder eines Rituals, eines Meisters, einer Maschine oder des Chefarztes) kann die Selbstheilungskräfte im Menschen so sehr wecken, dass bunt gefärbte Zuckerpillen beachtliche Erfolge erzielen können. Auch die moderne Medizin arbeitet – mal bewusst, mal unbewusst – erfolgreich mit der PURPURNEN Bewusstseinsstufe, die in jedem Menschen steckt.

Gott 2.0: Der Archetyp des Magiers und das Jenseits

Schon vor 70 000 Jahren wurden Verstorbene in einer Weise bestattet, dass man davon auf einen Glauben an ein Weiterleben nach dem Tod schließen kann.[11] Es gibt eine Verbindung zwischen dieser und einer irgendwie gearteten jenseitigen Welt. Um mit ihr in Kontakt zu treten und sich zu schützen, braucht man Schamanen, Druiden, Heiler, Zauberer, Priester oder Medizinmänner und -frauen. In der Regel sind diese die Gebildetsten ihres Stammes. Sie sind nicht nur Heiler, sondern auch Deuter, Seher und Ratgeber. Sie beherrschen den Umgang mit den Geistern, Dämonen und guten wie bösen Mächten.

In der Apostelgeschichte 8, 4–25 wird von dem großen Zulauf zu einem Zauberer namens Simon berichtet, der in Samaria wirkte. Er zog eine PURPURNE Klientel in den Bann, die ihn für »die Kraft Gottes, die die Große genannt wird« hielt.

Der Magier als beherrschender Archetyp ist selbst ein Gefäß der numinosen Kraft und besitzt ein heiliges Gefäß: den Druidenkessel, den heiligen Gral, den Kelch der Eucharistie. Er leitet den Prozess der Transformation und begleitet ihn durch die überlieferten, »stimmigen« Rituale. Im katholischen Verständnis vom ehelosen männlichen Kultpriester[12] und der geheimnisvollen Wandlung bei der Messe ist viel PURPUR aufbewahrt, gern locker als »gesunder Schuss Heidentum« bezeichnet.

In Film und Literatur wimmelt es von guten und bösen Magiern, ob sie nun Harry Potter heißen, kleine Hexe, Merlin, Obi Wan Kenobi oder Prinzessin Lillifee. Auch Goethes berühmter Zauberlehrling, der die Geister ruft, aber nicht mehr loswird, gehört dazu. Satirisch aufbereitet wird die PURPURNE Bewusstseinsstufe in den Comics von Asterix und Obelix. Immer wieder siegen die Gallier dank ihres PURPURNEN Druiden Miraculix, der ihnen mit dem PURPURNEN Zaubertrank übermenschliche Kräfte verleiht.

Gott 2.0: Stammesgott von Abraham & Co.

Der biblische Glaube hat starke Wurzeln im PURPURNEN Bewusstsein. Vor allem die Geschichten von den Erzvätern im 1. Buch Mose/Genesis spielen auf dieser Stufe.

Über Jakob wird erzählt, wie er vor seinem Bruder Esau flieht, den er mehrfach betrogen hat. Da begegnet ihm Gott im Traum, und Jakob errichtet an dieser Stelle ein steinernes Mal. Dann vermehrt Jakob mit PURPURNER Magie seine Herden, sammelt einigen Reichtum an und kehrt nach langen

Jahren in der Fremde nach Hause zurück. Er lagert am Ufer des Jabbok-Flusses, der die Grenze zum heimatlichen Territorium bildet, und dann heißt es sehr geheimnisvoll: »Da rang ein Mann mit ihm, bis die Morgenröte anbrach« (1. Mose/Genesis 32, 25). Über diesen Fremden wird nichts weiter gesagt, doch bei Anbruch der Morgenröte muss er verschwinden – ein typisches Motiv für einen PURPURNEN Geist. Erst in späteren Versionen dieser Erzählung wird aus dem fremden Geist der Gott, der Jakob seinen neuen Namen gibt: Israel, Der-mit-Gott-gekämpft-hat.

Der Gott der Erzväter ist jeweils ein PURPURNER Familiengott: »der Gott Abrahams«, »der Gott Isaaks«, »der Gott Jakobs«. Dieser Gott verspricht Begleitung, Schutz und Wohlstand, er segnet die Seinen. Zu Abraham sagt er: »Ich will segnen, die dich segnen, und verfluchen, die dich verfluchen« (1. Mose/Genesis 12, 3). In der Geschichte von der verhinderten Opferung Isaaks (1. Mose 22) ist die Erinnerung erhalten, dass dieser PURPURNE Gott früher einmal Menschenopfer forderte, die nun aber nur noch rituell wiederholt und mit der Opferung eines Tieres abgeschlossen wird.

In etwas späterer Zeit, als Israel zum Volk geworden ist und dem ROTEN Kriegsgott Jahwe anhängt, ist PURPURNE Geisterbeschwörung verpönt. Dennoch sind PURPURNE Praktiken wie Traumorakel und Loswerfen noch üblich. Der glücklos in eine Belagerung verwickelte König Saul schleicht sich heimlich zur Totenbeschwörerin von En-Dor, um über dieses Medium mit dem verstorbenen Propheten Samuel in Verbindung zu kommen. Die Erscheinung des Geistes verstört Saul zutiefst und besiegelt sein Ende (1. Samuel 28, 5–25).

Gott 2.0: Heilige Objekte

Ein deutliches Erkennungszeichen für PURPURNES Bewusstsein sind numinose Objekte: heilige Steine, Kultzeichen, Schreine und Altäre.

Im Islam ist es der heilige Meteorit Kaaba, für das Volk Israel hat die Bundeslade mit den Gesetzestafeln als Repräsentanz des Heiligen PURPURNEN Charakter: Man darf sie nicht berühren, weil man sonst sterben würde. (4. Mose/Numeri 4, 15).

Warum sind alle diese Objekte so bedeutungsvoll und mächtig für Menschen mit PURPURNER Weltsicht? Es liegt an der noch nicht vollzogenen Trennung zwischen Objekt und Subjekt. Objekte, also Kultgegenstände oder natürliche Dinge wie Pflanzen, Quellen und Steine, werden betrachtet wie Subjekte, also lebende Wesen, die Macht ausüben können und zu denen man in eine unmittelbare Beziehung tritt.

Diese Subjekte sind nichts anderes als Aspekte des heraufdämmernden Selbstbewusstseins. Nur kann PURPUR noch nicht begreifen, dass das, was es in den Dingen sieht, mit allen seinen hellen und dunklen Aspekten zum eigenen Inneren gehört. Eine solche Erkenntnis aus »fascinosum et tremendum«, aus Anziehung und Schrecken, ist auf dieser Bewusstseinsstufe kaum zu verkraften. Man würde vom Heiligen buchstäblich umgeworfen werden und darf ihm deshalb nicht zu nahe kommen. So erfasst man es »gebannt« im Außen, im heiligen Stein oder in der Bundeslade, wo man es ehrfürchtig verehren kann.

Jesus 2.0: Der Wunderheiler

Blickt man von der PURPURNEN Bewusstseinsstufe auf Jesus, sieht man vor allem den Wundertäter. Er verwandelt Wasser in Wein, zaubert aus fünf Broten und zwei Fischen Nahrung für fünftausend Menschen, geht auf dem Wasser, heilt Blinde und Gelähmte. Er weckt sogar mindestens drei Tote wieder auf (den Jüngling aus Nain, die Tochter von Jaïrus, seinen Freund Lazarus) und beherrscht die Naturgewalten. Er kann einen Sturm mit einem Machtwort und einer Drohgebärde zum Schweigen bringen. Böse Geister, die aus einem Kranken entweichen, müssen auf seinen Befehl hin in eine Schweineherde fahren (Lukas 8, 33).

Eine kranke Frau berührt sein Gewand in der für PURPUR typischen Hoffnung, allein schon dieser äußerliche Kontakt zum großen Magier könne sie heilen. Jesus scheut sich nicht, die Rolle des PURPURNEN Heilers anzunehmen, sondern stellt schlicht fest: »Es hat mich jemand berührt; denn ich habe gespürt, dass eine Kraft von mir ausgegangen ist.« Er kritisiert nicht das archaische Vertrauen der Frau, sondern akzeptiert, dass sie ihm auf der Bewusstseinsstufe Gott 2.0 begegnet: »Dein Glaube hat dich gesund gemacht« (Lukas 8, 4–8).

Das ist erstaunlich, weil er gegenüber den Pharisäern die Forderung nach Zeichen und Wundern als Kleinglauben ablehnt. Pharisäer sind gebildete Juden, die ein differenziertes BLAUES Bewusstsein haben, also ein Gottesbild 4.0. Jesus unterscheidet also, auf welcher Bewusstseinsstufe und auf welchem religiösen Reifegrad sein Gegenüber steht.

Seine Grundeinstellung gegenüber der PURPURNEN Geisterwelt drückt sich aus in dem Satz »Fürchte dich nicht«, den er mehrfach im Zusammenhang mit übersinnlichen Erscheinungen sagt. Niemals macht Jesus den Menschen Angst. Niemals benutzt er seine Macht über die Geister, um Macht über Menschen auszuüben. Er will im Gegenteil, dass Menschen ohne Angst glauben und vertrauen.

Glaube 2.0: Heilige Orte, Sakramente, Reliquien

Die frühen Missionare besetzten bewusst PURPURNE Orte und Festtage: Sie bauten Kirchen und Klöster über alten Naturheiligtümern, sie legten die christlichen Feste auf die traditionellen Festtage der lokalen PURPURNEN Götter. Noch heute werden große Bauten, die der Gemeinschaft dienen, feierlich eingeweiht und unter den PURPURNEN Schutz Gottes gestellt: Brücken und Feuerwehrhäuser, Schulen und Krankenhäuser.

Stets missionierte die christliche Kirche mit heiligen Zeichen des neuen Glaubens: Kreuze, Kelche, Weihwasser, Bischofsstäbe. Sie machten den neuen Glauben begreifbar und real: Mit dem erhobenen Kreuz oder versprengtem Weihwasser konnten böse PURPURNE Geister vertrieben werden.

Besonders intensiv spürbar sind die PURPURNEN Tiefenschichten des Katholizismus bei den Reliquien. Noch immer enthält jeder Altar einer katholischen Kirche irgendeinen Knochensplitter eines Heiligen oder einen Gegenstand, der mit Jesus in Verbindung gekommen sein soll. Auch der Glaube an die Wunderkraft von Reliquien und Devotionalien, geweihte Medaillen, geweihtes Wasser aus Lourdes oder Wasser aus dem Jordan stammt aus PURPUR.

Viele kirchliche Handlungen bewahren PURPURNE Traditionen: Bis heute ist der Kern der katholischen Messe, die durch den geweihten Priester vollzogene Wandlung, durchströmt von PURPURNER Energie. Gleiches gilt für die Geste der Segnung bei Firmung und Konfirmation, bei einer Trauung und der Krankensalbung, bei der die Hände aufgelegt werden und Kraft übertragen wird.

Jedes Stoßgebet à la »Lieber Gott, mach, dass ich da heil rauskomme!« ist ein Rückgriff auf PURPUR. Manche Christen haben diesen Raum des PURPURNEN Glaubens nie verlassen. Glauben ist dann nur dazu da, um Wünsche zu erfüllen oder bei Notfällen zu helfen. Ihr kindlich-magisches Gottesbild 2.0 erscheint als bedürfnisgesteuerter Gott, der je nach Wunsch die schlechte Note abwenden, schnell einen freien Parkplatz verschaffen oder schönes Wetter beim Gemeindefest erzeugen soll.[13]

Was ist, wenn Gott 2.0 keinen Parkplatz frei macht und es beim Gemeindefest regnet? Was ist, wenn man begreift, dass der bisherige »Zauberkreis« dieser Wunderwelt zu eng ist und weder einen sicheren Schutz darstellt noch Probleme löst?

Dann wird es Zeit, sich weiterzuentwickeln. Die nächste Bewusstseinsstufe ROT erscheint am Horizont.

Gott 3.0: Rot

Und Simson sprach: Mit eines Esels Kinnbacken hab ich sie geschunden; mit eines Esels Kinnbacken hab ich tausend Mann erschlagen.

Richter 15, 16

Niemand kann aber in das Haus eines Starken eindringen und seinen Hausrat rauben, wenn er nicht zuvor den Starken fesselt; erst dann kann er sein Haus berauben.

Jesus in Markus 3, 27

Lass nicht zu, dass sie den Gott in Ketten legen, der in dir wohnt.

Juana Inéz de la Cruz

Wer mir etwas sagen will, muss stärker sein als ich.

Walter Rathenau

Wir kämpfen, bis die Hölle zufriert. Und dann kämpfen wir auf dem Eis weiter.

Patrick Buchanan

Gebt euch nicht mit Kleinem zufrieden. Gott erwartet Großes!

Katharina von Siena

Wenn du nicht lernst, mit Gott zu kämpfen wie ein Ringer mit seinem Sparringpartner, wird dir deine Seelenstärke auf ewig verborgen bleiben.

Sri Aurobindo

Eines Tages spürte der Junge, dass er weg musste, aufbrechen. Wohin? Das wusste er nicht, er konnte es nicht wissen. Jenseits der Jagdgründe gab es nichts. Dort liegt nur das Land der Geister, sagten die Alten. Dorthin darf man sich nicht wagen. Auch gibt es dort andere Stämme, die dich töten und aufessen, sobald sie dich sehen. Doch der Junge konnte es nicht mehr glauben. Die Geister? Manchmal verhielten sie sich so, wie es die Alten sagten, manchmal ganz anders. Und manchmal hatte er das Gefühl, dass es diese Geister gar nicht gab, von denen die Alten sprachen. Und wenn es sie gab, waren sie unzuverlässig, wankelmütig und unberechenbar. Auch die Magie funktionierte nicht immer, und mehr als einmal hatte er beobachtet, wie der Schamane mit Tricks nachhalf, damit bei den Ritualen das erwünschte Ergebnis herauskam.

Das Leben war eintönig. Jeder wusste, was er wann zu tun hatte, wie und mit wem. Sie waren meistens satt, das Jagen fiel nicht schwer. Oft lag er in der Sonne und spürte eine unerklärliche Unruhe in sich. Die Geborgenheit im Clan wurde zur Fessel. So tat er eines Nachts etwas Unerhörtes. Er stand auf, mitten in der Nacht, und schlich sich aus der Hütte, hinaus aus dem Kral, ins Freie. Sein Herz schlug bis zum Zerbersten. Würden jetzt doch die Geister über ihn herfallen, wenn er sich nachts allein nach draußen wagte? Aber nichts dergleichen geschah. Vielmehr spürte er nach einer Weile, als er sein Herz nicht mehr pochen hörte, eine merkwürdige Ruhe in sich aufsteigen, eine Stille voller Sehnsucht.

Und noch etwas anderes, für das er keinen Namen hatte, ja von dem er nicht einmal gewusst hatte, dass es das gab: Er spürte sich. Sich selbst. Er spürte, dass er ein Mensch war, frei, mit eigenen Zielen und Wünschen. Er konnte gehen, wohin er wollte, und niemand würde ihn daran hindern. Er würde zum Horizont laufen und selbst nachsehen, ob Geister dahinter lebten. Er würde die anderen Stämme besuchen, und wenn sie ihn angriffen, würde er kämpfen. Vielleicht gab es dort eine schöne Frau, die er ihnen wegnehmen konnte. Und er wusste, er musste weg, aufbrechen, hinaus aus der Enge in die Welt, für die er noch keine Worte hatte, geführt von nichts als seinem eigenen Willen, den er in eben diesem Moment entdeckt hatte.

Irgendwann stößt Purpur an seine Grenze. Wieder haben sich die Lebensbedingungen verändert. Wahrscheinlich sorgen vor allem klimatische Veränderungen dafür, dass die bisherigen Methoden von Jagd und Landwirtschaft nicht mehr ausreichen, um das Überleben des Clans zu garantieren. Die Menschen müssen neue Gebiete erschließen, auch Landschaften, die zuvor als lebensfeindlich galten. Die ersten Mutigen durchdringen undurchdringliche Wälder, überleben in trockenen Steppen oder Eiswüsten mit lebensfeindlichen Temperaturen. Und sie dringen ein in Gegenden, die schon von anderen Menschen besiedelt sind. Revierkämpfe brechen an.

Eine neue Entwicklungsstufe lässt sich erahnen, die nicht zufällig gekennzeichnet wird mit der Farbe Rot. Denn Rot steht für Energie und Aggression, für Blut und Lebendigkeit, Abenteuerlust und Zorn. Neue Horizonte locken. Vor etwa 10000 Jahren begannen die ersten, aufzubrechen.

Mensch 3.0: Der Schritt über die magische Schwelle

Rot ist nach Beige die erste wirklich bewusste Ich-Stufe. Der Mensch entdeckt die Urkraft, die in ihm steckt. Und er probiert sie aus. Er ist begeistert von seiner Kraft, seinem Körper, seinen Fähigkeiten und Möglichkeiten. Er merkt, wie eng bisher alles um ihn herum war. Der purpurne Clan wurde zusammengehalten durch die gemeinsame Angst vor Gefahren, die von außen drohten. Der Kreis bot Sicherheit, draußen lauerten die Geister, das Ungewisse, die Feinde. Trotzdem fangen jetzt einzelne mutigere, wachere Clanmitglieder an, eigenständige Vorstellungen zu entwickeln und sich vom purpurnen Denken ihres Clans abzuheben. Sie überwinden ihre Angst, sie wollen sich nicht mehr anpassen.

Wer Grenzen überschreitet, macht sich ohne Gruppe wesentlich angreifbarer. Aus Selbstschutz kämpft das erwachte, aber ganz auf sich bezogene Ich mit aller Kraft und Raffinesse um seinen Vorteil. Andere betrachtet es als bedrohliche Konkurrenten oder störende Hindernisse. Ich-bezogene Menschen der roten Entwicklungsstufe sind mutiger, aber auch aggressiver. Sie entwickeln ein untrügliches Gespür für günstige Gelegenheiten und den eigenen Nutzen. Sie denken und handeln egozentrisch, manipulativ und impulsiv: »Ich will es, und ich will es jetzt!« »Der Stärkere hat Recht!« Damit verletzen sie Tabus, überschreiten die magische Schwelle, wagen sich in das verbotene Gebiet.

Mensch 3.0: Das Ich als Nabel der Welt

Die Menschen der späten Steinzeit haben für diesen Schritt Jahrtausende gebraucht. Wir haben ihn vollzogen, als wir zwischen zwei und vier Jahre alt waren. Da erkundet das Kind die Grenzen seiner purpurnen Familie. Es testet, ob die Anweisungen und Verbote der Eltern wirklich gelten. Es stampft mit dem Fuß, schreit anfallartig oder ruft zornige Parolen: »Ich will aber!« und »Nein!«.

Die Eltern sollten seinen Ruf »Kann ich selber!« ernst nehmen. Dass es sich und seine Fähigkeiten bei jeder Gelegenheit selbst ausprobieren will, ist ein wichtiger Fortschritt im Lernprozess des Kindes – der für Eltern extrem anstrengend sein kann. Ein dreijähriger Weltentdecker glaubt, dass sich die Welt um ihn herum aufbaut. Alles, was er entdeckt und erlebt, bezieht er auf sich. Er benimmt sich wie ein kleiner König, der sein Reich ständig vergrößern will.

Auf der ROTEN Bewusstseinsstufe lernt ein Kind, was es kann und wie es seine Fähigkeiten beherrscht. Es entdeckt den Reichtum der Welt, als dessen stolzer Mittelpunkt es sich begreift. Das kindliche Helden-Ich wird zum Nabel der Welt, durch den die belebenden psychischen Energien in sein Bewusstsein einströmen.[14] Wie bei jedem Wechsel von einer Bewusstseinsstufe zur nächsten wird alles komplizierter, aber auch reicher, farbiger, energetischer.

Mensch 3.0: Vom kleinen König zum Hochstuhltyrann

Die Trotzphase verhilft dem Kleinkind zu mehr Einsichten, Selbstvertrauen und Eigenständigkeit. Dennoch bleibt es ein Kind, das die Spielregeln lernen muss, um in der komplexen Wirklichkeit zurechtzukommen. Ein Dreijähriges darf nicht allein entscheiden, wann es über die Straße rennen will. Das gilt auch für soziales Verhalten, sonst schlägt es dem Nachbarkind im Sandkasten ungehemmt die Schaufel auf den Kopf oder erpresst seine Eltern im Supermarkt mit lautstarkem Geschrei zum Kauf von Süßigkeiten.

ROT braucht auch im Kleinkind Grenzen. Sonst wird es zum Hochstuhltyrannen, der die ganze Familie beherrscht. Eltern, die keine Regeln vorgeben können, kapitulieren irgendwann vor den kindlichen Wutanfällen. Sendungen wie »Die Supernanny« zeigen gern in drastischen Farben, was passiert, wenn das Kinder-ROT in einer Familie die Herrschaft übernommen hat. Das hat Folgen für das gesamte Bildungssystem. Kindergarten und Schule können allein keine Regeln einüben. Sie sind machtlos, wenn es im Elternhaus keine Regeln gab, die konsequent und nachhaltig vermittelt werden.

Gesellschaft 3.0: Feudalismus und Lehnswesen

Mit dem Auftreten von ROT änderten sich die Organisationsformen der Menschen radikal. Der Kern aller ROTEN Gesellschaften ist eine revolutionäre Zelle, an deren Spitze ein Anführer mit besonderen Führungsqualitäten steht. Er ist der stärkste, mutigste, oft auch gerissenste und rücksichtsloseste von allen. Seine Autorität hat er sich hart erkämpft, aber nun wird er von allen anerkannt.

ROT bedeutet Kampf. Der Stärkste setzt sich durch und unterwirft die anderen, zuallererst seine Stammesgenossen. Der Feudalismus entsteht: Die Starken beanspruchen Gebiete und werden Grundbesitzer. Die Starken herrschen über Bauern und Handwerker und machen sich zu kleineren und größeren Fürsten. Am Ende der ROTEN Eroberungszüge bilden sich die ersten Stadtstaaten und kleinen Königreiche. Für die Befreiung aus den Fesseln der PURPURNEN Geisterwelt zahlen die ROTEN Eroberer einen hohen Preis: Ständig leben sie in höchster Gefahr, denn wenn ein noch Stärkerer sie besiegt, verlieren sie ihre Vormachtstellung und oft sogar ihr Leben.

Gesellschaft 3.0: Streitbare Eroberer

Gute Beispiele für ROT sind die Helden Homers. Sie brechen auf ins Ungewisse, zu der Stadt Troja, die sie nur vom Hörensagen kennen, aber eins ist klar: Sie kommen, um sie zu erobern. Bedenkenlos kämpfen beide Seiten mit roher Gewalt, lügen und betrügen, ohne Gewissensbisse. Odysseus erfindet die wohlbekannte List: Die Griechen geben scheinbar auf und lassen ein hohles Pferd zurück. Als die Griechen schließlich in Troja sind, gibt es kein Halten mehr: Sie morden, vergewaltigen, plündern hemmungslos und brennen am Ende die Stadt nieder. Alexander der Große war der Inbegriff des jungen ROTEN Eroberers, der mit seinem Heer von Makedonien bis nach Indien zog und ein riesiges Reich gründete. Der Legende nach war er der erste, der den kunstvollen gordischen Knoten an einem dem Zeus geweihten Streitwagen lösen konnte – indem er ihn ohne lange zu fackeln einfach mit dem Schwert durchhieb. Die energische ROTE Überwindung eines Problems mit unkonventionellen Mitteln.

Beispiele für ROTEN Eroberungsdrang finden sich zahllose in der Weltgeschichte: die Hunnen unter Attila, die Mongolen unter Dschingis Khan, die spanischen Konquistadoren in Mittel- und Südamerika. ROTE Exileuropäer zogen – westward ho! – mit ihren Planwagen nach Kalifornien und rotteten nebenbei Indianer und Bisons aus.

Gesellschaft 3.0: Entschlossene Entdecker

Doch die enorme ROTE Energie ist keineswegs nur destruktiv. ROT schafft Neues, vorher nicht Dagewesenes. Neugier und Forscherdrang sind kraftvolle ROTE Eigenschaften. Von ROTER Entschlossenheit getrieben waren Reisende wie James Cook, der Afrikaforscher David Livingstone oder Roald Amundsen und Robert Scott, die sich 1911/12 das legendäre Wettrennen zum Südpol lieferten. Sie stehen für die positiven Qualitäten von ROT: enormer Selbstbehauptungsdrang; unbeugsamer Wille, die Grenzen des bisher Möglichen hinauszuschieben; Bereitschaft, dafür Schmerzen und Entbehrungen auf sich zu nehmen; Unerschrockenheit gegenüber Gefahren und die Weigerung, sich mit dem Status quo zufriedenzugeben.

Ohne Menschen mit dem Mut und der Energie von ROT säßen wir vielleicht heute noch abends ums Lagerfeuer und nagten an Mammutknochen. Die ROTE Stufe hat einen drangvollen Fokus nach vorne. Ihre Energie steigert die Motivation, verlangt Einsatzbereitschaft, durchbricht das Gleichmaß, überwindet Ängstlichkeit und Trägheit und erobert vorwärts stürmend Neuland.

Gesellschaft 3.0: Der Archetyp des Kriegers

Der ROTEN Bewusstseinsstufe entspricht der Archetyp des Kriegers und des Helden. Er kennt keine Grenzen, und wenn er doch einmal an eine Grenze stößt, akzeptiert er sie nicht. Auch vor der letzten Grenze, dem Tod, hat er keine Furcht. Im Prinzip hält er sich für unsterblich, wie man am Fahrstil mancher junger Männer in ihren getunten schwarzen Autos oder am riskanten sexuellen Verhalten mancher junger Frauen ablesen kann, in denen der Archetyp der Amazone lebendig ist.

Die Mädchenliteratur der letzten 100 Jahre hat immer mehr »widerspenstige«, unangepasste Protagonistinnen hervorgebracht: Trotzkopf, Pippi Langstrumpf, Ronja Räubertochter oder die rote Zora. Sie zeigen, wie viel ROT in Mädchen steckt und ihnen helfen kann, sich zu behaupten. Ähnlichkeiten mit den wilden, unbezwingbaren Amazonen der griechischen Mythologie sind sicherlich beabsichtigt.

Ein berühmtes Beispiel für eine starke Prägung durch egozentrisches ROT ist Scarlett O'Hara, die weibliche Hauptfigur in »Vom Winde verweht«. Scarlett (auf Deutsch »scharlachrot«) lebt nach der ROTEN Devise »Nimm, was du kriegen kannst«. Dafür kämpft sie mit allen weiblichen Mitteln und setzt sich unverfroren über gesellschaftliche Konventionen hinweg, wenn es zu ihrem Vorteil ist. Auch die Vorkämpferinnen des Feminismus besaßen die Unerschrockenheit von ROT, als sie gegen erbitterten Widerstand der Männer Frauen den Zugang zum Bildungssystem oder Wahlrecht verschafften. Durchsetzungsfähige, selbstbewusste und selbstständige Frauen ziehen ihre Energie aus dieser Bewusstseinsstufe – wie Männer auch. ROT nimmt keine Rücksicht auf Konventionen und kann den Weg frei machen für neue, zukunftsweisende Lebens- und Beziehungsmodelle.

Gesellschaft 3.0: Der rote Ritter

Viele Mythen, Märchen und Sagen erzählen von jungen Männern, die sich auf eine Reise begeben, um nach vielfältigen ROTEN Abenteuern schließlich zum (BLAUEN) Ehemann und König zu werden. Der junge Parzival im gleichnamigen Epos des Wolfram von Eschenbach wächst im Wald auf, fern von jeder höfischen Kultur. Als er in die Welt hinauszieht, trifft er auf den Roten Ritter – eine Gestalt, die nicht nur eine rote Rüstung trägt, sondern präzise das Verhalten auf der ROTEN Entwicklungsstufe abbildet. Er ist ein Verleumder und Herausforderer, ein aggressiver Krieger und destruktiver Feind, der Angst und Schrecken verbreitet. Parzival, der junge Tölpel, der von ritterlichen Normen und Werten keine Ahnung hat, tritt ihm mit ebenso ROTER Attitüde entgegen. Er tötet ihn nicht im fairen ritterlichen Zweikampf, sondern aus der Ferne mit dem Wurfspieß und legt sich stolz selbst die erbeutete rote Rüstung an. Symbolisch nimmt er damit die Vitalität und ungezähmte Kraft des ROTEN Bewusstseins auf, was seine individuelle Originalität erhöht.

Viele junge Männer stecken psychisch in der »ROTEN Rüstung« und erwarten, dass sie ihnen Respekt und die Anerkennung als ganzer Mann verschafft. Ihre unerschrockene Impulsivität, die schnell in Aggression umschlagen kann, verrät aber, dass sie geistig noch längst nicht ausgereift sind. Die nächste BLAUE Stufe wird sie darum vielen Prüfungen unterwerfen, um sicherzustellen, dass sie nicht nur Respekt einfordern, sondern auch Respekt erweisen können. Ein nach allen Regeln ausgebildeter Ritter empfängt seinen Ritterschlag mit gebeugtem Knie – und dient dann vorbildlich den Frauen, seinem König und Gott.

Gesellschaft 3.0: Ausbruch aus einer zu kleinen Welt

ROT kehrt in der Pubertät und Adoleszenz noch einmal zurück. In einer Art zweiten Trotzphase werden Jugendliche darauf vorbereitet, ihre Eltern zu verlassen und sich darauf einzustellen, als eigenständige Individuen zu leben.

In hochzivilisierten Gesellschaften wird es für Jugendliche in ROT immer schwerer, auf gesunde Weise ihre Grenzen auszutesten. Es fehlen stimmige Übergangsriten, in denen Jugendliche die Schwelle zum Erwachsensein passend zu ROT überschreiten können. Komasaufen und Drogen müssen die Lücke füllen, ebenso wie Science-Fiction-Filme, in denen fremde Galaxien erobert oder zerstört werden. Ausweichmöglichkeiten bieten Fantasy-Rollenspiele oder das Kino mit seinen ROTEN Helden wie Terminator, Rocky oder den Gefährten im »Herrn der Ringe«. Auch auf dem Sportplatz und in der Fankurve kann Rot sich austoben. Der Wille, seine Kraft zu zeigen und den Gegner zu besiegen, kann hier, gebändigt durch BLAUE Regeln, zum Zug kommen. Am unverhohlensten zeigt sich Rot in den großen Boxkämpfen oder beim Wrestling, jenem Showkampfsport, bei dem die Kontrahenten es zum Schein darauf anlegen, einander physisch zu vernichten. Rock, Rap und Punk lenken überschüssige ROTE Energie in Musik um.

Eine Zeit seiner Jugend im Ausland zu verbringen, verhilft zu den nötigen echten Bewährungsproben, um das Beste aus Rot herauszuholen: Selbstbehauptung und gesundes Ich-Bewusstsein, Durchhaltekraft und Eigenständigkeit.

Nationen mit einem hohen Anteil junger Menschen beherbergen naturgemäß eine Menge ROTES Bewusstsein in ihrer Bevölkerung. Politisch aggressive Parteien oder Untergrundorganisationen haben allein schon deshalb in solchen Ländern regen Zulauf.

Werden die politischen Rechte einzelner Gruppen eingeschränkt, bilden sich unweigerlich Revolutionäre und Aufständische, die zurückschalten auf die frühere, vermeintlich stärkere Bewusstseinsstufe Rot. Warlords in Somalia, die IRA in Nordirland, die ETA im Baskenland, al-Qaida, Taliban – alles aktuelle ROTE Organisationen. Auch die Mafia und ähnliche Vereinigungen sind intern ROT strukturiert, also mit ständigen Rivalenkämpfen in den eigenen Reihen, und auch nach außen hin verbreiten sie Angst und Schrecken durch rohe ROTE Gewalt.

Gott 3.0: Die Rebellion gegen die Mutter

Zur ROTEN Rebellion der Jugend passt das schroffe Jesuswort: »Was geht's dich an, Frau, was ich tue?« (Johannes 2, 4). Damit verbittet er es sich, während der Hochzeit in Kana bevormundet zu werden von seiner Mutter Maria. Das mag manchen Katholiken und Marienverehrer verwirren, hat aber für die Entwicklungsstufe Rot viel Sinn. Nicht mehr den Anweisungen der Mutter zu folgen und von ihr auch emotional nicht mehr abhängig zu sein, ist für Männer ein klares Zeichen von gelungener Abnabelung und Erwachsensein. Jesus hat einen eigenen Maßstab für sich selbst entwickelt, wenn er seiner Mutter sagen kann, dass seine Stunde noch nicht gekommen ist. Religiös gesehen bedeutet Rot die Entzauberung der Muttergottheiten, die in Purpur noch so mächtig waren. Jetzt kommen die Drachentöter und zerschlagen furchtlos die Fesseln, die sie sonst lebenslang an die Mutter binden würden.

Diese Fessel muss zerschlagen werden, weil im Herzen des Mannes sonst kein Platz ist für seine Frau. Die emotionale Liebe bleibt dann bei Mama, bis hin zu totalem Gehorsam und absoluter Verehrung. Mit der eigenen Ehefrau ist der Mann dann nur durch Sex verbunden. Sie ist bloßes Objekt, Fortpflanzungsgarant und Arbeitskraft.

Das gilt auch für die Beziehung zur eigenen Kirche, die einen großgezogen hat. In der katholischen Kirche finden sich heute viele junge Priesteramtskandidaten, die nicht mit ihrer Mutter Kirche um eine erwachsene spirituelle Freiheit ringen. Stattdessen lassen sie sich von ihr verhätscheln und schulden ihr dafür lebenslangen Gehorsam.

Gott 3.0: Ich nehme mir, was ich brauche

Wie mächtig diese Stufe ist, kann man am Beispiel sexueller Aggression sehen. Rot brachte neue Gelegenheiten für das genetische Überleben, wenn auch auf die harte Tour. Ohne den rücksichtslosen ROTEN Expansionsdrang in Sachen Fortpflanzung wären die PURPURNEN Clans vielleicht eines Tages ausgestorben oder an Inzucht eingegangen.

Die Macht des ROTEN Begehrens reicht zurück in archaische Zeiten. In der Urgeschichte des Alten Testaments wird erzählt, wie »die Göttersöhne sahen, wie schön die Töchter der Menschen waren, und sie nahmen sich zu Frauen, welche sie wollten« (1. Mose/Genesis 6, 1–4). Die von den Göttersöhnen gezeugten Nachkommen waren ebenfalls übermächtig und gefürchtet, laut Mythos waren sie »die Riesen, die Helden der Vorzeit, die hochberühmten«.

»Sie haben Recht, das hat wirklich eine kraftvolle Ausstrahlung.«

Um neue Sexualobjekte außerhalb des eigenen Stammes zu erobern, mussten die Männer angriffslustig und körperlich überlegen sein. Zur Erhaltung des Stammes Benjamin wurden Jungfrauen gewaltsam entführt, zur Ehe gezwungen und ihre Familien ausgerottet (Richter 21).

Ähnliches erzählen die Karibu-Eskimo von Igjugarjuk, dem wilden Schamanen, der einst ein Mädchen begehrte. Dazu nahm er sein Gewehr und erschoss einfach vor ihren Augen ihre gesamte Familie.[15]

Frauenraub war weltweit verbreitet und alles andere als eine folkloristische Veranstaltung. Brutale Vergewaltigungen waren an der Tagesordnung. Zu den biblischen Barbareien zählt die zum Tode führende nächtliche Schändung einer Frau durch die Bewohner von Gibea (Richter 19). Hemmungsloses Rot folgt blind dem triebhaften Begehren und greift sich ohne Rücksicht, ja gewaltsam das Objekt seiner Begierde. Die Bibel dokumentiert deutlich das fehlende Mitgefühl und Schuldbewusstsein von Rot. Bis heute hat sich die unbewusste Erinnerung an diese furchtbaren Frauenraubzüge gehalten. Sie lebt bei uns als harmlose »Brautentführung« bei Hochzeiten weiter.

Gott 3.0: Miese Machtgötter

Mit den roten Expansionszügen verändert sich das Bild von der jenseitigen Welt. Zwar glauben auch die Menschen der roten Entwicklungsstufe durchaus noch an ein Universum voller Kobolde, Gespenster, Hexen, Zauberer und Feen. Aber wie in der roten Gesellschaft Fürsten und Helden die Macht an sich reißen, stellt man sich nun auch in der jenseitigen Welt Götter vor, die weit mehr Macht haben als ein schlichter Berggeist oder eine Nymphe. In Rot heben sich einzelne Götter aus dem Heer der Geister und Dämonen heraus: Poseidon herrscht über die Meeresgeister, Artemis über das Wild, die Liebesmächte gehorchen Aphrodite. Der oberste Gott ist, typisch für das erobernd-heldenhafte Rot, jeweils ein Kriegs- und Donnergott: der Blitze schleudernde Zeus, Gottvater Jupiter, Donnergott Thor. Rot glaubt noch nicht, dass es nur einen Gott gibt. Aber es gibt kein einfaches Nebeneinander mehr wie in Purpur. Die Götter machen nun einander Konkurrenz, ziehen mit ihren Völkern in den Krieg, und der Sieg eines Volkes über ein anderes wird verstanden als Sieg des überlegenen Gottes. Ein Überbleibsel dieses Denkens war das berüchtigte Koppelschloss der deutschen Soldaten im Ersten Weltkrieg, auf dem zu lesen stand: »Gott mit uns!« – typische Parole eines roten Kriegsgottes.

Während in Purpur noch Bäume und Steine als Orte der Anbetung galten, entstehen nun Heiligtümer und Tempel, die einer bestimmten Gottheit geweiht sind und deren Abbilder und Symbole enthalten. Die ROTEN Götter wohnen nicht mehr in der Nachbarschaft, sondern an erhabenen Orten: auf dem Olymp, in Walhall, im Himmel oder unter der Erde – von wo aus sie gerne Ausflüge unternehmen, um etwa menschliche Frauen zu verführen (eine Lieblingsbeschäftigung des griechischen Göttervaters Zeus). Überhaupt tragen die ROTEN Götter ähnlich miese Charaktereigenschaften, ja Persönlichkeitsdefekte wie die Menschen: Sie sind eitel, grausam, eifersüchtig, rachsüchtig, jähzornig, schnell zu beleidigen. Man muss sich in Acht nehmen vor ihnen und sich gut mit ihnen stellen. Dazu dienen vor allem Opfer. Die Götter ernähren sich, so eine naive ROTE Vorstellung, vom Blut der Opfertiere und vom Rauch der Brandopfer.

Gott 3.0: Kriegsgott Jahwe

Auch Jahwe, der Gott Israels, ist ein roter Kriegsgott, der mit Sturm, Gewitter und Erdbeben einherfährt. Er ist kriegerisch, leidenschaftlich, rachsüchtig, manchmal unberechenbar und unfassbar grausam, dann wieder voll zärtlicher Zuwendung gegenüber seinem Volk. Bei der »Landnahme«, der mythischen Eroberung des verheißenen Landes, geht er nicht gerade zimperlich um mit der ursprünglich ansässigen Bevölkerung. Jahwe sucht seine Feinde heim »mit Donner und Getöse und lautem Dröhnen, mit Wind und Wirbelsturm und mit Flammen verzehrenden Feuer« (Jesaja 29, 6). Er brüllt wie ein Löwe (Joel 4, 16), er schlägt mit dem Stock (Jesaja 30, 31), er stößt die Feinde »aus ihrem Land in großem Zorn, voller Grimm und ohne Erbarmen« (5. Mose/Deuteronomium 29, 27). So grausam das alles klingt, dieser Jahwe ist den ebenso blutrünstigen ROTEN Göttern anderer Volksgruppen ringsum auf jeden Fall gewachsen.

Mehr als alle anderen antiken Götter legt Jahwe Wert auf bedingungslose Gefolgschaft. Höchst allergisch reagiert er auf jeden religiösen Seitensprung seines Volkes. Zugleich verspricht er den Israeliten ein Land, in dem Milch und Honig fließen, er sorgt für ihren Schutz und verheißt Frieden und Segen.

Wenn dieser schreckliche und zugleich herrliche Gott erscheint, bedeutet das den Untergang seiner Feinde. Jahwes Beiname Zebaoth bedeutet »Herr der Heere«. Für die Israeliten war er ihr oberster Kriegsherr und damit der »Gott der militärischen Mächte«, befehligte aber auch »himmlische Heerscharen« in Form von Kosmoskräften und Engelwesen. Aber es gilt immer: Dieser Kriegergott gehorcht nicht den Menschen. Er kommt, wann es ihm passt und nur, wenn er will. Wie in allen Gesellschaften mit ROTEM Kriegerbewusstsein wird auch von Israel betont, dass letztlich dieser überlegene Gott den Krieg führt.

Spiegelbildlich dazu verhalten sich die Anführer des Volkes Israel, allen voran die ROTEN Helden des Richterbuchs: archaische Raufbolde und Haudegen wie Gideon und Simson, die über bemerkenswerte physische Kräfte verfügen und sie hemmungslos einsetzen. ROT verkörpern auch listige Frauen wie Delila, die hilft, Simson zu Fall zu bringen, indem sie sein Vertrauen missbraucht. Oder Jaël, die dem schlafenden Feldhauptmann Sisera einen Pflock durch die Schläfe bohrt (Richter 4, 1–2).

Die wichtigste Gestalt dieser Stufe ist König David, der klassische ROTE Eroberer. Ausführlich schildern die Bücher Samuel und das erste Buch der Könige seine beispiellose Karriere: vom tapferen Hirtenjungen über den Hauptmann einer Guerillatruppe bis zum König eines altorientalischen Großreiches. Er erobert nicht nur die Länder der Nachbarvölker. Bedenkenlos lässt er auch einen Hauptmann seines Heeres absichtlich im Kampf von Feinden töten, um dessen attraktive Frau Bathseba besitzen zu können.

Gott 3.0: Wettkämpfe der Götter

Jahwe steht in heftiger Konkurrenz zu anderen Göttern, besonders zu den Fruchtbarkeitsgöttern Baal und Astarte (Ischtar). Der Jahwe-Prophet Elia fordert die Priester des Baal zum spirituellen Zweikampf auf: Jeder soll oben auf dem heiligen Berg Karmel einen Altar bauen, Holz und ein Opfertier darauf schichten und seinen Gott bitten, das Feuer zu entzünden. Trotz stundenlanger PURPURNER Beschwörungen, Tänze und Selbstverletzungen gelingt es den Baalspriestern nicht, das Feuer vom Himmel herabzuziehen. Elia dagegen schüttet noch ein paar Eimer Wasser über das Holz, um die Aufgabe schwieriger zu gestalten. Dann spricht er ein einfaches Gebet – und schon fällt das Feuer vom Himmel »und fraß Brandopfer, Holz, Steine und Erde und leckte das Wasser auf« (1. Könige 18, 1–7). Nach dieser machtvollen Demonstration schlägt Elia alle 450 Baalspriester eigenhändig tot. ROT fackelt nicht lange, sondern setzt sich rücksichtslos durch.

Viele moderne Menschen erschrecken, wenn sie auf diese Bewusstseinsschicht in der Bibel stoßen. Sie begegnen einem grausamen, gnadenlosen, egozentrischen Machtgott, mit dem sie nichts zu tun haben wollen – und auch nichts zu tun haben, weil sich unsere Gottesvorstellungen weiterentwickelt haben. Wer die Kriegsberichte der Bibel liest, muss sich klarmachen, dass diese Geschichten in der gleichen Zeit entstanden sind wie die Ilias, Homers großes Epos voller Blut, Gewalt, Kriegslisten und kaltblütig-arroganter Helden. In ROT wird gemetzelt, gelyncht oder in die Luft gesprengt.

Jesus 3.0: Überwinder PURPURNER Familienbande

Sein Ich und den eigenen Willen zu erfahren, ist auch in spiritueller Hinsicht ein wichtiger Schritt. In der christlichen Kunst finden sich zahlreiche Bilder vom »kleinen König« Jesus mit Krone auf dem Kopf, der als Christkind die Weltkugel und ein Szepter in seinen Händen hält. Das ist kein hilfloses Wickelbaby mehr, sondern ein wach umherblickendes Kleinkind, das auf dem Schoß seiner Mutter Maria sitzt. Aus Urvertrauen wird Selbstvertrauen. Es braucht zwar noch ihren Halt, aber es ist sonnenklar, dass es hier um ihn geht: den zukünftigen Herrscher der Welt!

Im Lukasevangelium wird erzählt (Kap. 2), wie der zwölfjährige Jesus während einer gemeinsamen Pilgerreise seinen Eltern einfach abhaute. Die beiden mussten ihn drei Tage lang suchen und fanden ihn schließlich im Tempel, wo er mit Lehrern spirituelle Fragen diskutierte. Auf die heftigen Vorwürfe seiner Mutter (»Warum hast du uns das angetan? Wir hatten solche Angst um dich!«) gab er eine pampige Antwort: »Wisst ihr nicht, dass ich im Haus meines Vaters sein muss?« Auch später wird Jesus öfter davon sprechen, wie wichtig es ist, die Eltern zu verlassen und dem Eigenen zu folgen.

Jesus lebte in einer Umgebung, deren Bewusstsein ROT noch viel näherstand als uns heute. Für die biblischen Autoren war es kein Problem, in ihre Jesusporträts seine ROTE Seite einzubauen. Sie schildern, wie sehr er seine Umgebung schockierte, weil er die für PURPUR geltenden lebenslangen Abhängigkeiten vom Familiensystem nicht länger akzeptierte. Jesus hatte vier in der Bibel (Markus 6, 3) namentlich genannte Brüder und mindestens zwei Schwestern, war also eingebunden in einen großen Clan. Damit war er aus PURPUR-Sicht geschützt und seiner Sippe zu unbedingter Loyalität verpflichtet.

Trotzdem sagt sich Jesus von seinen Verwandten los, als sie ihn besuchen wollen. Er betont den Vorrang der geistigen Verwandtschaft: »Wer ist meine Mutter und wer sind meine Brüder? Wer Gottes Willen tut, der ist mein Bruder und meine Schwester und meine Mutter« (Markus 3, 3–5). Ein Skandal, der in Nazareth dazu führt, dass man ihn für verrückt hält.

Harte ROTE Worte gegen das Clandenken von PURPUR enthält auch diese Rede:

> Glaubt nicht, dass ich gekommen bin, Frieden zu bringen auf die Erde. Ich bin nicht gekommen, Frieden zu bringen, sondern das Schwert. Ich bin gekommen, um die Söhne zu entzweien mit ihren Vätern, die Töchter mit ihren Müttern und die Schwiegertöchter mit

> ihren Schwiegermüttern. Die nächsten Verwandten werden zu Feinden werden. Wer seinen Vater oder seine Mutter mehr liebt als mich, der ist meiner nicht wert (Matthäus 10, 3–5).

Wer durch sein Familiensystem in Abhängigkeit und Angst, Geschwisterhass und Erbstreitigkeiten, emotionalen und sexuellen Missbrauch, Gewalt und Inzest, Familienfehden oder Blutrache verstrickt ist, der kann es nur als Befreiung empfinden, wenn durch eine klare ROTE Trennung den bislang unentrinnbaren PURPURNEN Familienbanden mutig der Kampf angesagt wird. Dieser konfrontative Jesus, der gleichzeitig neue heilsamere Beziehungsmöglichkeiten anbietet, ist stärker als alle familiären Verstrickungen.

Jesus 3.0: Sieger über die dunklen Mächte

Ein destruktiver Aspekt im Jesusbild der ROTEN Bewusstseinsstufe findet sich in der seltsamen Geschichte vom Feigenbaum, den der hungrige Jesus verdorren lässt: einfach aus Wut darüber, dass er keine Früchte an ihm findet (Markus 11, 1–4).

Bekannter ist sein Ausrasten angesichts der Händler im Tempel. Ausdrücklich wird erzählt, wie er sich eine Peitsche anfertigte, um die Tiere aus dem Tempelbezirk zu vertreiben (Johannes 2, 1–7). Die Tische der Opfertierverkäufer und Geldwechsler stieß er um und warf das Geld auf den Boden.

ROT gefärbt sind auch seine massiven Verbalattacken gegen Schriftgelehrte und Pharisäer, die er beschimpft als »übertünchte Gräber voller Totengebeine und Unrat«, als »Schlangen und Otternbrut« (Matthäus 23, 2–3). Jesus nutzt das ROTE Charisma der Unerschrockenheit, um in bester prophetischer Tradition aufzutreten gegen korrupte Machtinteressen. Jesus klagt leidenschaftlich an und kritisiert unerträgliche bestehende Verhältnisse. Das musste er mit dem Tod bezahlen wie andere Widerstandskämpfer auch.

Darum machen die neutestamentlichen Schriften immer wieder klar: Überall lauern Gefahren, aber Jesus ist der überlegene Sieger. Sogar Sieger über den Tod, den schlimmsten Feind des Menschen. »Tod, wo ist dein Sieg? Tod, wo ist dein Stachel?«, fragt Paulus und erinnert daran, dass der neue Jesusglaube Mut und Stärke erfordert (1. Korinther 15, 55 und 16, 13). Jesus ist stärker als seine Feinde, die ihm Fallen stellen. Jesus ist stärker als die »bösen Geister in der Luft« (Epheser 6, 12), die Menschen zu Irren machen. Er ist stärker als die Schatten der Krankheit, die das Leben der Blinden verdunkeln und unter deren Last die Gelähmten hilflos sind. Dieser mächtige Jesus sorgt als Exorzist immer wieder für Entsetzen, wenn er in »Vollmacht« und mit gebieterischen Worten die Macht der Dämonen bricht und Menschen von psychischen Zwängen und PURPURNEN Gebundenheiten befreit (Markus 1, 27).

Die ROTE Wahrnehmung geht weiter als PURPUR, das die eigenen aggressiven Anteile nicht erkannte und die bösen Geister immer »da draußen« sah. Auf der ROTEN Stufe werden diese Projektionen schon ein bisschen nach innen geholt. ROT personifiziert und visualisiert seine Zwänge, Neurosen und Komplexe in krassen innerseelischen Bildern von bösen Dämonen, die in das Haus der Seele eindringen und sich darin festsetzen (Matthäus 12, 4–5). Jesus nimmt diese subjektiv erfahrene ROTE »Realität« der Dämonenbesetzung ernst. Er unterscheidet aber zwischen den bösen krank machenden »Besetzern« (»Wie heißt ihr?«) und dem besetzten Kranken, der nicht böse ist. Das Machtwort wird allein gegen die bösen Geister geschleudert, sie »fahren aus«, der Kranke kann sich des-identifizieren und wird frei.

Jesus 3.0: Der bahnbrechende Anführer

Im 2. Jahrhundert deuteten die christlichen Apologeten Christi Himmelfahrt als Triumphzug durch das PURPURNE Feindesland. Denn dort in den Lüften, so glaubte man, herrschten Sternenmächte und Dämonen. Jesus kommt als unbezwingbarer Gottessohn vom Himmel herab, kann deshalb nicht aufgehalten werden und beendet die Gefangenschaft der Menschen. Ihre geretteten Seelen waren seine Siegesbeute, die er dem Reich des Bösen entrissen hatte. Diese ROTE Spur von Jesus als siegreichem »Durchbrecher« und »Löser der Ketten« taucht immer auf, wenn Menschen in Angst und Bedrängnis stecken.

Protestanten litten oft unter Verfolgung und Vertreibung. Sie empfanden sich aber immer auch als besonders aufbruchfreudig und wagemutig. Daher spielt Jesus als Befreier bei ihnen eine größere Rolle als für Katholiken. Typisch dafür sind »Kampflieder« wie »Jesus ist kommen, Grund ewiger Freude« (Evangelisches Gesangbuch 66, 2), wo es heißt:

> Jesus ist kommen, nun springen die Bande,
> Stricke des Todes, die reißen entzwei.
> Unser Durchbrecher ist nunmehr vorhanden;
> er der Sohn Gottes, der machet recht frei,
> bringet zu Ehren aus Sünde und Schande;
> Jesus ist kommen, nun springen die Bande.

Jesus ist für diese ROT aufgreifende Denkweise weniger der gute Hirte, der seine Schafe weidet. Im Rückgriff auf das alttestamentliche Buch Micha (2, 1–3) wird er eher verstanden als Vorkämpfer und Durchbrecher, der als mutiges Leittier seine in qualvoll enge Hürden eingepferchte Herde in die Freiheit führt. Jesus ist der »archegós«, der »Anführer zum Heil/Leben« (Hebräer 2, 10), der den Seinen »die Bahn bricht«.

Glaube 3.0: Widerstehen bis in den Tod

Ein Leben mit diesem Durchbrecher der Banden ist ein Wagnis, das standhafte mutige *homologoi,* »Bekenner«, und leidensbereite *martyres,* »Zeugen bis in den Tod«, hervorbringt. ROT erzeugt immer eine gewisse Radikalität, die Gläubige dazu bringt, lieber zu sterben, als sich zu unterwerfen oder dem Glauben abzuschwören.

Unzählige Menschen sind weltweit im Kampf für ihren Glauben gestorben, jede Religion hat ihre Märtyrer zu beklagen. Im christlichen Glauben zieht sich die Linie von den frühen Christenverfolgungen und Massenhinrichtungen unter Nero bis in die Neuzeit. Mutige Christen sind immer wieder in ROTE Milieus eingedrungen, um dort auch unter extremen Bedingungen ihren Glauben an Jesus, den »Durchbrecher der Banden«, zu bezeugen.

Als christliche Missionare Ende des 19. Jahrhunderts nach Buganda in Afrika, das heutige Uganda, kamen, stießen sie dort auf den unberechenbaren König Mwanga II. Eine Welt mit ROTEN Strukturen, in der Willkür, Intrigen, erbarmungsloses Konkurrieren und blutige Tyrannei herrschten. Ein Teil der jungen Pagen an König Mwangas II. Hof hatte sich zum Christentum bekehrt und weigerte sich, seinen ausschweifenden Lebensstil mit Vielweiberei und sexuellem Missbrauch an jungen Männern mitzumachen. Der Glaube, dass Jesus die stärkere Macht habe, brachte die zum Teil erst 15-jährigen Diener dazu, sich dem König offen zu verweigern. Das führte im Juni 1885 zur Katastrophe. Mwanga beschloss, rasend vor Wut, alle töten zu lassen, die »beteten«. Es gab Hunderte von Opfern. Einen Pagen brachte der wütende König selbst mit der Lanze um, andere ließ er zusammen mit den Missionaren in Stücke schneiden, den heidnischen Göttern opfern oder auf Scheiterhaufen verbrennen.

22 Märtyrer dieser Verfolgung wurden während des Zweiten Vatikanischen Konzils 1964 heiliggesprochen. Den Anführer der Pagen, Karl Lwanga, der mit 21 Jahren hingerichtet wurde, haben die anglikanische und die katholische Kirche zum Patron der Jugend Afrikas erklärt. Namugongo, der Ort ihres Todes, ist heute eins der wichtigsten Wallfahrtsziele Afrikas.

Gott 4.0: Blau

Das Gesetz des Herrn ist vollkommen und erquickt die Seele.
Das Zeugnis des Herrn ist gewiss und macht die Unverständigen weise.

Psalm 19, 8

Denkt nicht, ich sei gekommen, um das Gesetz und die Weisungen der Propheten außer Kraft zu setzen, sondern um sie zu erfüllen und ihnen volle Geltung zu verschaffen.

Jesus in Matthäus 5, 1–8

In meinem Innern stimme ich dem Gesetz Gottes freudig zu.

Paulus, Römerbrief 7, 22

Wo ein Staat gedeiht, hat der Gehorsam ihm das Haus gebaut.

Sophokles

Wehre das Böse ab mit dem, was das Beste ist.

Koran, Sure 23

Das Gesetz ist der Freund des Schwachen.

Friedrich Schiller

Jesus selbst ist nie über Sünder aufgebracht. Er ist nur über Menschen aufgebracht, die meinen, sie seien keine Sünder.

Richard Rohr

Die Vereinssitzung war turbulent gewesen. Justus hatte als Schriftführer Mühe gehabt, mit dem Protokoll mitzukommen. Doch der Vorsitzende bekam alles wieder in den Griff. In seiner manchmal ruppigen Art gelang es ihm, immer wieder die Regeln durchzusetzen und das Vereinsleben in geordneten Bahnen zu halten. Manche hielten ihn für autoritär, doch Justus genoss es, dass da jemand war, der strikt auf die Einhaltung der Satzung pochte.

Nun saß er also am Schreibtisch, holte sein Tagebuch hervor, zündete eine Kerze an, richtete den Blick auf das Kreuz an der Wand und schloss die Augen. »Herr«, betete er für sich, »danke für den heutigen Tag. Gib mir die Kraft, zu erkennen, wo ich Fehler gemacht und Unrecht getan habe. Ich bitte dich jetzt schon, mir zu vergeben. Lass mich aufrichtig sein, mir selbst gegenüber und dir gegenüber. Dich kann man nicht betrügen, du siehst alles. Danke, dass du mich erlöst hast.« Dann schraubte Justus die Füllerkappe ab und ließ den Tag Revue passieren. So machte er es jeden Abend, schon seit Jahren. Diese halbe Stunde am Abend war wichtig. Wie leicht konnte man sich über sich selbst täuschen! Wie leicht konnte man »vergessen«, welche Fehler, welche Sünden man begangen hatte. Es war wichtig, die Sünden zu bekennen. Dann war Gott bereit, sie zu vergeben. Justus war von Herzen dankbar, dass er der Guten Botschaft von Jesus begegnet war, dass Jesus ihn gefunden hatte. Ohne Gott wäre er verloren in seinem Egoismus und seiner Gier. Er war von Herzen dankbar dafür, dass er in einem Land geboren worden war, in dem das Christentum zwar leider nicht mehr regierte, der Glaube aber nach wie vor gepredigt und gelehrt werden konnte. Mit einem eiskalten Schauder wurde ihm bewusst, wie schrecklich er dran wäre, wäre er in Arabien oder Asien auf die Welt gekommen. Die Moslems taten ihm leid, noch mehr die armen Hindus mit ihren Tausenden von Götzen. Er jedenfalls hatte Jesus kennengelernt, er hatte die Chance, gerettet zu werden. Doch dazu war es wichtig, die eigene Schuld zu erkennen und zu bekennen. Deswegen widmete er sich jetzt mit Eifer seinem Tagesrückblick.

Heute fiel ihm nicht viel ein, was er falsch gemacht hatte. Der Tag war gut gelaufen. In der Firma war er Gott sei Dank beliebt. Der Abteilungsleiter wusste, dass er sich auf Justus verlassen konnte. Und die Kollegen schätzten ihn, weil er meistens recht fröhlich war. Kein Wunder, hatte er doch den besten Herrn der Welt! Das war doch ein Grund zur Freude! Mit diesem Herrn konnte man auch die kleinen Schwierigkeiten wegstecken, die einem so täglich begegneten.

Um nicht die Sünde des Hochmuts zu begehen, dankte er Gott noch einmal von Herzen dafür, dass Er ihn recht geleitet hatte, und bat Gott um Vergebung, falls er in seiner Verblendung etwas übersehen hatte. Dann klappte er das Tagebuch zu und verstaute es ordentlich in der Schublade.

Bisher mögen die Schilderungen der einzelnen Bewusstseinsstufen zuweilen recht historisch geklungen haben. Es ging um ferne Vergangenheit, um Strukturen in politisch instabilen Ländern oder um Bewusstwerdungsschritte, die man mit seiner Kindheit verbindet. Jetzt wird es anders. Mit diesem Kapitel landen wir mitten in der Gegenwart und im Bewusstsein zahlreicher Menschen auf diesem Planeten. Etwa die Hälfte der Weltbevölkerung lebt schwerpunktmäßig auf der Bewusstseinsstufe Blau. In Sachen Religion dürften es noch weit mehr sein.

Mensch 4.0: Regeln lernen

Ein Kind kann nicht ewig in seiner roten Egozentrik bleiben. Auch wenn keine Geschwister da sind, muss es lernen, mit anderen Kindern friedlich auszukommen und die von den Eltern verbindlich vorgegebenen Regeln einzuhalten. Das Kind lernt zu folgen. Es kommt in den Kindergarten und muss mit vielen anderen Kindern und den Erzieherinnen ein funktionierendes Miteinander entwickeln. Schließlich die Schule: Spätestens hier lernt ein Kind Regeln und Strukturen einzuhalten.

Kinder mögen Spiele, die strengen Regeln folgen. Schummler werden geächtet. Wer unfair spielt, kommt nicht gut an. In der Zeit zwischen dem Eintritt in die Schule und der Pubertät brauchen und fordern Kinder eindeutige Ansagen. Die Pfadfinder oder der Sportverein mit ihren klaren Strukturen und Ordnungen bieten einen sicheren Rahmen und gleichzeitig ein gutes Übungsfeld für angemessenes Sozialverhalten.

Blau vermittelt einem Kind ein Zugehörigkeitsgefühl zu einem größeren Ganzen jenseits der Familie. Für diese Entwicklungsstufe ist es wichtig, sichtbare Symbole der Gemeinschaft zu haben, in die man sich einfügen soll. Schuluniformen oder gemeinsame Embleme zeigen in vielen Ländern an, dass die Kinder nun stolze Mitglieder der Schulgemeinschaft sind. Altruismus, Teilen lernen, ausgeglichenes Geben und Nehmen, Kameradschaft, feste Freundschaften werden von Blau stark gefördert. Die Devise von Mensch 4.0 lautet: »Einer für alle, alle für einen!« Blau befreit Kinder aus der impulsiv-aggressiven, narzisstischen Egozentrik von Rot. Blau vermittelt das ethische Gefühl für die Konsequenzen des eigenen Handelns, das sonst auf den folgenden Stufen dramatisch fehlt.

Mensch 4.0: Sich anpassen können

Das Denken auf der Stufe Mensch 4.0 ist rechtschaffen, konventionell und konkret. Man polarisiert: Weiß ist weiß und schwarz ist schwarz. Wer nicht zu uns gehört, ist gegen uns. Wir sind die Guten und moralisch überlegen, ihr seid die Bösen, weil ihr die Regeln nicht befolgt. Die Identität wird über das Kollektiv gewonnen, mit dem man sich stark identifiziert: die Verwandtschaft, die Dorfgemeinschaft, das Volk, die Kirche, die Monarchie. Äußere Anzeichen dafür liefert die Kleidung, ob Tracht, Uniform oder Geschäftsanzug. Standesgemäßes Benehmen und die Beachtung der Etikette sind wichtig. Man weiß, was Anstand ist, und übt gutes Benehmen nach Knigge.

Blau befürchtet, aus seiner Gruppe ausgeschlossen zu werden. Es ist darum wichtig, die Bedürfnisse anderer zu erfüllen. Freundlichkeit und Hilfsbereitschaft gelten allen Mitgliedern der eigenen Gruppe. Es ist sinnvoll, die Regeln zu befolgen. Man muss wissen, was »man« tun und lassen darf. Man schätzt Werte, lebt ehrlich. Der Handschlag eines redlichen Mannes genügt, um einen Vertrag zu besiegeln. Jeder spürt die Selbstverpflichtung, einem Partner, einer Firma oder einer Lebensform lebenslang die Treue zu halten. Man achtet darauf, was »die Leute« von einem denken, und orientiert sich an einer Autorität – dem Herrn Doktor, dem Herrn Lehrer, dem Bischof oder der Bibel. Das Weltbild ist traditionell geprägt. Typische Sätze dieser Stufe lauten: Sag mir, was ich tun soll! Ich möchte hören, dass ich gut bin. Ich bin dir treu. Das ist deine Schuld, nicht meine. Dafür bin ich nicht zuständig, das wird von oben entschieden. Ich folge nur meinem Vorgesetzten, König, Papst. Ich bin ein stolzes Mitglied dieser Gemeinde, Firma, Nation. Ruhe ist die erste Bürgerpflicht! Wir sind eine große Gemeinschaft.

Gesellschaft 4.0: Gesetz, Schrift und Organisation

Der Schwerpunkt verschiebt sich von der Egozentrik in die Ethnozentrik: Es gilt nicht mehr das als gut, was dem Individuum nützt, sondern was gut ist für meine Stadt, mein Volk, meinen Verein, meine Rasse, meine Firma, meine Kirche oder meine soziale Schicht. Vom Einzelnen werden entsprechende Opfer zum Erhalt des Ganzen erwartet.

Historisch ist Blau zuerst in den frühen Stadtstaaten und Königreichen fassbar. Sobald ein Staatswesen eine gewisse Größe erreicht hat, können das Faustrecht des Stärkeren und die Willkür des Herrschers nicht mehr das alleinige Recht sein. Das Zusammenleben erfordert Regeln, die für alle gelten und die auch von einer Autorität durchgesetzt werden. Verbindliche Rechtsverhältnisse entstehen.

Um 2600 v. Chr. herrschte in Ägypten Pharao Cheops, der die berühmte, nach ihm benannte Pyramide bauen ließ, über ein riesiges Reich. Ein differenzierter Beamtenapparat war nötig, um alles zu verwalten, im ganzen Land Abgaben einzutreiben, das Heer zu organisieren und den Pharao samt seiner weitverzweigten Familie zu versorgen. So ein Apparat funktioniert nur, wenn die Beamten lesen und schreiben können. Mit dem Beginn von Blau beginnt folgerichtig die Entwicklung der Schrift, und damit macht die Entwicklung des menschlichen Bewusstseins einen gewaltigen Sprung nach vorne.

Das erste vollständig erhaltene Gesetzeswerk (»Codex Hammurabi«) schuf der babylonische König Hammurabi (1792–1750 v. Chr., der Name bedeutet »heilender Vater des Volkes«), dessen Großreich praktisch das gesamte Zweistromland umfasste. Er ließ es in Keilschrift auf Stelen meißeln. Die Priester und Beamten des Ägyptischen Reiches schrieben ihre Hieroglyphen mit Tinte aus Ruß und Essig auf Papyrusbögen. Wenig später entwickelten die Phönizier, die als seefahrende Kaufleute das ganze Mittelmeer bereisten, die Buchstabenschrift. Ein geniales Medium zur Verbreitung von allgemeingültigen Gesetzen, das die Ausbreitung der blauen Strukturen enorm beflügelte.

Gesellschaft 4.0: Riesenreiche und Nationalstaaten

In den überschaubaren purpurnen Stammesstrukturen waren alle Menschen einer Gemeinschaft miteinander verwandt. Im Zuge der aggressiven roten Eroberungs- und Expansionspolitik wurden fremde Stämme besiegt und in Kriegsbündnissen zusammengeschmiedet. Immer weitere Handelswege wurden erschlossen, Warenaustausch führte zu komplexen Vernetzungen, die Kriegsgewinne wurden in den Bau von Burgen, Befestigungsanlagen, Straßen und Gebäuden investiert, gut gesicherte Städte entstanden. Als die blaue Entwicklungsstufe einsetzte, konnten sich riesige Reiche bilden mit veritablen Großstädten. Babylon soll in seiner Blütezeit um das Jahr 600 v. Chr. über 80 000 Einwohner beherbergt haben.

In solch großen Systemen funktionieren die Spielregeln der Blutsverwandtschaft als Band des sozialen Zusammenhalts nicht mehr. Ein Herrscher, der einen so großen Staat zusammenhalten will, braucht eine höhere Legitimation als nur seine körperliche Stärke oder die Fähigkeit, alle anderen mit Waffengewalt und Willenskraft in Schach zu halten. Daher leiteten die frühen Könige ihre Abstammung von einem Gott oder einer Göttin her – oder die Untertanen sprachen es ihnen zu. Denn dadurch erhielten sie Autorität und wurden unangreifbar.

Das hat auch Auswirkungen auf die Götter, die nun verehrt werden. Sie haben nicht mehr die rohen, egozentrischen Züge wie die olympischen Raubeine. Die Götter leben nun geordnet in himmlischen Hierarchien, und die irdischen Hierarchien am Hof und im Tempel stellen ein Abbild davon dar. Zugleich wird das Gottesbild immer transzendenter, die Götter sind noch weiter von den Menschen entfernt. Um überhaupt noch Zugang zu diesen unnahbaren Gottheiten bekommen zu können, ist eine ebenfalls hierarchisch aufgebaute Priesterkaste notwendig, die den Zugang zum Götterreich regelt.

Nur besonders Eingeweihte wissen, wie man mit den Göttern in Kontakt kommt und durch welche Riten man sie gnädig stimmen kann. Wer diese Götter verehrt, gehört zum Volk. Das Band der gemeinsamen Religion löst das alte System der Blutsverwandtschaft ab. Noch in viel späteren Zeiten, als längst die Idee von Volk und Nation die bestimmende Rolle spielt, finden sich Variationen dieses Gedankens. Auch die römischen Kaiser ließen sich sicherheitshalber noch als Götter verehren und warfen alle den Löwen vor, die ihrem Standbild nicht opferten. Als Kaiser Konstantin »der Große« das Christentum zur Reichsreligion machte, mussten nun alle der neuen Religion angehören.

Sogar die deutschen Kaiser bezeichneten sich noch als »Kaiser von Gottes Gnaden«. Karl »der Große« richtete in Verden an der Aller ein Massaker an, weil sich die Sachsen nicht taufen lassen wollten. Das diente gewiss nicht in erster Linie religiösen Zwecken, sondern der Staatsräson im Fränkisch-Römischen Kaiserreich. Stärker als je zuvor wird in der BLAUEN Bewusstseinsstufe Religion für Machtzwecke benutzt.

Gesellschaft 4.0: Hierarchische Strukturen

So garantiert die höchste Macht die Stabilität des politischen Systems, aber auch Sinn, Ordnung und Richtung im Leben der Einzelnen. Um die ROTEN, aggressiven und egozentrischen Impulse niederzuhalten, installiert BLAU teilweise rigide Ordnungen und Regelwerke. Richtig und Falsch, Gut und Böse werden streng unterschieden. Es gibt genaue Vorschriften, wie man sich zu verhalten hat, wer »drinnen« ist und wer »draußen«. Das Wertesystem ist schwarz-weiß, Zwischentöne sind verdächtig. Es gibt nur das Entweder-Oder. Die Welt ist wohlgeordnet. Zünfte und Gilden, Handwerkskammern und Justizapparate, Hierarchien und strukturierte Organigramme, DIN-Normen und Rangabzeichen, Gebührenordnungen und Stundenplä-

»Ich darf Ihnen meinen zweiten stellvertretenden Unterstaatssekretär vorstellen.«

ne gliedern die BLAUE Welt. Menschen, die ihren Schwerpunkt in BLAU haben, mögen feste Strukturen, exakte Fahrpläne und klare Konsequenzen. Es ist entscheidend, dass jeder Mensch und jedes Ding seinen Platz und seine Aufgabe im System hat. Nach Höherem zu streben ist nicht notwendig. Gott hat jeden an seinen Platz gestellt, getreu der typisch BLAUEN Redewendung: »Schuster, bleib bei deinem Leisten!« Die Angehörigen niederer Kasten im Hinduismus etwa denken gar nicht daran, nach oben zu schielen. Sie wissen, wo sie hingehören. Wenn sie an ihrem Ort ihr Bestes geben, erwerben sie sich gutes Karma – und werden im nächsten Leben möglicherweise ein Stückchen weiter oben auf der Leiter geboren. Auch Mutter Teresa dachte ähnlich, als sie sagte: »Ich glaube, es ist sehr schön für die Armen, ihr Los zu akzeptieren, es mit den Leiden Christi zu teilen. Ich glaube, der Welt ist durch das Leiden der Armen sehr geholfen.«

Regeln werden eingehalten, weil ihr Nichtbefolgen mit Schuldgefühlen verbunden wird. Die »deutschen Sekundärtugenden« Pünktlichkeit, Sauberkeit und Ordnungsliebe machen das Gemeinschaftsleben verlässlich und angenehm, jedenfalls für diejenigen, die sich an die Regeln halten. Dress-Codes und Verhaltensvorschriften, höfliche Manieren, die »gute Kinderstube« – alles lang bewährte, eingespielte BLAUE Muster. Die Begriffe »höflich« und »ritterlich« zeigen noch heute, dass diese Kataloge des richtigen Verhaltens im Mittelalter entstanden. Die bewaffneten, berittenen Krieger entwickelten am Hof und in ihren Burgen strenge Regeln und Rituale, um ihre ROTE, aggressive Energie zu bändigen.

Dieselbe regulierende Kraft kann man bei den verschiedenen Kampfsportarten beobachten. Während es im Wrestling (jedenfalls dem Anschein nach) nur darauf ankommt, den Gegner mit roher Gewalt und ohne Regeln physisch fertigzumachen, sorgt beim Boxkampf der Ringrichter schon dafür, dass der aggressive Kampf nach genauen, fairen, BLAUEN Regeln geschieht. Die asiatischen Kampfkünste sind noch weiter nach BLAU gewandert. Hier findet oft gar kein Körperkontakt mit dem Gegner mehr statt, und in meditativen Abwandlungen dieser Kampfkünste wie Tai-Chi schließlich ist von dem ursprünglichen gewalttätigen ROTEN Impuls gar nichts mehr zu spüren.

Gesellschaft 4.0: Schutz gegen das Chaos

Die BLAUE Stufe ist, wie alle anderen auch, notwendig und kann nicht übersprungen werden. Der egoistische Impuls muss durch die allgemein verbindliche Ordnung gebändigt werden. Die Anonymen Alkoholiker bekämpfen den ROTEN Dämon der Sucht erfolgreich mit der strengen BLAUEN Struktur ihrer Meetings und mit der klaren Abfolge ihrer zwölf Schritte. Die chaotischen Zustände im indischen Straßenverkehr wecken im europäischen Urlauber eine tiefe Sehnsucht nach BLAUEN Verkehrsregeln.

Wo eine BLAUE Ordnung zusammenbricht oder vorzeitig aufgelöst wird, kann das Chaos wieder ausbrechen, wie man im postkolonialen Afrika sehen kann. Dort haben die imperialen Kolonialmächte im 19. Jahrhundert BLAUE Nationalstaaten installiert, deren Grenzen ohne Rücksicht auf PURPURNE Stammesstrukturen und -gebiete mit dem Lineal gezogen wurden. Als die Kolonialmächte nach dem Zweiten Weltkrieg allmählich abzogen und die afrikanischen Staaten ihre Unabhängigkeit gewannen, hingen die BLAUEN Strukturen gewissermaßen in der Luft. Die PURPURNEN Stammesrivalitäten brachen sich etwa in Ruanda während des Bürgerkriegs 1994 ungezügelt Bahn, ROTE Gewaltherrscher wie Idi Amin in Uganda oder Jean-Bédel Bokassa in Zentralafrika rissen die Macht an sich, knechteten die Bevölkerung und saugten ihre Länder aus. Die Kolonialmächte hatten zwar BLAU organisierte Staaten geschaffen, doch die Bevölkerung konnte sich unmöglich in wenigen Jahrzehnten aus einer PURPURNEN Stammesmentalität zu einer BLAUEN Gesellschaftsform entwickeln.

Ähnlich war es in Russland nach dem Ende der Sowjetunion 1989. Als die BLAUEN Strukturen mit einem Mal wegbrachen, konnte sich die Gesellschaft nicht ungehindert weiterentwickeln nach ORANGE, sondern fiel zurück auf die ROTE Stufe. Wenige Einzelne häuften unvorstellbaren Reichtum an, gleichzeitig entstand ein Netz von mafiaartig organisierten Verbrecherbanden. Weil die rigiden BLAUEN Strukturen in der Sowjetzeit gewaltsam auf ein feudal orientiertes Staatswesen aufgepresst wurden, konnten große

Teile der Bevölkerung den Schritt von Rot nach Blau nicht wirklich vollziehen. Der Individualismus, der als natürliche Reaktion auf den sozialistischen Kollektivismus folgte, hat also sehr viel mehr präkonventionelle ROTE als postkonventionelle ORANGE Anteile, weil er nicht geläutert ist durch gesundes, konventionelles Blau.

Gott 4.0: Der unsichtbare Allmächtige

Das Alte und Neue Testament sind ein präziser Erinnerungsspeicher für die Problematik der untersten Bewusstseinsstufen. Von Blau und höher aus schauen die biblischen Autoren auf die Schattenseiten von Rot und versuchen diese allen bewusst zu machen. Die Furcht vor den rohen Kriegsgöttern der ROTEN Bewusstseinsstufe kann man wohl kaum besser vertreiben als der Prophet Jeremia (Kapitel 10) in seinem beißenden Spott gegen die Götzenbilder der Heiden:

> Ihre Götter sind alle nichts! Man fällt im Wald einen Baum, und der Bildhauer macht daraus mit dem Schnitzmesser ein Werk von Menschenhänden und er schmückt es mit Silber und Gold und befestigt es mit Nagel und Hammer, damit es nicht umfällt. Sie sind ja nichts als Vogelscheuchen im Gurkenfeld! Sie können nicht reden. Man muss sie sogar tragen, denn sie können nicht gehen. Darum sollt ihr euch auch nicht vor ihnen fürchten, denn sie können weder helfen noch Schaden tun.

Die ROTEN Götter sind als hölzernes Menschenmachwerk durchschaut. Sie sind lächerlich und machen keine Angst mehr. Der Monotheismus setzt sich durch und ein majestätisches Gottesbild tritt auf den Plan: Gott 4.0, der Allmächtige, der Schöpfer des Himmels und der Erden. Dieser wahre, einzige, ewige Gott hat kein Bildnis. Er ist unsichtbar, aber umso großartiger. Er verleiht Blau den Sinn für Transzendenz, ein neues, außergewöhnliches Geschenk. Sein Name ist so heilig, dass er nur mit allerhöchster Ehrfurcht ausgesprochen werden darf. Er ist überall präsent, er kann überall erscheinen und er kann alles sehen, was für die üblen Machenschaften von Rot nicht gerade günstig ist. Seine Gläubigen stehen unter seinem Schutz und erfahren seinen Segen. Es gibt keinen Ort, an dem er nicht ist und über alle wacht, die an ihn glauben: »Nähme ich Flügel der Morgenröte und flöge zum äußersten Meer, so würde auch dort deine Hand mich führen und deine Rechte mich halten« (Psalm 139, 9).

Gott 4.0: Barmherzigkeit durch Gesetz

Das neue göttlich legitimierte Recht gründet sich auf die Zehn Gebote. Mit ihnen behütet Gott das Leben des ganzen Volkes. Die biblischen Bücher Leviticus und Deuteronomium listen weitere 613 Gesetze im Namen Gottes auf. Ausdrücklich werden dort die Schwachen, Witwen, Waisen, alten Eltern und Fremdlinge geschützt. Wer sich an diese Gesetze hält, heiligt sich und erfährt die Gnade Gottes als Heilsgeschichte. Wer sie missachtet, lädt Schuld auf sich und versündigt sich gegen Gott.

Das strenge BLAUE Gottesbild 4.0 übernimmt die Herkulesaufgabe, die Begierde zu zügeln. Es will die Menschen humaner und gemeinschaftsfähiger machen. Verrat, Betrug, Raub, Entführung, Totschlag, Blutrache, Missbrauch, Inzest, Sodomie, Vergewaltigung, Prostitution, Wahrsagerei, Götzenbilder, Geisterbeschwörung, Zauberei, Verstümmelungen und Körperritzungen in Verbindung mit Totenkulten oder grausige Kinderopfer an den Feuergott Moloch werden nun als Sünde erkannt. Sie werden im Namen Gottes geächtet, streng verboten und teilweise mit der Todesstrafe belegt (3. Mose/Leviticus 20, 2).

Die Begierde zügeln – das wird deutlich gemacht durch eine spektakuläre symbolische Handlung: Das offensichtlichste Lustorgan, das männliche Glied, wird mit dem Messer beschnitten. Als Gott 4.0 seinen ewigen Bund schließt mit Abraham, wird die Beschneidung als Zeichen dieses Vertrags zwischen Gott und Mensch eingeführt (1. Mose/Genesis 17, 1–3).

PURPUR hatte mit der Angst vor den Naturgewalten gerungen und den Regenbogen als Bundeszeichen erhalten. Nun schafft das BLAUE Gesetz humane Lebensbedingungen. Es schützt und bewahrt das Leben von Tausenden und zeigt: Gott 4.0 bringt Barmherzigkeit, Recht und Gerechtigkeit auf die Erde (Jeremia 9, 23). Man hat jetzt seine Freude am rechten Tun. Das Streben nach Tugenden ersetzt das blinde, zügellose ROTE Treiben. Die Beschneidung der männlichen Vorhaut ist dabei nur ein Teilaspekt. Eigentlich geht es um das »unbeschnittene Herz« von PURPUR und ROT (3. Mose/Leviticus 26, 41), das durch Gesetze jetzt ebenso beschnitten werden muss.

Das Judentum ist eine Religion des Triebverzichts, mit einem dichten Sicherheitsnetz aus Gesetzen. Mit ihnen bindet das Kollektiv jeden Einzelnen an sinnstiftende Normen und Werte, damit er nicht abrutscht in ungezügeltes ROT. Das BLAUE Konzept ist clever: Durch das Befolgen von unzähligen Vorschriften und Regeln wird die Triebenergie in moralische Bahnen gelenkt, die der Gemeinschaft dienen. Damit startet ein riesiges Zivilisationsprojekt, in dem das Gewissen entsteht, das Schamgefühl und die Wahrnehmung von Schuld.

Der von Blau als »Sündenfall« interpretierte Regelverstoß von Adam und Eva illustriert diesen Prozess von Rot nach Blau: Beide erkennen, dass sie nackt sind. Sie schämen sich, beschuldigen aber andere für ihr Tun. Adam sagt: »Die Frau, die du mir zugesellt hast, gab mir von dem Baum.« Eva: »Die Schlange betrog mich, sodass ich aß.«

Blau ermöglicht den Menschen erstmals die Unterscheidung von Gut und Böse, Heilig und Unheilig, Rein und Unrein, Wahr und Falsch, Gerecht und Ungerecht. Die Menschen entwickeln ein Über-Ich: Sie wissen, was »man« tun darf und was nicht. Sigmund Freud testierte seiner jüdischen Herkunftsreligion daher bemerkenswerte »Fortschritte in der Geistigkeit«. War man bereit, sich dem Willen des Höchsten zu unterwerfen, durch Askese Verzicht zu üben oder für seine Vergehen zu sühnen, so brachte das »den Erfolg, das Selbstgefühl der Person zu steigern, sie stolz zu machen, sodass sie sich anderen überlegen fühlt, die im Bann der Sinnlichkeit verblieben sind«.[16] Menschen auf der blauen Stufe überzeugen daher durch ihr Selbstbewusstsein und im Idealfall durch eine ruhige, ernsthafte Würde.

Gott 4.0: Der väterliche Erzieher

Wie jede andere Stufe bekämpft auch Gott 4.0 die Stufe am meisten, die direkt unter ihm liegt. Weil die Gefährdung durch die enge Nachbarschaft zu Rot noch so groß ist, werden auf der blauen Stufe alle Verstöße gegen das Gesetz von Gott 4.0 selbst drastisch bestraft:

> Wenn ihr mir aber nicht gehorcht, nicht all diese Gebote tut, meine Satzungen verachtet, meine Rechte verwerft und meinen Bund brecht, so will ich euch heimsuchen mit Schrecken, mit Auszehrung und Fieber (3. Mose/Leviticus 26, 1–5).

Das Alte Testament redet viel in dieser Drohsprache, die Angst vor Strafe erzeugen will. Auch der Koran arbeitet mit ähnlichen Formulierungen gegen alle Ungläubigen. Wer von den Vorschriften, vom Gesetz, vom »klaren Pfad in der Sache des Glaubens« (Sure 45, 19) abweicht, ist in allen Religionen der blauen Stufe ein Sünder. Er hat sich von Gott und dem Guten entfernt und kann nur wieder aufgenommen werden durch Züchtigung und Strafe, Buße und Vergebung. Retten kann man sich durch öffentliche Entschuldigung, Bekenntnis der eigenen Irrtümer, Abschwören, Ablasszahlungen, Bußgänge oder Rücktritt von allen Ämtern.

Dem Reumütigen steht auf der BLAUEN Bewusstseinsstufe Vergebung zu. Erlösung ist ein Hauptthema der Religion: Erlösung von Egoismus und Sünde, vom ewigen Tod und Verderben. Der wahre Glaube ist eine Versicherung gegen den Tod, doch wer diesem Glauben nicht anhängt, hat schlechte Karten. Man muss sich also reinigen und bessern.

Gott 4.0 entwickelt ein gigantisches Erziehungsprogramm. Die Beziehung zwischen Jahwe und Israel ist eine Beziehung zwischen väterlichem Erzieher und Lieblingsschüler: »Gewinne in deinem Herzen die Erkenntnis, dass Jahwe dich erzogen hat, wie ein Mann seinen Sohn erzieht« (5. Mose/Deuteronomium 8,5). Besonders gesegnet sein wird diese innige Vater-Sohn-Beziehung zwischen Gott und einem Nachkommen von König David:

> Ich will sein Vater sein und er soll mein Sohn sein. Wenn er etwas Böses tut, will ich ihn mit Menschenruten und menschlichen Schlägen strafen. Aber meine Gnade soll nicht von ihm weichen (2. Samuel 7, 14).

Das Erziehungsprojekt von Gott 4.0 hat einen erstaunlich langen Atem. Es zielt auf hingebungsvolle Bindung, Treue, Erkenntnisgewinn, Wohlergehen, Bescheidenheit und Dankbarkeit seines Zöglings, der immer wieder Dummheiten macht, alles vergisst und dann bestraft werden muss. Trotzdem steht die Bundestreue Gottes unverbrüchlich fest. Der gerechte Gott hält sich an seine Zusagen, sein Wohlwollen wird immer überwiegen. Denn Jahwe ist »barmherzig und gnädig und geduldig und von großer Gnade und Treue« (2. Mose/Exodus 34, 6). Auch Allah ist bei aller Strenge der Al-Ghaffar, der große Verzeiher, Al-Wadud, der Liebevolle, und Al-Afwu, der Vergeber der Sünden. Allah erzieht alle Gläubigen[17] in großer Langmut und Geduld, und der Koran ist eine »frohe Botschaft an alle, die Gutes tun« (Sure 46, 13).

Gott 4.0: Das heilige Buch

Das richtige Verhalten von BLAU orientiert sich an »der Heiligen Schrift«, welche die Normen vorgibt – Torah, Bibel oder Koran. Es können aber auch die »Worte des Vorsitzenden Mao« sein oder die Vereinssatzung. Was in dem Buch steht, muss buchstäblich befolgt werden und ist unbedingt zu glauben. Die höhere Macht – Gott, die Partei, der große Vorsitzende, der Generaldirektor – garantiert Sinn und Richtung und schirmt das System ab gegen Chaos und Widerspruch.

BLAU pflegt an die Verbalinspiration zu glauben: Für einen orthodoxen Juden hat Gott die gesamte Torah dem Mose am Sinai diktiert. Im Judentum sind alle Texte, in denen der Name Gottes zitiert wird, so heilig, dass sie nicht vernichtet werden dürfen.[18]

Für einen strenggläubigen Moslem der BLAUEN Bewusstseinsstufe ist der Koran eine Kopie des bei Allah befindlichen »Buchs aller Bücher«. Es wurde von Allah in der »Nacht der Bestimmung« dem Propheten Mohammed direkt ins Herz geschrieben. Weil der Prophet weder lesen noch schreiben konnte, bekam er den Auftrag, daraus vorzutragen: Koran bedeutet »Lesung, Rezitation«. Weil im Koran steht, dass dieses Buch die Wahrheit enthält, ist er die Wahrheit und nichts sonst.

Für einen evangelikalen oder fundamentalistischen Christen ist jeder Satz in der Bibel Gottes Wort. Die Bibel ist oberste Autorität und alles darin ist wörtlich zu nehmen. Wahr müssen dann auch die darin enthaltenen Zahlen, geschichtlichen Bezüge und Datierungen sein, selbst wenn sie sich widersprechen oder naturwissenschaftlich nicht haltbar sind, wie etwa die zahlreichen Rechenfehler oder die Klassifizierung der Fledermaus als Vogel. Der Kreationismus ist ein typisch BLAUES Phänomen: die Überzeugung, dass laut 1. Mose/Genesis 1 die Welt vor 6000 Jahren von Gott in 6 x 24 Stunden geschaffen wurde, und die Forderung, diese Anschauung auch in der Schule zu lehren.

Gott 4.0: Fundamentalismus und Heiliger Krieg

So tendiert BLAUE Religion dazu, fundamentalistisch zu sein, und das gilt für alle BLAUEN Ideologien. Auch Faschismus und Stalinismus, überhaupt Ismen aller Art dulden keine Abweichungen. Wegen geringfügiger Unterschiede in der Auslegung einzelner Worte entstehen Abspaltungen und Parteiungen, Ausschlüsse und Verurteilungen. Ungläubig sind für BLAU immer die anderen.

Pathologisch wird religiöses BLAU, wenn es Allmachtsfantasien entwickelt und Regeln verkündet, sich selbst aber über die eigenen Regeln hinwegsetzt. Allzu strenge Regeln und Gesetze, fundamentalistische Kampftruppen und Apartheidsysteme übertreiben die an sich gesunden BLAUEN Ordnungen und können lebensfeindlich werden. Insbesondere wenn das ursprüngliche ROTE Chaos besiegt ist, läuft die BLAUE Mentalität Gefahr, auszuarten. Sind da draußen keine natürlichen Feinde mehr, werden die Feinde im Inneren gesucht. BLAU ist dann nicht mehr die Lösung, sondern das Problem.

Richard Rohr nennt das »sakralisierte Gewalttätigkeit«,[19] also die Tarnung des eigenen bösen Denkens und Tuns als gerechte Sache oder gar Wille Gottes. Das eigene Böse wird auf einen anderen projiziert. Zu dieser »vergifteten Religion« gehören schwarze Pädagogik mit Schlägen und Angstmacherei, Zensur, Rede- und Publikationsverbot, Entzug der Lehrerlaubnis oder Vorwurf der Häresie gegenüber Andersdenkenden, Exkommunikation, Inquisitionsfolter, Hexenjagden, Kreuzzüge, Judenmorde, Ketzerverfolgungen, Feindlichkeit gegenüber Homosexuellen, Kommunistenhatz, ethnische Säuberungen und Töten im Namen der »gerechten Sache«.

Selbst im Buddhismus gibt es Vertreter fundamentalistischen Denkens, die radikal gegen Andersgläubige durchgreifen wollen. Der japanische Priester Nichiren (1222–1282) vertrat das Motto »brechen und unterwerfen«. Anhänger Nichirens, der Jôdoshin und Zen-Richtung wurden seit dem 19. Jahrhundert zu nationalistischen Verfechtern des japanischen Militarismus. Sie lehrten die bedingungslose Unterwerfung unter das Diktat des Kaisers. Den Heiligen Krieg, eine typisch BLAUE Erfindung, gibt es also nicht nur als christlichen Kreuzzug und islamischen Dschihad. Er wurde in Japan auch von buddhistischen Zen-Meistern wie Harada Dain Sôgaku (1879–1961) gerechtfertigt: »Wenn befohlen wird zu marschieren: marsch, marsch; oder zu schießen: peng, peng. Dies ist die Manifestation der höchsten Weisheit. Die Einheit von Zen und Krieg, über die ich spreche, erstreckt sich bis in die entferntesten Bereiche des Heiligen Krieges, der jetzt stattfindet.«[20]

Es ist schmerzlich, aber wahr: Ungesundes BLAU wirft in allen Religionen einen rabenschwarzen historischen Schatten. Er breitet sich noch heute in allen Gläubigen aus, die mit Inbrunst davon überzeugt sind, dass nur sie allein die Wahrheit besitzen.

Gott 4.0: Reiche Frömmigkeit und gute Werke

BLAU hat auf der positiven Seite eine ungeheure geistige und soziale Leistung vorzuweisen. Gott 4.0 begründet die Traditionen der großen Weltreligionen. Sie alle brachten Millionen ernsthafte Gläubige hervor und sorgten für religiöse Anbindung aller Schichten. Unter BLAU gedeiht die sakrale Kunst; BLAU schreibt Bücher über das Wahre, Schöne und Gute; BLAU erbaut Synagogen, Tempel, Kirchen und Moscheen; BLAU komponiert Oratorien und singt gregorianische Choräle; BLAU stiftet erhabene, feierliche Momente. Das Symbolverständnis der Menschen wächst, jede Lebenserfahrung wird zeichenhaft erfasst und mit tieferem Sinn gedeutet. Die Heilssakramente werden verwaltet und ausgeteilt. Die heiligen Riten, Zeremonien und Gottesdienste werden liturgisch durchstrukturiert.

BLAU definiert umfassende dogmatische Lehrgebäude, legt Glaubensbekenntnisse fest, formuliert erbauliche Schriften, liest gediegene Andachtsbücher zur moralischen Besserung und lernt fromme Gesangbuchverse auswendig und den kleinen Katechismus nach Martin Luther. BLAU geht zur Bibelstunde, hält täglich seine stille Zeit, liest die Herrnhuther Losungen, hängt den Neukirchener Kalender auf, betet seinen Rosenkranz, besucht regelmäßig den Gottesdienst und geht gewissenhaft zur Beichte. BLAU heiligt den Feiertag, isst am Freitag kein Fleisch und betet vor jedem Essen. Statt PURPURNER Zaubersprüche zur Wunscherfüllung spricht BLAU Sündenbekenntnisse und gedenkt in Fürbitten der Not anderer.

BLAU pflegt die Gastfreundschaft, wendet sich wohltätig den Schwachen, Kranken und Hilfsbedürftigen zu. BLAUER Fleiß besiegt Faulheit. Die Arbeitsethik vertritt eine Pflicht des Einzelnen gegenüber dem Allgemeinwohl. Die Dienstältesten bekleiden traditionell die höchsten Ränge und dienen als moralische Vorbilder. BLAUE Familienunternehmen liefern über Generationen solide Wertprodukte von gleichbleibender Qualität. Brahmanen, Zen-Meister, Rabbiner, Imame, Bischöfe und Äbte verkörpern die Erfahrung, Würde und Zuverlässigkeit des geistlichen Amtes.

Wo gutes BLAU blüht, werden Werte vermittelt und die Tugenden leben auf. Im Galaterbrief (5, 22) werden die guten Eigenschaften als Charismen, Gnadengaben Gottes verstanden: Liebe, Freude, Friede, Geduld, Freundlichkeit, Güte, Treue, Sanftmut und sexuelle Selbstbeherrschung. Dass es keineswegs einfach ist, sich auf der tugendhaften Lebensbahn zu halten und nicht vom Weg abzukommen, schildert das puritanische Erbauungsbuch »The Pilgrim's Progress« von John Bunyan (1628–1688). Der Christ muss auf seiner Pilgerreise zur »Stadt Gottes« vielerlei Anfechtungen meistern: den Sumpf der Verzagtheit, den Berg der Beschwernis, das Tal der Demütigung, die Burg des Zweifels oder den sprichwörtlich gewordenen Jahrmarkt der Eitelkeiten. Am Ende erlangt der BLAUE Held 4.0 dank seiner Standhaftigkeit glücklich das Ziel und weiß: Ich bin gerettet.

Jesus 4.0: Versuchungen überwinden

Vor dem Beginn seines öffentlichen Wirkens zieht sich Jesus zu einem strengen Fastengebet in die Wüste zurück. Dort erlebt er drei Versuchungen des Teufels (Matthäus 4, 1–11): Wenn er Gottes Sohn sei, könne er doch Steine zu Brot machen (BEIGE), sich unbeschadet vom Tempeldach in die Tiefe stürzen (PURPUR) oder die Weltherrschaft an sich reißen (ROT). Jesus wehrt die Vorschläge des Teufels mit einer klassischen BLAUEN Strategie ab: Er zitiert aus der Heiligen Schrift seiner jüdischen Religion, die eine starke Bastion des Triebverzichts darstellt gegenüber PURPUR und ROT.

Das Wort Gottes ist überlegenes und Halt gebendes Gesetz, für jede Lebenslage. Es ist mächtiger als der Teufel, selbst wenn der hinterlistigerweise selbst einen Psalm zitiert. Diese drei Versuchungen erzählen aus der Perspektive von Blau, wie die Denkweisen der ersten drei Bewusstseinsstufen durchschaut und überwunden werden können: animalische Angst vor dem Verhungern (Beige), wundersüchtiger Aberglaube (Purpur) und egozentrische Machtgier (Rot).

Nur von einer späteren Bewusstseinsstufe aus lassen sich die Fehlhaltungen der darunter liegenden Stufen als problematisch und destruktiv erkennen. Diese Beobachtung wird in Blau erstmals gemacht. Sie findet sich bei Paulus im Römerbrief. Dort stellt er fest, dass die Sünde lebendig wird, wenn das Gesetz kommt (Römer 7, 9). Man kann sie vorher einfach nicht als Sünde erkennen, weil noch kein Schuldgefühl entwickelt wurde. »Vater, vergib ihnen, denn sie wissen nicht, was sie tun«, sagt Jesus am Kreuz über derart unbewusste Menschen.

Blau wählt den gefolterten, blutenden Schmerzensmann am Kreuz als seine Ikone. Damit zeigt es: Seht nur, wozu rote Barbarei fähig ist! Zugleich wird der leidende Gottessohn in das blaue Konzept eingefügt, nach dem es Gerechtigkeit nur gibt durch Strafe. Die Strafe, die alle Menschen verdient hätten, nimmt der sündlose Gottessohn auf sich. Dadurch macht er überhaupt erst den Weg frei, Gottes Geboten gehorsam zu folgen und ein neues, sündenfreies Leben zu führen. Weil der Mensch aber auch weiterhin den Versuchungen erliegen wird, bekommt er von der Heilsvermittlerin Kirche die Chance zu Buße und Vergebung.

Jesus 4.0: Der Sündenbock und das Opferlamm

Ist das Schuldgefühl da, brauchen die Menschen nun jemanden, der sie von ihren Sünden befreit. Die Israeliten luden einmal im Jahr beim großen Versöhnungsfest Jom Kippur ihre kollektiven Sünden symbolisch auf ein männliches Schaf (den Sündenbock) und jagten ihn hinaus in die Wüste zu Azazel, einem bösen Wüstendämon (3. Mose/Levitikus 16, 2–6). Einen zweiten, reinen Bock opferten sie Jahwe.

Hier wird der Dualismus von Blau deutlich: Dort das Böse, hier das Gute. Sobald das Böse »auf die andere Seite« vertrieben oder – psychologisch gesprochen – verdrängt wurde, ist man auf der eigenen Seite geheiligt. Jesus hielt sich niemals an dieses dualistische Trennungsprinzip. Immer wieder ging er auf die andere Seite zu ausgegrenzten Menschen. Immer wieder hielt er das Gesetz nicht, machte sich damit unrein und schuldig. Sein Konzept von Heiligung: das verdrängte Böse hereinholen, es am Kreuz aushalten und dadurch transformieren. Insofern ist Jesus der neue Sündenbock, der von sich aus als sanftes »Opferlamm« die Schuld der Welt trägt, auf der Seite der Opfer steht und niemanden verfolgt.

Blauer Dualismus kann das nicht erkennen, weil er sein Schuldproblem nur loswerden, aber nicht annehmen will. Darum sind die meisten Christen auf der Bewusstseinsstufe 4.0 überzeugt: Gott ist über die Verderbtheit aller Menschen so erzürnt, dass er nur durch ein blutiges Opfer von höchstem Wert versöhnt werden konnte. Es muss etwas ganz besonders Unschuldiges und Reines sein; jemand, an dem Gott ausdrücklich Wohlgefallen hat (Markus 1, 11). Nur Jesus als »der geliebte Sohn« kommt dafür infrage. Er vollbrachte aus blauer Sicht das Opfer in einem Akt tiefsten Gehorsams und erfüllte damit das Erziehungsprogramm des Vatergottes.

In der gehorsamen Nachfolge Jesu entwickeln viele Christen der blauen Stufe eine hohe, lebenslange Opferbereitschaft und nehmen »ihr Kreuz auf sich«. In bewunderungswürdiger Weise geben sie selbst ihr Leben hin für andere, widmen sich dem hingebungsvollen Dienst und der treuen Pflege von leidenden Mitmenschen. Mutter Teresa ist ein gutes Beispiel für einen Menschen mit diesem Bewusstsein 4.0, der den unbedingten Gehorsam gegenüber Gott in einen barmherzigen Dienst der Christusliebe verwandelte.

Jesus 4.0: Der Archetyp des Königs

Das Volk Israel hatte ein kritisches Verhältnis zum Königtum, die Bibel berichtet ausführlich über die Schattenseiten der israelischen Könige, die immer wieder durch die Propheten aufgedeckt wurden. Der wahre König Israels ist ohnehin Jahwe. In Psalmen wird seine Herrlichkeit besungen (Psalm 8), in Visionen seine Herrlichkeit geschaut: »Gepriesen bist du, König, Herr, in deiner Größe groß und mächtig, der ganzen Himmelsschöpfung Herrscher, der Könige König, Gott der ganzen Welt« (Henoch 84, 2).

Der Archetyp des Königs strahlt aus der Sicht der Tiefenpsychologie Gestaltungskraft und Ordnung aus. Der König bannt die Chaoskräfte, das Dämonische, das Böse und gestaltet als Sieger die von ihm bewahrte Schöpfung. Bei den Ägyptern steht sein Thron auf dem »Hügel des Uranfangs« und bildet das Zentrum der Welt. Sein Wort stabilisiert die Welt, seine Gebote und Gesetze ermöglichen klare Entscheidungen. »Gerechtigkeit und Gericht sind die Stütze deines Thrones« (Psalm 89, 15). Jüdische Könige hatten eine Abschrift des levitischen Gesetzes anzufertigen und waren ihm selbst unterworfen (5. Mose/Deuteronomium 17). Der gute König lebt Ordnung vor und setzt sie konsequent durch. Disziplin, Besonnenheit, Festigkeit, Integrität, Unangreifbarkeit und Souveränität paaren sich mit schöpferischer Vaterenergie und Weisheit, die in seinem Reich für Frieden, Fülle und Segen sorgen.

Edle, vergeistigte und gottesfürchtige Herrschergestalten wie König Salomo, die weisen Kalifen im Orient oder König Artus im Westen verkörperten diesen für BLAU so wichtigen Archetyp. Die Katholische Kirche hat den himmlischen und strengen BLAUEN Vater-König ergänzt um Maria, die Himmelskönigin (»Regina coeli«). Sie steht direkt am Thron Gottes und erwirkt Barmherzigkeit für die Sünder. Sie wird besungen mit Liedern wie »Salve Regina« (Gegrüßet seist du, Königin). Durch die weibliche Milde der Miterlöserin wird der göttliche Weltenherrscher barmherzig gestimmt. Außerdem steht dem Gläubigen ein ganzer himmlischer Hofstaat von Schutzengeln, vorbildlichen Heiligen und Nothelfern zur Seite.

Alle idealen Herrscherzüge werden übertragen auf Jesus 4.0, der selbst das kommende »Königreich Gottes« verkündet hatte. Dabei mischen sich die sanftmütigen Züge des auf einem Esel reitenden Friedenskönigs mit der Ehrfurcht gebietenden Macht des himmlischen Herrschers.

Bis heute bilden in offiziellen Kirchengesangbüchern BLAUE Lieder die unumstrittene Mehrheit. Das Lied »Jesus Christus herrscht als König« (Evangelisches Gesangbuch 123) entfaltet in elf Strophen das mythische Programm zu Jesus 4.0 in Reinkultur:

> Jesus Christus herrscht als König, alles wird ihm untertänig,
> alles legt ihm Gott zu Fuß.
> Aller Zunge soll bekennen, Jesus sei der Herr zu nennen,
> dem man Ehre geben muss.
> Fürstentümer und Gewalten, Mächte, die die Thronwacht halten,
> geben ihm die Herrlichkeit;
> alle Herrschaft dort im Himmel,
> hier im irdischen Getümmel ist zu seinem Dienst bereit.

Jesus 4.0: Der Weltenrichter

BLAU entwickelt aufgrund seines Gerechtigkeitsbedürfnisses apokalyptische Vorstellungen. Was soll mit all den frevelhaften Sündern und unbelehrbaren Gottlosen passieren, wenn am Ende der Zeiten der ewige König der Welt erscheint und sein Reich sichtbare Realität wird? Sollen sie einfach so davonkommen?

Das Weltgericht ist in BLAU unweigerlich die Kehrseite des Heils. Auch der Mithraskult, das ägyptische Totenbuch, die jüdischen Propheten und der Koran kennen solche Vorstellungen von der Abrechnung beim Endgericht. In Blau helfen den Ungläubigen nicht einmal ihre guten Werke. »Sie sind nichtig, und am Tage der Auferstehung werden wir ihnen kein Gewicht beimessen« (Koran, Sure 18, 105).

Jesus 4.0 sitzt beim Gericht auf dem Thron zur Rechten des Vaters, der zugleich der Richterstuhl ist. Er scheidet die Spreu vom Weizen. Nun wird sich zeigen, ob die Lebensweise und die Ausrichtung auf Gott gestimmt haben. Selbstverständlich wird dieser blaue Jesus alle retten, die von schlechtem Lebenswandel umgekehrt sind und dem wahren, einen Glauben anhängen. Nur eine Minderheit wird diesen Ausleseprozess überstehen: »Viele sind berufen, aber nur wenige sind auserwählt (vgl. Matthäus 22, 14).« Auf jeden Fall betrachtet man sich in Blau als einen der Gerechten, die belohnt werden und in den Himmel kommen. Die anderen werden Höllenqualen erleiden, aus denen sie Jesus – als Verkörperung der höheren Gerechtigkeit Gottes – schließlich erlösen wird.

Die in die Evangelien von Matthäus und Lukas eingegangene »Logienquelle« enthielt besonders viele Gerichtsworte und zeigt die stark blau geprägte Jesusdeutung urchristlicher Wandermissionare, die vor dem greifbar nahen Ende der Welt zur Buße aufriefen. Mit Verweis auf das baldige Kommen des Weltenrichters missionierte man auch mit Gerichtsdrohungen, um möglichst viele Menschen zu retten. So wurde aus der Frohbotschaft Jesu die Drohbotschaft der Gemeinde. Schon in der Urgemeinde war man als bekehrter Christ handfesten Drohungen ausgesetzt, wenn man sich falsch verhielt: Das Ehepaar Hananias und Saphira hatte einen Acker verkauft, den Erlös aber nicht wie üblich vollständig der urchristlichen Gütergemeinschaft überlassen. Der Apostel Petrus (ein von Jesus barmherzig in Liebe rehabilitierter Verleumder), konfrontierte die beiden so massiv mit ihrer schweren Sünde, dass sie auf der Stelle tot zusammenbrachen (Apostelgeschichte 5, 1–11).

Glaube 4.0: Mystik und die Königswürde der Seele

Einerseits kann schlechtes Blau ein fürchterliches Minderwertigkeitsgefühl erzeugen: »Herr, ich bin nicht würdig!« Umgekehrt haben aber gerade die Mystiker der blauen Bewusstseinsstufe erfahren, dass die menschliche Seele königliche Würde besitzt. Der berühmte islamische Dichter und Mystiker Dschelaleddin Rumi erkannte, dass ein Mensch in Gott einem König unter einem Derwischmantel gleicht.

Die Spanierin Teresa von Avila (1515–1582) verglich Gott mit einem großen König, der die Seele »ganz sanft und zart und liebevoll zu sich ruft«. Die Seele ist aber keineswegs schwach. Sie ist seine auserwählte Königin, die »wie bei einem Schachspiel« durch ihre Demut den göttlichen König mattsetzen kann.

Gertrud die Große von Helfta (1256–1302) wusste, dass man mit der Liebe »das wahrhaftige Königsgewand« anlegt. Therese von Lisieux (1873–1879) gewann durch das Gebet das Gefühl, eine Königin zu sein, die immer freien Zutritt zum König hat. Im Gebet weitet sich die Seele und erschließt die eigene Würde in der Verbindung mit Jesus, dem königlichen Bruder und Herrn.

Selbst die engem konservativem Denken absolut unverdächtige Theologin Dorothee Sölle (1929–2003) offenbarte eine tiefe Verbundenheit mit der würdevollen Kraft von Blau, als sie sagte: »Die größte Sünde des Menschen ist es, zu vergessen, dass wir Königskinder sind.«

Gott 5.0: Orange

Der Sabbat ist um des Menschen willen gemacht
und nicht der Mensch um des Sabbats willen.

Jesus in Markus 2, 28

Zur Freiheit hat uns Christus befreit!

Paulus, Galaterbrief 5, 1

Sire, geben Sie Gedankenfreiheit!

Friedrich Schiller

Der Atheismus ist eine Form der Religion, vielleicht sogar der echten.

Hans F. Geyer

Es gibt nicht nur keinen Gott, sondern versuch mal,
am Wochenende einen Klempner zu kriegen.

Woody Allen

Nicht mehr wie die, die der Predigt Jesu lauschen durften, erwarten wir, dass das Reich Gottes sich in übernatürlichen Ereignissen verwirklichen werde. Wir halten dafür, dass es allein durch die Kraft des Geistes Jesu in unseren Herzen und in der Welt entsteht.

Albert Schweitzer

Eines Tages erwachte Anna und spürte, dass sie Gott verloren hatte. All die Erklärungen, mit denen sie die Reste ihres Glaubens gegen ihren scharfen Verstand verteidigt hatte, waren weggebrochen. Was sollten all die intellektuellen Verrenkungen, um ein System zu retten, das nicht zu retten war?

Der Urknall war nicht das Problem. Anna war klar, dass die Naturwissenschaften, Physik und Biologie und Evolutionslehre vollständig und befriedigend erklärten, wie die Welt entstanden ist, aber irgendwie hatte sie gemeint, das würde einen intelligenten Schöpfer nicht ausschließen. Nach wie vor brachte sie es fertig, Gott und die modernen wissenschaftlichen Theorien irgendwie zusammenzudenken. Sie brauchte die Hypothese »Gott« nicht, um die Welt zu erklären, aber bisher hatte er auch nicht gestört. Ihr Problem war die Gerechtigkeit. Wie konnte Gott nur all die Ungleichheit zulassen auf Erden, all das Leid der Menschen, die doch angeblich seine geliebten Kinder waren? Das hatte ihr niemand jemals erklären können. Weshalb gab es Naturkatastrophen, Erdbeben und Tsunamis und Überschwemmungen, und Pest und Cholera und Aids? Und weshalb hatte Gott seine Menschenkinder so erbärmlich unvollkommen geschaffen? So gierig und egoistisch, lieblos und kleinlich, so ohne Sinn für das Schöne, so voll Zerstörungswut? Warum war diese Welt in all ihrer Schönheit und all ihrem Reichtum ein Armenhaus und ein Gulag?

Nein, sie brauchte die Hypothese »Gott« nicht mehr, um sich die Welt zu erklären. Sie brauchte keinen Gott, um sich in der Welt zurechtzufinden, um ihren Platz zu behaupten, um voranzukommen und sich ein gutes, angenehmes Leben mit einer schönen, gut bezahlten Arbeit zu schaffen. Sie wollte kein schlechtes Gewissen mehr haben, weil sie keine Lust hatte, sich an antiquierte Vorschriften zu halten. Sie sah keinen Sinn mehr darin, gemeinsam mit anderen in einer düsteren, muffigen Kirche jahrhundertealte Lieder zu singen und Gebete aufzusagen, die noch älter waren.

Lange hatte sie versucht, Gott zu verteidigen. Sie hatte schöne Erinnerungen, an die Maiandachten mit den inbrünstigen Liedern, an die heiligen Gefühle bei der Erstkommunion, an die Freizeiten mit der Ministrantengruppe, die Wallfahrten und die Gottesdienste an Ostern und Weihnachten mit all dem Weihrauch, den Farben und Gewändern und vielen festlich gestimmten Menschen. Und auch als sie das alles schon längst nur noch für Firlefanz hielt, konnte sie nicht einfach alles über Bord werfen. War sie nicht ganz verloren in einem kalten, mechanischen Universum, wenn es Gott nicht gab? Aber dieser Gott hatte ja nicht nur die bergenden, liebevollen, warmen Seiten. Er war gleichzeitig ein unberechenbarer, heimtückischer und grausamer

Tyrann, dem man lieber nicht allein im Dunkeln begegnen wollte. Und sein Bodenpersonal war im Prinzip auch nicht besser.

Nun also wachte sie auf und wusste mit erschreckender Klarheit: Gott ist tot. Es hat ihn nie gegeben. Diese Gewissheit hatte etwas ungeheuer Befreiendes. Nun brauchte sie wirklich kein schlechtes Gewissen mehr zu haben, wenn sie am Sonntag in die Berge fuhr, statt zur Messe zu gehen. Sie brauchte sich nicht mehr intellektuell zu verrenken, um die Reste von Glauben mit ihrem wissenschaftlichen Weltbild zusammenzubringen. Und sie brauchte sich nicht mehr zu rechtfertigen gegen den gutmütigen, manchmal auch bissigen Spott von Kollegen und Freunden, dass sie immer noch an dem antiquierten Glauben festhielt.

Und gleichzeitig hatte sie das Gefühl eines schrecklichen Verlusts. Gott war tot, aber sein Tod hinterließ ein gähnendes Loch. Sie fühlte sich, wie sich die Jünger Jesu am Karsamstag gefühlt haben mussten. Der verehrte Meister, der ihrem Leben Sinn und Richtung gegeben hatte, war tot, und sie waren auf sich allein gestellt. Sie mussten ihr Leben selbst in die Hand nehmen. Sie musste erwachsen werden. Sie wusste, sie war dazu in der Lage. Und trotzdem wurde sie lange das Gefühl nicht los, als sei ihr etwas Kostbares abhandengekommen.

Anna geht es wie dem Schriftsteller Julian Barnes, der die ORANGE Erfahrung zusammengefasst hat in dem Satz: »Ich glaube nicht an Gott, aber ich vermisse ihn.« Anna hat den Übergang von der BLAUEN zur ORANGEN Stufe längst in vielen Lebensbereichen vollzogen. Sie lebt eigenverantwortlich und selbstverständlich in einer Demokratie, umgeben von zahllosen Errungenschaften der modernen Technik, sie ist ausgebildet in den modernen Natur- und Geisteswissenschaften – aber all die dort getroffenen Entscheidungen nun auch in ihrem Glauben anzuwenden, das verursacht einen eigentümlichen Schmerz.

Mensch 5.0: Die kritische Phase der Pubertät

In unserer Gesellschaft betritt ein junger Mensch den ORANGEN Raum meist mit dem Beginn der Pubertät. Nachdem das Kind in der BLAUEN Latenzphase seine Kulturfertigkeit ausgebaut und den stabilisierenden Umgang mit sozialen Regeln und Rollen gelernt hat, beginnt der pubertierende Jugendliche gegen die vorgegebenen oder eingeübten BLAUEN Strukturen und Gewohnheiten zu rebellieren. (In den so genannten bildungsfernen Bevölkerungsgruppen ohne ausreichende Einübung in BLAU äußert sich der Protest pubertierender Jugendlicher allerdings oft eher im ROTEN Raum als im ORANGEN.)

Er will seinen eigenen Weg suchen und mit oft ätzend scharfem Intellekt alles infrage stellen, was »die Erwachsenen« ihm bis dato unwidersprochen präsentiert haben (»ja, aber ...«). Frühes ORANGE führt nun zu einer Überbetonung rationaler Argumente und bissiger Kommentare, die der Abgrenzung dienen und helfen, die innere Unsicherheit auf dem Weg zum Erwachsensein zu überdecken. Typisch für ORANGE ist auch die Forderung nach schlüssigen Begründungen (»Ist doch unlogisch ...«) und einsehbaren Fakten (»Beweis mir das erst mal ...«). Was gedanklich nicht ins eigene Weltbild passt, wird abgeschmettert (»Ist doch total antiquiert ...«). Spannend dagegen ist es, intensiv über sich selbst und seine eigene Entwicklung nachzudenken (Tagebuch, Blogs), seine Individualität mittels sichtbarer Zeichen zu betonen und die Erfüllung eigener Wünsche und Bedürfnisse einzuklagen. Immer mehr Freiheiten und Rechte werden durchgesetzt, bis der 18. Geburtstag endlich offiziell das Erwachsensein bestätigt.

Mensch 5.0: Der vernünftige Erwachsene

Der heftige pubertäre Eintritt in ORANGE hat zwei Ziele: zum einen die äußere Eigenständigkeit, also die Fähigkeit, ein emotional wie finanziell selbstständiges, verantwortliches Erwachsenenleben führen zu können. Zum anderen geht es um eine neue innere Selbst-Bewusstheit. Sie befähigt zum mündigen Gebrauch des eigenen Denkens im Gegensatz zum konventionellen Bewusstsein von BLAU. Unsere komplexen westlichen Demokratien setzen heute bei ihren Wählern das Bewusstsein von ORANGE voraus. Man sollte im Idealfall seine Wahlentscheidung als unabhängiger, kritisch-informierter Staatsbürger aufgrund einer vernünftigen Abwägung aller Argumente treffen können. Auch das Zielprofil für Abiturienten leuchtet ORANGE auf: Sie sollen rational und dialektisch denken können. Sie sollen sich selbstständig Wissensfelder erschließen, kritisch sichten und auswerten, sollen Alternativen abwägen, ideenreich-kreativ Probleme lösen und sich damit in das Feld kompetenter und motivierter Leistungsträger einreihen können. Eine gute ORANGE Bildung garantiert noch immer die besten Chancen auf dem Arbeitsmarkt.

Erwachsene auf der Stufe ORANGE leben zukunftsbetont, gehen mehr Risiken ein als Menschen der BLAUEN Stufe und genießen ihr Unabhängigkeitsgefühl. Sie fühlen sich BLAU geistig überlegen, halten viele seiner Glaubenssätze für hinterwäldlerisch oder dumm. ORANGES Denken ist tatsächlich beweglicher als das lineare BLAUE Zeitverständnis, bei dem ein Ereignis nach dem anderen erscheint (und dann, und dann ...). ORANGE kann jetzt wahrnehmen, dass viele Dinge gleichzeitig geschehen. Es durchschaut, wie sie miteinander in Beziehung stehen und wie man derartige Ereignisse geschickt managt.

Als positiv denkende Vertreter der Moderne definieren sich Menschen in ORANGE von ihren Projekten her, glauben an Fortschritt und permanente Weiterentwicklung. Wenn sie ihre Ziele nicht erreichen und der Erfolg ausbleibt, können sie Schuldgefühle entwickeln. Menschen in ORANGE konzentrieren sich auf das Machbare. Sie wünschen sich weniger Regulierungen durch den Staat, mehr Freiheit für den Einzelnen. Sie gestalten und managen ihr Leben möglichst effizient und nutzbringend: Zeit, Geld, Familie, Beziehungen, Mitarbeiter, Firma. Ihre Konfession oder ihr Glaubenssystem haben sie selbst gewählt, Grundlage dafür waren ihre persönlichen, inneren Standards, Normen und Werte jenseits von Dogmen.

Gesellschaft 5.0: Aufklärung und Revolution

ORANGE ist der große geistige Schritt vom Mittelalter in die Neuzeit. Nach mehreren Jahrtausenden Herrschaft der BLAUEN Hierarchien begehrt erstmals eine nennenswerte Zahl von Menschen auf gegen die bis dahin nie ernsthaft hinterfragten Autoritäten. Clare Graves und seine amerikanischen Schüler datieren diese intellektuelle und politische Revolution auf »vor etwa 300 Jahren«, also mit dem Beginn der modernen Naturwissenschaften und Technik, von Newtons Erkenntnissen über die Naturgesetze bis zu James Watts Erfindung der Dampfmaschine.

Als Europäer möchten wir das sichtbare Erscheinen der ORANGEN Bewusstseinsstufe etwas früher ansetzen. Die intellektuellen Voraussetzungen für den Siegeszug der Naturwissenschaften schuf die Renaissance an der Wende vom 15. zum 16. Jahrhundert.

Einen der bedeutendsten religiösen Momente, in denen sich ORANGE in Europa aus der BLAUEN Eierschale befreit und sich als Anfang einer neuen Bewusstseinsära präsentiert, sehen wir in der Reformation Martin Luthers. Als Angeklagter vor dem Reichstag, dem höchsten Gremium der herrschenden BLAUEN politischen und kirchlichen Hierarchie, sprach er die berühmten Worte: »Hier stehe ich, ich kann nicht anders.« Dieser Satz ist das mutige Aufbegehren eines Individuums gegen die autoritäre Papstkirche, gegen ein riesiges, omnipräsentes BLAU.

Noch deutlicher ist die neue ORANGE Gesinnung in einem Satz Luthers zu erkennen, den er ebenfalls auf dem Reichstag zu Worms 1521 sagte: »Wenn

»Er sagt, er will unseren Glauben upgraden, aber es wäre ein furchtbares Downgrade für unsere Hüte.«

ich nicht durch Gründe der Vernunft oder der Heiligen Schrift überzeugt werde, so kann ich nicht widerrufen.« Die Heilige Schrift, auf die Luther sich bezieht, ist fester Bestandteil der BLAUEN Entwicklungsstufe. Aber indem er sich darauf beruft und die Bibel als eigene Autorität gegen die Tradition, gegen die Hierarchie stellt, hat er den bislang nicht hinterfragbaren Absolutheitsanspruch von BLAU schon aufgegeben. Vollends ORANGE ist seine Forderung nach einer notwendigen Überzeugungsleistung durch Mittel der Vernunft und nicht Mittel der Macht.

Immanuel Kant (1724–1804) wird mehr als 250 Jahre später den Wahlspruch der Aufklärung formulieren: »Sapere aude – habe Mut, dich deines eigenen Verstandes zu bedienen.« Damit hat Kant das Programm von ORANGE auf den Punkt gebracht: Die eigene Vernunft ist die entscheidende letzte Instanz. Das Individuum zählt, nicht mehr die Vorgaben des Systems oder des Establishments.

Gesellschaft 5.0: Vorboten im alten Griechenland

Mit Kants Satz fällt das Stichwort, das für den endgültigen Siegeszug der ORANGEN Stufe steht: Aufklärung. In der europäischen Geistesbewegung der Aufklärung haben sich intelligente Individuen – oft gegen den erbitterten Widerstand der Mächtigen – ihre eigenen Gedanken gemacht und begonnen, die Welt streng logisch und allein unter rationalen Gesichtspunkten zu verstehen und zu beschreiben.

Die Wurzeln von ORANGE reichen allerdings viel weiter zurück in die Geschichte. Die ersten ORANGEN Tupfer in einer weitgehend ROTEN und BLAUEN Welt setzten die griechischen Philosophen ab dem 5. Jahrhundert vor Christus. Sie stellten die vorgegebenen Mythen infrage und suchten nach den Ursachen und Grundlagen der Welt. Schon die Urfrage aller Philosophie »Warum ist eigentlich etwas und nicht nichts?« ist ein frühes ORANGES Programm.

Protagoras, Sokrates, Platon und Aristoteles trieben ORANGES, vernunftgemäßes Denken auf einen ersten Höhepunkt, der seine Entsprechungen in den technischen Errungenschaften der Antike erhielt. Erste Meisterwerke ORANGER Ingenieurskunst wurden hier geschaffen: das Kolosseum und das Pantheon in Rom (das erste Betonbauwerk der Geschichte), die unglaublich präzise geplanten und ausgeführten Aquädukte, die das Wasser über Dutzende von Kilometern aus den Bergen in die Städte führten und (am spektakulärsten beim Pont du Gard in Südfrankreich) riesige Schluchten überquerten.

Doch dann bricht dieser Aufstieg zur nächsten geistigen Befreiungsstufe abrupt ab. Ein wichtiges Beispiel dafür, dass die Bewusstseinsstufen keineswegs so schön regelmäßig aufeinanderfolgen wie in einem Treppenhaus. Es gibt sehr wohl Rückschläge, und das Ende der klassischen Antike ist ein besonders schmerzhafter – ein Absturz von ORANGE nach ROT. Es dauerte lange, bis sich in Europa überhaupt erst wieder stabiles BLAU bildete. Und fast 1000 Jahre, bis der fallen gelassene ORANGE Geistesfaden der revolutionären griechischen Philosophie wieder aufgenommen wurde.

Gesellschaft 5.0: Banken, Künstler und Fabriken

Dann bricht sich im 13. Jahrhundert in Oberitalien eine neue Wirtschaft Bahn: Manufakturen und internationale Handelsbeziehungen erfordern ein funktionierendes Geldwesen. Die ersten Banken vergeben Kredite und ermöglichen größere Investitionen. Wer in ein Expeditionsschiff investiert, das den neu entdeckten Kontinent Amerika ansteuert, kann Renditen von ein paar hundert Prozent erwirtschaften. Der Kapitalismus entsteht, mit all seinen Licht- und Schattenseiten: Einzelne werden immer reicher, aber auch der Wohlstand insgesamt steigt. Der entstehende Reichtum, vor allem in den oberitalienischen Stadtstaaten, bietet einen hervorragenden Nährboden für Kunst und Wissenschaft.

Mit der Renaissance, wörtlich die »Wiedergeburt« der antiken Philosophie, beginnt etwas völlig Neues. Die Künstler malen nicht mehr nur biblische Szenen auf goldenem Hintergrund, sondern stellen ihre Figuren in Landschaften, die sie der Natur abschauen. Sie bilden die Welt so ab, wie der Mensch sie subjektiv sieht: mit Perspektive und den dabei empfundenen Verzerrungen. Eine Sensation, als Tommaso die Ser Cassai, genannt Masaccio, 1427 in Florenz den ersten Kirchenraum in konsequenter Zentralperspektive so ausmalt, als ginge das Kirchenschiff auf seinem Bild weiter.

Stillleben und Landschaftsmalerei eröffnen virtuelle Räume. Die Madonna sitzt nicht mehr auf einem Thron vor goldenem Hintergrund, sondern in einem italienischen Wohnzimmer, und Masaccio geht sogar so weit in seinem Naturalismus, dass die Muttergottes bei ihm schielt. Die Künstler wenden sich der Wirklichkeit zu – das Rasenstück oder der Hase von Albrecht Dürer sind Paradebeispiele. Nicht mehr fromme Kontemplation bestimmt die Sujets, sondern die genaue Beobachtung der Natur.

Gesellschaft 5.0: Menschenrechte

Das Individuum entdeckt seine Würde neu. Der Ruf der Französischen Revolution »Freiheit, Gleichheit, Brüderlichkeit!« wird zum Schlagwort der Neuzeit.

Die Unabhängigkeitserklärung der Vereinigten Staaten von Amerika schreibt zum ersten Mal in der Geschichte die Menschenrechte als »Naturrecht« fest:

> Wir halten diese Wahrheiten für ausgemacht: dass alle Menschen gleich erschaffen wurden, dass sie von ihrem Schöpfer mit gewissen unveräußerlichen Rechten begabt wurden, wozu Leben, Freiheit und das Streben nach Glück zählen.

Gegen die BLAUE Monarchie erhebt sich die Französische Revolution, demokratische Ideale entstehen. Innerhalb eines Jahrhunderts wird die Sklaverei praktisch abgeschafft. Frauen verlangen gleiche Rechte wie die Männer und erhalten sie. Auch wenn es heutzutage de facto immer noch Sklaverei gibt und Frauen in den meisten Industrieländern immer noch geringere Gehälter bekommen als ihre männlichen Kollegen – der Fortschritt des ORANGEN Bewusstseins gegenüber BLAU ist eklatant.

Gesellschaft 5.0: Der Archetyp des geistigen Pioniers

Er gehört nicht zu den klassischen Archetypen. Aber die Dynamik, die ORANGE ab dem 16. Jahrhundert entwickelt, bringt einen neuen Typus hervor: den geistigen Pionier, eine höchst effiziente Weiterentwicklung aus Magier und Krieger. Dazu gehören unerschrockene Forscher wie der Universalgelehrte und Forschungsreisende Alexander von Humboldt oder Isaac Newton, die aus Naturbeobachtungen, Messungen und mathematischen Berechnungen die Naturwissenschaften vorantreiben. Oder Erfinder wie James Watt, Gottlieb Daimler, Thomas Alva Edison, Werner von Siemens und viele andere, die mit Dampfmaschine, Auto, Glühbirne und Elektromotor den Alltag revolutionieren.

Der moderne Pionier in ORANGE denkt selbstständig. Er stellt Hypothesen und Theorien auf und verlässt den alten Bezugsrahmen. Er kämpft gegen Unwissenheit, und sein Schwert ist abstrakte Rationalität, die sich auf Tatsachen stützt und Beweise vorlegt. Als Wissenschaftler akzeptiert er nur konkretes Datenmaterial, liest Statistiken, gibt Prognosen ab, interpretiert Meinungsumfragen, erstellt Tests und schreibt Analysen. Er belegt seine Thesen durch nachvollziehbare wissenschaftliche Experimente und Feldversuche.

Als Manager operiert er pragmatisch und sucht angesichts von Problemen nach effizienten Lösungsstrategien. Als Denker definiert er sich über seine Ratio, sein Bezugsrahmen ist die konventionelle Wissenschaft, deren Grundannahme (»es gibt nur eine äußere, sichtbare Realität«) er nicht infrage stellt. Häufig fällt der Glaubenssatz des materiellen Rationalismus »Ich glaube nur, was ich sehe«. Menschen auf der Stufe von ORANGE denken eigenständig im Gegensatz zu BLAU, aber sie können noch nicht erkennen, dass ihre Vorstellungen Konstruktionen von Wirklichkeit sind. BLAU fürchtet sich dennoch vor der Macht des ORANGEN Geistes und wehrt sich mit seinen Mitteln. Der Vatikan setzt Kants »Kritik der reinen Vernunft« noch 1827 auf den Index der verbotenen Bücher, die Nazis verbrennen Bücher, die Stasi hört Intellektuelle ab, der iranische Gottesstaat lässt seine Regimekritiker verschwinden, China filtert das Internet und fundamentalistische amerikanische Katholiken stellen Giftlisten über »verbotene« Theologen ins Internet – die sich lesen wie das »Who is who« des progressiven Katholizismus und ungewollt eine wunderbare Lektüreempfehlung für ORANGE aufwärts darstellen.

Gesellschaft 5.0: Die Vermessung der Welt

Geistige Pioniere schaffen die Voraussetzungen für Naturwissenschaft und Technik, die zu einem rasanten Aufschwung ansetzen. Kompass, Sextant und Uhr ermöglichen genaue Navigation und führen schließlich zur Entdeckung und Eroberung der »Neuen Welt« jenseits des Atlantiks. ORANGE verfolgt ein gigantisches Projekt: die vollständige Erschließung der Welt. Der Meeresboden wird ebenso durchkämmt wie die Atmosphäre. Wissensdurstig vermisst ORANGE die Welt, es kartografiert so lange, bis es keine weißen Flecken mehr auf der Landkarte gibt. Es baut Röntgenapparate, Ultraschallgeräte und Hirnscanner, um den menschlichen Körper zu verstehen. Es entwickelt Raster-Elektronenmikroskope, Radioteleskope und Weltraumsatelliten, um Mikro- und Makrokosmos zu durchdringen.

Der Mensch entzaubert dabei die Natur. Sie ist nicht mehr die von mythischen Wesen bevölkerte, lebendige Urmutter und auch nicht mehr der von einem allmächtigen Gott geschaffene und wohlgeordnete Kosmos, sondern Materie. Übersetzt heißt das Werkstoff, der benutzt werden kann. Damit klingt die Kehrseite des Aufstiegs von Ratio, Naturbeobachtung, Wissenschaft und Technik an. Die nunmehr unbeseelte Natur wird als Rohstoff definiert und rücksichtslos ausgebeutet, verschmutzt, zerstört. Dadurch verwandelt ORANGE die Realität in »eine fade Sache, ohne Klang, ohne Duft, ohne Farbe, nur noch das endlose, sinnlose Hasten von Material«, so der Philosoph Alfred North Whitehead.[21]

Dass der Mensch damit seine Lebensgrundlage zerstört, müsste der scharfe ORANGE Verstand eigentlich erkennen. Doch ORANGE hält nichts von Prinzipien und Moral, wenn man auch ohne gut vorankommen kann. Es operiert wettbewerbsorientiert und zielt auf Wachstum. ORANGE will etwas vorzeigen, es will kurzfristig Ergebnisse erzielen und nicht wie BLAU auf das gute Leben im Jenseits warten. ORANGE will den Wohlstand jetzt genießen und kurbelt dafür Wirtschaft, Konsum und Forschung an. Es expandiert, ohne sich viel Gedanken zu machen über mögliche spätere Folgen. Atomkraftwerke werden gebaut, selbst wenn die Endlagerung ungeklärt ist. Auch die Ressourcen der Natur werden ausgebeutet, wo immer mit Gewinn zu rechnen ist.

Was zählt, ist der Erfolg. Und ORANGE ist erfolgreich! Die Medizin macht riesige Fortschritte, in den frühindustriellen Ländern kommen immer mehr Menschen zur Welt, die immer länger leben. Es gelingt ORANGE, Pocken und Pest auszurotten, die Elektrizität zu entdecken und zu nutzen, das Auto zu erfinden, durch den Einsatz von Kunstdünger und Pestiziden die Erträge der Landwirtschaft enorm zu steigern.

ORANGE sorgt mit all dem für eine explosionsartige Vermehrung menschlichen Wissens über die Welt. Und es klärt auf, erbarmungslos, denn die Summe seiner Messergebnisse lautet: Gott ist nicht zu finden, das Weltgebäude ist leer. Das Zeitalter des Atheismus hat begonnen. Für BLAU ist das ein Schock.

ORANGE schafft den wärmenden und Sicherheit gebenden »Weltgeist« ab, der bisher alles durchdrang. Jetzt ist der Mensch allein am Ruder und er hat keine Zeit zu verschwenden. Moral ist muffig. Spiritualität gilt als antiquiert, irrational und unwissenschaftlich. Die ORANGE Abwehrformel dazu lautet: Das überzeugt mich nicht.

Gott 5.0: Gott ist tot

Für ORANGE funktioniert die Welt auch ohne Gott. Der mythische Gott 4.0 hat ausgedient. Die Vernunft zerlegt genüsslich jedes Wunder: Wie sollte Gott die Naturgesetze außer Kraft setzen, die er doch angeblich selbst geschaffen hat? Weshalb erhört er angeblich dieses Gebet, während ein anderes offenkundig unerhört bleibt? Auch der Schöpfergott wird nicht mehr gebraucht, um die Welt zu erklären. Die Naturwissenschaft erläutert die Entstehung der Welt und der Menschen einleuchtender für den ORANGEN Verstand. In diesem Stadium werfen viele Menschen den Glauben an Gott über Bord. Wer über Gott nachdenkt, kommt fast zwangsläufig zu einem von zwei möglichen Schlüssen: Entweder es gibt keinen Gott, oder er ist völlig anders als bisher angenommen.

Als erste, stärkste religiöse Aussage tönt die schreckliche Erkenntnis durch den ORANGEN Raum: »Gott ist tot!« Populär wird sie durch Friedrich Nietzsche, der ihr in seiner »Fröhlichen Wissenschaft« zu breiter Bekanntheit verhilft. Vor ihm hatte der Philosoph Georg Wilhelm Friedrich Hegel (1770–1831) am Ende seiner Abhandlung »Glauben und Wissen« (1802) von dem »unendlichen Schmerz« gesprochen als dem »Gefühl, worauf die Religion der neueren Zeit beruht, das Gefühl: Gott selbst ist tot«.

Der Erste allerdings, der diese Ungeheuerlichkeit zu Papier bringt, ist der deutsche Dichter Jean Paul. Ein ehemaliger Theologe, der sein Studium aus Geldmangel abbrechen musste. Er verfasst 1776 die berühmte Traumvision mit der »Rede des toten Christus vom Weltgebäude herab, dass kein Gott sei«.

In einer dramatischen nächtlichen Szenerie erblicken die Toten Christus und rufen ihn angsterfüllt an, ob denn Gott existiere. Und es ist ungeheuerlicherweise Christus selbst, der ihnen die Wahrheit zumutet: »Es ist keiner.« Dann fährt der tote Christus fort:

> Ich ging durch die Welten, ich stieg in die Sonnen und flog mit den Milchstraßen durch die Wüsten des Himmels; aber es ist kein Gott. Ich stieg herab, so weit das Sein seine Schatten wirft, und schauete in den Abgrund und rief: »Vater, wo bist du?«, aber ich hörte nur den ewigen Sturm, den niemand regiert, und der schimmernde Regenbogen aus Wesen stand ohne eine Sonne, die ihn schuf, über dem Abgrunde und tropfte hinunter. Und als ich aufblickte zur unermesslichen Welt nach dem göttlichen Auge, starrte sie mich mit einer leeren bodenlosen Augenhöhle an; und die Ewigkeit lag auf dem Chaos und zernagte es und wiederkäuete sich. – Schreiet fort, Misstöne, zerschreiet die Schatten; denn Er ist nicht!
>
> Alles wird leer. Und als die verstorbenen Kinder auf dem Gottesacker erwachen und »Jesus! Haben wir keinen Vater?« rufen, antwortet Christus mit strömenden Tränen: »Wir sind alle Waisen, ich und ihr, wir sind ohne Vater.« [22]

Hier ist der unendliche Schmerz zu sehen, den ein BLAUER Gläubiger aushalten muss, wenn er mit der atheistischen Option von ORANGE konfrontiert wird. Es geht alles verloren, weil hinter den Dingen nichts mehr ist. Kein ordnender Vater, der der Welt ihre Verfassung gibt und ihren Bestand garantiert. Kein himmlischer Glanz, kein Zauber, kein Geheimnis, keine Metaphysik sorgen für Licht und Geborgenheit. Man soll auf einmal nicht mehr im Zentrum der Wahrheit wohnen. Stattdessen starrt eine von Gott entkoppelte, abgründige Welt den Menschen an. Wie soll man sich einer solchen ungeheuer trostlosen Wirklichkeit anvertrauen können? Den mythischen, BLAUEN, von außen her in die Welt eingreifenden und sie erhaltenden Gott kann ORANGES Denken tatsächlich nicht mehr finden und begründen. Es muss nach anderen Lösungen suchen.

Gott 5.0: Gott ist anders

Die zweite mögliche Schlussfolgerung aus dem ORANGEN Denkprozess lautet: Klarer trennen! Das wissenschaftliche Weltbild betrifft möglicherweise den Glauben an Gott gar nicht. In BLAU wurde etwas vermengt, was nicht zusammengehört.

Schon in der Aufklärung gab es Denker, die zwar die neue wissenschaftlich-rationale Weltsicht teilten, aber Gott nicht völlig verwerfen wollten. So versuchten sie, für ihn noch einen Platz in ihrem mechanistischen Universum zu finden. Übrig blieb allein die Rolle des Schöpfers, der am Anfang alles geschaffen hatte: Materie, Energie und alle Regeln, nach denen die Prozesse ablaufen. Nachdem er sein Werk vollendet hatte, setzte sich dieser Gott gewissermaßen zur Ruhe und überließ die Welt sich selbst – wie ein Uhrmacher, der eine Uhr hergestellt hat und nicht mehr in den Mechanismus einzugreifen braucht, wenn sie erst einmal läuft.

Dieses Gottesbild ist nicht sehr attraktiv. Gott wird in die allerletzte Lücke geschoben, die die Naturwissenschaft (noch) nicht erklären kann, und dort darf er ein Lückenbüßerdasein fristen. Kein Wunder, dass dieser Gott nicht viel Überzeugungskraft entwickelt. Zu einem Gott im Ruhestand lohnt es sich auch nicht mehr, zu beten.

Georg Wilhelm Friedrich Hegel versteht ihn jedoch anders. Hegel kann man keinesfalls als atheistischen Philosophen bezeichnen, eher als antitheistischen. Das heißt, er lehnt die Vorstellung eines *theistisch* verstandenen BLAUEN Gottes ab. Der theistische Gott steht der Welt gegenüber, die er geschaffen hat. Er ist ein »höchstes Wesen« und unterscheidet sich radikal von seiner Schöpfung, so wie sich der Töpfer von dem Krug unterscheidet, den er gerade vor sich auf der Drehscheibe stehen hat. Gegen diesen BLAUEN Gott – und die sich auf ihn berufende, hierarchisch-autoritäre Kirche – richtet sich die gesamte folgende Religionskritik. Feuerbach, Marx, Nietzsche, das sind die bekannten Namen, bis hin zu den neuen kämpferischen Atheisten von Bertrand Russell bis Richard Dawkins.

Gott 5.0: Gott auf der Couch

Noch eine neue Flanke tut sich mit ORANGE auf. In der Moderne wird die Religion zum Forschungsgegenstand der neu entstandenen Wissenschaftsdisziplin Psychologie. Jetzt liegt Gott 4.0 auf der Couch und wird gründlich analysiert. Die Psychologie will verstehen, welche Wirkung das Wort »Gott«, ein bestimmtes Gottesbild oder religiöse Erfahrungen und Prägungen auf den Menschen haben. Hat ein Gottesbild eine belebende oder verängstigende Wirkung auf das Selbst eines Menschen? Vermittelt es ihm Energie, befreit es ihn aus einer existenziellen Krise, schenkt es ihm Halt, Lebensfreude und Sinn oder hindert es gar daran? Und wo kommt ein Gottesbild überhaupt her?

Der Begründer der Psychoanalyse, Sigmund Freud (1856–1939), liefert zum Auftakt eine scharfe Religionskritik ab. Er zeigt, wie viel kindliche Sehnsucht nach Belohnung durch den Vatergott und sprachliche Infantilität sich in monotheistischen Religionen niederschlägt. In seiner Schrift »Totem und Tabu« konstatiert er:

> Die Psychoanalyse hat uns den intimen Zusammenhang zwischen dem Vaterkomplex und der Gottesgläubigkeit kennen gelehrt, hat uns gezeigt, dass der persönliche Gott psychologisch nichts anderes ist als ein erhöhter Vater, und führt uns täglich vor Augen, wie jugendliche Personen den religiösen Glauben verlieren, sobald die Autorität des Vaters bei ihnen zusammenbricht. Im Elternkomplex erkennen wir so die Wurzel des religiösen Bedürfnisses; der allmächtige Gott und die gütige Natur erscheinen uns als großartige Sublimierungen von Vater und Mutter, vielmehr als Erneuerungen und Wiederherstellungen der frühkindlichen Vorstellungen von beiden.[23]

Religiöse Vorstellungen bewertete Freud darum nicht als Ausdruck bestimmter Erfahrungen oder Denkprozesse, sondern als »hilfreiche« Illusionen, die kindlichen Menschen erlauben, sich zu entlasten, wenn sie ihre infantilen Wünsche und Schuldgefühle auf die beiden Schutzmächte Vater-Gott und Mutter-Kirche projizieren können. Freud hatte den BLAUEN Gott 4.0 im Blick und die darunter liegenden Stufen ROT und PURPUR samt ihren pathologischen Störungen. Würden die unbewussten Konflikte der Kindheit bewusst gemacht werden, glaubte Freud, fiele dieses Schutzbedürfnis weg. Ein solchermaßen gereifter Mensch braucht keine Religion mehr, sie kann abgeschafft werden. Ebenso sämtliche Ersatz-Väter, Gott eingeschlossen. Geistige Differenzierung, Vernunft und Rationalität, lauter Früchte von ORANGE, könnten die mächtigen Triebkräfte bändigen.

Sein Kollege Erich Neumann (1905–1960) teilte diesen Optimismus nicht. Er hielt dagegen, dass man die Verbindung mit der mythischen Welt (alle Stufen bis BLAU) gar nicht aufheben kann, weil sie immer Teil unseres Unbewussten bleibt. ORANGE steht also an einem heiklen Punkt. Leugnet das ORANGE Ich mithilfe der Vernunft die Verbindung zu den unteren Stufen, verliert es sich in reinem Rationalismus. Es läuft Gefahr, im Inneren seelisch-emotional zu erstarren. Gibt der Einzelne aber der starken Faszination der mythischen Welt einfach nach, dann wird er von den unteren Stufen »zurückgeschluckt«.

Genau in dieser Situation befinden sich heute unzählige Erwachsene (und vor allem junge Männer). Sie schwanken unbewusst hin und her zwischen Rationalität und mythologischer Verhaftung, ohne sie überwinden zu können. Einerseits glauben sie an nichts mehr und sind überzeugt, dass sie komplett rational denken. Das aber erzeugt ein innerseelisch-spirituelles Vakuum. Und so füttern sie andererseits ihre Seele mit manchmal sehr destruktiven mythologischen Inhalten. Sie verbringen Stunden damit, in Fantasyliteratur, Science-Fiction, martialischen Filmepen und archaischen Computerspielen zu verschwinden, um in der virtuellen Realität PURPURNE Rituale, ROTE Machtkämpfe und BLAUE Endzeitschlachten nachzuvollziehen. Diese prärationale Bilderflut verzögert die Weiterentwicklung wichtiger geistiger Werte und sozialer Errungenschaften der noch wartenden höheren Stufen.

Neumanns Lehrer, der Tiefenpsychologe C. G. Jung (1875–1961), konnte in seinem Werk den positiven Beitrag der Religionen zur Bewusstwerdung des Menschen würdigen, freilich ohne sich als Kirchenchrist zu definieren.

Jung war als Pfarrerssohn aufgewachsen, konnte aber keinen Geschmack finden an der blutleeren, verkopften Theologie und Kirchlichkeit, die »alle Möglichkeiten, unmittelbar zu Gott zu gelangen, verrammelt hatten«.[24] So rückte er immer mehr von ihr ab. Dann aber machte er als Dreizehnjähriger 1888 eine höchst subjektive und – um es vorsichtig auszudrücken – unkonventionelle Erfahrung, die ihn aus BLAU herauskatapultierte. Anlass war eine blasphemische Imagination, die ihn unvermittelt an einem strahlend blauen Sommertag auf dem Münsterplatz in Basel überfiel. Jung versuchte drei Tage lang das ungeheure Bild zu unterdrücken, weil es Höllenängste in ihm erzeugte. Dann aber fasste er Vertrauen zu Gott und erlaubte sich, das Bild aus seinem Unbewussten vollständig aufsteigen zu lassen:

> Vor meinen Augen stand das schöne Münster, darüber der blaue Himmel, Gott sitzt auf goldenem Thron, hoch über der Welt, und unter dem Thron fällt ein ungeheures Exkrement auf das neue bunte Kirchendach, zerschmettert es und bricht die Kirchenwände auseinander.

Für C. G. Jung brachte dieses wuchtige Bild eine Erlösung vom engen BLAU der Kirche. Sein Leben lang hielt er an dieser ORANGEN Freiheit des Individuums fest. Der Einzelne hat die Chance auf Unmittelbarkeit, auf eigene Erfahrung, auf ein Gelingen der Gottesbegegnung im eigenen Leben. Er kann sich in das tiefe Geheimnis des Christentums versenken und dem lebendigen Christus außerhalb der institutionellen Kirche begegnen. Seinen Weg bezeichnete Jung rückblickend als »eine Gnade Gottes«. In seinen Lebenserinnerungen hinterließ er die Mahnung an das Christentum:

Ich lasse der Christlichen Botschaft nicht nur eine Tür offen, sondern sie gehört ins Zentrum des westlichen Menschen. Allerdings bedarf sie einer neuen Sicht, um den säkularen Wandlungen des Zeitgeistes [ORANGE] zu entsprechen; sonst steht sie neben der Zeit und die Ganzheit des Menschen neben ihr.[25]

Gott 5.0: Das Ende des Mythos

Auch aus den Reihen der Theologen selbst kam Kritik am BLAUEN Gottesbild 4.0. Im 19. Jahrhundert hörten einzelne Bibelforscher (Exegeten) auf, die Bibel als gleichsam vom Himmel gefallene Offenbarung zu betrachten, die den Autoren direkt vom Heiligen Geist diktiert worden sei. Sie begannen, die Unterschiede ernst zu nehmen, die sich beispielsweise zeigen, wenn man die verschiedenen Berichte der vier Evangelien über die Auferstehung Jesu miteinander vergleicht. Wer war wann am Grab? Bei Matthäus gehen zwei Frauen zum Grab: Maria Magdalena und »die andere Maria«. Bei Markus sind es Maria Magdalena sowie Maria, die Mutter des Jakobus und Salome, also drei Frauen. Lukas lässt nur »die Frauen, die Jesus nachfolgten«, am Ostermorgen zum Grab gehen. Johannes schließlich spricht nur von Maria Magdalena, die danach zu den Jüngern läuft, woraufhin Petrus und »der andere Jünger« zum Grab eilen und als Erste das Grab betreten und die zurückgelassenen Leichentücher sehen. Man muss zwangsläufig zu dem Schluss kommen, dass mindestens drei der Evangelisten die Ereignisse historisch nicht zutreffend aufgeschrieben haben. Oder dass es am Ostermorgen vor dem Grab Jesu zuging wie auf dem Frankfurter Hauptbahnhof – ein Kommen und Gehen von Einzelnen sowie Zweier- und Dreiergruppen, von Engeln, Frauen und Männern und dem Auferstandenen selbst.

Wegen dieser Widersprüche nahmen von nun an die Exegeten die Bibeltexte in rationaler Analyse auseinander, um der historischen Wahrheit auf die Spur zu kommen. Das Ergebnis formuliert 1913 der Theologe Albert Schweitzer in seiner »Geschichte der Leben-Jesu-Forschung«: Was die einzelnen Exegeten als den »historischen Jesus« herausgefunden zu haben glaubten, war jeweils nur die Projektion ihrer eigenen theologischen Ideen über Jesus. Wer der historische Jesus wirklich war, was er genau gesagt und getan hatte, muss ewig Spekulation bleiben. Wir kennen nur den »Christus des Glaubens«. Wir können niemals wissen, wie er »wirklich« war, sondern sehen immer nur das Bild, das Menschen von Jesus gemalt haben, die ihrerseits schon davon überzeugt waren, dass Jesus Gottes Sohn war.[26]

Der Marburger Neutestamentler Rudolf Bultmann (1884–1976) zog daraus den ORANGEN Schluss, dass moderne Menschen das Neue Testament endlich »entmythologisieren« müssten: Die Wundergeschichten des Neuen Testaments entstammen dem mythischen (wir würden sagen: dem PURPURNEN bis BLAUEN) Weltbild, das ORANGE nicht mehr teilt. Damit haben diese Wundergeschichten als Berichte von realen Gegebenheiten ausgedient.

> Man kann nicht elektrisches Licht und Radioapparat benutzen, in Krankheitsfällen moderne medizinische und klinische Mittel in Anspruch nehmen und gleichzeitig an die Geister- und Wunderwelt des Neuen Testaments glauben. Und wer meint, es für seine Person tun zu können, muss sich klarmachen, dass er, wenn er das für die Haltung des christlichen Glaubens erklärt, damit die christliche Verkündigung in der Gegenwart unverständlich und unmöglich macht.[27]

Bultmann löste einen Sturm BLAUER Entrüstung aus. Man warf ihm Atheismus und Verrat am Christentum vor. Dabei hätte man sich nur an die eigene Heilige Schrift erinnern müssen, in der immer schon eine Kritik an den herrschenden religiösen Zuständen enthalten war. Die ersten Christen wurden von empörten Angehörigen anderer Religionen als *a-theoi* beschimpft. Die fanden es skandalös, dass Christen wie die Juden gemäß der Genesis in Sonne, Mond und Sternen keine mächtigen Götter und Heroen sahen, sondern nichts als – Lampen. Die Bibel selbst hat mit dem Entmythologisieren angefangen! Im Alten wie im Neuen Testament wimmelt es von selbstkritischen Reflexionen über die eigenen religiösen Positionen.

ORANGE Theologie kann sich also darauf berufen, dass die Fähigkeit zur Religionskritik längst eingebaut ist in den Text der Bibel. Die Bibel selbst führt ein kritisches Selbstgespräch über ihre verschiedenen Glaubensschichten und Götterbilder. Man entheiligt damit nicht die Bibel, wie BLAU unterstellt. Ab ORANGE wird ein kritisches Bibelverständnis zu einer Selbstverständlichkeit für jeden Christen.

Gott 5.0: Atheistisch an Gott glauben

Nicht nur die ORANGEN Exegeten wenden die wissenschaftlichen Instrumente wie den methodischen Zweifel an. Auch die protestantischen Vertreter der Systematischen Theologie, also der eigentlichen Lehre von Gott, öffnen sich mehr oder weniger stark dem modernen Denken. So wendet sich der deutsch-amerikanische Theologe Paul Tillich (1886–1965) gegen den »supranaturalistischen« Gott, also einen Gott, der irgendwie »über« seiner Schöpfung angesiedelt ist. 1953 beschreibt Tillich die Schwäche des blauen Gottesbildes:

> Er ist ein Sein neben anderen und als solcher ein Teil der gesamten Realität. Er wird zwar als deren wichtigster Teil betrachtet, aber eben als ein Teil und deshalb als der Struktur des Ganzen unterworfen [...] Er wird [...] gesehen als eine Ursache, die von ihrer Wirkung getrennt ist. [...] Er ist *ein* Sein, nicht das Sein selbst.[28]

Das ist wohl der entscheidende ORANGE Kritikpunkt: Der BLAUE Gott ist nicht das Sein selbst, sondern nur ein Teil. Damit wird er, radikal gesprochen, zum Götzen. Der protestantische Theologe Heinz Zahrnt meinte dazu:

> Was haben wir nicht alles für Gott gehalten! Wie oft haben wir Gott nach unserem Bilde umgeschaffen! Solcher Götzendienst ist uns künftig untersagt [...] Nachdem uns Gott allzu bekannt, fast ein »guter Bekannter« geworden ist, scheint es an der Zeit, jene andere durch die ganze Bibel sich ziehende Linie erneut zu betonen: das Unbekannt- und Ungenanntbleiben Gottes trotz allen Bekannt- und Benanntseins, seine Unfasslichkeit in Vorstellungen und seine Unbegreiflichkeit in Begriffen, seine Verborgenheit in aller Offenbarung, den Abgrund in allem Grund, die Gottheit in Gott.[29]

Wenn Gott nun aber nicht der Welt gegenübersteht als der »ganz Andere«, wenn er nicht in einem seligen Jenseits schwebt, wie können wir dann von Gott reden, ohne ihn ganz aufzugeben? Tillich meint dazu: »Gott« ist der Name für das, »was den Menschen unbedingt angeht«.[30] Die Frage nach Gott lässt sich nicht abgelöst vom fragenden Menschen klären. Gott 5.0 ist eben kein »Wesen«, das irgendwo und irgendwie »existiert«. Er ist »die Tiefe des Seins«. Mit diesem Gedanken wendet sich Tillich radikal gegen jegliche Metaphysik, die Gott jenseits (griechisch: *meta*) der Natur (griechisch: *physis*) wähnt.

Gott ist nicht »oben«, er ist in der Tiefe, dort, wo die Wahrheit zu finden ist. Er ist, mit den Worten des protestantischen Theologen Dietrich Bonhoeffer (1906–1945), »mitten in unserem Leben jenseitig«. Aber er ist nicht mit den alten BLAUEN Definitionen zu fassen: »Einen Gott, den es gibt, gibt es nicht.« Bonhoeffer schreibt im selben Zusammenhang von einem »religionslosen Christentum« und fordert seine Mitchristen auf, in der Welt zu leben »etsi deus non daretur« – als ob es keinen Gott gäbe.[31]

Gott 5.0 geht allerdings auch nicht in der Welt auf. Er ist nicht nur das, was wir vorfinden. Gott 5.0 ist die Tiefendimension. Gott 5.0 ist das, was die Welt trägt und erhält, was sie zusammenhält und ihr Sinn gibt. Gott 5.0 ist die verbindende Kraft, die dafür sorgt, dass die Moleküle zusammenhalten und die Sterne um das Zentrum ihrer Galaxie kreisen.[32]

Gott 5.0 ist die Kraft des Lebens und die Liebe, die zwischen den Menschen lebt. So formuliert es auch die Bibel: »Gott ist Liebe« (1. Johannesbrief 4, 16), und das gilt nicht nur für die Liebe unter Menschen. Gott 5.0 ist Liebe im Sinn der universalen Bindungskraft und des universalen Antriebs, immer höhere und komplexere Gestalten zu kreieren.

Wer über Gott 5.0 nachdenkt, wird möglicherweise auch zu dem Schluss kommen, dass es überhaupt nicht angeht, »über« Gott zu reden wie über einen Baum, einen Fisch oder ein Paar Schuhe. Wenn Gott anwesend ist, »so dürften wir schon aus Höflichkeit nicht *über* ihn sprechen, als sei er abwesend«, das Wort Gott wäre im Grunde nur als Vokativ, als Anrede möglich.[33]

Gott 4.0/5.0: Glauben hybrid

Nun sitzen in den Gottesdiensten aber Menschen, denen dieses Gottesbild 5.0 überhaupt nicht nahegebracht wird. Sie meistern zwar ihren Alltag längst mit dem Instrumentarium des ORANGEN Bewusstseins. In der Kirche aber begegnet ihnen nach wie vor nur Gott 4.0. Wie ein Hybrid-Auto fahren sie im Alltag mit Benzin, in der Kirche mit Weihrauch (oder Paul-Gerhardt-Liedern). Brav BLAU glauben sie dort an Wunder, an das übernatürliche Eingreifen eines allmächtigen Gottes, der den Schreibern der Bibel höchstpersönlich den Griffel führte.

Dieser BLAUE Autoritätsglaube färbt beim Thema Kirche sogar ab auf Bereiche, die mit Gott gar nichts zu tun haben: Menschen, die sonst sogar höchste Politiker und Wissenschaftsexperten kritisch wahrnehmen, machen beim Papst, Bischöfen und sogar dem Pfarrer oder Prediger eine Ausnahme, sobald diese sich auf Tradition (katholisch) oder Bibel (evangelisch) berufen.

Die aufgeklärte protestantische theologische Wissenschaft als würdige ORANGE akademische Disziplin hat großartige Arbeit geleistet. Aber sie hat es bis heute kaum geschafft, ihre Erkenntnisse in der Breite durchzusetzen. Viele Gemeindepfarrer wagen es nicht, die wissenschaftlichen Erkenntnisse ihrer Studienzeit in der Sonntagspredigt an den Mann und die Frau zu bringen. Gemeindeglauben wird BLAU definiert.

Die Psychotherapeutin Hanna Wolff sprach schon vor 35 Jahren von einer »nahezu kompletten Schizophrenie« zwischen Gemeindeglauben und Forschung. Der Gemeindeglaube wolle nicht »gestört« werden und betrachte die Forschungsergebnisse der akademischen Theologie in ORANGE als ein viel zu heißes Eisen. Lieber wiederhole man die alten BLAUEN Formeln.[34] Wer als Christ hinauskommen will über BLAU, muss sich notgedrungen anderswo umschauen. Dabei hätte man im Apostel Paulus den besten Fürsprecher einer anspruchsvollen geistigen Auseinandersetzung mit dem eigenen

Glauben. Im Brief an die Korinther (1. Korinther 3, 1–2) beklagt er, dass er ihnen immer nur geistliche Babykost vorsetzen könne, weil ihr spirituelles Niveau dem von unmündigen Kindern entspreche. Er würde ihnen lieber handfeste Erwachsenenkost anbieten.

Der bewusste und sorgfältig begleitete Übergang von BLAU nach ORANGE in den Gemeinden ist heute überfällig. Hier liegen das dringendste Aufgabenfeld und das verborgene geistliche Wachstumspotenzial der Kirchen. Wachstum und Wandlung sind christliche Grundkomponenten. Auch Jesu Bewusstsein ist nicht ewig das des kleinen Jesuskindes geblieben, sondern er »nahm zu an Weisheit, Alter und Gnade bei Gott und den Menschen« (Lukas 2, 52). Wäre er selbst stecken geblieben im konventionellen BLAU, hätte es das Christentum nie gegeben.

Gott 5.0: Der verborgene Gott

Aus unserer Sicht ist die alte Rede vom »verborgenen Gott« die richtige Option, um spirituellen Suchern in ORANGE die »Entwöhnungsphase« vom mythischen Glauben zu ermöglichen. Das kann sie davor bewahren, in Atheismus abzurutschen oder die spirituelle Entwicklungslinie an dieser sensiblen Stelle aufzugeben. »Verborgener Gott« bedeutet, dass dieses neue Gottesbild 5.0 von ORANGE nur jenseits der Sicherheit des Kollektivs zu finden ist. Den »verborgenen Gott« kann erst einmal nur der Einzelne suchen, der sich von konventionellem Denken befreit hat. Das geistig rege, wache und unbestechliche ORANGE ist geradezu prädestiniert dafür, dieses spirituelle Abenteuer zu meistern. Denn sein wacher, kritischer, vernunftgeschulter Entdeckerverstand ist überaus begabt für die Suche nach unbekannten Größen.

Das Judentum hat einen überaus hohen Anteil an der Entwicklung des modernen Bewusstseins 5.0. Im Alten Testament war man sich der heilsamen Aspekte des verborgenen Gottes früh bewusst. Die hebräische Bibel bezeichnet den »verborgenen Gott« sogar als Heiland (Jesaja 45, 15). Der jüdische Religionsphilosoph Martin Buber erzählt als Gleichnis dazu die Geschichte von Rabbi Baruchs Enkel: Der kleine Junge hatte sich beim Spielen vor seinem Freund so gut versteckt, dass er nicht entdeckt wurde. Als er wieder herauskam, merkte er jedoch, dass sein Freund ihn überhaupt nicht gesucht hatte. Weinend lief er zum Großvater und beklagte sich. Da sagte Rabbi Baruch unter Tränen: »So spricht Gott auch: Ich bin verborgen, aber keiner will mich suchen.«

Unzählige Mystiker aus allen Weltreligionen betonen das Gleiche: »Gott ist so verborgen« (Johannes vom Kreuz), und man muss ihn im eigenen Inneren suchen, um seine heilsame Kraft zu spüren.[35]

Das Haupthindernis für eine lebendige Spiritualität in der Begegnung mit dem »verborgenen Gott« ist auf der ORANGEN Stufe die Fixierung auf die Vernunft und den wissenschaftlichen Materialismus. Deswegen glaubt ORANGE, dass es außer der sichtbaren Welt nichts gibt, schon gar keinen Gott. Religion wird als irreale Gefühlsduselei abgetan, weil ORANGE als Ort für die Gottessuche ausgerechnet das eigene Innere, die eigene Tiefe ausblendet. Begreift ORANGE aber, dass sein *eigenes* »verborgenes Herz« (1. Petrusbrief 3, 4) der weiße, unerforschte Fleck auf der Weltkarte der Wirklichkeit ist, kann es sich an die präzise Erforschung aller beobachtbaren Phänomene der inneren Wirklichkeit machen und dabei den »verborgenen Gott« aufspüren. Auch Jesus weist hin auf Gott, »der im Verborgenen ist« (Matthäus 6, 6) und der vom Einzelnen im Gebet der Stille erkannt werden will.

Der verborgene Gott und das verborgene Herz gehören in eigentümlicher Weise zusammen: Nur der verborgene Gott kann die ermüdete seelische Energie eines Menschen der ORANGEN Bewusstseinsstufe wieder neu beleben. Hier begegnet man den »noch nicht erwachten Absichten Gottes«, wie es Robert Musil einmal ausdrückte.

Der gesunde Menschenverstand von ORANGE hat übrigens die notwendige Hinwendung zum »verborgenen Herz« längst begriffen. Seit Jahrzehnten formuliert ORANGE seine unbewusste Sehnsucht danach in dem säkularen Glaubenssatz von Antoine de Saint-Exupéry: »Man sieht nur mit dem Herzen gut, das Wesentliche ist für die Augen unsichtbar.« Dieses kollektiv genutzte Mantra könnte eine gute Brücke bilden zu einer vertieften ORANGEN Herzensmystik.

Wird dieser Weg ins »verborgene Herz« hinein nicht gewiesen, kann das ORANGE Lebensgefühl in einen Sinnmangel oder existenzielle Frustration geraten. Melancholie und Depression, Skeptizismus und Nihilismus sind ORANGE Begleiterscheinungen. ORANGE weiß dann nicht, wohin es den spirituellen »Elan der Seelen« (Pierre Teilhard de Chardin[36]) lenken soll und nimmt den Konsum als Ersatz für religiöse Zugehörigkeit. Viele suchen so etwas wie spirituelle Erfahrung im Rausch von Drogen oder beim Abtanzen im Club. Das ist das spirituelle Drama von ORANGE: Es wartet darauf, die Freude, ja das Entzücken, die Lebendigkeit des eigenen Herzens spüren zu können. Es wartet auf die Erfahrung einer belebenden Auferstehung in ein neues »Gott ist«. Aber dieser Gott ist dann eben nicht oben im Himmel hinter den Wolken, sondern »Gott ist in mir«, verborgen gegenwärtig in meinem eigenen Bewusstsein und vor allem in meiner eigenen Tiefe.

Gott 5.0: Hinreise und Rückreise

Die protestantische Theologin Dorothee Sölle wählte genau diesen Weg des Einzelnen in die eigene Tiefe, um loszukommen von dem fragwürdig gewordenen BLAUEN theistischen Gottesbild mit seiner, wie sie es nannte, kindlichen »Papa-wird's-schon-richten-Theologie«. Wie viele Menschen konnte Sölle gerade als deutsche Theologin nicht mehr an einen allmächtigen BLAUEN Gott glauben, der die unvorstellbaren Gräuel in Auschwitz zugelassen haben musste. Von diesem Holocaust-Dulder-Gott sagte sie sich mit ihrem Buch »Atheistisch an Gott glauben« los.

Sieben Jahre später veröffentlichte sie »Die Hinreise. Zur religiösen Erfahrung«.[37] Darin sprach sie zum ersten Mal vom »Weg nach innen«[38] und kritisierte die verkopfte, sehr akademisch ausgerichtete protestantische Tradition: Ihr fehlt eine menschliche, sanfte, verständliche Sprache und ihr fehlt vor allem die Erfahrung. Gott ist so sehr »der ganz Andere« und so weit von den Menschen entfernt, dass er uns nicht mehr erreicht und »die Erfahrungen mit ihm unsagbar, nicht-mitteilbar werden«. Gott aber ist echter, erfahrbarer und präsenter in uns allen, als es die BLAUE Kirche wahrhaben will.

Sölle erzählt von ihrem dreijährigen Enkelkind, das »Kaffeehaus« spielte und dabei imaginären Kaffee an imaginäre Gäste ausschenkte. Als es aufhören sollte, weil es jetzt »richtiges« Essen geben würde, protestierte es: »Mama, du denkst immer nur in echt.« Sölle empfand das als gutes Bild für die christliche (BLAUE) Tradition und ihre zwei Ebenen. Die erste Ebene besteht darauf, dass nur ihre Institution, ihre Regeln und ihre Gewohnheiten »in echt« sind. Diese Ebene hat »Angst vor Veränderungen, Angst davor, dass Gott sich an vielen Stellen versteckt und auf uns wartet«.[39] Aber es gibt im Christentum immer auch die zweite Ebene der Mystik: »Die andere Ebene ist die, die wir brauchen und suchen, die wir erproben können. Man nennt sie auch Transzendenz. Lasst uns nicht im Echten stecken bleiben. Liebe Geschwister, wir brauchen Transzendenz!«[40]

ORANGE braucht sogar ganz dringend Transzendenz durch Mystische Einübung. Sölle forderte den Einzelnen dazu auf, den versteckten Gott zu suchen und sich deswegen in Meditation oder Kontemplation zu üben. In der Mystik geht es darum, Gott loszulassen um Gottes willen, das heißt, die »handhabbaren« BLAUEN Gottesbilder und ORANGEN Denkmuster aufzugeben und sich auf die Gegenwart des lebendigen Gottes im eigenen Inneren einzulassen. Gleichzeitig betonte Sölle, dass die »Hinreise« ausbalanciert werden muss durch gesellschaftspolitisches Engagement und tätige Nächstenliebe, die »Rückreise«. Wie Sie im Kapitel über Zustände (Versenkungsgrade) sehen werden, kann jeder Mensch auf jeder Stufe unmittelbare eigene spirituelle Erfahrungen machen. Tiefere Zustandserfahrungen sind das Herzstück jeder Religion und darum braucht jede Stufe Theologen, die den Weg dorthin verstehen. Und es braucht Mystagogen, Lehrer der Transzendenz, die dazu anleiten können. Für aufgeklärte ORANGE Freigeister ist Sölles Ansatz auf jeden Fall eine gute Hilfe, sich das Feld der Gotteserfahrung zurückzuerobern.[41]

Gott 5.0: Das Funkeln des Blitzes und die Freiheit

Auf der »Hinreise« begegnet man ORANGEN Geistesverwandten in den verschiedensten religiösen Traditionen. Bereits im 12. Jahrhundert hatten arabische Wissenschaftler und Philosophen diese bemerkenswerte ORANGE Spur entdeckt, in der sich rationales Denken mit mystischer Zustandserfahrung verbinden lässt. Geniale Mathematiker und Astronomen wie der Perser Omar Chaijam (1044–1122) äußerten sich als rationale Skeptiker:

> Vom Glauben zum Unglauben ist es ein Blitzeszucken,
> nicht mehr als eine Silbe zwischen Zweifel und Gewissheit:
> Halte diesen kostbaren Atemzug in Ehren,
> denn dieser Atemzug ist unseres Lebens einzige Ernte.[42]

Das Blitzeszucken ist ein doppeltes Symbol, das der Erkenntnis und das der Freiheit. Es markiert eine eigenständige mystische Erleuchtung, eine schlagartige Erhellung des Bewusstseins. Es markiert den Umschlagspunkt, den Augenblick der Wahlfreiheit, an dem man vom Glauben zum Unglauben wechseln kann – oder vom alten vermittelten Glauben *an* Gott zu einem neuen unmittelbaren Leben *in* Gott. Der Korangelehrte und Sufi Ibn al-Arabi (1165–1240) verwies auf Letzteres:

> Wer den Blitz im Osten aufleuchten sieht, dürstet nach dem Osten. Wenn dieses Licht für einen anderen im Westen scheint, so mag er nach dem Westen dürsten. Ich begehre das Funkeln des Blitzes und nicht die Orte, die er streift.[43]

ORANGE Rationalität gepaart mit Mystik führt zu spiritueller Eigenständigkeit und einer neuartigen geistigen Toleranz, die nur jenseits von BLAU zu finden ist. Ibn al-Arabi riet:

Hüte dich davor, dich an eine bestimmte Bekenntnisformel zu binden und jede andere zurückzuweisen, wodurch dir viel Gutes, ja sogar das Wissen von der wahren Wesenheit Gottes entginge. Betrachte deine Seele als einen Urstoff für die Formeln aller Glaubensbekenntnisse. Denn Gott ist umfassender und größer, als ihn ein Bekenntnis mit Ausschluss eines anderen einschließen könnte.[44]

Jesus 5.0: Neue Freiheit gegenüber dem Gesetz

Schauen ORANGE denkende Menschen auf den biblischen Jesus, entdecken sie, dass er viel weniger ängstlich und wesentlich toleranter war als seine Umgebung. Er trat entschlossen ein für seine Meinung, vermittelte Zuversicht und lebte selbstbestimmt als einer, der sein Leben selbst in die Hand nehmen konnte, ohne von seinen Eltern oder irgendeiner anderen Autorität emotional abhängig zu sein. Jesus konnte sich auf sein eigenes Urteil und auf seine mystische Intuition verlassen: »Jesus wusste selbst, was im Menschen war« (Johannes 2, 25). Für ORANGE ist es wichtig zu sehen, wie Jesus mit BLAUEN Strukturen umgeht, schließlich ist es eine Hauptaufgabe von ORANGE, seine Vorgängerstufe BLAU auf gesunde Weise zu integrieren und zu transformieren.

Ein gutes Beispiel dafür ist Jesu Geschichte vom Pharisäer und Zöllner (Lukas 18, 1–4). Der Pharisäer verkörpert hier den Musterfrommen, der in geschlossenem BLAU lebt. Er kann sich und seine Gesetzesfrömmigkeit noch nicht hinterfragen. Typisch BLAU projiziert er das Böse von sich weg auf *andere* als Sünder. Der Zöllner dagegen reflektiert über sich und ist sich seiner problematischen Anteile bewusst (»Gott sei *mir* Sünder gnädig!«). Er kommt zu einer Integration seines BLAUEN Schattens und entwickelt sich damit weiter: Jeder, schließt Jesus seine Geschichte, der einen ähnlichen Prozess durchläuft wie der Zöllner, wird »erhöht werden«. In moderner Sprache heißt das: Seine Bewusstseinsentwicklung geht weiter.

Immer wieder konfrontierte Jesus die damaligen Theologen und Amtsträger mit Kritik. Er provozierte sie mit spirituellen Gedanken, die von eigenständigem Denken zeugen und die eindeutig jenseits von ihrem geschlossenen BLAUEN Denksystem anzusiedeln sind (Matthäus 15, 1–9). Er schlägt ihnen vor, sich zu wandeln, ganz nach dem ORANGEN Motto: »Du kannst dein Leben ändern!«

Jesus verstieß auch immer wieder bewusst gegen die BLAUEN Regeln, Reinheitsgebote und Gesetze seiner eigenen Religion, sobald sie allzu buchstäblich verstanden, ohne Rücksicht auf konkrete menschliche Situationen ausgelegt und damit als Herrschaftsinstrumente missbraucht wurden. So wurde er zu einer ORANGEN Provokation für BLAUES Machtdenken, das seine Territorien verteidigen will und andere Meinungen nicht gelten lassen kann. Vor allem aber lehnte Jesus alle überheblichen BLAUEN Sündenbockmechanismen und Schuldzuweisungen ab, mit denen Menschen ausgegrenzt wurden. Er bezeichnete Menschen, die in Schwierigkeiten waren, nicht als Sünder, sondern verstand sie als Verlorene und Leidende. Er sah, welche Entwicklungsverzögerungen, Traumata oder Pathologien sie auf den unteren Bewusstseinsstufen erlitten hatten.

ORANGE begreift auch, dass für Jesus der Glaube mehr ist als ein moralisches Pflichtprogramm. Jesus ist das Ende des alten BLAUEN dualistischen Verständnisses vom Gesetz (Römer 10, 10). Gleichzeitig beginnt mit ihm ein neues ORANGES Gesetzesverständnis. Jesus erklärte in der großen Abrechnung mit selbstgerechtem BLAUEN Fundamentalismus (Matthäus 23, 23): Das Wichtigste im Gesetz ist, dass es ein Dreiklang ist aus Recht, Barmherzigkeit und Glauben. Aus ORANGER Perspektive gesehen wäre das ein Dreiklang aus staatlicher Rechtsgarantie, humanitärer Lebenspraxis und einem spirituell verankerten Bewusstsein für die Tiefendimension im Leben.

Jesus 5.0: Menschensohn und integrierter Mensch

Ehrfürchtigen Christen verdankt Jesus etwa 50 Hoheitstitel, die im Neuen Testament seine Würde und Bedeutung unterstreichen: Er wird unter anderem als Rabbi, Meister, Herrscher, Retter, König, Gesalbter, Sohn Davids, Messias oder Sohn Gottes tituliert. Auffallend gut bezeugt in allen Quellen ist aber der Name, den Jesus am liebsten verwendete, wenn er von sich selbst sprach: »Menschensohn«. Den aramäischen Begriff »bar enascha« könnte man auch übersetzen als »Mensch schlechthin« oder »jeder Mensch«.

Viele aufgeklärte Menschen auf der ORANGEN Bewusstseinsstufe sind beeindruckt von diesem menschlichen Jesus, dem Menschen schlechthin. Der interessiert sie viel mehr als der Gottessohn im »Besitz der Kirche«. Der Mensch Jesus wird selbst zum Kronzeugen aufgerufen gegen die BLAUE Gängelei der Mutter Kirche, die einem das spirituelle Erwachsenwerden nicht zugesteht. Der Ex-Katholik und Journalist Rudolf Augstein widmete »Jesus Menschensohn« zwei Bücher, um ihn – mit seiner typischen anti-kirchlichen Polemik – aus der »Stilisierung als religiöse Kunstfigur« zu befreien. Augstein warf der Kirche Hochstapelei vor: Jesus sei kein Erlösergott, sondern »als Kultgestalt nur noch ein Abziehbild«, das mit der Moderne endlich entlarvt sei.

Konstruktiver ging die Tiefenpsychologin Hanna Wolff in ihrem Buch »Jesus, der Mann« an die menschliche Seite Jesu heran. Jesus wird zum exemplarischen Menschen, der zur Selbstbegegnung, Selbstreflexion, Selbstverantwortung und Selbstbestimmung einlädt. Der »Mann Jesus« verkörpert den integrierten, freien und erwachsenen Einzelnen, der sich aus dem gesetzlichen, konventionellen Blau herausgeschält hat. Der universale Humanist Jesus ist der Bezugspunkt, auf den man sein eigenes Menschsein ausrichtet. »Nur im Menschlichen wird das Göttliche offenbar. Das gilt auch für Jesus, den Menschen. Er hat es ja ausdrücklich gesagt, dass er davon keine Ausnahme sein will.«[45] Jesus ist Mensch, aber das Besondere an ihm ist, dass er »der Mensch für andere« ist.

Andere orange Theologen wie der anglikanische Bischof John A.T. Robinson erkennen in Jesu ununterbrochenem »Dasein für andere« seine Teilnahme am Sein Gottes: »Hier, in dieser Liebe bis zum ›Letzten‹, begegnen wir Gott, der letzten ›Tiefe‹ unseres Seins.«[46]

Jesu Eigenständigkeit, sein persönliches Engagement, seine »profilierte Unverwechselbarkeit« überzeugt Orange, weil es darin zu seiner eigenen Humanität finden kann. Zu Jesus hat man Vertrauen, zur Institution Kirche nicht mehr. Orange muss nicht mehr so dringend durch Jesus erlöst werden wie Blau. Man sieht in Jesus eine »Gestalt von hinreißender Klarheit«, auf die man mehr hören möchte als auf kirchliche Dogmen.

Jesus 5.0: Jesusfrömmigkeit

Für viele moderne Christen ist Gott 5.0 einfach identisch mit der Person Jesus. »Wenn dein Gott tot ist, nimm doch meinen – Jesus lebt!« Dieser Satz, in den 1980er-Jahren auf Autoaufklebern zu bewundern, ist nicht nur ein flapsiger Spruch. Es ist eine gute Möglichkeit, sich in Zeiten der metaphysischen Verunsicherung an diese historische Gestalt zu halten, an den Mann aus Nazareth. Menschen auf der orangen Stufe haben viele Fragen ans Leben und wollen darum wissen: Wie hat Jesus 5.0 Gott gesehen? Wie hat er die Menschen behandelt? Was kann man konkret von ihm als Mensch lernen?

Da gibt es viele verschiedene Spielarten. Man kann sich – wie die Vertreterinnen und Vertreter der politischen Theologie – bekennen zu Jesus, dem guten Menschen und moralischen Vorbild. Zu dem, der seinen Weg in aller Konsequenz gegangen ist: den Weg der Gewaltlosigkeit, der Liebe, der Zuwendung zu den Geringsten, den Weg der Konfrontation mit der erstarrten Religiosität seiner Zeit und den religiösen und staatlichen Autoritäten. In den 1960er- und 1970er-Jahren war Jesus, der Revolutionär, en vogue. Die Befreiungstheologie, entstanden in den lateinamerikanischen Basisgemeinden, betont neben der alttestamentlichen Tradition von Exodus und Befreiung vor allem das befreiende Handeln Jesu. Erlösung erwarten die Befreiungstheologen nicht mehr in einem besseren Jenseits, sondern mitten in dieser Welt. Die Worte und Taten Jesu leiten an, Gerechtigkeit und sozialen Ausgleich zu suchen.

Eine andere Spielart ist das Bekenntnis in evangelikalen, pietistischen oder charismatischen Kreisen zu Jesus als »meinem persönlichen Herrn und Heiland«. Der Einzelne vor Gott, ohne Bischöfe, Riten und Gesetze – das ist typisch für die Ich-Stufe ORANGE. Bei der Evangelisation kommt es auf die Sekunde an, in der sich der Einzelne ganz allein entscheidet, nach vorn geht und »sein Leben Jesus übergibt«. Natürlich sollte man danach in einer Gemeinde oder einem Hauskreis seinen Weg weitergehen. Aber entscheidend ist dieser existenzielle Sprung in den Glauben, den jede und jeder nur für sich selbst tun kann. Persönliche Bibellektüre, Stille Zeit und das innige Gebet stellen den Einzelnen in die Beziehung mit »seinem« Herrn. Das Bild von Jesus als strahlendem Sieger über den Tod und das Böse passt auf jeden Fall gut in die ORANGE Erfolgsmentalität.

Glaube 5.0: Konfessionalismus und Religionsfreiheit

Die Reformationszeit und die Entwicklung des Protestantismus hatten zu heftigen Auseinandersetzungen mit der katholischen Kirche geführt. Am Ende setzt sich die ORANGE Bewusstseinsstufe durch: Staat und Kirche werden getrennt, es gilt Religionsfreiheit. In ORANGE organisierten Demokratien darf jeder seine Kirchenzugehörigkeit frei wählen oder seine Religion wechseln. Bereits 1749 schrieb der dem Toleranzgedanken verpflichtete preußische König Friedrich II. an den Stadtrat von Frankfurt an der Oder:

> Alle Religionen sind gleich und gut, wenn nur die Leute, so sie bekennen, ehrliche Leute sind. Und wenn Türken und Heiden kämen und wollten das Land bevölkern, so wollen wir ihnen Moscheen und Kirchen bauen. Ein jeder kann bei mir glauben, was er will, wenn er nur ehrlich ist.[47]

Die Spaltung der Kirche in verschiedene Konfessionen, so schmerzlich das auch empfunden wird, bedeutet einen unglaublichen Zugewinn an religiöser Freiheit für den Einzelnen. Jeder darf auf unterschiedliche Weise an Gott glauben und muss nicht mit Höllenstrafen rechnen. Der Philosoph Johann Gottfried Herder (1744–1803) bringt es auf den Punkt: »Gott sortiert Gebete sicherlich nicht nach Konfessionen.« Die Wahrheit muss von allen gesucht werden, niemand kann sich als allein auserwählt betrachten.

Das Individuum ist viel stärker für sein eigenes Ergehen verantwortlich, als es in der traditionellen BLAUEN Welt war. Da genügte den meisten

Christenmenschen der regelmäßige Kirchgang, also die gemeinsame Erfüllung der Sonntagspflicht. Das dem Kollektiv entwöhnte ORANGE dagegen argumentiert mit Garrison Keillor: »Wer glaubt, ein Christ zu sein, weil er die Kirche besucht, irrt. Man wird ja auch kein Auto, indem man in eine Garage geht.«

Glaube 5.0: Die Amerikanisierung des Religiösen

Um seine religiöse Entwicklung als Einzelner meistern zu können, braucht ein Mensch auf der ORANGEN Bewusstseinsstufe eine Menge Selbstvertrauen. Eine typisch amerikanische Tugend, die in die individualistische ORANGE Erfolgsfrömmigkeit einfließt. Der Dichterphilosoph Ralph Waldo Emerson (1803–1882) verkörpert die amerikanische Variante der mystischen Gewissheit, nach der auf dem Grund des eigenen Selbst die Quelle sprudelt, in der die Essenz des Lebens zu finden ist.[48] Amerikanisch eingefärbtes ORANGE verbindet Spiritualität mit der Suche nach Glück und entwickelt eine Art spirituelle »Ölsuchermentalität«, wie Peter Sloterdijk zugespitzt formuliert:

> Wer sucht, der findet […] Auch unter dir, selbst wenn du aktuell entkräftet scheinst, liegt ein vibrierender Motivationen-See; du lebst über einem energetischen Jenseits, das darauf wartet, in dir heraufzusteigen. Gott ist ein inneres Texas; der Mensch eine Förderanlage für Tiefen-Energien.[49]

Auf diese Weise wird »Glauben zu einer experimentellen Tätigkeit«, man probiert aus, was einen spirituell weiterbringt, und toleriert die Hoffnung der anderen, dass Gott »jetzt bei mir passiert«. Jeder Christ hat eine faire Chance darauf. Klappt es in der einen Kirche nicht, kann man zu einer anderen wechseln. 44 Prozent der US-Amerikaner sind heute in einer anderen Kirche als der, in der sie aufwuchsen. Die meisten Deutschen treten einfach nur aus.

ORANGE erzeugt eine ungenierte Säkularisierung und Kommerzialisierung religiöser Begriffe: Aus dem biblischen Paradies wird ein Möbel-, Einkaufs- oder Gartenparadies. Boygroups werden angebetet, Schauspielerinnen zu Filmgöttinnen erhoben. Umgekehrt mutiert Jesus Christ zum Superstar. Essen schmeckt verführerisch, der ersehnte Regen bringt Erlösung. Katastrophen- oder Kriegsgebiete und gerne auch Ehen werden umgewidmet zur Hölle. Geheimagentinnen erscheinen als Engel, und der Teufel trägt Prada. Wenn man »Madonna« und »Jesus« googelt, trifft man auf die Affäre einer Popdiva mit einem Fotomodell. Der heilige Nikolaus, im Angelsächsischen zu »Santa Claus« geworden, dient als Werbefigur für Coca-Cola. Konsum und Religion sind kaum noch zu unterscheiden.

Erfolgsorientierte ORANGE Gemeinden setzen auf Wachstum: Sie gründen »Megachurches« mit attraktiven Unterhaltungsangeboten und möglichst massenhaft besuchten Gottesdiensten. ORANGE angehauchte Kirchenleitungen begreifen die Kirche als Unternehmen, das gemanagt werden muss. Sie lassen sich von Unternehmensberatungen wie McKinsey Markenbewusstsein und ein zeitgemäßes Erscheinungsbild verordnen (Corporate Identity). Logos ersetzen den *logos*. Man will wissen, wo das christliche »Kerngeschäft« liegt, Gemeinden müssen ihre »Leitbilder« formulieren, in Diözesen und Dekanaten werden Strukturreformen durchgezogen.

Die Kirchen geraten in eine Wettbewerbssituation mit anderen Sinnanbietern, während sie schon untereinander stark konkurrieren. Besonders ORANGE orientierte Kirchen versuchen ihre eigenen Felle zu retten, indem sie die konfessionellen Unterschiede und die eigene Überlegenheit stark betonen, statt das Gemeinsame zu suchen. Das ist der ORANGE Dualismus: Wir sind die Fortschrittlichen, ihr seid rückständig. Unsere Gottesdienste sind modern, eure sind veraltet. Wir haben uns weiterentwickelt, ihr seid unterentwickelt. Kurz: Wir sind die Erfolgreicheren – ihr seid es nicht.

Der Erfolg der katholischen Kirche beruht auf der langen Tradition und der Kraft, die Stufen BEIGE bis BLAU zusammenzuhalten. Der protestantische Erfolg dagegen beruht auf der Leistung, das ORANGE Freiheitstor zur Moderne aufgestoßen und damit mutig die nächste Bewusstseinsstufe erklommen zu haben.

Glaube 5.0: Erfolgreich, aber Verlierer

Doch ganz gleich, ob man sich auf die katholische oder die protestantische Seite des Erfolgs schlägt – paradoxerweise gehören beide zu den Losern. Ab der ORANGEN Bewusstseinsstufe gehört man als Christ nicht mehr zu einem einzigen großen Ganzen, das verkörpert wurde durch eine einzige große Kirche. In welcher Kirche man auch ist: Keine umfasst mehr alle Christen.

Die verschiedenen christlichen Glaubensgemeinschaften müssen sich einen Kuchen teilen, den im Westen vor der Reformation die BLAUE katholische Kirche für sich allein hatte. Das tut weh, besonders der römischen Kirche, die sich allumfassend nennt und beansprucht, die einzig wahre und universale Kirche zu sein (obwohl sie nie die einzige christliche Kirche auf Erden war). Im Sommer 2007 bekräftigte Papst Benedikt XVI. die BLAUE Position mit dem Satz, dass die protestantischen Kirchen gar keine Kirchen im eigentlichen Sinne seien – ein schroffer Affront gegenüber allen Protestanten.

Zugleich aber auch ein hilfloser Versuch, die eigenen Ultrakonservativen zu beruhigen und absprungbereite Katholiken bei der Stange zu halten, indem man ihnen das Gefühl gibt, in der besseren, einzig wahren Kirche zu sein.

Der Gottesdienstbesuch hat sich in Deutschland von 1980 bis 2010 halbiert. Sonntags sind in den katholischen Kirchen nur noch sechs Prozent der Mitglieder zu finden (1950 waren es noch 50 Prozent), bei den Protestanten sind es unter drei Prozent. Selbst an Weihnachten, der letzten Bastion kirchlicher Feierlichkeiten, finden weniger als die Hälfte aller Kirchensteuerzahler den Weg ins Gotteshaus (von 24,8 Millionen evangelischer Christen im Jahr 2007 gingen nur 9,2 Millionen an Heiligabend in die Kirche). Seit über drei Jahrzehnten nimmt die Zahl der Gemeindemitglieder durch Kirchenaustritte kontinuierlich ab. Wenn der Trend anhält, wird sich der Anteil der Mitglieder beider Kirchen von derzeit über 60 Prozent in Deutschland bis zum Jahr 2050 auf unter 40 Prozent verringern. Noch dramatischer sieht es in Deutschland bei den Kirchensteuereinnahmen aus: Voraussichtlich sinken sie von aktuell über 8 Milliarden auf 3 Milliarden Euro im Jahr 2050.[50] Auf der ORANGEN Bewusstseinsstufe interpretieren immer mehr Menschen in Europa die Religionsfreiheit als die Freiheit, gar keiner Kirche oder Religion mehr anzugehören.

Wie reagieren die Kirchen auf solche niederschmetternden Aussichten? Dass immer weniger Menschen die Gottesdienste besuchen, interpretieren sie als Treulosigkeit, Ungehorsam, Desinteresse, Nichtansprechbarkeit oder Bequemlichkeit ihrer »Kunden«. Eventgottesdienste, mediale Präsenz oder Papstauftritte vor Massen sollen die Randchristen reaktivieren. Auf den Kirchgang oder die Teilnahme am Gemeindeleben wirkt sich das aber in keiner Weise aus. Der eigentliche Grund ist naheliegend: Die BLAUE Dienstleistung und die Verkündigung des BLAUEN Gottes, die die Kirchen in ihren Gottesdiensten und Sakramenten anbieten, wird von den meisten spirituell Interessierten in dieser Form ganz offensichtlich nicht mehr benötigt. Um es in ORANGEM Jargon der Marktwirtschaft zu sagen: Gott 4.0 ist arbeitslos geworden, und ORANGE will ihn nicht wieder einstellen.

Glaube 5.0: Die ungeschützte Schwelle

Was sagen diese deprimierenden Zahlen noch? Die meisten (Noch-)Mitglieder der Kirchen und spirituell Interessierten findet man nicht innerhalb der Kirche mit ihren BLAUEN Botschaften, sondern längst draußen, vor der Kirchentür. Sie fühlen sich hinausgestoßen auf die Schwelle. Für den Philosophen Charles Taylor ist die Schwelle »ein wichtiger Ort der Moderne« und eine »ungeschützte Stelle«, an der man »fühlt, wie einen der Wind einmal hierhin, einmal dorthin zerrt«.[51]

Das moderne Gefühl folgt auch in spirituellen Fragen der Vernunft. Es hat sich aufgerieben an der Zumutung mythischer Glaubenssätze, die als Eintrittskarte für die Zugehörigkeit im BLAUEN Kirchenschiff gefordert werden, jetzt aber keine Gültigkeit mehr beanspruchen können. ORANGE befindet sich in einer Exodus-Situation, die BLAU nicht begreift. Während BLAU noch in der Gewissheit zur Kirche geht, dass Gott dort seinen Exklusivwohnsitz hat, verlassen viele Religiöse der ORANGEN Stufe die Kirche, um jenseits von BLAUEN Gottesbildern nach Gott suchen zu können.

Es gibt tiefgläubige Vertreter des ORANGEN Schwellentyps. Einer der ersten war Gerhard Tersteegen (1697–1769), der Dichter des bekannten Gesangbuchliedes »Gott ist gegenwärtig«. Tersteegen verkörpert eine protestantische Mystik inmitten der Aufklärung.[52] Er entscheidet sich für eine radikale Nachfolge Jesu, indem er sich zurückzieht in die Stille. Früh distanziert er sich von der verfassten Kirche, um seinen Glauben eigenständig zu leben. Im herkömmlichen Gottesdienst sieht er keine Hilfe für den Einzelnen, die bleibende Gegenwart Gottes in der Seele erfahren zu können. Tersteegen soll die Gottesdienste der reformierten Kirche in Mülheim nie besucht haben, obwohl er ihr direkt gegenüber wohnte. Stattdessen leitet er als »freier Spiritueller« Versammlungen, bei denen es um die innere Erweckung und das Versenken in vertiefte mystische Zustände geht. Tersteegen arbeitet als Seidenbandweber, um während der Arbeit seine kontemplative Haltung wahren zu können. Er erwirbt sich aber auch große Kenntnisse in Heilkunde und verbindet so seinen seelsorgerlichen Dienst mit der Kunst, kranken Menschen zu helfen.

Die französische Jüdin Simone Weil (1909–1943) registriert als Philosophin und Mystikerin sehr genau das moderne »Unbehagen des Individuums innerhalb des Christentums«.[53] Simone Weil beschreibt den Ort, an dem sie ihr Leben lang geduldig steht, als »die Schwelle der Kirche«. Die Jüdin verzichtet konsequenterweise auf die Taufe, obwohl sie sich dank ihrer eigenen mystischen Christuserfahrungen von der Kirche der Mystiker, der Verfolgten und Märtyrer sehr angezogen fühlt. Aber sie wird abgestoßen vom »kollektiven Block« der BLAUEN Institution Kirche und ihrem »sozialen Götzendienst« der Ausgrenzungen. Einer Kirche, die eigenständiges Denken nicht wertschätzt, attestiert sie den Missbrauch ihrer Amtsbefugnis, wenn sie die Liebe und die Vernunft zwingen will, die Kirchensprache als Norm anzunehmen. Hier beginnt die Unterdrückung durch ein Kollektiv. Lieber erträgt Simone Weil ihre Heimatlosigkeit in Sachen Gemeinschaft und verzichtet auf das Gefühl der Geborgenheit im kollektiven Nest. Einem Freund schreibt sie: »In diesem Augenblick wäre ich eher bereit, für die Kirche zu sterben [...], als in sie einzutreten.«

Bewusst entscheidet sie sich für die Schwelle, diesen »Schnittpunkt des Christentums mit allem, was es *nicht* ist«. »Ich bleibe auf Seiten aller Dinge, die nicht in die Kirche eintreten können, die in der Kirche, diesem universalen Haus der Aufnahme, *keine* Aufnahme finden können.«[54] Für Simone Weil sollen »einige Schafe außerhalb des Stalles bleiben, um zu bezeugen, dass die Liebe zu Christus wesentlich etwas ganz anderes ist«.

Glaube 5.0: Als Gläubiger im Exil

Auch der US-anglikanische Bischof John Shelby Spong (geb. 1931) lebt jenseits der Kirchenschwelle. BLAUE Traditionalisten bezeichnen ihn als Häretiker, er selbst nennt sich einen »Gläubigen im Exil« und findet sich damit am Glaubensort unzähliger Menschen wieder. Mit diesem Bild spielt der Bischof auf das babylonische Exil nach der Zerstörung Jerusalems an. Damals glaubten die Juden, es sei unmöglich, außerhalb ihrer Heimat Juda ein Jude zu sein. Ihr Gottesglaube, eng an den Tempel und an die heilige Stadt Jerusalem gebunden, hatte seinen Sinn verloren. In einem derartigen Glaubensexil gibt es nur zwei Alternativen: Der alte Gott muss entweder wachsen oder sterben. Bei Spong muss der BLAUE Gott 4.0 sterben, damit Gott 5.0 hervorwachsen kann: »Wir sind gezwungen anzuerkennen, dass andere Götter in der Geschichte der Menschheit vor dieser Generation starben. Nirgendwo werden heute Altäre für Baal, Astarte, Moloch, Re, Jupiter, Zeus, Mars oder Mithras errichtet. Wir fragen uns, ob heute nicht wieder ein Gottessterben stattfindet, nur dass es dieses Mal unseren Gott betrifft.«[55]

Spongs Glaube aber bleibt auf Jesus von Nazareth gerichtet. In ihm sieht er einen Menschen, »der die Fähigkeit zu leben, das Talent zu lieben und den Mut zum Sein« besaß und in dem Gott gegenwärtig war. Jesus ist für ihn beides, Herr und Christus. Als Christ folgt Spong dem Ruf Gottes, der selbst im Exil lebt. Spong rechnet sich zu denen, die die Kirche von morgen in sich tragen als Glaubende, die im Sein Gottes leben. Er wünscht sich, gemeinsam mit anderen über die Grenzen des Exils hinauszugelangen, und er weiß: »Da ist Jesus für mich der Weg in das Herz Gottes, den Urgrund des Seins.«[56]

Gott 6.0: Grün

Hier ist nicht Jude noch Grieche, hier ist nicht Sklave noch Freier, hier ist nicht Mann noch Frau; denn ihr seid allesamt einer in Christus Jesus.

Paulus, Galaterbrief 3, 28

Die Erfahrungen zeigen eindeutig, dass das Universum mehr Seiten hat, als eine Sekte, auch die wissenschaftliche Sekte, erlaubt.

William James

In uns, oder nirgends ist die Ewigkeit mit ihren Welten.

Novalis (Friedrich von Hardenberg)

Der Mensch hat überhaupt nichts gesehen, wenn er nicht gefühlt hat. Güte ist die einzig sichere Kapitalanlage.

Henry David Thoreau

Dialog ist die neue Art, Kirche zu sein.

Papst Paul VI.

Wenn wir in Zukunft von Gott noch etwas sagen können, dann nur dies: Gott ist, dass wir lieben können. Gott ist die Kraft, das Feuer, das unsere Liebe trägt.

Dorothee Sölle

Wenn Gott überall ist, dann ist er nirgends exklusiv.

Richard Rohr

Allmählich wurde Lea ein wenig müde, trotzdem fühlte sie sich glücklich und aufgehoben in der Runde. Die Sitzung des Umweltausschusses dauerte nun schon ziemlich lange, aber es gab so wertvolle Beiträge. Vor allem Bernhard, der bisher hauptsächlich durch Schweigen aufgefallen war, ging endlich einmal aus sich heraus und erzählte sogar etwas von sich selbst. Und dann Theo, der Speaker – die Runde hatte keinen Leiter, sondern nur einen Gruppensprecher –, sorgte hingebungsvoll dafür, dass alle zu Wort kamen. Einladend und werbend war seine Art, und heute hatte er es fertiggebracht, Bernhard aus der Reserve zu locken. Es war wichtig, dass sich alle gleichberechtigt einbringen konnten. Am Ende war es nicht ganz einfach, eine gemeinsame Entscheidung zu erzielen, aber im Umweltausschuss sollte es nur im allergrößten Notfall eine Entscheidung per Abstimmung geben. Was hatte man davon, wenn die »Unterlegenen« in ihren Gefühlen verletzt waren und womöglich aus der Gruppe ausstiegen: Jede Teilnehmerin und jeder Teilnehmer hatten einen wichtigen Beitrag zu leisten, egal, welchen Hintergrund sie mitbrachten. Hatten nicht oft gerade die, die am Anfang eher still waren, am Ende die wichtigsten Dinge zu sagen? Hatten nicht gerade die Mitglieder aus den sozialen Brennpunkten mit ihrer unkonventionellen Sichtweise frischen Wind in den Ausschuss gebracht?

Morgen war Taizé-Gebet. Schade, dass es nur einmal im Monat stattfand. Die Atmosphäre, wenn sie auf Meditationshockern im Kreis saßen und die Lieder sangen, die sich wie Mantras immer wiederholten, die Stille, in der die spirituelle Schwingung mit Händen zu greifen war, die Gemeinschaft von so unterschiedlichen Leuten, das alles bedeutete ihr unendlich viel. Schon bei ihrem ersten Aufenthalt in Taizé hatte sie gespürt, dass dieser Ort eine fast mystische Ausstrahlung hatte. Etwas von der Kraft, die dort im fernen Burgund herrschte, war auch in der Unterkirche zu Hause spürbar. Morgen würde sie das Taizé-Gebet wahrscheinlich besonders brauchen, denn die Therapiesitzung am Nachmittag könnte heftig werden. Vielleicht würde es leichter werden, wenn endlich die Familienaufstellung stattgefunden hatte, zu der sie sich angemeldet hatte. Aber wie anstrengend auch immer – es tat letztlich doch gut, die Gefühle zum Ausdruck zu bringen.

Am Wochenende wollte sie zum Trommeln gehen. Hajo, der den Kurs gab, hatte das Trommeln direkt in Senegal gelernt. Mehrere Monate war er dort bei einem Griot in die Lehre gegangen. Unglaublich, wie sich der Raum im Zentrum mit Energie füllte, wenn sie gemeinsam trommelten. Wie dankbar war sie, dass sie Anteil haben konnte an der Weisheit der Naturvölker. Schließlich setzte Lea sich zur abendlichen Meditation vor ihren kleinen Buddha-Schrein und ging müde, aber erfüllt ins Bett.

Die Menschheit war durch den ORANGEN Rationalismus enorm vorangekommen. Sie erbrachte Leistungen wie nie zuvor. Aber der Erfolg hatte auch seine Schattenseiten: Die Natur wurde ebenso ausgebeutet wie das »Humankapital« Mensch.

Am verhängnisvollsten wirkte sich der Fortschritt in der Militärtechnik aus. Statt der ROTEN Lanzen und der BLAUEN Riesenheere kämpfte ORANGE nun mit Massenvernichtungswaffen. Aus den Schlachten wurden Kriege, aus den Kriegen Weltkriege, und am Ende des Zweiten Weltkriegs wird die Atombombe gezündet. Seitdem weiß die Welt, welche apokalyptischen Szenarien ORANGES Know-how ermöglicht. Höchste Zeit, nach neuen Lösungen zu suchen. Die GRÜNE Bewusstseinsstufe, die sich schon länger angekündigt hat, setzt sich durch.

Mensch 6.0: Herzenswärme und Verständnis

GRÜN will, als Gegenprogramm zum nüchternen, wettbewerbsorientierten und effizienten ORANGE, sensibel und friedfertig sein. GRÜN will nicht rechnen und besiegen, sondern mitfühlen, spüren und empfinden.

Die amerikanischen Graves-Schüler Beck und Cowan betonen in ihrer Darstellung von GRÜN die »Herzenswärme«. Der amerikanische Autor Jeremy Rifkin ruft gar »Die empathische Zivilisation« aus.[57] Gegenüber dem ORANGEN Konkurrenz- und Leistungsdenken legen Menschen, deren Schwerpunkt sich nach GRÜN verlagert, Wert auf Chancengleichheit. Sie wollen, dass die Rechte der Schwächeren gewahrt werden. So versuchte man in den 1980er-Jahren sogar »New Games« zu entwickeln – Spiele ohne Konkurrenz, bei denen keiner gewinnt und keiner verliert, sondern alle gemeinsam ihren Spaß haben.

Alles hängt mit allem zusammen. Jedes Phänomen kann nur aus dem Zusammenhang verstanden werden, in dem es steht. Das gilt auch für unser Verhalten. In den Humanwissenschaften gibt es einen langen Streit zwischen »nature« und »nurture«: Sind es die genetischen Anlagen, die einen Menschen prägen, oder geschieht das durch Erziehung und Umwelt? GRÜN schlägt sich eindeutig auf die zweite Seite.

Mensch 6.0: Empfindsamkeit

GRÜN beginnt mit intensiver Selbstbeobachtung per Tagebuch, Psychoanalyse oder Blog. Es erforscht sein Innenleben und die eigene Persönlichkeitsstruktur. Es schätzt psychologische Ratgeberliteratur, beschäftigt sich mit Typologien und bucht Selbsterfahrungskurse. GRÜN nutzt seinen durch

Orange geschulten Verstand, um das eigene Innenleben auszuleuchten. Es erkennt dabei, wie verletzlich, selbstentfremdet und verloren es ist und folglich angewiesen auf Verständnis und Rückhalt durch andere.

Grün findet heraus, dass es die Position des Beobachters mit einbeziehen muss, wenn es etwas über die Wirklichkeit erfahren und aussagen will. Es kommt nicht nur darauf an, was gesagt wird, sondern auch wer es sagt, wie er dabei gestimmt ist, in welchem Zusammenhang das stattfindet usw. Kurzum: Wirklich »objektiv« ist gar nichts. Subjektive Gefühle und Einstellungen beeinflussen den Blick auf die Wirklichkeit. Jeder ist konditioniert durch sein Geschlecht, Alter, seine Herkunft, Sozialisation, Kultur und vieles andere mehr.

Zehn Menschen nehmen ein und dasselbe Ereignis oder ein und dieselbe Person auf zehn verschiedene Weisen wahr. Grün begreift, wie relativ alle Wahrnehmungen sind. Eigentlich sind sie alle nur Interpretationen und Konstruktionen von Wirklichkeit. Die Wahrheit selbst kann gar nicht gefunden werden. So bleibt es auch ein Rätsel, wer das eigentlich ist, der da »ich« sagt. Im Inneren finden sich so viele unterschiedliche Persönlichkeitsanteile, die nach Integration verlangen.

Grün klagt oft: »Wer hilft mir, mich selbst zu verstehen? Alles ist so ungewiss. Das Einzige, auf das ich mich verlassen kann, ist meine subjektive Erfahrung.« Da es allen anderen aber genauso gehen muss, findet Grün eine neue Wir-Stufen-Lösung: Wir müssen uns zusammentun und uns über unser Inneres austauschen. Wir wollen dabei möglichst alles und alle einbe-

»Immer nur „Platz!", „Sitz!", „Bei Fuß!" und nie „Geh aus dir raus!" oder „Sei du selbst!"«

ziehen, ganzheitlicher denken, den Reichtum der Erfahrungen teilen und dazulernen durch Zuhören. So werden wir miteinander wachsen und Verbundenheit in der Gemeinschaft erfahren.

Mensch 6.0: Produkt schwieriger Umstände

Die Psychologie übernimmt die Führung bei der aufklärerischen Suchbewegung nach innen. Die etablierten religiösen Institutionen dagegen verlieren ihre Deutungshoheit in Sinn- und Lebensfragen. So werden Schuld und Schuldgefühle heute von den meisten Menschen nicht mehr im Beichtstuhl abgeladen, sondern im Behandlungszimmer einer Psychotherapeutin oder bei einem Seminar über therapeutische Schattenarbeit.

Menschen der GRÜNEN Bewusstseinsstufe erzählen ihre eigene Geschichte gern aus der Perspektive derer, die »zu wenig Liebe« von ihren Eltern bekommen haben oder später bitter vom Leben enttäuscht wurden. GRÜN ist ja bei seiner Innenschau auf ein höchst verletzliches, unvollständiges, sich selbst entfremdetes, bruchstückhaftes Wesen gestoßen. Wer trägt dafür die Verantwortung, wenn der Mensch, wie GRÜN glaubt, von Natur aus gut und kein BLAUER Sünder ist? Wer nicht genügend Selbstverantwortung in ORANGE entwickelt hat, sucht jetzt in GRÜN nach einem neuen Sündenbock und findet »die unsensiblen Anderen«. GRÜN schiebt seine genetische Ausstattung, seine Eltern, Partner, die Kirche, Gesellschaft oder Umwelt auf die Anklagebank. Die eigene Umgebung ist schuld. Man ist das unschuldige Opfer schwieriger Umstände oder sozialer Kälte, wenn einem etwas nicht gelingt oder fehlt. Hans Magnus Enzensberger karikierte diese Haltung bereits 1993:

> Die neuen Vormünder nehmen in ihrer grenzenlosen Gutmütigkeit den Verirrten jede Verantwortung für ihr Handeln ab. Schuld ist nie der Täter, immer die Umgebung: das Elternhaus, die Gesellschaft, der Konsum, die Medien, die schlechten Vorbilder. Jedem Totschläger wird gewissermaßen ein Multiple-Choice-Fragebogen ausgehändigt, den er, zu seinem eigenen Besten, auszufüllen hat: Mama wollte mich nicht; ich hatte allzu autoritäre / allzu antiautoritäre Lehrer; Papa kam besoffen / nie nach Hause; die Bank hat mir zu viel Kredit gegeben / mein Konto gesperrt; ich wurde als Kind / Schüler / Lehrling / Angestellter verwöhnt / zurückgesetzt; meine Eltern haben sich zu früh / zu spät scheiden lassen; es gab in meiner Umgebung keine ausreichenden / zu viele Freizeitangebote. Deswegen ist mir nichts anderes übrig geblieben, als eine Brandstiftung / einen Raub / ein Attentat / einen Mord zu begehen (Zutreffendes bitte ankreuzen).[58]

So kann Grün den klaren Blick für die Eigenverantwortlichkeit und die Autonomie des Menschen verlieren. Mit der Grünen Brille auf der Nase wird der Mensch zum Fürsorgefall, der ständig unter Schutz gestellt, rund um die Uhr betreut, finanziell unterstützt und therapeutisch umsorgt werden muss, damit er in dieser Gesellschaft überleben kann.

Gesellschaft 6.0: Liebe und Mitgefühl

Die Grüne Bewusstseinsstufe schafft im großen Stil Raum für den romantischen Mythos der wahrhaft Liebenden. Tatsächlich verlangt diese Stufe ein Erwachen der »Empfindungsfunktion«: eine Eigenschaft der menschlichen Seele, die gerichtet ist auf alle Details sinnlicher Erfahrung. Sie nimmt Farben und Formen wahr, Klänge und Melodien, Tasteindrücke und Gerüche, und sie hat ein feines Gespür für zwischenmenschliche Schwingungen. Die Liebhaberenergie in ihrer besten Form verliebt sich in die Schönheit des ganzen Universums. Ganz weit kann sie ihr Herz aufmachen, um sich mit dem geliebten Du zu einer neuen Dimension von Wir zu vereinigen, und mit der gesamten Schöpfung gleich mit.

Das Hohelied, die Liebeslieder der Trouvers und Troubadours, die mittelalterliche Liebesmystik, die Romantik, Liebesfilme oder auch TV-Formate wie »Nur die Liebe zählt« zielen auf Grün. Sie öffnen das Herz und sorgen dafür, dass man auch wirklich mit dem Innersten dabei ist, wenn man von Liebe spricht. Der von Grün bevorzugte romantische Typus wird zum sensiblen Gegenüber, das bedingungslose Akzeptanz und Liebe verschenkt. Es schämt sich nicht mehr für seine Gefühle oder für seine Tränen, denn in beidem zeigt sich sein authentisches Lebendigsein. Es weiß, dass Liebe und Leid nicht zu trennen sind. Die Grüne Einfühlungskunst kann sich in andere hineinversetzen, mit anderen Wesen fühlen und auch deren Schmerz erkennen und mitempfinden.

Blau kümmerte sich aus tief empfundener Christenpflicht treusorgend um andere Menschen und half so, deren Leid zu lindern. Orange setzte sein gesamtes Know-how und seine fachliche Kompetenz ein, um aus humanitären Gründen anderen beizustehen. Grün ist die erste Stufe, die aus tiefstem Herzen die berühmte Parzival-Frage des puren Mitgefühls stellen kann: »Woran leidest du? Was schmerzt dich? Was hat dich verletzt?« Im mittelalterlichen Parzival-Epos von Wolfram von Eschenbach wird der leidende Gralskönig durch diese viel zu lange nicht gestellte Frage endlich erlöst.

Grün geht zu auf Kranke, Leidende und Opfer von Gewalt und Missbrauch. Aber es stellt die Frage nach ihrem inneren Leiden nicht gnädigherablassend (Blau) und auch nicht sachlich-diagnostisch (Orange), sondern so einfühlsam, dass diese es wagen, sich zu öffnen und anzuvertrauen. Die skandalösen Missbrauchsfälle in der katholischen Kirche, in Internatsschulen oder Sportvereinen konnten erst in einer Kultur aufgedeckt werden, die genügend Menschen mit Schwerpunkt im GRÜNEN Bewusstseinsraum versammeln konnte. Das einfühlsame GRÜN, gepaart mit aufklärerischem ORANGE, kann Opfern einen schützenden Raum anbieten und ihnen das Gefühl geben, wirklich gehört, angenommen und verstanden zu werden. Das konnte auf der BLAUEN Stufe nicht passieren, weil die Opfer Angst und Schuldgefühle hatten. Auf der ORANGEN Stufe wurde es verdrängt, weil man sich schämte und nicht als Versager dastehen wollte.

Gesellschaft 6.0: Lebensabschnittspartnerschaften

GRÜNES Bewusstsein krempelt die privaten Beziehungsstrukturen um. Unterschiedlichste neue Partnerschaftsmodelle werden erprobt und akzeptiert.

Mann und Frau sind ab GRÜN absolut gleichberechtigt. Gleichstellungsbeauftragte sollen im Beruf für faire Stellenbesetzungen sorgen. Im privaten Beziehungsfeld wünscht sich GRÜN vom Partner ein hohes Maß an Einfühlungsvermögen. Man muss ständig etwas für eine harmonische Partnerschaft tun, sonst läuft einem der Partner weg.

Die aktuelle GRÜN geprägte Gesellschaft tut sich schwer mit der BLAUEN Institution Ehe: »Zum Beweis für unsere Liebe brauchen wir doch keinen Trauschein.« GRÜN überhöht einerseits die romantische Liebe, die auf sinnliche Anziehung, Gefühl und Seelenresonanz setzt. Andererseits wirft es dem Partner schnell seine emotionalen Defizite vor und sieht sich in der Rolle des Opfers. Die typische GRÜNE Reaktion bei Partnerschaftskrisen: »Ich ertrage deine unsensible Art nicht länger und verlasse dich jetzt.« So sammelt das zur Empfindlichkeit neigende GRÜN lieber Erfahrungen mit einem neuen Partner, als in einer Beziehung zu verharren, »die mir nichts mehr gibt«.

GRÜN erkennt, dass viele Paare nur noch aneinander leiden, wenn ihre Partnerschaft nicht geprägt ist von Einfühlsamkeit, emotionalem Austausch und Sensibilität. Scheidungen sind darum für GRÜN kein gesellschaftlicher Makel mehr. Die BLAUE Schuldzuweisung vor Gericht wird abgeschafft, um ORANGE Vermögenswerte wird aber weiter heftig gestritten.

Man sucht sich Lebensabschnittsgefährten und lebt unverheiratet zusammen. Patchworkfamilien entstehen. Gleichgeschlechtliche Partnerschaften werden toleriert, nach und nach auch gesetzlich zugelassen. Freundeskreise und soziale Netzwerke ersetzen teilweise die wegbrechenden familiären Bindungen.

Grün erwartet auch vom Staat soziale Wärme. Wenn die Familie als traditionell unterstützende Wir-Gruppe zu wenig purpurnen und blauen Zusammenhalt hat und ein oranger Verdiener fehlt, soll die übergeordnete Gemeinschaft einspringen: Vom grünen Sozialstaat werden ständig wachsende Transferleistungen verlangt oder ein Grundeinkommen für alle gefordert. Grün mag oft Orange nicht, weil es ihm zu kalt erscheint, und bedenkt darum nicht die ökonomischen Kosten seiner Fürsorgeansprüche, die irgendwann nicht mehr zu verkraften sind. In Deutschland kommt seit 2010 auf jeden Erwerbstätigen ein Empfänger von Sozialleistungen, und der Trend wird weitergehen.[59]

Gesellschaft 6.0: Familienteam und Schulfamilie

Grüne Eltern wollen auf keinen Fall in alte (blaue) Rollenmuster fallen. Nicht nur Mann und Frau sind gleichberechtigte Partner, auch die Kinder werden eher partnerschaftlich behandelt. Im großen grünen Aufbruch nach 1968 sollten Kinder ihre Eltern mit Vornamen ansprechen. Die Erwachsenen erwarten von den Kindern im Gegenzug zu der ihnen entgegengebrachten Toleranz ein kooperatives Verhalten. Grün betrachtet eine Familie gern als Team, in dem jeder auf den anderen mit Wärme eingeht und Rücksicht nimmt. Man diskutiert miteinander und fühlt sich gegenseitig ein.

Das klappt gut, wenn den Kindern auf den frühen Stufen ihrer Entwicklung klare Werte und Regeln (Blau) und sachliche Argumentationsfähigkeiten (Orange) vermittelt wurden. Jugendliche ohne diese solide Basis neigen in unfokussiertem Grün dazu, sich angesichts zu vieler gleichwertiger Möglichkeiten gar nicht mehr entscheiden zu können. Kleinkinder sind mit grüner Offenheit für alles überfordert. Sie brauchen klare und liebevolle Erwachsene, an denen sie sich orientieren können und die ihnen täglich den Umgang mit Strukturen und Grenzen beibringen. Ansonsten übernehmen die Kinder das Ruder und setzen ihre roten Wünsche ungehindert durch.

Andererseits entwickelt gerade Grün sehr differenzierte Erziehungsmodelle, um die geistige und soziale Entwicklung aller Altersklassen zu fördern und Orange abzulösen, das nur auf leistungs- und ergebnisorientiertes Lernen gesetzt hat. Unter dem grünen Dach der schulischen Lerngemeinschaft wird in bunt angemalten, offenen Klassenzimmern soziales Kontextlernen vermittelt. Blaues Pauken wird kritisiert, genau wie oranges »Bulimielernen« (Unmengen von Lernstoff in sich reinstopfen und am nächsten Tag »ausspucken«). Stattdessen schätzt Grün das situative Erlebnislernen mit Rollenspiel und anschließender Austauschrunde im Stuhlkreis. Sitzenbleiben ist aus grüner Sicht ein Überrest blauer Strafpädagogik und damit verpönt. Fehlerfixierte Notengebung wird ebenso problematisiert wie die pädagogische Eignung der Noten gebenden Lehrkraft.

GRÜN möchte die Schule als »Schulfamilie« sehen und engagiert sich gerne dafür. Es wirbt um wechselseitige Akzeptanz und veranstaltet Multikultifeste auf dem Schulhof. Migrantenkinder sollen auf sozialem Weg integriert werden, lernschwache und verhaltensauffällige Kinder müssen gefördert werden. Schüleraustauschprogramme sorgen für internationale Freundschaftsbande. Schulpsychologen, Mediatoren und Sozialpädagogen unterstützen die Lehrkräfte, die auch Supervision in Anspruch nehmen können.

Gesellschaft 6.0: Organisation und Kommunikation

In GRÜN wird gern und viel diskutiert. Es gilt nicht mehr einfach das Wort des Chefs, der von oben herab etwas dekretiert. Die Hierarchien werden flach oder lösen sich ganz auf. Typisch sind homogene Gehaltsstrukturen, Team-Büros, offene Arbeitszeiten, übergreifende Zusammenarbeit und gemeinsame Feedbackrunden. Solidarität löst schnödes Konkurrenzdenken ab. Äußeres Zeichen ist das allgegenwärtige Duzen. Ein Vorgesetzter, der sich von seinen Mitarbeitenden duzen lässt, tut sich schwerer, einen autokratischen Führungsstil durchzusetzen. Entscheidungen fallen erst nach ausführlichen Konsultationen und Gesprächen innerhalb der multifunktionalen Projektgruppen und Kompetenzpools, die zum Wohl der Gesamtorganisation zusammenarbeiten.

Echte GRÜNE Teams bauen immer auf BLAU und ORANGE auf. Sämtliche Mitglieder sind sowohl wertebewusst als auch erfolgsorientiert, können strategisch denken, selbstständig Steuerungsprozesse übernehmen und mit hoher Effizienz zusammenarbeiten. Aber Vorsicht: Nicht alles, was Team heißt, ist auch GRÜN. In Kirchengemeinden trifft man häufig auf freundliche »Teams«, die in Wirklichkeit aus BLAUEN Laien-Mitgliedern bestehen, von Hauptamtlichen hierarchisch geführt werden und lediglich Vorgaben von oben umsetzen.

In GRÜN dagegen versuchen ebenbürtige, kompetente Beteiligte, zu einem überzeugenden Konsens zu finden. Der GRÜNE Arbeitsstil ist ausgesprochen prozessorientiert, partizipativ und kooperativ. Gefragt ist nicht mehr nur das ORANGE Fachwissen, sondern sind auch die »soft skills«: Teamfähigkeit, Gesprächsbereitschaft und soziale Kompetenz. Teamleiter, Pfarramtsführer oder Firmenchefs dürfen sich keinesfalls hinwegsetzen über die Beschlüsse ihres GRÜNEN Mitarbeiterteams oder der Basis. Autoritär diktierte Befehle (BLAU) oder Fernsteuerung aus der Führungsetage (ORANGE) sind ausgesprochen verpönt.

Eine Sitzung wird nicht unbedingt dann als Erfolg gewertet, wenn eine effektive Lösung gefunden wurde, sondern wenn sich alle im Kreis wohlfühlten und sich »einbringen« konnten: »Es ist besser, eine Frage zu diskutieren, ohne sie zu entscheiden, als eine Frage zu entscheiden, ohne sie zu diskutieren.« Deswegen können sich GRÜNE Meetings manchmal endlos hinziehen. »Es ist zwar schon alles gesagt worden, aber noch nicht von allen«, könnte man das Verfahren ironisch auf den Punkt bringen. Wenn dann aber im Team eine Entscheidung gefunden wurde, fühlen sich im besten Fall alle einbezogen und engagieren sich von Herzen für das gemeinsame Anliegen.

Gesellschaft 6.0: Die wiederbeseelte Natur

ORANGE betrachtete die Welt als Rohstofflieferant. Es entzauberte die Natur, um wissenschaftlich und technisch mit ihr umgehen zu können. Würde ORANGE aber ungebremst und erfolgsorientiert auf Wachstumskurs bleiben, droht die globale Katastrophe: Die Umwelt wird vernichtet, Ressourcen werden unwiederbringlich ausgebeutet, der Wohlstand immer ungerechter verteilt. Das ist die hässliche Kehrseite des kometenhaften Aufstiegs technischer Naturbeherrschung.

Schon im 19. Jahrhundert wurde diese aufklärerische Rationalität als kalt und einseitig empfunden. Es entstand eine Gegenbewegung: die Romantik. Die deutschen Dichter Brentano, Schelling, Tieck, Eichendorff und viele andere widersprachen ganz entschieden der herrschenden Wirtschaft, die die Natur zur ausschlachtbaren Materie degradiert hatte. Sie gaben der Natur ihre Seele zurück.

Man solle, so der Ruf der Romantik, in die Natur hineintreten wie in einen sakralen Raum. Man könne sich auf sie einschwingen und mit ihr fühlen. Die zarten Seiten der Seele erwachen bevorzugt im Gespräch mit der Natur. Friedrich von Hardenberg, der sich den Namen Novalis gab, dichtete: »Wird nicht der Fels ein eigentümliches Du, eben wenn ich ihn anrede?«[60] Im vertraulichen, geheimnisvoll-harmonischen Dialog mit der Natur erkennt sich der Mensch selbst ganz neu in seinem Inneren wieder und wirkt, so Novalis, der »Vertrocknung des heiligen Sinns« entgegen. Der PURPURNE Unterton ist – wie öfter bei GRÜN – unverkennbar.

Franz Schubert, Robert Schumann, Felix Mendelssohn-Bartholdy und viele andere komponierten dazu den romantischen Soundtrack. In den USA propagierten Ralph Waldo Emerson und Henry David Thoreau einen einfachen Lebensstil und die Rückkehr zur »geliebten Freundin Natur«. Emerson entdeckte für sich in der Natur »die Heiligkeit, die unsere Religion beschämt […] hier drängt sich weder Geschichte, noch Kirche, noch Staat zwischen den erhabenen Himmelsdom und die unsterbliche Zeit«. Die Natur ist die geliebte Schwester der Seele und sie liefert ihr »die Bilder und Musik der ältesten Religion«.[61]

Dieses romantisch-heilige Naturverständnis wirkt tief in GRÜN hinein. GRÜN findet Gott am liebsten im Wald,[62] heiratet am Strand unter Palmen und lässt seine Asche ins Meer verstreuen. Es macht seine Transzendenz-Erfahrungen nicht mehr unter dem Dach der Kirche, sondern unter freiem Himmel.

Gesellschaft 6.0: Flower Power und Pazifismus

Größere Wirksamkeit entfaltete das GRÜN-romantische Bewusstsein erst im 20. Jahrhundert. In den 1960er-Jahren entstand in den USA eine breite Friedensbewegung, die gegen den Krieg in Vietnam protestierte. Dieser Protest fiel zeitlich zusammen mit der lautstarken Forderung nach Veränderung der als autoritär empfundenen Gesellschaftsstrukturen. Die Hippies in San Francisco flochten sich Blumen ins Haar und suchten Bewusstseinserweiterung durch psychedelische Drogen. Sie zogen aus den Städten aufs Land und gründeten dort Kommunen, bauten Karotten und Tomaten an und brauten LSD. Die Schattenseite des ORANGEN Wirtschaftens drang immer mehr ins Bewusstsein vor allem junger Menschen, die erste Ökologiebewegung entstand. Gleichzeitig formierte sich die schwarze Bürgerrechtsbewegung, die in Martin Luther Kings Rede vor dem Kapitol in Washington (»I have a dream«) einen ersten Höhepunkt erreichte und dazu führte, dass die Rassentrennung in den USA wenigstens formal aufgehoben wurde.

Diesseits des Atlantiks verband sich der Protest gegen den Vietnamkrieg mit der Forderung der jungen Generation, ihre Eltern sollten endlich die Nazi-Vergangenheit aufarbeiten. Studenten protestierten gegen antiquierte Strukturen und Inhalte, lasen Marx und Engels und trugen ihre Forderungen lautstark auf die Straße. Befeuert wurde diese alternative Bewegung sowohl in Amerika wie in Europa durch Beat- und Rockmusik, die das GRÜNE Programm von Frieden und Liebe in die Welt hinaus trug: »All you need is love.« Herzenswärme, gegenseitiges Verständnis und Pazifismus bestimmen die GRÜNEN Leitbilder. Das alttestamentliche Prophetenwort »Schwerter zu Pflugscharen!« bildet den Auftakt zu einem religiös motivierten Abrüsten, das Gott selbst anleitet: »Dann wird kein Volk wider das andere das Schwert erheben, und sie werden hinfort nicht mehr lernen, Krieg zu führen. Kommt nun, lasst uns wandeln im Herrn« (Jesaja 2, 4). Jesus wird als der verheißene Fürst des Friedens gesehen (Jesaja 9, 5), der allen Menschen guten Willens zuruft: »Selig sind, die Frieden stiften, sie werden Söhne Gottes genannt werden.« (Matthäus 5, 9).

Kriegsdienstverweigerer arbeiten als Zivildienstleistende in Altenheimen, Schulen und beim Rettungsdienst. Junge Frauen absolvieren ein freiwilliges soziales Jahr im Ausland. Internationale Jugendcamps sorgen für Völkerverständigung. GRÜNES Bewusstsein vertraut auf gewaltfreien Widerstand, betet für friedlichen Wandel und ermöglicht 1989 in Deutschland den Fall der Mauer ohne Blutvergießen.[63]

Gesellschaft 6.0: Ökologie und soziales Gewissen

»Alternativ« wird zum Schlüsselwort des neuen GRÜNEN Fortschritts: alternativer Landbau, alternative Medizin, alternative Energien, bis hin zum alternativen Nobelpreis. Die Proteste gegen ungerechte kapitalistische Produktionsbedingungen gingen in den 1970er-Jahren über in Aktionen gegen Umweltverschmutzung, Naturverbrauch und Atomenergie. 1980 wurden in Deutschland »Die Grünen« als Umweltpartei gegründet, »grünes« Denken und Empfinden begann in der Gesellschaft Fuß zu fassen. Es ist kein Zufall, dass Christopher Cowan und Don Beck für diese Stufe die Farbe GRÜN wählten. Als Begründung für ihre Wahl führen sie ausdrücklich »grüne Politik, Wälder und Umweltbewusstsein« an.[64]

Die Grünen und die Bewegung, aus der die Partei hervorging, waren die Ersten, die sich Begriffe wie »Ökologie« und »Ganzheitlichkeit« auf die Fahnen schrieben. Sie erkannten, dass sich der ganze Planet Erde in sensiblem Gleichgewicht befindet. Allzu leicht kann man dieses Gleichgewicht stören, mit unabsehbaren Folgen für Mensch und Umwelt. Demgegenüber betonten sie die Ganzheit, das Gewebe des Lebens, in dem zwar jeder einzelne Faden unentbehrlich ist, das seine Wirkung aber erst als Ganzes entfalten kann. Alles hängt mit allem zusammen.

Eines der Lieblingsbilder von GRÜN ist der »Schmetterlingseffekt«: Die Phänomene in der Welt sind so miteinander vernetzt, dass der Flügelschlag eines Schmetterlings – durch vielfältige Wirkketten verstärkt und durch endlose Zusammenhänge potenziert – einen Wirbelsturm auf einem anderen Kontinent auslösen kann. Deshalb ist es genauso wichtig, gegen die Rodung der Urwälder im Amazonas aufzustehen wie gegen den bedenkenlosen Einsatz von Kunstdünger und Insektenvertilgungsmitteln auf deutschen Äckern, gegen Atomreaktoren in Deutschland ebenso wie gegen gigantomanische Staudammprojekte irgendwo in Asien.

GRÜNES Bewusstsein prangert die modernen sozialen Sünden von ORANGE an, wo immer es auf sie stößt: Politik ohne Prinzipien, Reichtum ohne Arbeit, Genuss ohne Gewissen, Wissen ohne Charakter, Geschäft ohne Moral, Wissenschaft ohne Menschlichkeit und Religion ohne Selbsthingabe.[65] Daraus entwickelt GRÜN ein starkes soziales Gewissen und legt die einst individuelle BLAUE Schuldfrage neu als gesellschaftliche Verantwortung auf. Dabei schwankt es angesichts ökologischer, wirtschaftlicher und gesellschaftlicher Probleme zwischen vorauseilender Vereinnahmung (»Wir alle sind Opfer und tief betroffen«) und kollektivem Schuldgefühl (»Wir alle versündigen uns und gehen mit unter, wenn wir jetzt nicht helfen«). GRÜN fühlt sich angesichts der Fehler von Parteien, großen Lobbyverbänden, Kirchen oder Unternehmen in schuldhafte Strukturen verstrickt und strebt nach kollektiver Hilfe und Wiedergutmachung für die Opfer. Entschädigungszahlungen, freiwillige Helfereinsätze, Unterschriftenaktionen, Bürgerproteste, Schweigemärsche, Bußgänge zu Gedenkstätten von Opfern des Nationalsozialismus, Lichterketten und Sühnezeichen setzen GRÜNE Signale für das gemeinsame Engagement zugunsten einer menschlicheren Welt.

Gesellschaft 6.0: Ablehnung von Hierarchien

Zu den wichtigsten Werten von GRÜN gehört die Gleichheit. Ungerechtigkeiten werden angeprangert und, wo es möglich ist, beseitigt. Ins Kreuzfeuer der GRÜNEN Kritik geraten vor allem Rassentrennung und Apartheid. In spektakulären Aktionen mit langem Atem gelingt es, sie zum größten Teil abzuschaffen. Gesellschaftliche Minderheiten werden gefördert und erhalten Beachtung, die Frauenbewegung kämpft für gleiche Rechte für beide Geschlechter und achtet auf inklusive, geschlechtsneutrale Sprache. Die Weisheit der indigenen Völker (natürlich sagt man nicht mehr »Indianer«) kommt in den Blick, die vorher vom arroganten ORANGEN Rationalismus als »Wilde« oder »Unzivilisierte« abqualifiziert wurden.

Diese Entwicklung bedeutet einen gewaltigen Zuwachs an Bewusstheit. Die GRÜNE postmoderne Entwicklungsstufe stellt innerhalb des Stufensystems von Clare Graves einen Endpunkt dar. Sie ist die letzte Stufe innerhalb des »Ersten Ranges« (mehr dazu im nächsten Kapitel über GELB). Die GRÜNE Bewusstseinsstufe beginnt, den Wert früherer, überwunden geglaubter Stufen wiederzuerkennen. Zumindest teilweise. Vor allem PURPUR weiß GRÜN sehr zu schätzen. Es bewundert dessen Eingebettetsein in die Natur, liebt die PURPURNEN Märchen und Mythen, spiegelt sich wider in deren Archetypen und verklärt gern die prärationale Weisheit der Naturvölker und ihrer Schamanen.

BLAU und ORANGE empfindet GRÜN dagegen eher als »out«. Stufen, die erst seit Kurzem überwunden wurden, werden naturgemäß besonders kritisch bewertet. GRÜN sieht vor allem deren Schattenseiten: Autoritäres oder bewertendes Verhalten, Erfolgsstreben und jegliche Art von Hierarchie sind für das postmoderne Bewusstsein unerträglich. Gern zitiert wird das Beispiel einer jungen US-Amerikanerin, die einen männlichen Kommilitonen als sexistisch verklagt hatte, weil er ihr die Tür aufgehalten und nichts als Höflichkeit alter BLAUER Schule praktiziert hatte.

Hier hat GRÜN seinen blinden Fleck. Das GRÜNE Bewusstsein kann alle und alles tolerieren – nur nicht die Intoleranten. GRÜN will niemanden ausgrenzen, tut sich aber dennoch sehr schwer damit, dass ein Mensch mit ROTEM Schwerpunkt sein ROT lebt, ein BLAUER sein BLAU, ein ORANGER sein ORANGE. Die Fixierung auf Gefühl und Intuition kann dazu führen, dass GRÜN auch das Vernünftige und Logische der rationalen ORANGEN Stufe verwirft. Statt in der Aufklärung den notwendigen geschichtlichen Fortschritt zu sehen (ohne den es GRÜN nie gegeben hätte), wird sie wegen der negativen Folgen des ungebremsten Rationalismus pauschal geächtet.

Gesellschaft 6.0: Intersubjektive Dekonstruktion

Die GRÜNE Postmoderne stößt sich an den eindeutigen, binären Ja-Nein-Aussagen der ORANGEN Wissenschaft. Sie kann nichts anfangen mit dem BLAUEN Anspruch, mit mythischen oder dogmatischen Aussagen die Welt eindeutig zu erklären. GRÜN erkennt, dass oft das Gegenteil einer Aussage genauso wahr ist.

»Wie wirklich ist die Wirklichkeit?«, fragt Paul Watzlawick,[66] und die Antwort lautet: *Die* Wirklichkeit an sich gibt es nicht, jeder hat seine eigene. Der menschliche Geist konstruiert sich die Wirklichkeit gemäß dem, was er erkennen und verstehen kann – und das ist durch seine Umwelt geprägt. Die Welt sieht für einen Yanomani-Indianer aus dem Amazonasgebiet nicht nur anders aus als für einen Yuppie in Manhattan, beide Wirklichkeiten *sind* auch total verschieden. Es gibt keine Normen des Denkens und der Erkenntnis, die über das hinausgehen, was von einer bestimmten Gesellschaft oder auch nur einer Schicht innerhalb dieser Gesellschaft als »wirklich« *akzeptiert* wird. »Gültig sein heißt, für gültig befunden zu werden, und unterschiedliche Menschen benutzen unterschiedliche Muster, um etwas für gültig zu erklären.«[67] Das postmoderne GRÜNE Denken verfolgt durchaus so etwas wie eine zweite Aufklärung, indem es uns bewusst machen will, wie kontextabhängig unser ganzes Wahrnehmen ist.

Jede Wahrnehmung ist bereits eine Interpretation von Wirklichkeit, die auf frühere Interpretationen von Wirklichkeit antwortet – was man endlos zurückverfolgen kann wie in einem Spiegelkabinett. Der neue GRÜNE Wissenschaftszweig der Semiotik dröselt unsere Wahrnehmung in drei Aspekte auf: Da ist zunächst das Objekt, das betrachtet wird, z.B. ein Auto. Dann braucht man einen Begriff, mit dem man das Auto bezeichnen kann, in diesem Fall ist es ein Zeichen mit vier Buchstaben A-U-T-O. Und es gibt schließlich den Betrachter selbst, der das Objekt wahrnimmt und dafür das Zeichen A-U-T-O verwendet, es damit also als ein Automobil interpretiert. (Er könnte auch das Zeichen K-R-A-F-T-F-A-H-R-Z-E-U-G dafür verwenden oder C-A-R.) Trotzdem weiß man noch nicht, was dieser Mensch alles mit dem Begriff Auto verbindet. Das hängt von seinen Kulturerfahrungen ab, seinen Erlebnissen mit Autos usw. Zwei Menschen werden darum niemals das exakt Gleiche unter A-U-T-O verstehen. Es gibt also gar keine festen Bedeutungen, sondern nur unendlich viele Möglichkeiten, die Welt zu interpretieren. Über gewohnheitsmäßige Deutungsmuster kann man sich aber im Gespräch verständigen und gemeinsam versuchen, einen Konsens zu erzielen. Hermeneutik nennt man das Wunder, dass sich Menschen tatsächlich untereinander verständigen können. In GRÜN begreift man, dass alle Wahrnehmungen in Wirklichkeit Perspektiven darstellen, die wir einnehmen. Und das gilt auch für die Wahrnehmung dessen, was wir Gott nennen.

Gott 6.0: Der Elefant und die Blindgeborenen

Gern wird in GRÜN ein buddhistisches Gleichnis[68] zitiert, das auch unter Moslems und Christen weite Verbreitung fand: Vier Blindgeborene dürfen erstmals einen Elefanten berühren und sollen dann sein Wesen beschreiben. Der eine betastet ein Ohr des Elefanten und sagt: »Ein Elefant ist flach und geformt wie ein Fächer.« Der zweite befühlt den Rüssel und sagt: »Ein Elefant ist ein bewegliches Wasserrohr.« Der dritte, der ein Bein untersucht, hält den Elefanten für eine Säule, während der vierte ihn als einen großen Sessel beschreibt – er hat den Rücken abgetastet. Auf diese Weise erkennt jeder den Teil, an den er geraten ist, und kann ihn gut beschreiben. Gleichzeitig sind die vier Blinden aber entsetzt über die falschen Beschreibungen der anderen. Die Pointe des Gleichnisses ist aus GRÜNER Sicht, dass keine Hand den ganzen Elefanten erfassen kann. Gott entzieht sich der Festlegung auf eine Sichtweise. Jede Religion ist zwar »in sich« ein vollständiger Heilsweg, aber jede erfasst nur einen Teil der Wirklichkeit Gottes. Deshalb hat im Grunde keine von ihnen allein Recht.

Das GRÜNE Bewusstsein versucht, die unterschiedlichsten Wahrnehmungen Gottes gleichzeitig zu würdigen und wertzuschätzen. Das ist eine der größten Errungenschaften dieser Bewusstseinsstufe. Nach den Differenzierungen, Verurteilungen und Spaltungen, die das BLAUE Bewusstsein hervorgerufen hat, und nach den diffizilen Unterscheidungen des präzisen ORANGEN Geistes erlebt GRÜN die Erkenntnis als zutiefst befreiend, dass alle religiöse Erfahrung einen subjektiven Kern und damit einen eigenen Wert hat, dem ein gewisser Anspruch auf Geltung zukommt.

Für GRÜN haben darum alle Religionen ihre Berechtigung und wollen im Grunde dasselbe. Über Gott oder die letzte Wirklichkeit, die allem Denken zugrunde liegt und alle Vorstellungen überschreitet, können Menschen ohnehin nur in Bildern sprechen – und diese Bilder sind alle nur zum Teil zutreffend.

Wer selber Meditationserfahrungen macht, begegnet Gott auf vielerlei Weise. Die vielfältigen GRÜNEN Erfahrungen mit dem neuen Gott 6.0 sind nicht nur personaler Natur und auf ein göttliches Du bezogen. In Anknüpfung an biblische und mystische Zeugnisse entdeckt GRÜN auch apersonale Gottesbilder neu: Licht, Liebe, Wind, Meer, Grund, Quelle, Abgrund, Tiefe, das Heilige, Lebendige oder Ewige. Gott ist das Sein selbst, Mitte, Ursprung, die letzte Wirklichkeit und Quelle des Lebens und alles Guten. So formuliert GRÜN schließlich aus eigener Erfahrung: Gott ist gleichzeitig personal, nicht personal und jenseits des Personalen.

Gott 6.0: Das Ende der Mission

GRÜNE Christen sehen in ihrer eigenen Religion ein lernfähiges System und erfahren gerade darin ihre existenzielle Lebendigkeit, die vor Erstarrung bewahrt. Jede Religion ist auf Ergänzung angewiesen, jede kann durch die andere befruchtet werden. Die für GRÜN angemessene Haltung ist deshalb eine interreligiöse Offenheit: »Alle Religionen bedürfen einander, nicht nur in ihren Gemeinsamkeiten, sondern gerade auch in ihren Unterschieden. Wir sollen in der eigenen Religion daheim sein und in der anderen Gäste, nicht Fremde.«[69] Damit ist der BLAUE Absolutheitsanspruch aufgegeben, den vor allem die monotheistischen Religionen auf der Stufe 4.0 vertreten. In der Praxis hält GRÜNE Religionspluralität an einer tiefen Verbundenheit gegenüber dem eigenen Glauben fest und lädt dazu ein, sich die Schätze der eigenen Religion zu erschließen.

GRÜN will nicht mehr verlorene Sünder bekehren wie BLAU und empfindet schon den Begriff Mission als Zumutung. Einige im GRÜNEN Bewusstsein angekommene »Missionswerke« beider deutscher Kirchen denken über Namensänderungen nach. GRÜNES Bewusstsein versteht Mission auch nicht mehr als Verdrängungswettbewerb im Kampf um mehr Kirchenmitglieder (ORANGE), sondern als ein persönliches, engagiertes spirituelles Lebenszeugnis in einer säkularisierten Umwelt.

Wie sensibel dieses Feld inzwischen ist, zeigt die Diskussion um die Karfreitagsfürbitte im tridentinischen Ritus der römisch-katholischen Kirche. Papst Benedikt XVI. hatte sie 2008 vorsichtig neu formuliert. Statt »Lasst uns beten für die Bekehrung der Juden« hieß es nur noch: »Lasst uns beten für die Juden.« Durch diesen Schritt wurde die Öffentlichkeit jedoch erst aufmerksam auf diese Stelle, die nach wie vor unter der Überschrift »Bekehrung der Juden« steht und in der es weiter heißt: »[...] dass unser Gott und Herr ihre Herzen erleuchte, damit sie Jesus Christus als Retter aller Menschen erkennen.« GRÜNE Christen spürten, wie verletzend solche Formeln für jüdisches Empfinden sein mussten, und solidarisierten sich sofort mit den empörten Protesten der jüdischen Religionsgemeinschaften.

Gott 6.0: Spirituell, aber nicht religiös

So kann es für GRÜNES postmodernes Denken auch keinen gemeinsamen, von allen geteilten Glauben geben. Jeder versteht unter Glauben etwas anderes. Alle Glaubensaussagen sind Interpretationen und müssen *dekonstruiert* werden, also zurückgeführt auf die ihnen zugrunde liegenden individuellen oder kulturellen Erfahrungen. Besonders BLAUE Dogmen wie die der christlichen Kirche lehnt GRÜN ab, weil es die dahinter liegenden unausgesprochenen Machtbedürfnisse und Unterdrückungsmechanismen spürt. Dogmen gehören für GRÜN zum Schlimmsten, was ersonnen wurde, um andere Menschen zu gängeln und in ihrer Freiheit zu beschneiden. GRÜN findet Gefallen an Martin Bubers Ansatz vom Erkennen im Dialog, der von sich gesagt hatte: »Ich habe keine Lehre, aber ich führe ein Gespräch.« Nur in der Begegnung mit dem anderen wird das grundsätzliche, größere Du erfahrbar: »Jedes irdische Du ist Durchblick zum ewigen Du.«[70]

GRÜN will anstelle von Dogmen lieber die »Symphonie Gottes« hören und sehnt sich danach, eine liebevoll begleitete Anleitung für den inneren Weg zu finden. Entsprechend lautet die GRÜNE Antwort auf die Gretchenfrage »Wie hältst du's mit der Religion?« dann auch »Ich bin spirituell, aber nicht religiös«. Dabei versteht das postmoderne Bewusstsein unter »Religion« die BLAUEN Institutionen mit Dogmen, Riten und Ämtern. BLAUE Würdenträger und die traditionellen Gottesdienste der christlichen Kirchen werden von GRÜN als verknöchert und verkrustet oder viel zu bürgerlich empfunden.

Die GRÜNE Gottesfrage lautet: Wie bekomme ich einen erfahrbaren, menschlichen Gott? GRÜN will den tiefsten Grund des Lebens nicht (wie in BLAU) gepredigt bekommen oder ihn (wie in ORANGE) nur denkerisch durchdringen, sondern ihn selbst authentisch spüren. Solche Erfahrungen kann GRÜN in der BLAUEN Institution nicht machen. Auf die ORANGE Entzauberung der Welt antwortet GRÜN mit einer spirituellen Renaissance, einer »Wiederverzauberung«[71] der Welt. Man fängt an zu experimentieren. Christliche Wohn- und Lebensgemeinschaften entstehen, Kommunitäten und ökumenische Basisgemeinden werden gegründet, neue Gottesdienstmodelle wie die Thomas-Messe entwickelt. Es entstehen Zielgruppenangebote für Krabbelkinder, Behinderte, Menschen mit Suchtproblemen, Alleinerziehende oder Trauernde. Da dem GRÜNEN Bewusstsein prinzipiell alles willkommen ist (mit Ausnahme BLAUER und ORANGER Hierarchien), ist es kein Problem, verschiedene spirituelle Richtungen auszuprobieren und munter zu mischen.

Gott 6.0: Barmherzigkeit und Freundschaft mit Gott

Da GRÜN keine Angst mehr hat vor einem strafenden Gott (was es ORANGE verdankt), kann es nun in der Bibel zahlreiche Spuren eines menschenfreundlichen, liebenswürdigen Gottes entdecken. GRÜN blüht auf unter der Barmherzigkeit Gottes: »Meine Gnade wird nicht von dir weichen, spricht der barmherzige Gott!« (Jesaja 54, 10). Im Neuen Testament wird für »barmherzig« und »mütterlich« das gleiche Wort verwendet. Dahinter steht das gefühlvolle hebräische Pluralwort *rahamîm,* was den Mutterschoß des Göttlichen bezeichnet und die Liebe einer Mutter zu ihrem neugeborenen Baby noch übersteigt (Jesaja 49, 15).

Gott spricht für GRÜNES Bewusstsein mit allen Menschen so, »wie ein Mann mit seinem Freunde redet« (2. Mose/Exodus 33, 11) und ist nach antiker Vorstellung damit »das andere Selbst« in jedem Menschen.

So sieht für das GRÜNE Bewusstsein auch das Bild von Gott aus, zu dem Jesus einlädt, wenn er sagt: »Seid erfüllt von barmherziger Liebe, wie auch euer Vater im Himmel barmherzig ist!« (Lukas 6, 36). Gott 6.0 wird erfahren als treibende Kraft in jeder liebevollen Hinwendung. Seine heilende, barmherzige Kraft umschließt die GRÜNE Gemeinschaft der Verwundeten. Sie macht aus Unterdrückten, Frustrierten, Gestrandeten, Verlassenen, sozial Benachteiligten, Entrechteten und Orientierungslosen hoch geachtete Freunde Gottes, die sich ihrer ursprünglichen Würde und Verbundenheit in der göttlichen Liebe bewusst werden können.

Gottes bemerkenswerte Freundlichkeit ist ein Gegenprogramm zu allen Herrschaftsansprüchen, die GRÜN überwinden möchte. GRÜN ist dankbar für einen behutsamen Umgangsstil, der die liebende Gegenwart eines milden, zartfühlenden Gottes offenbart. Die geschwisterliche Kirche ist für GRÜN der Ort, wo man den gütigen, liebevollen Gott trifft. Dieser Gott straft nicht, sondern heilt. Für Roger Schutz (1915–2005) ist die BLAUE Vorstellung, dass Gott kommt und bestraft, eins der größten Glaubenshindernisse: »Eines fasziniert an Gott: die Demut seiner Gegenwart. Niemals bestraft er, nie verletzt er die Menschenwürde. Er zieht nicht am Strick, um sich Gehorsam zu verschaffen. Jede herrschsüchtige Geste würde sein Antlitz entstellen.«

Die GRÜNE Freundschaft Gottes zu den Menschen ist uneingeschränkt inklusiv. Keiner wird aus dem Kreis der geliebten Freundinnen und Freunde Gottes ausgeschlossen. »Freunde« ist im Christentum eine Beschreibung für spirituelle Sucher, die auf ein Jesuswort zurückgeht:

> Das ist mein Gebot, dass ihr euch untereinander liebt, wie ich euch liebe. Niemand hat größere Liebe als die, dass er sein Leben lässt für seine Freunde. Ihr seid meine Freunde, wenn ihr tut, was ich euch anbiete. Für mich seid ihr ab jetzt keine Knechte mehr, denn Knechte wissen nicht, was ihr Herr macht. Euch aber habe ich gesagt, dass ihr Gottes Freunde seid. Denn alles, was ich von meinem Vater gehört habe, habe ich euch aufgezeigt (Johannes 15, 12–15).

GRÜNE Spiritualität zielt auf eine herzliche und vertrauliche Gottesbeziehung, die sich gut mit dem schönen alten Mystikerbegriff »Gottesfreunde«[72] umschreiben lässt.

Glaube 6.0: Kirchentag und Taizé

Mit dem Zweiten Vatikanischen Konzil läutete Papst Johannes XXIII. eine GRÜNE Öffnung der römischen Kirche gegenüber den evangelischen Schwestern und Brüdern sowie zur nichtchristlichen Welt ein:

> Die ganze Welt ist meine Familie. Dieses Gefühl, allen zu gehören, soll meinen Geist, mein Herz und mein Tun prägen und beleben.[73]

Daneben waren es in Deutschland vor allem die Evangelischen Kirchentage, die eine GRÜNE Spiritualität von unten entwickelten und förderten. Entscheidende Impulse kamen von der ökumenischen Lebensgemeinschaft in Taizé, gegründet nach dem Zweiten Weltkrieg von dem Schweizer evangelischen Theologen Roger Schutz. In den 1970er-Jahren wurde Taizé zum Magnet für Hunderttausende Jugendlicher aus aller Herren Länder. Die Mantra-ähnlichen Gesänge, das kontemplative Schweigen und die GRÜNE Gesprächskultur, die sich von Taizé aus weit verbreiteten, prägten viele kirchliche Gruppen und Gemeinden.

Die europäische Plattform »Wir sind Kirche« kämpft seit Jahren für GRÜNE Reformen in der römisch-katholischen Kirche. In einem Kirchenvolks-Begehren stellten 1995 über 2,3 Millionen Christen revolutionäre Forderungen: den Aufbau einer geschwisterlichen Kirche mit Frauen in allen kirchlichen Ämtern, freie Entscheidung für oder gegen den Zölibat als priesterliche Lebensform und eine den Menschen bejahende Ausrichtung auf das Evangelium als froher Botschaft, die auf Drohungen verzichtet.

Glaube 6.0: Ökumene und interreligiöser Dialog

Konfessionelle Grenzziehungen und kirchentrennende Lehrunterschiede werden von GRÜN als Spitzfindigkeiten streitsüchtiger Jahrhunderte empfunden, die zum Glück vorbei sind. Ökumene wird für GRÜN selbstverständlich, gemischt konfessionelle Ehen auch. Wir können doch zusammen leben, feiern, beten und arbeiten, ruft man. Wozu brauchen wir da die Verzögerungsmanöver an BLAU gefesselter Kirchenleitungen, die mit ihren Machterhaltungswünschen der Einheit nur im Wege stehen?

Das Bekenntnis zu *einem* Gott bekommt einen neuen Inhalt: Wenn es nur einen Gott gibt, dann ist der Gott der evangelischen Christen derselbe Gott wie der, den die Katholiken anbeten – warum ihn also nicht gemeinsam im Abendmahl und in der Eucharistie feiern? Was für die evangelische Kirche kein Problem darstellt, ist für katholische Christen streng verboten. Die GRÜNE Basis übt sich in Ungehorsam und rückt ab von ihrer BLAUEN Kirchenleitung, um enger mit den evangelischen Geschwistern zusammenrücken zu können. GRÜN erwartet eine einmütige christliche Stimme im Chor der Weltreligionen und hat die ewigen Vertröstungen im eigenen Lager satt.

Die Kirchenleitungen versuchen mit der Kompromiss-Formel »Versöhnte Verschiedenheit« einen Spagat zwischen kompletter Ablehnung, konfessioneller Profilierung und geschwisterlicher Eintracht. Also zwischen der BLAUEN katholischen Formel »Wir sehen in den anderen keine Kirchen im eigentlichen Sinne«, der ORANGEN Differenzierung »Wir wollen keine Preisgabe des protestantischen Profils!« und dem GRÜNEN Wunsch nach Einheit »Wir müssen vom Gemeinsamen, nicht vom Trennenden erfüllt sein«.

Diese ökumenische Grundhaltung lässt sich auch auf andere Religionen übertragen. Für GRÜN stehen sich die Weltreligionen nicht mehr als erbitterte Konkurrenten mit absolutem Wahrheitsanspruch gegenüber. GRÜN will, dass alle Religionen durch den interreligiösen Dialog zu neuen Erfahrungen gelangen und sich dadurch weiterentwickeln.

Ganz frühe GRÜNE interreligiöse Spuren führen übrigens zur islamischen Mystik. Dschelaleddin Rumi hatte im 12. Jahrhundert unter seinen Schülern auch Christen, die von ihm in die mystische Versenkung eingeführt wurden. Einige arbeiteten als Priester im aktiven Seelsorgedienst.[74] Wie die Mystiker Halladsch oder Ibn al-Arabi bezog auch Rumi auf der Basis einer Einheitsmystik ausdrücklich Judentum, Hinduismus und Buddhismus in sein Denken ein.[75]

So ist es sicher kein Zufall, dass viele GRÜNE Sucher im 20. Jahrhundert den Weg nach Osten fanden und für eine »religiöse Osterweiterung« sorgten. Schon lange bevor es in Mode kam, nach Indien zu reisen, war 1929 der deutsche Jesuit Hugo Lassalle (1898–1990) nach Japan aufgebrochen. War sein Ziel ursprünglich, innerhalb der jesuitischen Ostasien-Mission die Japaner zu Christus zu bekehren, wurde er zunehmend selbst zum Lernenden. Seit 1943 ließ er sich im Zen-Buddhismus unterrichten. Er nahm die japanische Staatsbürgerschaft und den Namen Makibi Enomiya an. 1973 wurde er selbst als Zen-Meister und Lehrer bestätigt.

Hugo M. Enomiya-Lassalle war einer der Ersten, die die Verbindung zwischen Christentum und (Zen-)Buddhismus suchten und als bereichernd empfanden, so wie später auch die amerikanischen Trappistenmönche Thomas Merton (1915–1968) und Thomas Keating (geb. 1923), der deutsche Benediktiner Willigis Jäger (geb. 1925) oder der aus Österreich stammende US-Benediktiner David Steindl-Rast (geb. 1926). Was Lassalle für den Zen-Buddhismus ist, ist Bede Griffiths (1906–1993) für den Hinduismus. Der englische Benediktiner lebte seit 1955 in verschiedenen Ashrams in Indien, widmete sein Leben dem Dialog mit dem Hinduismus, gab einen Bhagavad Gita-Kommentar heraus und entwickelte eine vom Vedanta inspirierte Version des Christentums. Auch der Franzose Henri Le Saux (1910–1973) ging als Benediktiner nach Indien, vertiefte sich in persönlichem Ringen gleichermaßen in christliche wie hinduistische Mystik und wurde so zum Prototyp einer interreligiösen Existenz.

Umgekehrt kamen hinduistische Lehrer nicht erst seit den 1960er-Jahren in den Westen. Swami Vivekananda, der 1893 beim Parlament der Weltreligionen in Chicago teilnahm, gründete 1902 in New York die *Vedanta Society*, um die hinduistischen Lehren im Westen bekannt zu machen. 1920 folgte ihm Paramahansa Yogananda, der ebenfalls in den USA die *Self Realization Fellowship* ins Leben rief. Doch diese Kontakte blieben die Ausnahme und bildeten ein dünnes Rinnsal, das erst in den 60er- und 70er-Jahren des vergangenen Jahrhunderts zu einem Strom anschwellen sollte. Heute lehren buddhistische Zen-Meister wie der vietnamesische Friedensaktivist Thich Nhat Hanh (geb. 1926) in Europa und den USA. Und der Dalai Lama verbreitet mit Erfolg lächelnd seine »Religion der Freundlichkeit« unter Menschen mit GRÜNEM Bewusstsein.

Glaube 6.0: Kontextuelle Theologie

Der Relativismus verlangt auch von der Theologie, dass sie sich bewusst wird, von wem und in welchem Umfeld (»Kontext«) Aussagen über Gott gemacht werden. So kritisiert die feministische Theologie, die sich in den 1970er-Jahren verbreitete, die bisherige klassische wissenschaftliche Theologie. Sie sei durchweg aus der Perspektive von weißen, westlichen Männern aus der Mittelschicht verfasst. Es ist an der Zeit, eine Theologie aus der Perspektive von Frauen dagegenzustellen. Die weiblichen Aspekte Gottes werden aufgespürt und weibliche Gottesaussagen in der Bibel entdeckt: Gott ist nicht nur Vater, sondern auch Mutter,[76] Gebärende[77] oder Hausfrau[78].

Auch »der« Geist ist in der hebräischen Bibel kein männliches Wesen, sondern das hebräische Wort *ruach* ist weiblichen Geschlechts. So finden die feministischen Theologinnen neue Seiten an Gott. Die Bibel wird in gerechte Sprache übertragen, um alte Denkmuster aufzubrechen.

Auch außerhalb der Bibel suchen und finden Frauen weibliche Gottesbilder. Viele Religionen verehren »die große Göttin«, die als Jungfrau und Geliebte, als Mutter und als Todesbotin auftritt. Von dieser Muttergottheit her bekommt auch Maria, die Mutter Jesu, ein neues Image. Sie ist nicht mehr die Gehorsame, Demütige, die sich Gottes Willen widerspruchslos fügt, sondern die starke, freie Frau, die ein uneheliches Kind austrägt und aufzieht.

Gott/Göttin ist auch hier eher Quelle und Leben. Er/sie umfasst alles und schließt nichts und niemand aus. Die Lehre von Sünde und Erlösung, vom stellvertretenden Sühnetod Jesu am Kreuz ist sexistisch und eingeengt auf die männliche Perspektive. Aus weiblicher Sicht ist das nicht nachvollziehbar, weil schon das Konzept von Sünde – vor allem in seiner katholischen Fassung mit der stark sexuellen Einfärbung – für Frauen nicht tragbar ist. Kontextualität sorgt für Bodenhaftung. Sie fragt nach der Anwendbarkeit von theologischen Vorstellungen im realen Leben von Christinnen und Christen und dient als notwendiges, kritisches Korrektiv.

Trotzdem wird der anschwellende GRÜNE Methodenpluralismus für die theologische Bibelauslegung (Exegese) immer mehr zum Problem. Es gibt (unter anderem) jüdische, tiefenpsychologische, sozialgeschichtliche, rezeptionsästhetische, kulturanthropologische, linguistische, existenzialistische, textpragmatische Exegese. Sind alle diese Auslegungsmethoden gleich wichtig? Widerlegen sie sich nicht teilweise?

Vor allem aber: Muss GRÜN aus Gründen der Toleranz nicht auch eine fundamentalistisch-enge BLAUE Exegese anerkennen? Kann nicht doch jeder in den biblischen Text hineinlegen oder aus ihm herauslesen, was er will?

Verschwindet dann nicht irgendwann die Aussage biblischer Texte im Nebel der unzähligen Interpretationsansätze? Kann die Bibel auf diese Weise noch ein Text sein, der Orientierung vermittelt und allgemeine Normen? Das protestantische Prinzip »allein die Schrift« gerät in GRÜN unter einen ähnlich großen Druck, wie ihn das katholische Hierarchie-Prinzip unter dem Ansturm von ORANGE erlebt hat.

Glaube 6.0: Die Mühseligen verstehen

Neben diesen verschiedenen Ansätzen entstehen auf der GRÜNEN Bewusstseinsstufe politische Theologien, etwa die lateinamerikanische Befreiungstheologie oder die südkoreanische Minjung-Theologie, die beide die kolonialistische und imperialistische Haltung des westlichen Christentums kritisieren. Die Bibel, so das Ergebnis der GRÜNEN Auslegung, enthält eine befreiende Botschaft für die Armen. Gott ist ein Gott der Freiheit und Gerechtigkeit. Er will Menschen nicht unterdrücken. Er wendet sich ganz besonders den Armen und Getretenen zu, den Unterdrückten und Ausgegrenzten. Sie verkörpern das von Jesus geliebte wandernde Gottesvolk, das in seiner Gesamtheit im Glauben nicht fehlgehen kann, wie es das Zweite Vatikanische Konzil in »Lumen gentium« formulierte. Dieses Volk Gottes sollte wieder anerkannt werden als »Drittes Lehramt« neben Theologie und Kirchenleitung, fordert der Jesuit Aloysius Pieris aus Sri Lanka. Denn durch ihr alltägliches Leben haben die Unterdrückten den größten Anteil am Leiden Jesu und darum ein eigenes, ja vorrangiges Recht auf die Deutung der Bibel.

GRÜN entdeckt damit in großer Breite die radikale Hinwendung zu den »Mühseligen und Beladenen« wieder, die schon Christen im 2. Jahrhundert praktiziert hatten. Damals »zahlten die Christen freiwillig in einen Fond zur Rettung von elternlosen oder auf Straßen und Müllplätzen ausgesetzten Kindern ein. Christengemeinden kümmerten sich außerdem mit Esswaren, Arzneimitteln und menschlicher Zuwendung um Zwangsarbeiter in Bergwerken, Verbannte und Häftlinge.«[79] Sie flohen nicht vor Epidemien, sondern blieben und pflegten Pestkranke und bezahlten sogar Beerdigungen für Arme und Verbrecher. Sie taten, was man sonst höchstens von Familienangehörigen erwarten durfte. Das einfühlsame GRÜN spürt hier einen starken diakonischen Impuls. Es begreift wieder, dass die Jesus-Nachfolge ihre stärkste Kraft daraus schöpfen kann, Motor einer radikal neuen, familiär gedachten Sozialstruktur zu sein, die mit Jesus alle Menschen als Geschwister anschaut:

> Denn mich hungerte, und ihr gabt mir zu essen; mich dürstete, und ihr gabt mir zu trinken; ich war ein Migrant und Fremder und ihr habt mich aufgenommen; ich war nackt und ihr habt mich bekleidet; ich war krank und ihr habt mich besucht; ich war im Gefängnis und ihr seid zu mir gekommen. Wahrlich, ich sage euch: Was ihr einem dieser meiner geringsten Brüder und Schwestern getan habt, das habt ihr mir getan (Matthäus 25, 35.36.40).

GRÜN verbindet den Dienst am leidenden Mitmenschen mit einer grandiosen Bereitschaft, ein liebevoller und mitfühlender Zuhörer zu sein. Roger Schutz, der Gründer von Taizé, hatte sich als junger Theologe eine tiefe Selbstverpflichtung gegeben: Er wollte sein Leben der Aufgabe widmen, »bei jedem Menschen alles zu verstehen und mehr danach zu trachten, alles zu verstehen, als selber verstanden zu werden«. Er begann sein Werk damit, sich um Kriegstraumatisierte zu kümmern. Immer pflegte er eine vorauseilende »Ökumene des Vertrauens«, die Junge und Alte, Arme und Reiche, Evangelische und Katholische, Franzosen und Deutsche, Erste und Dritte Welt miteinander versöhnen konnte.

Jesus 6.0: Grenzen abbauen und Feinde lieben

Wie stark Jesus sich in die GRÜNE Bewusstseinsstufe hineinbeugte, kann man an vielen Details im Neuen Testament sehen. Zentral ist, wie stark er darauf besteht, Ausgestoßene, Behinderte, Unbeachtete, Bloßgestellte, Unreine und Minderheiten einzubeziehen – Frauen, Kinder, Kranke oder Zöllner wie Zachäus, Matthäus und Levi. Dazu kommt sein offener, alle Rechtgläubigen provozierender Umgang mit Mitgliedern der römischen Besatzungsmacht (Hauptmann von Kapernaum) oder »ungläubigen« Samaritanern, die er sogar als Vorbild darstellen kann in seinem Gleichnis vom Barmherzigen Samariter.

Jesus war prozessorientiert. Er lehrte andere und lernte selbst dabei durch sie hinzu. Sein Dialog mit der Syrophönizierin (Markus 7, 24–30) verhilft ihm laut Hanna Wolff zu der Einsicht, dass seine traditionell ethnozentrische Einstellung einem umfassend gedachten Menschsein widerspricht. Jesus korrigiert seine Haltung und lernt durch eine Frau (!), ethnische Schranken zu überwinden.

Im Lukasevangelium findet sich in der Geschichte von Marta und Maria (10,38–42) der Satz: »Maria setzte sich dem Herrn zu Füßen und hörte seiner Rede zu.« Eine unerhörte Tatsache, denn die Formulierung »zu Füßen sitzen« ist der terminus technicus für das Verhältnis zwischen einem Lehrer und seinen bis dato nur männlichen Schülern. Jesus nahm Maria also als seine Schülerin an – was bis ins 20. Jahrhundert hinein weder im BLAUEN Katholizismus noch im orthodoxen Judentum möglich war.[80]

In der Bergpredigt (Matthäus 5, 4–7) findet sich das Gebot unbedingter Feindesliebe, das einen Meilenstein GRÜNEN Bewusstseins darstellt. Während die unteren Wir-Stufen wie PURPUR oder BLAU nach dem Gebot leben: »Du sollst deinen Nächsten lieben und deinen Feind hassen«, setzt Jesus das für die GRÜNE Wir-Stufe außer Kraft. Er weist darauf hin, dass diese Haltung heidnisch und ethnozentrisch ist. Wer nur die liebt, die zur eigenen Familie gehören oder einen sowieso lieben, ist spirituell rückständig. Jesus verweist auf die Gleichheit aller vor Gott, der seine Sonne über Gerechte und Ungerechte aufgehen lässt. Diesem Vorbild bedingungsloser Zuwendung sollen alle nacheifern.

Jesus 6.0: Tröster der Verwundeten

Da GRÜNER Glaube sich der Verletzlichkeit aller bewusst wird, spielt Jesus als »Tröster in all unserer Trübsal« (2. Korinther 1, 4) eine große Rolle. Er ist der verwundete Heiler, der sich einfühlen kann in alle menschlichen Probleme. Jesus kann Leidende verstehen, weil er selbst leiden musste, ohne anderen Leid zugefügt zu haben. Jesus hatte sich für ein Leben entschieden, das dazu einlud, sich mit den Ausgestoßenen in der Gesellschaft zu identifizieren. Dabei wurde er selbst zum Ausgestoßenen. Obwohl er aus der Mittelschicht stammte und damit nicht zu den wirklich Benachteiligten gehörte, hatte er sich freiwillig den sozial Niedrigen zugewandt und damit zu einem Ausgestoßenen gemacht. Absteigen und lieben – so lautet die Kurzformel für Jesu Lebensweg.

Jesus lebte bedingungslose Liebe – wonach sich GRÜN sehnt – und musste dafür als Unschuldiger mit dem Leben bezahlen. Ein Skandal, der GRÜN tief bestürzt. Er, der sich allen Verlierern zuwenden konnte, wird nun selbst zum Zeichen für die Verlorenheit der menschlichen Existenz überhaupt. Jesu Wunden am Kreuz sind unübersehbar. Unter diesem Kreuz versammelt sich die GRÜNE Gemeinschaft der Verwundeten. In seinen Wunden spiegeln sich Berge des Leidens unzähliger Menschen. In seinem Leiden finden auch der Schmerz, die Verlorenheit und die Verlassenheit von Menschen auf der GRÜNEN Bewusstseinsstufe ihren Halt.

Jesus 6.0: Lehrer, Bruder und Große Seele

Die ORANGE Bewusstseinsstufe deutete Jesus als moralisches Vorbild für ein Leben im Dienst des Humanismus. GRÜN sieht in Jesus eine der größten religiösen Gestalten, die die Menschheit hervorgebracht hat. Er steht gleichberechtigt neben anderen bedeutenden geistigen Lehrern wie Buddha oder Konfuzius, die in ihren Kulturen eine ähnlich überragende Wirkung entfalten konnten. Ein solcher pluralistischer Blick auf Jesus hat keine Probleme damit, sich Jesus als überzeugenden Botschafter für ein friedliches Miteinander von Menschen aller Rassen und Kulturen vorzustellen.

GRÜN weiß auch, dass Jesus von Menschen in anderen Religionen verehrt und sogar angebetet wird. Juden würdigen ihren »Bruder Jesus«[81] als Torahlehrer, Muslime achten ihn als einen der größten Propheten der Geschichte und als Gesandten Gottes. In vielen hinduistischen Schreinen hängt ein Herz-Jesu-Bild neben dem von Ganesha, dem Gott von Weisheit und Glück. Inder sehen in Jesus eine »große Seele«, die in totaler Hingabe an Gott gewirkt habe und eine (aber nicht die einzige) Inkarnation Gottes gewesen sei.

Für Buddhisten ist Jesus ein Mensch, der die »Ich-Bindung« vollständig überwinden konnte und zur Erleuchtung gelangte. Der thailändische Mönch Buddhadasa (1906–1993) deutete das Kreuz darum als ein durchgestrichenes »Ich« (ausgehend vom englischen »I«). In Jesu Barmherzigkeit, Vergebung, Friedfertigkeit und Feindesliebe sehen Buddhisten die Natur Buddhas verwirklicht. Die Bahai-Religion betrachtet Jesus als eine Manifestation Gottes.

Für Christen auf der GRÜNEN Stufe geht es aber um mehr. Sie stoßen auf die schlichte Frage, die Jesus seinen Jüngern stellte: »Und ihr, für wen haltet ihr mich?« (Lukas 9, 18). Sie sind tief davon berührt, wie persönlich er diese Frage stellt und wie offen er gewesen sein muss für die unterschiedlichsten Antworten seiner Jünger. Sie begreifen, dass jeder Mensch diese Frage nur von innen heraus beantworten kann. Und sie spüren, dass es ab jetzt darum geht, sich mit dem inneren Jesus vertraut zu machen, anstatt ihn nur als große historische Gestalt zu sehen. Laurence Freeman[82] nennt diese Frage Jesu die »erlösende Frage«. Denn sie zieht das Bewusstsein ganz nach innen und führt dazu, in Jesus »die ganze Fülle Gottes« zu erkennen, die jeden Menschen erfüllt (Kolosser 2, 9).

Jesus 6.0: Zärtlichkeit und Gewaltverzicht

Schon die prophetische Tradition des Alten Testaments hatte dem ersehnten Messias Sanftmut zugesprochen. Das Neue Testament beschreibt Jesus als Offenbarung der Milde und Freundlichkeit Gottes. Jesus sagt von sich selbst: »Ich bin sanftmütig und von Herzen demütig. Lernt von mir!« (Matthäus 11, 29). Er schaut Menschen an und gewinnt sie lieb, berichtet das Markusevangelium (10, 1–21).

GRÜN legt diese Schicht der zärtlichen Liebe bei Jesus als die eigentliche Innenseite des Evangeliums frei. Für den Schweizer Dichterpfarrer Kurt Marti basiert Jesu Wirken auf seinem »vollkommen zärtlichen« Gottesbild. Dieser fürsorgliche Gott ermutigt Jesus, Fremde und Ausgestoßene anzunehmen, Frauen und Kinder, Schwache und Notleidende, Missbrauchte und Opfer, Verängstigte und Verlorene. Gottes Zärtlichkeit stiftet eine tiefe emotionale Verbindung. Sichtbar wird das in dem Wort, mit dem Jesus Gott anredet: »Abba«, Papa. Der GRÜNE Jesus 6.0 gewährt und erlaubt viel Nähe, Berührung, ja Intimität. Sein Jünger Johannes darf an seiner Brust liegen, Maria von Bethanien ihm die Füße salben und mit den Haaren trocknen, und er selbst wäscht seinen Jüngern liebevoll die Füße.

Zärtlichkeit, Sinnlichkeit, Heilung und Nächstenliebe gehören bei Jesus untrennbar zusammen. Jesus 6.0 ist der »Mann der Gefühlsbereitschaft und der Gefühlsbeteiligung«, wie die Psychotherapeutin Hanna Wolff sagt. In ihm haben sich Anima und Animus, die weiblichen und die männlichen Persönlichkeitsanteile, »befreundet und versöhnt« (Franz Alt). Dieser Jesus ist für einen GRÜN geprägten Glauben nicht nur der beste Psychotherapeut für die Seele. Er ist auch Prototyp des versöhnten Menschen, der andere dazu befreit, versöhnlich mit sich selbst und mit allen Menschen umzugehen.

Jesus ist sanft und einfühlsam, aber alles andere als das harmlose liebe Jesulein, auf das man einen infantilen Glauben projizieren könnte. Der GRÜNE Jesus bewegt sich frei und beziehungsfähig auf der Erwachsenenebene. Jesus 6.0 wird von GRÜN neu wahrgenommen als emanzipierter und »wilder Mann«,[83] der neue Beziehungen stiftet zwischen Mensch und Gott. Er wird zum GRÜNEN Vorbild aller Behutsamen, die mit Umsicht und Entschiedenheit dafür sorgen, dass keinem Mitmenschen Arges geschieht oder Gewalt und Unrecht angetan wird.

Jesu wohlwollende Zuwendung entwaffnet, versöhnt mit sich selbst und den anderen, schenkt Schalom, vermittelt Kraft zu einem neuen Anfang. Darum »steckt im Neuen Testament eine Theologie der Zärtlichkeit, die immer heilt« (Heinrich Böll), die Leben in Fülle erahnen lässt. Menschen, die sich um diese heilende, lebensfördernde Grundhaltung mühen, gilt die Verheißung: »Selig die Zärtlichen, denn sie erben das Land« (Matthäus 5, 5).[84]

Grüne Spiritualität umarmt den zärtlichen, wohlwollenden Jesus, dessen liebevoller Umgang mit anderen als urchristliche Haltung[85] gelten darf. Wie kein anderer Religionsstifter zielt Jesus auf die grüne Bereitschaft, sich in vorbehaltloser Liebe für andere zu öffnen. Sich an Jesus zu orientieren bedeutet für Grün, die Gegenwart Gottes in ihm nachzuahmen durch liebevolle Hinwendung zu anderen.

Diese Hingabe kann geradezu verschwenderische Züge annehmen, wie etwa bei Franz von Assisi. Die franziskanische Spiritualität ist ein früher grüner Bereich im christlichen Glauben. Sie hat sich immer ihre zärtliche, gewaltfreie Liebe zu allen Geschöpfen bewahrt und zielt damit direkt in das »Herz Gottes«. Auch der Protestantismus öffnet sein Herz diesem Jesus 6.0. Der Pietismus des 18. Jahrhunderts entdeckt überrascht eine neue Seite Jesu. Nikolaus Graf von Zinzendorf (1700–1760) nennt ihn den »Heiland mit freundlichem Gesicht«, der als zärtlicher »Versöhnungs-Wind« ins Herz strömt und letztlich nur eines will: dass wir uns in Gott verlieben.

Glaube 6.0: Bibelauslegung von unten

Grün denkt basisorientiert. Es würdigt auch neue erfahrungsbezogene Formen der Bibelauslegung, ohne Theologen und Priester. Der US-protestantische Neutestamentler Walter Wink entwickelt eine »Bibelauslegung als Interaktion«.[86] Hier wird das frühchristliche Modell des Teilens von materiellen und geistlichen Gütern in einer gemeinsamen Gruppe wiederbelebt. Bibel lesende Laien »verhandeln« im Gespräch frei die Bedeutung der Texte für ihr eigenes Leben. Exegese wird demokratisiert. Jeder begegnet nach einer historisch-kritischen Eingangsreflexion dem Text selbst, wodurch er sich wieder »verflüssigt«. Unterstützt durch praktische Übungen, geschieht dabei ein individueller Transfer ins eigene Leben. Gleichzeitig wird die grüne Sehnsucht nach Gruppenaustausch und Gemeinschaftserfahrung befriedigt.

Die Methoden Bibliodrama, Bibliolog und Bibelteilen machen unmittelbare Erfahrungen mit einem Bibeltext möglich. Im Bibliodrama wird der Text gemeinsam szenisch erspielt, jeder stellt eine biblische Gestalt oder einen im Text genannten Gegenstand dar (den Brunnen, das Meer, das Brot). Im Bibliolog[87] versetzen sich alle imaginativ in die Charaktere eines Bibeltextes und tauschen sich darüber aus. Beim Bibelteilen erschließt sich eine Gruppe einen Bibeltext in sieben Schritten, ohne dass ein Theologe dabei sein muss.

Glaube 6.0: Selbst Zeichen der Versöhnung werden

Heute gibt es zahllose Gruppen in allen Religionen, die sich um den interreligiösen Dialog bemühen und sichtbare Zeichen der Verständigung und Versöhnung setzen.

In Europa gibt es ein neues kulturell-religiöses Symbol friedlichen Miteinanders der drei abrahamitischen Religionen Judentum, Christentum und Islam. Es wurde von den beiden Künstlern Gregor Merten und Carmen Dietrich gestaltet und heißt »Der Engel der Kulturen«: In einem großen Rad sind Halbmond, Kreuz und Davidstern so vereint, dass in ihrer Mitte ein Engel als Zeichen der versöhnenden Nähe Gottes sichtbar wird. Alle drei Symbole treten gleichberechtigt nebeneinander. Keines darf fehlen – nur gemeinsam können sie die »Engelsbotschaft« des Friedens weitertragen. Im Frühsommer 2010 wurde der »Engel der Kulturen« in einer »Abrahams-Karawane« 7 000 km von Essen in Deutschland nach Istanbul in der Türkei gerollt. An den Zwischenstationen fanden kulturelle und interreligiöse Begegnungen statt. Diese Aktion wurde von Christen, Muslimen und Angehörigen jüdischer Gemeinden initiiert und erhielt in allen »durchrollten« Ländern große Unterstützung durch Politiker und offizielle Vertreter der drei Religionen.[88]

In den USA engagiert sich der liberal-progressive Rabbi Michael Lerner für den religiösen Pluralismus. Er gilt als der prominenteste jüdische Brückenbauer im interreligiösen Dialog mit Christen, Muslimen und Buddhisten. Als politischer Friedens-Aktivist wirbt er für die Versöhnung von Israel und Palästina durch eine pro-Israel- *und* pro-Palästina-Haltung. Lerner lehnt eine ethnozentrische BLAUE Interpretation der Torah ab, was ihm viele Feinde aus dem orthodoxen jüdischen Umfeld und den Ruf als »der kontroverseste Jude in Amerika« einbrachte. Lerner fordert eine Transformation der amerikanischen Gesellschaft von ORANGER Verkaufsmentalität hin zu einer GRÜNEN Kultur des liebevollen Teilens. Außerdem vertritt er die Idee eines globalen Marshall Plans, um weltweit die GRÜNEN Werte von Frieden, Harmonie, Heilung und Transformation zu verbreiten.[89]

In Kalady, Indien, fördert der indische Jesuit Sebastian Painadath (geb. 1942) den interreligiösen Dialog unter anderem durch christliche Exerzitien mit hinduistischen Schriften. In seinen Sameejsha-Ashram kommen

Muslime, Hindus und Christen. Sie alle können in friedlicher Eintracht ein hinduistisches Gebet der Freundschaft teilen:

> Mögen alle Wesen mich mit dem Auge des Freundes betrachten. Auch ich will alle Wesen mit dem Auge des Freundes betrachten. Mögen wir einander mit dem Auge des Freundes betrachten.[90]

Gebetet wird im interreligiösen Meditationsraum, in dessen Mitte eine brennende Öllampe die alles verwandelnde Gegenwart des göttlichen Geistes symbolisiert. Um sie herum liegen vier heilige Schriften: Die Bibel für Judentum und Christentum, der Koran für den Islam, die Bhagavad Gita für den Hinduismus und die Dhammapada für den Buddhismus. Sie sind die Wegweiser auf dem Weg zur Verinnerlichung des Glaubens und zur Einswerdung mit der göttlichen Mitte.[91]

Zweiter Rang: Eine Frage des Überlebens

Mit dem Ende von Grün erreichen wir einen einschneidenden Übergang. Clare Graves fasste jeweils sechs Stufen zu einem »Rang« zusammen (englisch *tier*, gesprochen »tiir«). Die ersten sechs Stufen, so seine Theorie, antworten auf die »Mangelbedürfnisse«, die zweiten sechs auf die »Seinsbedürfnisse«.

Zuerst kommen die »Subsistenzebenen«, auf denen es darum geht, einen Mangel zu bewältigen: Hunger und Schutzlosigkeit in Beige, Verlorenheit in Purpur, Ohnmacht in Rot, Chaos in Blau, Fremdbestimmung in Orange, Ungerechtigkeit und Ungleichheit in Grün. Darauf folgen die »Seinsebenen« des Zweiten Ranges. Auf ihnen wiederholen sich die Grundfragen oder grundlegenden Lebensbedingungen der ersten sechs Stufen, nun aber in fortgeschrittener Form, gleichsam eine Oktave höher.

Die erste Stufe auf dem Zweiten Rang – bezeichnet mit der Farbe Gelb – ist in dieser Sichtweise eine höhere Form von Beige. Während das physische Überleben des Individuums das Grundproblem von Beige darstellt, geht es in Gelb um das physische Überleben der gesamten Menschheit. Es gibt fundamentale Bedrohungen: Überbevölkerung, Umweltzerstörung, Hochrüstung, Terrorismus, globale Finanzsysteme. Wenn es nicht gelingt, sie zu meistern, ist das Überleben unserer Spezies ernsthaft gefährdet. Das ist die enorme Herausforderung, auf die Gelb antworten muss. Dazu ist ein völlig neuer Ansatz notwendig, der es rechtfertigt, von einer Zweiten Ordnung, einem Zweiten Rang zu sprechen.[92]

Auf dem Zweiten Rang, beginnend mit der GELBEN Bewusstseinsebene, ist es erstmals möglich, den gesamten Weg der geistigen Entwicklung zu erkennen. GELB hat den nötigen Überblick und sieht, wie wertvoll und unentbehrlich jede der früheren Stufen war, weil sie in lebensbedrohlichen Situationen den rettenden Ausweg geboten hat.

In diesem alles Frühere akzeptierenden und wertschätzenden Blick besteht das grundlegend Neue, das sich im Zweiten Rang auftut. Jede frühere Bewusstseinsebene, so tolerant sie sich auch selbst verstehen mag, sah letztlich nur ihre eigene Weltsicht als legitim und angemessen an. Sie erkannte nicht, dass andere Lebensbedingungen andere Wertsysteme und Handlungsweisen erfordern.

Zweiter Rang: Zunehmende Komplexität

Zum ersten Mal in der Geschichte entstand im 20. Jahrhundert die Situation, dass innerhalb einer Gesellschaft bei den Erwachsenen drei Entwicklungsebenen gleichzeitig und fast gleich stark präsent sind: BLAU, ORANGE und GRÜN existieren nebeneinander, und das geht nicht immer ohne Konflikte ab. Der amerikanische Soziologe Paul Ray veröffentlichte 1995 eine Studie, für die mehr als 100 000 US-Bürger danach befragt wurden, welche Rolle bestimmte Werte in ihrem Leben spielen. Die Forscher konnten drei klar unterscheidbare »Kulturen« benennen: die Traditionellen, die Modernen und die kulturell Kreativen. Oder, in den Begriffen unseres Farbcodes: BLAUE, ORANGE und GRÜNE. Die größte Gruppe – ziemlich genau die Hälfte – waren »modern« oder ORANGE, die beiden anderen Gruppen machten je ein Viertel aus. Im deutschsprachigen Raum dürfte eine entsprechende Untersuchung zu ähnlichen Ergebnissen führen.

Das geballte Aufeinandertreffen verschiedener Stufen führt zu vielfältigen Konflikten. Probleme entstehen nicht nur, wenn ROTE Minderheiten durch U-Bahn-Schlägereien oder »Ehrenmorde« auffallen. Weniger gewaltsam, aber nicht weniger heftig können Interessenskonflikte und Wertediskussionen zwischen Menschen ablaufen, die ihren Schwerpunkt in BLAU, ORANGE oder GRÜN haben. BLAU wirft ORANGE kaltes Gewinnstreben und GRÜN laxe Prinzipienlosigkeit vor. GRÜN kontert, indem es BLAU als rückständig, verknöchert und reaktionär hinstellt, ORANGE dagegen als rationalistisch, rücksichtslos und materialistisch. ORANGE teilt nach oben und unten aus und setzt sich von autoritärem BLAU und politisch überkorrektem, ineffizientem GRÜN ab.

Zweiter Rang: Der Blick auf alle Stufen

Wer könnte in solchen Konflikten vermitteln? Es müsste jemand sein, der alle drei Positionen kennt und versteht, ihre jeweiligen Vorzüge schätzt und ihre Probleme analysieren kann.

Damit ist in kurzen Strichen die nächste, GELBE Entwicklungsstufe umrissen, die man daher als »systemisch-integrierend« bezeichnen könnte. Die neue GELBE Entwicklungsstufe versucht dabei, einer spezifischen Schwäche von GRÜN zu begegnen. Der sanfte GRÜNE Lösungsansatz setzt auf eine »Art wunderbare Revolution, eine durch die Krise hervorgerufene Transformation der Herzen«[93] nach dem Motto: Wenn nur alle so verständig wären wie wir, lösten sich alle Probleme von selbst.

GRÜN kann dabei nicht den mühsamen Weg sehen, den viele erst noch meistern müssen. Keine Stufe kann übersprungen werden. Klassisches Beispiel: Ein GRÜNER, von der Gleichheit aller Menschen überzeugter Schulleiter hat es mit ROTEN, in Banden organisierten Schülern zu tun. Um wirksam zu arbeiten, muss er in seiner Schule zunächst ein starkes, BLAUES Ordnungssystem mit unbedingt gültigen Verhaltensregeln errichten. Darauf kann er einen leistungsorientierten ORANGEN Unterricht aufbauen und die Schüler zu eigenständigem Denken anleiten. Erst wenn das alles funktioniert, kann er davon ausgehen, dass seine Schüler anfangen, die empathischen GRÜNEN Werte vom großen gleichberechtigten Miteinander aller Menschen zu übernehmen.

Das ist aber schwer möglich, weil GRÜN den Wert der früheren Stufen noch nicht würdigen kann und gerade ORANGE nicht sehr mag.

Gott 7.0: Gelb

Ich lebe, doch nun nicht ich, sondern Christus lebt in mir.

Paulus, Galaterbrief 2, 20

Ich suche nicht, ich finde. Suchen ist das Ausgehen von alten Beständen und ein Findenwollen von bereits Bekanntem. Finden ist das völlig Neue.

Pablo Picasso

Es sollte aber in diesen Tiefenbereichen das Streben unseres menschlichen Geistes dahin gehen, sich zu jener Einfachheit emporzuschwingen, wo die Gegensätze ineinander fallen.

Nikolaus von Kues

Wenn man sich mit Feindbildern beschäftigt, ist man unweigerlich dualistisch. Jesus lehrte, das aufzugeben. Er war der erste nonduale Lehrer des Westens.

Richard Rohr

Das Chaos ist die größte Entdeckung seit dem Rad. Imagination, Kreativität und Inspiration sind alle im Aufschwung.

Ralph Abraham

Religion ist also Solitärsein; und wer niemals solitär ist, der ist niemals religiös.

Alfred North Whitehead

Wie so oft in letzter Zeit stromerte Thomas allein durch den Stadtpark, um nachzudenken. Als er Felix erblickte, spürte er einen Moment lang den Impuls, sich hinter einem Busch zu verstecken oder in Luft aufzulösen. Aber Felix hatte ihn schon erblickt und kam auf ihn zu.

»Mensch, Thomas!«, rief er, und er fuhr fort, wie Thomas es erwartet hatte: »Dich sieht man ja gar nicht mehr! Wir vermissen dich im Gottesdienst-Team.« Während Thomas mechanisch antwortete, fing er an zu überlegen. Es war vielleicht wirklich seltsam, dass er sich so zurückgezogen hatte. Früher war er die treibende Kraft hinter den »Gottesdiensten in neuer Form« gewesen. Er hatte es genossen, mit dem Team neue, zeitgemäße Formen zu entwickeln. Aber seit einiger Zeit gingen ihm die Treffen auf die Nerven. Es war gut, dass es diese Gottesdienste gab. Viele kamen gern dorthin. Aber ihm bedeuteten sie nicht mehr viel. Die Gemeinschaft, früher so schön und wichtig, begann etwas Klebriges zu entwickeln. Da marschierte er lieber allein durch den Wald. Außerdem hatte er angefangen zu meditieren, und manchmal fühlte er sich zu Hause auf seinem Kissen Gott viel näher als in der Kirche.

Trotzdem, ab und zu war er auch ein bisschen einsam. Er fühlte, dass die anderen seinen Weg nicht akzeptieren wollten. Er konnte sie sogar verstehen. Was er nicht mehr verstehen konnte, war die unterschwellig arrogante Haltung des Teams gegenüber den traditionellen Kirchenbesuchern. Er hatte früher selbst über die Traditionalisten geklagt, die so unbeweglich an den alten Formen festhielten. Inzwischen dachte er jedoch, dass die das wahrscheinlich genauso brauchten wie die Teammitglieder ihre neuen Formen.

Er fand es jetzt wichtig, dass beides nebeneinander bestehen konnte: der traditionelle Sonntagsgottesdienst neben dem Samstagabend mit neuen Liedern, Möglichkeiten zum Mitmachen und einer Abendmahlsfeier im großen Kreis. Es gab so viel zu entdecken, gerade auf dem Gebiet der Spiritualität. Sein eigener Weg war voller Überraschungen. Der empörte Ton, in dem Felix jetzt über den Kirchenvorstand herzog, amüsierte ihn eher.

Eine Entschuldigung murmelnd, beendete er das Gespräch und ging heim. Als er die Tür hinter sich schloss, war er froh, für sich sein zu können. Die Begegnung mit Felix hatte etwas in ihm angerührt. Wie sehr hatte er sich verändert! Er hatte keinen Menschen, mit dem er über das sprechen konnte, was ihn bewegte. Er schaltete den Computer ein. Immerhin kannte er im Web, durch Blogs und Foren inzwischen eine Menge Leute auf allen Kontinenten, die ähnlich dachten und empfanden wie er. Die mehr wollten als nur die kuschelige Gemeinschaft von Gleichgesinnten. Die, so wie er selbst, aufs Meer hinaustrieben, ohne zu wissen, welche neuen Ufer auf sie warteten, und die doch gar keine Wahl hatten, als aufzubrechen.

Mensch 7.0: Immer weniger Angst

Bezeichnend für den Zweiten Rang ist, dass viele Ängste und Zwänge wegfallen. Hat ein Mensch diese Bewusstseinsstufe erreicht, kann er alles Bisherige überblicken. Er sieht, welche Ängste für welche Stufe charakteristisch waren – und plötzlich unwichtig wurden, als diese Stufe verlassen wurde. Wer von Rot nach Blau wechselt, verliert die Angst vor Geistern und dem Bösen Blick, wer nach Orange weiterwandert, verliert die Angst vor dem strafenden Gott. Wer von Grün nach Gelb wechselt, verliert die Angst vor einem Leben ohne Gruppenbestätigung. In Gelb kann man erkennen, wie viele Ängste im Lauf der Stufen unbegründet waren, und ist deshalb nicht mehr so anfällig für neue.

Dadurch sind Menschen mit einem Bewusstseinsschwerpunkt in Gelb (oder höher) besonders offen für neue, kreative und oft überraschende Problemlösungen. Sie sammeln Informationen quer durch alle Stufen und lassen sich nicht mehr durch Ängste bremsen. Sie verlassen sich auf ihre eigene Kompetenz und ihr eigenes unkonventionelles Urteil, das sie gewinnen, weil sie quer durch alle Stufen denken und deren vielfache Verflechtungen einbeziehen können. Gelb versteht mehrfach ineinander geschachtelte Systeme und begreift die zugrunde liegenden Beziehungsmuster.

Der Zukunftsforscher Matthias Horx[94] spricht von der neuen Fähigkeit des »fluiden Denkens«, das auf mehreren Ebenen Prozesse, Resonanzen und Wechselwirkungen wahrnehmen kann, wie unterschiedlichste und sogar widersprüchliche Elemente miteinander zusammenhängen und einen Sinn ergeben. Gelb spielt die unterschiedlichsten Szenarien durch und benutzt Kopf, Herz und Bauch gemeinsam als »Simulationsmaschine« für eine offene, multiperspektivische Weltbetrachtung.

Dadurch ist Gelb verblüffend unabhängig und effektiv. Orange und Grün haben hervorragende Werkzeuge geschaffen, allen voran die Computertechnologie und das Internet. Aber erst Gelb nutzt sie souverän zur Erkenntnisgewinnung auf allen Stufen, weil es die daraus strömenden Informationen nach ihrem hierarchischen Wert ordnen kann: Komplexe Argumente haben einfach mehr Gewicht als simple. Es gibt große qualitative Unterschiede, sie einzuebnen oder zu leugnen wäre Unsinn.

Mensch 7.0: In der Wüste und doch in Beziehung

Menschen, die die GELBE Bewusstseinsstufe betreten, fühlen sich oft einsam. Es gibt viel zu wenige Mitmenschen, die ihre Sichtweise teilen, denn GELB ist gerade erst am Entstehen. Ken Wilber schätzt den Anteil von GELB an der Weltbevölkerung auf etwa ein Prozent. Da ist es nicht selbstverständlich, dass man Weggenossen trifft, die sich auf der gleichen Ebene bewegen. Ohnehin hat der Aufbruch aus einer Wir-Stufe immer etwas von einem Exodus in die Wüste. Das war bei ROT so und auch bei ORANGE.

Fühlt sich die Ankunft in einer Wir-Stufe oft wie ein Nach-Hause-Kommen an, so empfindet man sich in einer neuen Ich-Stufe vor allem anfangs wie im Exil. Das gilt für den Übergang von GRÜN nach GELB ganz besonders, weil die GRÜNE Gemeinschaft im Vergleich zum rigiden PURPURNEN Clan oder der strengen BLAUEN Hierarchie warm und kuschelig ist. In GRÜN geht es herzlich zu, man duzt sich und umarmt sich, Empathie und Verständnisbereitschaft sind hohe Werte. In einer GRÜNEN Runde kann man sich bestens aufgehoben fühlen. Und doch ist der Aufbruch in die Einsamkeit notwendig. GELB spürt, dass es nur so sein Potenzial ausschöpfen und seinem Prinzip des lebenslangen Lernens auf allen möglichen Ebenen folgen kann. GELB nimmt Informationen auf intellektuellem, emotionalem, intuitivem und meditativem Weg auf. Zur Verarbeitung braucht GELB viel Zeit. Es schätzt darum das Alleinsein als Quelle seiner Selbsterfahrung und Selbstbestimmung.

Die »schwere emotionale Last« von GRÜN[95] kann unerträglich und erdrückend werden, weil dessen Ansatz, sich als Opfer sehen zu sollen, etwas Lähmendes hat. GELB findet dagegen zurück zu persönlicher Autonomie und übernimmt wieder selbst die volle Verantwortung für sein Leben. Dadurch ist GELB weniger fragmentiert als GRÜN und wesentlich unabhängiger. Auf dieser Stufe kann man seinen eigenen Sinn auf der Basis von universellen humanen Prinzipien konstruieren, ohne zu verlangen, dass alle anderen zustimmen. Natürlich stört es das Gemeinschaftsgefühl von GRÜN, wenn GELB immer wieder verschwindet, weil es keine GRÜNE Wärmelampe mehr für seine Gefühle braucht. Auch der Vorwurf der Arroganz kann fallen, wenn der Ausreißer GRÜNE Tabus bricht, nicht dauernd Streicheleinheiten verteilt, Wertunterschiede benennt oder die langwierige Suche nach Konsens uneffektiv findet.

GELB stellt aber durchaus eine freiere Variante GRÜNER fürsorglicher Präsenz dar. Es folgt zwar seinem vorrangigen Wunsch nach Selbstentfaltung, verspürt aber auch eine hohe Motivation, andere bei ihrer eigenen Selbstentwicklung zu unterstützen. Echte Selbsterkenntnis kann für GELB ohnehin nur in einem möglichst dynamischen Beziehungsprozess mit Toleranz und Tiefgang gewonnen werden. GELB speist dafür Altruismus, Spontaneität, Natürlichkeit, Humor und Würde in seine Beziehungen ein, ohne besitzergreifend zu sein.

Mensch 7.0: Raus aus der GRÜNEN Falle

Menschen, die ihren Schwerpunkt in GELB haben, tolerieren frühere Stufen und setzen sich dafür ein, dass die Werte aller bisherigen Stufen in der gegenwärtigen Gesellschaft gepflegt werden. Von Clare Graves ist der Ausruf überliefert: »Verdammt noch mal, jeder Mensch hat das Recht, der zu sein, der er ist.«[96]

So banal dieser Satz auch klingen mag, ist er doch ein typischer Ausdruck des GELBEN Bewusstseins. Alle sechs Stufen des Ersten Ranges verachten sich gegenseitig. Jede Stufe hat sich ihre eigenen Dualitäten geschaffen: Bei PURPUR kämpfen gute Geister gegen böse. ROT unterteilt in Eroberer und Eroberte. Auf der BLAUEN Stufe gibt es Heilige und Sünder, bei ORANGE Gewinner und Verlierer, in GRÜN Sensible und Unsensible. Diese Schwarz-Weiß-Einteilung hat auf den ersten fünf Stufen ihre Berechtigung, auf der GRÜNEN Stufe aber führt sich dualistisches Denken selbst ad absurdum: Im Namen der Toleranz ist GRÜN intolerant gegenüber Intoleranten. Im Namen der Einschließlichkeit schließt GRÜN viele aus. Integrationsbeauftragte integrieren nicht, sondern bestrafen die nicht Integrationswilligen – und desintegrieren sie damit. Das systemische Bewusstsein hat als Erstes »die Fähigkeit, Konflikte als ein Signal für unsere Überidentifizierung mit einem einzigen System zu erkennen«.[97]

Um wirklich tolerant zu sein, ist eine neue menschliche Fähigkeit notwendig, für die es in unserer Sprache noch gar keinen festen Begriff gibt. Meistens wird sie als integrales, systemisches oder synthetisches Denken bezeichnet. Damit ist die Fähigkeit gemeint, Widersprüche auszuhalten, Paradoxes denken zu können und einander widersprechenden Prinzipien gleichzeitig treu zu sein.

Es ist ein großer geistiger Schritt, alle bisherigen und zukünftigen Stufen ehrlich zu würdigen. Ein Mensch wird in BEIGE geboren und darf beim Weg durch die Stufen keine auslassen. Jeder Stufe hat er viel zu verdanken. In unserer Gesellschaft sind alle Stufen bis GRÜN präsent. Deshalb ist es so wichtig, alle in ihrer Eigenart zu würdigen.

Weil ein Mensch auf der GELBEN Stufe dazu in der Lage ist, kann er auch mit Menschen anderer Stufen in ihrer jeweiligen Sprache kommunizieren. Intuitiv tun das Menschen sowieso, etwa wenn sie mit einem Baby in BEIGE, einem Kleinkind in PURPUR oder einem Erwachsenen in ORANGE sprechen. Auf der GELBEN Bewusstseinsstufe entsteht jedoch ein *Bewusstsein* für diese verschiedenen Sprachen der Stufen. GELB kann dieses Wissen im Dienst gezielt einsetzen und für unterschiedliche Anliegen unterschiedliche Strukturen schaffen.

Denn was für PURPUR richtig und lebensnotwendig ist, kann für ORANGE oder GRÜN nebensächlich oder überflüssig sein. Ein Feuerwehreinsatz lässt sich nicht nach GRÜNEN basisdemokratischen Kommunikationsmustern organisieren, sondern setzt BLAUE Kommandostrukturen voraus. In Wettbewerben gewinnt oft, wer den Kampfgeist der ROTEN Stufe kennt und hervorlocken kann. Im Wirtschaftsleben ist es sinnvoll und zielführend, materielle Anreize zu setzen, damit in einer Gruppe ein ORANGER Wettstreit um die beste Lösung entsteht. Bei Problemen in einer Partnerschaft empfiehlt sich ein gründliches Ausdiskutieren am runden Tisch, moderiert durch einen erfahrenen GRÜNEN Mediator.

Mensch 7.0: Paradox denken

Die Fähigkeit, mit Paradoxien umzugehen, ist das herausragende Merkmal der GELBEN Bewusstseinsstufe. Oft verhalten sich Widersprüche zueinander wie These und Antithese, die gemeinsam auf einer höheren Ebene eine Synthese eingehen können. Das Modell geht zurück auf den Philosophen Georg Wilhelm Friedrich Hegel, der mit einigem Recht als der erste integrale Denker bezeichnet werden kann.[98] In der Synthese bleiben grundlegende Aussagen von These und Antithese erhalten, sie werden im doppelten Sinne »aufgehoben« in einer neuen Einheit. Widersprüchliches kann sich gegenseitig stützen wie die aufeinander zustrebenden Hälften eines Gewölbes, die sich im Schlussstein vereinigen. Der trägt das Ganze durch seine bloße Anwesenheit am richtigen Punkt und hält es zusammen.

Das systemisch-integrale GELBE Bewusstsein ist darüber hinaus in der Lage, auch Paradoxien nebeneinander stehen zu lassen, die das logische Denken nicht in einer Synthese aufheben kann. Die ORANGE wie die GRÜNE Logik denken noch in den Kategorien von Entweder-Oder. Doch in ihren höchsten Ausformungen kam die »ORANGESTE« aller wissenschaftlichen Disziplinen, die Physik, schon vor hundert Jahren zu paradoxen GELBEN Aussagen.

Am bekanntesten ist die Theorie von der Doppelnatur des Lichts. Licht verhält sich, je nachdem, wie man es betrachtet und mit welchen Verfahren man es untersucht, entweder wie ein Strom winzig kleiner Teilchen oder wie eine Welle. Beides gleichzeitig kann eigentlich nicht zutreffen. Der logi-

sche Verstand braucht das Entweder-Oder, er kann mit dieser Gleichzeitigkeit nicht umgehen. Das GELBE Bewusstsein jedoch kann es stehen lassen, als Sowohl-als-auch oder als Je-nachdem.

Für den Physiker und Nobelpreisträger Werner Heisenberg gehören solche Paradoxien zum täglichen Brot der Quantenphysik:

> Wir haben uns jetzt daran gewöhnt, dass die Welt nicht ›»wirklich« so ist, wie es uns die gewöhnlichen Begriffe glaubhaft machen, und dass wir uns also in neuen Erfahrungsbereichen auf Paradoxien gefasst machen müssen.[99]

Ähnlich verhält es sich mit Geist und Körper: Ist das Bewusstsein eine Funktion der synaptischen Gehirnaktivitäten, wie es viele Biologen annehmen? Oder ist umgekehrt das Gehirn eine Art Werkzeug für den transzendenten Geist, mit dem er sich in der materiellen Welt bemerkbar macht? Für beide Ansichten gibt es gute Argumente, und die Vertreter beider Richtungen können sich bis aufs Blut zerstreiten. Wer sich im GELBEN Entwicklungsraum aufhält, kann das Paradox unaufgelöst lassen. Wem ist mit einer Ja-nein-Antwort gedient? Wird das Bewusstsein nicht bereichert durch die verschiedenen Zugänge, die einander nur im Bereich der linearen Logik widersprechen?

Ein eindrucksvolles Symbol für GELBES Bewusstsein ist ein Hologramm: ein dreidimensionales Bild, das mit Lichtstrahlen von exakt einer Wellenlänge erzeugt wird, meist einem Laser. Jeder Bereich eines Hologramms enthält

Informationen über das gesamte abgebildete Objekt. Zerschneidet man eine normale Fotografie eines Baums, sieht man auf dem einen Schnipsel den Baumstamm, auf dem anderen die Krone. Teilt man jedoch ein Hologramm in mehrere Teile, sieht man auf jedem der Bruchstücke das ganze Objekt, nur kleiner und mit weniger Details.

Ganz ähnlich denkt das GELBE Bewusstsein: Jeder Teil der Wirklichkeit repräsentiert das gesamte Sein. Jeder Mensch repräsentiert das gesamte menschliche Sein. Im Bewusstsein jedes Menschen ist das gesamte kosmische Bewusstsein enthalten – nur »kleiner und mit weniger Details«. Die Menschen sind nicht mehr separate Wesen, sondern die gesamte Menschheit kann betrachtet werden als ein einziges organisches Ganzes, »innerhalb dessen alle funktionierenden Einzelteile aufeinander bezogen sind und sich ständig simultan aufeinander abstimmen«.[100]

Mensch 7.0: Wachstumshierarchien anerkennen

Wie jede neu entstehende Stufe antwortet GELB vor allem auf Defizite der vorhergehenden, in diesem Fall also GRÜN. Das GRÜNE Bewusstsein verabscheut Hierarchien[101] und Rangordnungen. Das ist verständlich, denn die bisherigen Hierarchien dienten in erster Linie dazu, andere zu beherrschen: In ROT herrscht der Stärkste mit roher Gewalt über die Schwächeren, die sich nicht durchsetzen können. BLAU entwickelt starre Hierarchien, von den Ämterstrukturen der römisch-katholischen Kirche bis zum Kastensystem im Hinduismus. ORANGE verteilt Belohnungen, Boni und Posten nach Leistung und Ellbogen. All diese Systeme erzeugen Ungleichheiten und Ungerechtigkeiten, sie fördern Anpassung und Unterdrückung. Gegen solche Herrschaftshierarchien wendet sich GRÜN mit Recht. GRÜN sieht die prinzipielle Gleichwertigkeit aller Menschen, ja aller Lebewesen, kämpft gegen Unterdrückung aller Art und erwirbt sich große Verdienste in den Bereichen von Fairness, Verantwortung und Gleichstellung.

Dabei aber kann leicht aus dem Blickfeld geraten, dass es tatsächlich Unterschiede gibt, vor allem in Entwicklung und Wachstum: Ein Baum ist komplexer als ein Same. Eine Abiturientin weiß mehr als ein ABC-Schütze. Das heißt nicht, dass eine Eiche besser wäre als eine Eichel oder eine Abiturientin mehr wert sei als ein Schulanfänger. Dennoch ist es sinnvoll, Wachstum, Lernen und Entwicklung zu unterstützen. Dadurch entstehen natürliche Wachstumshierarchien, die in eine eindeutige Richtung weisen: Eine Eichel wird zum Baum, niemals umgekehrt. Es ist sinnvoll, sich vorwärts zu entwickeln und nicht zurück. Entwicklung geschieht, indem das Neue das Frühere umfasst und gleichzeitig transzendiert.

Klassische Beispiele für diesen Prozess sind die aufeinander folgenden, immer komplexeren Einheiten, aus denen sich alle Materie aufbaut: Elementarteilchen – Atome – Moleküle – Zellen – Organismen. Mehrere Elementarteilchen ergeben ein Atom. In dieser neuen Einheit sind sämtliche Elementarteilchen unverändert enthalten. Doch das Atom ist mehr als die Summe seiner Teile, etwas ganz Neues ist entstanden. Gleiches geschieht, wenn sich mehrere Atome zu einem Molekül verbinden. Das Molekül hat völlig andere Eigenschaften als die zugrunde liegenden Atome: Wasserstoff und Sauerstoff etwa sind bei Raumtemperatur gasförmig, wenn sie sich aber zum Molekül H_2O verbinden, entsteht Wasser, das bei Raumtemperatur flüssig ist.

Mehrere verschiedene Moleküle können sich zu einer Zelle verbinden, die wiederum über völlig neue Eigenschaften verfügt: Stoffwechsel, zielgerichtete Bewegung, Selbstorganisation. Die Moleküle sind unverändert enthalten und werden doch transzendiert zu etwas Neuem. Solche Einheiten, die in sich ein sinnvolles Ganzes bilden, sich aber mit anderen Einheiten derselben Ebene zu neuen, komplexeren Einheiten zusammenfügen, nennt Ken Wilber »Holons« (vom griechischen Wort *holos* = ganz). Holons verbinden sich mit anderen Holons zu umfassenderen, komplexeren Holons und bilden so eine »Holarchie«, eine geordnete Abfolge von Stufen immer höherer Komplexität.

Ähnlich ist es mit der Holon-Kette Buchstaben – Worte – Sätze – Sprache. Ohne materiell etwas hinzuzufügen, wird aus einer Kombination von Buchstaben ein Wort, aus mehreren Worten werden Sätze.

Lebende Systeme, Menschen und Gesellschaften bilden aus integraler Perspektive sinnvolle Wachstumshierarchien. Laut Ken Wilber[102] streben alle eine Entwicklung nach vorne an, zu mehr Komplexität, Einbeziehung und Bewusstheit. Geht die Entwicklung nach rückwärts, wird das als traurig empfunden – etwa wenn ein intelligenter Mensch dement wird und seine komplexen geistigen Fähigkeiten einbüßt. Dabei ist dieser an Demenz und geistiger Verwirrung leidende Mensch keinesfalls weniger wertvoll als ein junger, kraftvoller Intellektueller.

Gesellschaft 7.0: Verrückt und virtuell

Viele junge Unternehmen der Internet-Szene sind aus GELBEN Impulsen hervorgegangen. Am Anfang standen ein Einzelner oder zwei Kumpel, die »etwas Verrücktes probiert haben«. Ihr Motor war nicht die Suche nach Profit, sondern reiner Spieltrieb, Engagement für eine gute Idee oder Glaube an die Eigendynamik der Nutzer. Es sind Menschen, die im GRÜNEN Umfeld bereits zu Hause sind. Umweltorientierung, Gleichberechtigung, soziales Engagement, konsensorientierte Gruppenprozesse – all das ist für sie selbstverständlich. Ebenso wie das leichte Leben in einer Wohlstandsgesellschaft mit ständig wachsenden technischen Möglichkeiten, allem voran das Internet.

Die GELBE Bewusstseinsstufe und das World Wide Web passen perfekt zusammen: Ein Einzelner kann mit diesem fantastischen Werkzeug unglaublich viel bewegen. Es ist einer Website kaum anzumerken, ob dahinter zwei ambitionierte Studenten stecken oder ein Konzern mit Tausenden von Mitarbeitern.

Google, eBay, facebook und viele ähnliche raketenhaft aufgestiegenen Firmen sind typische Gewächse des sich derzeit ausbreitenden GELBEN Bewusstseins. Sie haben es in der Regel aber nicht geschafft, ihren Schwerpunkt auf dieser Stufe dauerhaft zu halten. Mangels eigener GELBER Kommunikationsstrukturen wurde eine GRÜNE Meeting- und Diskussionskultur übernommen. Das gigantische Wachstum wurde finanziert von ORANGE orientierten Investoren, die bald entsprechende Führungskräfte im Unternehmen installierten, um die Marktsteuerung und Gewinnmaximierung zu übernehmen. Die Gefahr für GELBE Konzepte, von den gierigen ORANGEN Strategien aufgesaugt zu werden, ist derzeit noch sehr hoch.

Eine besonders beeindruckende, nichtkommerziell gebliebene GELBE Initiative ist die »freie Enzyklopädie« Wikipedia, 2001 von Jimmy Wales und Larry Sanger zunächst als »Spaßprojekt« gegründet. Inzwischen arbeiten über eine Million Menschen freiwillig und unbezahlt, um dieses größte, in vielen Sprachen vorhandene Online-Lexikon ständig zu erweitern und zu verbessern. Es besteht aus der intellektuellen Leistung lauter einzelner Individuen (darunter viele Experten), die sich in einem permanenten Diskussionsprozess befinden.

Die klassischen Informationsanbieter waren anfangs sehr skeptisch gegenüber diesem Projekt. Inzwischen mussten immer mehr Lexikonverlage ihr Geschäft aufgeben, weil die Gratis-Variante Wikipedia ihnen die Kunden abgejagt hat. Eine Untersuchung ergab, dass sich die Qualität von Wikipedia nicht mehr gravierend von konventionellen Lexika unterscheidet.[103] Die GELBE, vernetzte, sich demokratisch selbst korrigierende Intelligenz ist also annähernd so gut wie die des ORANGEN akademischen Establishments.

Gesellschaft 7.0: Freie Interaktion

In einem GELB geführten Unternehmen gibt es flexible Strukturen. GELBE Mitarbeiter sind hoch motiviert. Sie brauchen freien Zugang zu Informationen, technischen Geräten und Materialien. Sie können sich ihre Zeit und ihre Ziele selbstständig einteilen, feste Vorgaben würden die integrativen Prozesse nur hemmen. Wesentlich hilfreicher sind lockere, interaktive Strukturen von großer Durchlässigkeit. Wer für die jeweilige Aufgabe am besten ausgebildet ist oder die meiste Erfahrung hat, wird die Führung des Teams übernehmen – so lange, bis die Aufgabe erledigt ist und jemand anders für das neue Projekt besser qualifiziert ist. Ein solcher Arbeitsstil setzt das Zusammenspiel von ROTEM Enthusiasmus, BLAUER Gewissenhaftigkeit, ORANGER Selbstverantwortung und GRÜNEM Teamverständnis voraus.

Charakteristisch für GELB ist die Lust am lebenslangen Lernen und die Freude, immer wieder Neues aufzunehmen und in das eigene Profil einzuarbeiten. So kann es sein, dass beim nächsten Mal der bisherige Teamverantwortliche ins zweite Glied rückt und jemand anderen nach vorn lässt, der inzwischen über mehr Fachwissen verfügt. Oder ein GELBER Mitarbeiter gründet eine Initiative, sammelt Mitstreiter, setzt die entscheidenden Impulse, und wenn die Sache läuft, zieht er sich zurück, überlässt anderen das Feld und sucht sich eine neue Aufgabe. Status (ORANGE) ist nicht mehr wichtig und auch das (GRÜNE) Bedürfnis, als Mensch von den anderen geliebt und akzeptiert zu werden, verliert an Bedeutung. Es gibt einfach so unglaublich viel zu entdecken und zu lernen, dass die bisherigen Beschränkungen zunehmend nebensächlich werden.

Aus der Perspektive der ORANGE-GRÜN orientierten Gewerkschaften ist die GELBE Arbeitswelt ein Gräuel: Menschen, die ohne feste Arbeitszeiten selbstverantwortlich arbeiten, und das auch noch voller Begeisterung. In einem wirklich GELB orientierten Unternehmen ist das okay, denn dort werden die Gewinne fair und leistungsorientiert zugleich an alle verteilt. Nach harten Stressphasen gibt es entspannende Gruppenerlebnisse, und es wird viel gefeiert. Es gibt jedoch ORANGE Firmen, die das hohe, selbstverantwortliche Engagement ihrer Mitarbeiter knallhart ausnutzen.

Wer allerdings im GELBEN Bewusstsein angekommen ist, lässt sich nicht lange ausbeuten. GELB kann nicht mehr so einfach wie die früheren Bewusstseinsstufen unter Druck gesetzt, eingeschüchtert oder genötigt werden. Das GELBE unabhängige Motivations- und Werteprogramm stellt einen Schutzschirm dar gegen Machtspiele. Ein im GELBEN Bewusstsein verankerter Mensch ist clever und flexibel genug, um ungerechte Strukturen zu verändern oder, wenn das nicht möglich ist, sie zu verlassen. Dabei wird er sich vermutlich weniger auf organisierte Solidarität verlassen (Gewerkschaften), sondern lieber seinen eigenen Ausweg finden und gehen.

Gesellschaft 7.0: Integrativ denken und handeln

Das systemisch-integrative GELBE Bewusstsein sieht, dass die globalen Probleme (Klimakatastrophe, Finanzkrise, weltweiter Terrorismus, lokale Kriege usw.) nicht mehr von Nationalstaaten, von einzelnen Regierungen oder lokalen Initiativen zu lösen sind, sondern nur noch durch eine Weltföderation. In GELB wächst das Bewusstsein, dass die Erde ein einziges Ökosystem ist, in dem alles mit allem zusammenhängt.

GELB weiß, dass niemand mehr allein alle Zusammenhänge vollständig kennen kann. Es zieht seinen Mut, über multikomplexe Sachverhalte zu entscheiden, aus seiner respektvollen Einbeziehung möglichst vieler Perspektiven aus allen Stufen. Gleichzeitig nimmt GELB die Gefahr eigener Selbstüberschätzung sehr ernst. Gerade aus dieser Bescheidenheit kann GELB dann die Fehler eines eindimensionalen Denkens wie im ersten Rang vermeiden und der ganzen Spirale dienen.

Es scheint, dass der frühere US-Präsident Barack Obama zumindest ein Gespür für das GELBE Bewusstsein entwickelt hatte. In seiner Antrittsrede sprach er alle Bewusstseinsstufen nacheinander gezielt an. Allerdings stand seine Regierung in der täglichen Arbeit vor dem Problem, dass mindestens ein Viertel der US-Bürger BLAUE, konservative Traditionalisten sind und weitere zwei Viertel dem ORANGEN Leistungs- und Fortschrittsdenken anhängen. So ist es der Obama-Regierung nicht gelungen, unter den BLAUEN Traditionalisten das ORANGE Bewusstsein zu fördern und gleichzeitig einer genügenden Anzahl von postmodern GRÜN lebenden Amerikanern das GELBE Gedankengut nahezubringen. Obamas Nachfolger Donald Trump bedient nun wieder genau die BLAUEN, großenteils evangelikal-konservativen, und ORANGEN, wirtschaftsliberalen Kräfte im Land, angefeuert von seinem persönlichen, ROT-egozentrischen Machtstreben.

Gott 7.0: Im Konzert der Religionen

Schon GRÜN hatte begonnen, die ORANGE Religionskritik zu überwinden und sich für spirituelle Entwicklungen geöffnet. Dabei machten die Menschen eine überraschende Entdeckung: Im Prinzip sind alle Religionen gleich wertvoll. Die Mystiker aller Religionen sind einander näher, als sich ein Mystiker und ein fundamentalistischer Anhänger der orthodoxen Lehre innerhalb derselben Religion sein können.

Das GELBE Bewusstsein vertieft diesen mystischen, kontemplativen Zugang zum Religiösen, sieht und schätzt aber auch die Unterschiede. GELB fragt nach dem spezifischen Beitrag, den die einzelnen Religionen im spirituellen Weltkonzert spielen. So stellen zum Beispiel unsere Lehren vom uneingeschränkten göttlichen Segen und seiner alle Menschen umfassenden Gnade dem gnadenlosen Karma-Gedanken der östlichen Religionen (und ihren westlichen Ablegern) ein weicheres, menschlicheres Modell gegenüber.

Christen der GELBEN Bewusstseinsstufe können im Blick auf andere Religionen Gott in allem sehen und alles in Gott sehen, wie der indische Jesuit Sebastian Painadath ausführt:

> Insofern Gott in allen Religionen als der gestaltende Geist erlebt wird, bekommt das menschliche Leben einen neuen Sinnhorizont und eine tiefere Verantwortung. Die daraus folgende ethische Grundhaltung wird ausgedrückt in Vertrauen (Judentum), Liebe (Christentum), Gehorsam (Islam), Selbst-Hingabe (Hinduismus) und Mitgefühl (Buddhismus). Dies alles bedeutet letztlich eine intensive Wahrnehmung der göttlichen Gegenwart in der Welt und eine dementsprechende Lebensumgestaltung.[104]

GELBES Bewusstsein ermutigt Christen dazu, den unersetzlichen Wert der hoffnungsvollen und tätigen Liebe in den harmonischen Zusammenklang der Religionen und spirituellen Bewegungen einzubringen. Dabei erscheinen die anderen Traditionen, einschließlich die der indigenen Völker, die in ihren Riten den alles durchwaltenden Geist verehren, als Geschenke.

Gott 7.0: Zusammenfallen der Gegensätze

Die christliche Tradition enthält eine Menge paradoxer Aussagen, deren tiefe Weisheit auf der GELBEN Bewusstseinsstufe erst richtig aufblühen wird. Die biblischen Autoren muten ihren Lesern nonduale Vorstellungen zu wie: Maria ist sowohl Jungfrau als auch Mutter. Der Ohnmächtige ist der Ermächtigte. Der Gescheiterte ist der Erlöser. Der Verwundete ist der Heiler. Jesus ist gestorben und auferstanden. Jesus ist zugleich Mensch und Gott.

Der Franziskaner Richard Rohr folgert daraus, dass eine der Hauptaufgaben der Religion darin besteht, unsere Augen für das Paradoxe zu öffnen. Die Bibel verfährt nach diesem spirituellen Grundprinzip – wie es auch die östlichen Koans tun: Das dualistische »Entweder-oder-Denken« von BLAU und ORANGE wird bombardiert und zerschellt im Idealfall an der Undenkbarkeit solcher Aussagen. Denn dem logischen Verstand des ersten Ranges kann das ja nicht einleuchten. Etwas ist *entweder* Holz *oder* Stein, Gedanke *oder* Materie, Physis *oder* Psyche, Gott *oder* Mensch. BLAU war bereit, das einfach zu glauben, ohne es verstehen zu können. ORANGE lehnte es ab, weil es mit den Mitteln der Vernunft nicht zu erklären war. GRÜN spürte, dass Widersprüchliches miteinander versöhnt werden muss. Nun tritt in GELB eine höhere transrationale Weisheit hervor, die alles scheinbar Widersprüchliche mitfühlend zusammenhält und ein größeres, geräumigeres, sanftmütigeres und nichtduales Bewusstseinsfeld erzeugt.

Jesus hatte immer wieder die nonduale Redeweise des zweiten Ranges angewandt, die dem rationalen Verstand einfach nicht einleuchten kann: Nur was stirbt, bringt Frucht. Die Letzten werden die Ersten sein und die Ersten werden die Letzten sein. Wer sich selbst erhöht, der wird erniedrigt, wer sich selbst erniedrigt, wird erhöht. Wer sein Leben erhalten will, der wird's verlieren und wer sein Leben verliert um Jesu willen, der wird's erhalten. Natürlich sind auch seine Seligpreisungen spirituelle Paradoxien: Selig sind die Armen, denn ihnen gehört das Reich Gottes. Selig sind die Hungrigen, denn sie werden satt werden. Selig sind die Weinenden, sie werden lachen.

Im außerbiblischen Thomasevangelium sagt Jesus: Wenn der Jünger leer ist, wird er voller Licht sein. Oder: Wenn ihr aus zwei eins macht, werdet ihr »Menschensohn« sein. Auch Paulus konfrontierte die Empfänger seiner Briefe mit nondualen Sätzen: »Wenn ich schwach bin, bin ich stark.« »Ich lebe, doch nun nicht ich, sondern Christus lebt in mir.« »Christus wurde arm, obwohl er reich ist, damit wir durch seine Armut reich werden.« »Alles, was mir Gewinn war, habe ich für Schaden erachtet.« »Der Herr hat mir gesagt: Meine Kraft ist in den Schwachen mächtig.«

In GELBER Betrachtungsweise wird deutlich, dass all diese verrückt erscheinenden nondualen Aussagen dazu einladen, durch die Gegensätze hindurchzutauchen, um hinter ihnen auf der Stufe nondualer Einsichtsfähigkeit wieder an Land zu kommen, wo alle Gegensätze zusammenfallen. Der Gedanke der »coincidentia oppositorum« wurde erstmals ausgeführt von dem genialen Philosophen, Mystiker und Kardinal Nikolaus von Kues (1401–1464). Er betrachtete Gott als »unendliche Einheit«. Gott ist Urgrund des Werdens und zugleich die äußerste Einfachheit. In ihm sind alle Gegensätze ursprünglich eingefaltet (Involution) und werden dann in der Welt und durch die Evolution entfaltet. Erstaunlich weitsichtig beschrieb Nikolaus von Kues die Welt mit systemisch-integrativem Blick als ein unendliches Beziehungsgeflecht aus strukturbildenden Relationen. Was der Mensch erkennen könne, sei immer nur das Netzwerk dieser Beziehungen, eine gigantische Interkommunikation und Interkommunion, die Freund und Feind, Gott und Mensch einbezieht.

Gestützt auf Nikolaus von Kues kann man in GELB sagen: Auch Gott und Mensch bilden keine dualen Gegensätze mehr. Sie sind aufeinander bezogen in dem Sinne, dass sie wechselseitig ineinander wohnen und ein unauflösliches »Ineinandersein« bilden, wie es heute der Franziskaner Richard Rohr lehrt.[105] Für ihn fördert Jesus die GELBE Fähigkeit zur »Ko-Inhärenz« (»Bleibt in mir und ich in euch«, Johannes 15, 4). Das bedeutet nichts anderes, als dass Gott voll und ganz unter den Menschen leben kann, und der Mensch voll und ganz in Gott.

Gott 7.0: Die barmherzige Dreifaltigkeit

Diesen Gedanken entfaltet vor allem die Lehre von der Trinität. Es gibt nichts Besseres, um das dualistische Prinzip der Zwei auszuhebeln, als das nonduale Prinzip der Drei.[106] In der Trinitätslehre begegnet man dem GELBEN holografischen Weltbild. Wie in jedem Teilstück eines Hologramms das ganze Objekt zu sehen ist, ist in jeder der drei göttlichen Personen (Vater, Sohn, Heiliger Geist) die gesamte Gottheit enthalten. Diese drei Personen lassen sich nicht unterscheiden und müssen doch als eigenständige Personen betrachtet werden. Sie bilden eine ganz besondere Art von Einheit, »nämlich die trinitarische Einheit eines in Freiheit ganz miteinander geteilten Lebens, in dem die Differenzierung genauso wahr ist wie das Einssein«.[107]

Die Aussagen über die Trinität können als Modell dienen für die Struktur der Wirklichkeit überhaupt, die sich in tieferer Kontemplation erschließt: Alles ist eins, und doch sind die Individuen ganz und gar personal, unterschieden, einmalig und mit einer ganz einzigartigen Würde ausgestattet. Die amerikanische Philosophin Beatrice Bruteau ist praktizierende Katholikin und Anhängerin des Vedanta. Sie hat über Sri Aurobindo und Teilhard de Chardin geforscht und schreibt über die »Offenbarung des Trinitarischen«:

> Wir verstehen uns jetzt selbst in Begriffen des Systemischen, integrierter Prozesse, des Simultanen, der holografischen Präsenz: dass die Form des Ganzen an jedem Punkt jedes Einzelteils zu finden sei.[108]

Die göttliche trinitarische Dynamik hat im christlichen Glauben eine zweifache Bedeutung: Sie versucht, das geheimnisvolle Geschehen Gottes zu beschreiben, das die Wirklichkeit aller Menschen umhüllt. Gleichzeitig ist sie als Handlungszentrum für hingebungsvolle Liebe und Barmherzigkeit in jedem Menschen angelegt. Nicht nur Gott, auch der Mensch ist trinitarisch. Die barmherzige Dreifaltigkeit stellt (auf allen Stufen) den liebenden und leidenden Menschen in das Zentrum. Sie repräsentiert die göttlichen Eigenschaften des Guten, Wahren und Schönen im menschlichen Bewusstsein.

Die drei stärksten Antriebskräfte der Evolution sind das Wahre, das Gute und das Schöne. Sie bilden eine unauflösliche, lebendige Einheit, die allem zugrunde liegt. Diese drei Kräfte entsprechen der Dynamik der barmherzigen Dreifaltigkeit. Ein GELBES, nonduales, trinitarisches Gottesbild beruht auf der Erkenntnis: Das Wahre, das Gute und das Schöne dürfen nie voneinander getrennt betrachtet werden.

Das Prinzip des gütigen Vaters (oder der gütigen Mutter) wird von Menschen als uneingeschränkt gut erfahren, wo es zugleich voll tiefer Wahrheit und Schönheit ist. Es schenkt dem Menschen seine göttliche Identität und spricht ihm als Person die Kraft zu, den evolutionären Prozess kreativ mitgestalten zu können. Die christliche Tradition spricht davon, dass alle Menschen vom göttlichen Atem des Vaters durchhaucht sind und sich als Gottes Kinder ihrer Würde bewusst sein dürfen. Das Gute wohnt in uns und strebt danach, durch uns hindurch immer mehr offenbar zu werden. Es gehört laut biblischem Schöpfungsbewusstsein zur Grundstruktur des Universums, dass in ihm die Qualität des Guten pulsiert und sich weiter vermehren kann. Am Beginn der Bibel heißt es am Ende jedes einzelnen Schöpfungstages: »Und Gott sah, dass es gut war.«

Das Prinzip des Sohnes nimmt immer die demütigste Position von allen ein. Jesus ist der Christus, weil er auch am tiefsten Punkt, im Abgrund aller menschlichen Erfahrungen gegenwärtig ist. Es gibt keine Verlassenheit, die er nicht teilen würde. Er ist der mitfühlende und mitleidende Aspekt der Trinität, der alles menschliche Leid selbst erfahren hat. Dafür gibt es Symbole: etwa die Wunden, die er am Kreuz empfing. Jesu Leben war ein Zeichen der Liebe, die sich dem Leiden anderer bedingungslos zuwandte. In seinen Gesten der Heilung, Versöhnung und Hingabe wird die ganze Schönheit der göttlichen Barmherzigkeit sichtbar. Die Schönheit Gottes tritt im Menschen hervor, wo er fähig wird zum barmherzigen, liebevollen Austeilen von im-

mer mehr Güte und Wahrhaftigkeit. Schönheit wird empfunden, wenn etwas in sich so vollständig ist, dass man nichts mehr daran vermisst. In dieser Weise ist Jesus für Christen der schöne Christus, die umfassende menschliche Verwirklichung göttlicher Vollkommenheit in allen Erfahrungen, in denen von Liebe und auch in denen von Leid.

Das dritte göttliche Prinzip ist der Heilige Geist. Die Tradition zeigt ihn in paradoxen Bildern als leidenschaftlich auflodierndes Feuer und zärtlich herniederkommende Taube. Dieser Aspekt der Trinität drückt aus, wie Menschen Gottes Gegenwart in ihrem Bewusstsein erfahren: als aufwühlend und besänftigend, als verzehrend und zärtlich, als inspirierend und tröstend. Gott als Heiliger Geist will Menschen dafür begeistern, ihre spirituelle Dimension zu beleben. Der Heilige Geist hat die Beziehung zwischen Gott und Mensch ebenso im Blick wie die Beziehung der Menschen untereinander. Er begeistert sich für die Wahrhaftigkeit in jeder Beziehung. Der Heilige Geist, das erwachte, göttliche Bewusstsein im Menschen, feiert die Schönheit dieses göttlichen Geschehens und ermutigt zu einem Leben voller Vertrauen, das radikal auf Güte setzt.

Alle drei göttlichen Personen sind eins in ihrer Zuwendung zum Menschen. Das innergöttliche Leben ist der Liebe gewidmet, die nichts für sich zurückbehält, sondern ganz aus sich herausgeht und sich vollkommen hingibt. Was die drei göttlichen Personen einander schenken, wird in ihrer Hinwendung zum Menschen offenbar: Sie begegnen und vereinen sich als Liebe im Menschen. Der Mensch ist der Ort, in dem sich dieser innergöttliche Lebensprozess ereignet. Gott kommt nicht von außen oder oben auf uns zu, sondern er ist das Subjekt unserer eigenen spirituellen Erfahrung. Damit wird die barmherzige Dreifaltigkeit zum nondualen Konzept eines GELBEN christlichen Selbstverständnisses: Jeder Christ ist eingeladen, dieses göttliche Drei-in-Eins zu verkörpern. Er kann Lebensraum sein für die schöpferische Kreativität und Güte des Vaters. Er kann die Schönheit des barmherzigen Christus sein im Dienst am Nächsten. Und er kann die Wahrhaftigkeit in der Geistesflamme sein, die spirituelle Gemeinschaften nährt und inspiriert.

Eine reizvolle populäre Adaption der Trinitätslehre hat der US-amerikanische Missionar William P. Young in seinem Roman »Die Hütte« zum Bestseller gemacht. Dort begegnet ein Mann den drei Gestalten der göttlichen Dreieinigkeit ganz konkret: Gott ist eine warmherzige, füllige afro-amerikanische Frau; Jesus ein Zimmermann mit ausgeflippten Hippiezügen; der Heilige Geist erscheint in Gestalt einer verhuschten Asiatin. Der Erfolg seines Buches dürfte ein deutlicher Hinweis sein, dass das komplexe trinitarische Gottesbild mehr in den Blick kommt – und sich die GELBE Stufe langsam ins Bewusstsein schiebt.

Jesus 7.0: Angstfrei im Chaos

Als erste aller Stufen beobachtet und versteht GELB die ständigen Stufenwechsel, denen Individuum und Gesellschaft unterzogen sind. Jeder Paradigmenwechsel strengt an. Bis er gänzlich vollzogen ist, erlebt man sich oder seine soziale Umgebung als ungehalten im wahrsten Sinn des Wortes. Die verschiedenen Bewusstseinsstufen reiben sich aneinander wie Kontinentalplatten. Niemand möchte von ihnen zerdrückt werden. GELB nimmt die Entwicklung der Bewusstseinsstufen wahr als ein überaus instabiles Gemisch. Angesichts der chaotischen Strömungen, die sich unentwegt zwischen allen Stufen abspielen, ist diese Wirklichkeit ein System, das ständig bedroht ist vom Kollaps.

Jesus 7.0 wirkte auf diese Stufen in paradoxer Weise ein: Indem er Menschen aus ihren alten Ordnungen, Lebensmustern und Denkweisen herausrief (»Folget mir nach!«), sorgte er für Stabilität durch Instabilität. Jesus erzeugte heilsame Unruhe, zeigte Entscheidungsmöglichkeiten, warb für mutige Schritte nach vorn und lehnte das Einigeln auf einer Stufe oder eine nostalgische Abwärtsbewegung ab: »Wer die Hand an den Pflug legt und zurücksieht, der ist nicht geeignet für das Reich Gottes« (Lukas 9, 62). Jesus stellt Menschen auf den verschiedenen Stufen infrage und zeigt ihnen damit, dass sie in einem potenziell immer offenen, auf Wachstum angelegten System von Bedürfnissen, Werten und Hoffnungen leben. Dieses System nannte er Reich Gottes.

Das Reich Gottes ist für Jesus eine dynamische Größe. Es ist keine gemütliche Komfortzone, sondern ein epochales, umwälzendes Ereignis – sowohl im Inneren eines Menschen als auch im Herzen einer sich fortwährend wandelnden Gesellschaft. Jesus verknüpfte in seiner Reich-Gottes-Vision Menschen der verschiedensten Stufen miteinander. An seinem Tisch konnten alle Platz nehmen. Gemäß GELBEM Denken ließ er weder Statusdenken, Rangunterschiede noch Standesdünkel zu.

Menschen mit religiösem Interesse und stattlichem Vermögen wie den reichen Jüngling schickte er zum Dienst an den Armen, die auf tieferen Bewusstseinsstufen leben. Seine Jünger waren schlichte Fischer, denen er den Weg zu mehr spirituellem Selbstbewusstsein auf einer höheren Stufe eröffnete. Spirituelle Sucher wie Nikodemus führte er ein in das Geheimnis des mystischen Erlebens. Jesus zeigt, wie man die ungleichen Fähigkeiten und Bedürfnisse von Menschen auf den Stufen im ersten Rang achten und miteinander in Beziehung setzen kann. Bei all dem bevorzugte Jesus GELB anmutende minimalistische Strukturen, spontane Interaktion, eine schlichte, aber aufs Konkrete zielende Sprache und einen einfachen Lebensstil. Was sind schon materielle Besitztümer gegenüber der Großartigkeit menschlicher Existenz als geliebtes Gegenüber Gottes!

Unzählige Menschen, denen er begegnete, wurden angesteckt von seiner Angstfreiheit und erlebten plötzlich, dass ihnen »Gott geschah«. Genau das ist ein GELBES Gottesbild: Der Gott Jesu hat ein »ereignishaftes Wesen«,[109] das immer wieder völlig unvorhergesehen in ein Menschenleben hereinbrechen kann. Jesus bezieht seine Freiheit aus seiner Rückbindung (religio) an diesen schöpferischen Gott, der eine unfassbare Fülle von Beziehungs-, Wachstums- und Veränderungsmöglichkeiten anbietet. Jesus surft gleichsam wie ein Wellenreiter auf den spirituellen Möglichkeiten, die das »gestaltträchtige Chaos«[110] in jedem Augenblick erzeugt, ganz im Vertrauen darauf, dass die chaotischen Strömungsmuster des Lebens in Wirklichkeit auf nichts hinauslaufen als auf Liebe.

Jesus 7.0: Soziale Wärmeplastik als Kunstwerk Gottes

Der Künstler Joseph Beuys (1921–1986) band alle Stufen des ersten Ranges in sein Werk ein: Er thematisierte sein knappes Überleben im Krieg als legendenhafte Rettung von hilflosem BEIGE durch Krimtartaren. Er definierte den Künstler als Medizinmann und spielte mit schamanischen Elementen von PURPUR. Er provozierte durch ROTE Tabubrüche (»Zeige deine Wunde!«). Aus BLAU entlieh er sich klassische christliche Symbole, um sie radikal neu zu interpretieren, etwa in seiner »blasphemischen« Kreuzigungsgruppe, einer Montage aus Bauholz, Nägeln, Elektrokabeln und Blutspendeflaschen. Seinen erweiterten Kunstbegriff gewann er philosophisch aus dem Überschreiten des rein instrumentellen ORANGEN Vernunfts- und Rationalitätsprinzips. GRÜN kam zum Tragen in seiner Materialismuskritik, seinem parteipolitischen Engagement für die Ökologie und seiner Gleichsetzung von Kunst und Naturschutz (7 000 Eichen für Kassel).

Bei all dem verfolgte Beuys den GELBEN Ansatz, hartnäckig nach dem Christusimpuls zu fragen, der durch Jesus in die Welt gekommen ist. Der Christusimpuls ist für Beuys nicht mehr exklusiv in der Kirche zu finden, sondern über den Fortgang der Wissenschaft (ORANGE) in die Welt hinausgewandert. Seitdem ist er so sehr präsent im ganzen menschlichen Leben, dass man ihn gar nicht bewusst wahrnimmt. Die Kunst hat ihn aufzuspüren, da er als gegenwärtiges, reales Ereignis omnipräsent ist und hinter jeder normalen menschlichen Handlung oder Kunstaktion mit Alltagsgegenständen als die geistige Dimension der Wirklichkeit hervortreten kann.

> Wer mit dem inneren Auge zu sehen versucht, der sieht, dass der Christus längst wieder da ist. Nicht mehr in einer physischen Form, aber in der bewegten Form, einer für das äußere Auge unsichtbaren Substanz. Das heißt, er durchweht jeden einzelnen Raum und jedes einzelne Zeitelement substanziell. Also ist er ganz nah da [...][111]

Beuys attestierte den alten religiösen Formen der prärationalen Stufen vor allem »Geschenkcharakter: Der Mensch bekommt etwas, erhält etwas, ihm wird geholfen«.[112] Der von diesen Bedürfnis-Formen abgenabelte spirituell emanzipierte Mensch der transrationalen Stufen kann aber »aus eigenen Kräften sein spirituelles Wesen erkennen im Sinne der Wahrheit«. Das geht nur, wenn er den Christusimpuls in sich so aufnimmt, dass er Jesu Einsamkeit und Leiden an der Wirklichkeit ebenso entschieden annimmt, wie er Jesus durch schöpferisches Tun und freimütiges Geben nachahmt. In beidem erlebt er schöpferische Transformation und die Metamorphose seines Bewusstseins. Der Christusimpuls wird erfahren als Befreiung schlechthin. Die spirituelle Evolution ist nicht mehr Sache der kirchlichen Institutionen, sondern Sache des freien Menschen geworden, von dem nun das weitere Überleben der Menschheit abhängt.

> Die ganze Verantwortung hängt jetzt vom Menschen ab. Es hängt von ihm ab, ob Menschen weiterleben oder nicht, ob die Menschheitsentwicklung scheitert oder weitergeht. Das hängt von keinem anderen ab als vom Menschen. Und insofern kann ich nur vom Menschen sprechen als von einem gottähnlichen Wesen. Ich kann es auch nicht anders erwarten, wenn Christus im Menschen lebt, das heißt, wenn er in

ihn eingezogen ist, dann muss doch der Mensch auch eine Art Christus sein, oder partiell jedenfalls Christus sein.

Die Frage ist, ob der transrationale Mensch ein humaner Mitschöpfer Gottes sein kann und dafür sorgt, dass das Christusereignis in ihm dem Planeten Erde auf schöpferische Weise dient. Gnade wird erlebbar als menschliche Kreativität. Sie ist ein Zeichen, dass die Auferstehung Christi tatsächlich durch den Menschen vollzogen wird. Beuys formuliert dafür ein GELBES Konzept:

> Das Erfahren von geistigen Kräften in der Welt, die Erfahrung der christlichen Substanz in der Welt ist nur erfahrbar durch innere Aktivität, indem ich mit anderen Menschen rede, indem ich lese, indem ich mich informiere über die Geschichte des Christentums, indem ich meine Arbeitspflicht im Leben erfülle, auf diesen Punkt hinarbeite, auch durch besondere Übungen, Meditationsübungen, Konzentrationsübungen usw.

Für Beuys formt innere Aktivität Bewusstsein; Gedanken wiederum erzeugen gesellschaftliche Realitäten. Jede Wirklichkeit formt sich plastisch aus. Also gilt: »Denken ist bereits Plastik«,[113] folglich ist der Christusgedanke eine sich bewegende und heilende »soziale Wärmeplastik« ungeheuren Ausmaßes. Sie wird erfahren als ein reales gesellschaftliches Ereignis, eine stetig anwesende und sich verstärkende geistige Gegenwart in Menschen und als ein Wärmeprozess der Brüderlichkeit. Das klingt wie eine GELBE Neuformulierung von Epheser 2, 10:

> Wir alle sind gemeinsam Gottes Kunstwerk, geschaffen in Jesus Christus, um auch unsererseits wieder Gutes hervorzubringen, das von Gott geprägt ist, und in dem wir uns dann alle bewegen werden.

Jesus 7.0: Multiperspektivisches Wiedererkennen

Auf den Stufen des ersten Ranges war man es gewohnt, sich auf ein bestimmtes Jesusbild festzulegen und es von anderen abzugrenzen. Das Neue Testament dagegen leistet sich eine beeindruckende Vielstimmigkeit. Es hat Platz für die Stimmen derer, die Jesus selbst erlebt und begleitet haben, sowie für die Jesus-Erfahrungen von Menschen, die nach seinem Tod von der Botschaft seines Lebens und Wirkens zutiefst berührt wurden. GELB kann sich in alle diese sich durchaus reibenden Perspektiven einfühlen und Jesus, den Christus, auf allen Stufen wiedererkennen: in den Augen seiner Freunde ebenso wie in den Augen derer, die ihn ablehnten und verfolgten.

Eine Einübung in diese multiperspektivische Jesuswahrnehmung bietet das Buch »Jesus Menschensohn. Seine Worte und Taten, berichtet von Menschen, die ihn kannten«. Verfasst wurde es von dem libanesischen Christen Khalil Gibran (1883–1931), der als Maler in Paris und New York arbeitete und mit seinem Buch »Der Prophet« berühmt wurde.

Gibran komponiert ein emotionales, sprachpoetisches Jesus-Mandala aus 79 fiktiven Augenzeugenberichten. Alle Personen sind Jesus auf ihre Weise begegnet oder haben ihn verfehlt: als Freunde, Jünger, Bewunderer, Feinde oder Ungläubige, in deren widersprüchlichen Erfahrungen sich Jesus spiegelt. Jesus ist ein leuchtender oder verstörender Erinnerungsruf Gottes, dessen Echo im Inneren all dieser Gestalten auf unterschiedlichen Bewusstseinsleveln widerhallt. Beim Lesen wird man sich der Subjektivität aller Jesusbilder bewusst, gleichzeitig aber auch hineingezogen in die eigene Subjektivität. Zwischen all diesen Perspektiven taucht plötzlich das eigene Gefühl für Jesus auf, das einem tiefen Wiedererinnern an die eigene spirituelle Begabung gleicht. Als 79. Zeuge spricht Khalil Gibran selbst. Und plötzlich hat man das Gefühl, dass zusätzlich ein bislang ungeschriebener 80. Text im Buch erscheint: die intime Geschichte des eigenen Berührtwerdens durch Jesus. Alles Erzählen strömt auf diesen Punkt zu, dass Jesus für den Leser selbst zu einer spontanen Initialzündung wird für das innere Kennenlernen Gottes, wie er sich in allen Menschen spiegelt, ausdrückt und offenbart. Es gibt keine Grenzen zwischen Gott und Mensch, wie es auch keine gibt zwischen Mensch und Mitmensch. Jesus 7.0 ist es, der alle Ich-Du Grenzen aufhebt und dafür sorgt, dass man sich im Mitmenschen selbst wiedererkennt:

> Jesus sagte: Euer Nachbar ist euer sichtbar gewordenes, unbekanntes Ich. Sein Gesicht spiegelt sich in euren ruhigen Wassern, und wenn ihr die Wasseroberfläche betrachtet, werdet ihr euer eigenes Gesicht erkennen. Wenn ihr in die Nacht lauscht, werdet ihr ihn sprechen hören, und seine Worte werden das Klopfen eures eigenen Herzens sein [...] Lebt nicht für euch allein. Ihr seid in den Taten anderer Menschen gegenwärtig, und sie sind täglich bei euch, ohne es zu wissen [...] Bevor ich gehe, wiederhole ich euch: dass euer Nächster euer sichtbar gewordenes unbekanntes Selbst ist. Sucht ihn auf und begegnet ihm mit Liebe, damit ihr euch selber kennenlernt. Denn nur durch diese Erkenntnis werdet ihr zu meinen Brüdern.[114]

Alle Menschen bilden im Jesus-Mandala gemeinsam ein leuchtendes Ganzes. Es spiegelt die Vielfalt ihrer spezifischen Christusbezogenheit wider, welche Nähe und Distanz, Hingabe und Zweifel, Vertrauen und Skepsis gleichermaßen erlaubt. Das GELBE Christus-Bewusstsein erscheint bei Gibran nicht exklusiv auf einer Stufe oder in einem Zeugen. Es schiebt sich, unterschiedlich tief reflektiert und unterschiedlich angenommen, in das Bewusstsein aller Menschen, die Jesus trafen oder von ihm hörten. Als vom »Berührer Berührte« bilden sie dennoch alle zusammen einen dynamischen Organismus gemeinsamer Existenz, der ihnen erlaubt, sich durch den Blick der Liebe im anderen zu erkennen.

Jesus 7.0: Nicht Christ sein, sondern Christus

Von GELB aus kann man das Christusbewusstsein als schwingende Achse der gesamten Stufenspirale begreifen, als Entwicklungsspitze dieser »Spindel«, die den Raum für weiteres spirituelles Wachstum im Lauf der Evolutionsgeschichte erschafft. Man kann sich in GELB aber auch mit Mechthild von Magdeburgs mystischer Forderung befassen: »Jeder sollte in sich ein Christus sein, sodass der Mensch Gott lebte und nicht sich selbst.« Das bedeutet: dass man aufhört, ein Christ zu sein, und anfängt, Christus zu sein.

Eine geradezu atemberaubende Begründung dafür hat die jüdisch-christliche Philosophin Simone Weil im Jahr 1942 niedergeschrieben. In ihr wird eine tiefe mystische Einsicht von GELB offenbar. Simone Weil hält die unreflektierte BLAUE Rede vom mystischen Leib Christi, zu dem man nur durch Kirchenmitgliedschaft gehört, für »eines der bedenklichsten Zeichen unseres Verfalls«.[115] Sie schrieb das zur Zeit des Naziregimes, das eine mystische Zugehörigkeit zu einem Volkskörper mit der Vernichtung all derer verband, die nicht Teil dieses ethnozentrischen mystischen Leibes waren.

Aus der Sicht Simone Weils besteht die wahre Würde der Menschen nicht darin, »*Teile* eines Leibes zu sein, und wäre er ein mystischer, wäre er der Leib Christi«. Sie sieht das Verführerische dieses Bildes darin, dass man leicht dem berauschenden Wunsch erliegt, einem absolut gesetzten mystischen Leib angehören zu wollen, den tiefere Wir-Stufen anbieten wie PURPUR (Rasse, Blutsverwandtschaft) oder BLAU (Partei, Nation). Christen müssen einem Totalitarismus in jeglicher Form im Namen Christi entschieden widersprechen.

Da der Christ nicht dazu berufen ist, immer Fragment zu bleiben, fordert Simone Weil ihn auf, die Ganzheit des mystischen Leibes Christi *in sich selbst* zu verwirklichen. Der mystische Leib Christi ist »ab einem gewissen Stand der Vervollkommnung« ungeteilt, als Ganzer in jedem Einzelnen gegenwärtig – wie in einem Hologramm:

> Christus lebt in uns derart, dass durch diesen Stand Christus in seiner Ganzheit, in seiner unteilbaren Einheit in einem gewissen Sinne jeder Einzelne von uns wird, wie er der ganze Christus in jeder Hostie ist. Die Hostien sind keine Teile seines Leibes.[116]

Nicht mehr wir leben in uns selber, sondern Christus lebt in uns. Er degradiert niemanden zu einem Teil der Gemeinschaft. Im Gegenteil: Christus ist die unüberbietbare Erfahrung von Ganzheit im Individuum, jenseits vom Kollektiv.

Glaube 7.0: Raum ohne Programm

Das kennen wir inzwischen schon von der ORANGEN Bewusstseinsstufe: Die Kirche tut sich schwer mit dem erwachenden Selbstbewusstsein der Ich-Stufen. Die ORANGEN Forscher und Entdecker brauchten keine BLAUEN Hierarchien als Vermittler mehr, um in Kontakt mit Gott zu kommen: Kirchen mit erhöhter Kanzel, Hochaltar, durch Riten und Gewänder herausgehobene Priestergestalten – alles unnötig. Die GELBEN, virtuell vernetzten Weltenwanderer brauchen keinen GRÜNEN empathischen Sympathiekreis mehr, um Gott zu erfahren: Gruppengottesdienste mit »Ankommen«, »gestalteter Mitte« und Vorstellungsrunde, ja selbst Meditationsmeetings – alles unnötig. Aber was macht der GELBE Gottessucher stattdessen?

GELB als das »um eine Oktave erhöhte« BEIGE ist auf eine neue Weise anspruchslos. Es braucht aber, wie damals das gerade erwachte menschliche BEIGE Bewusstsein, die Gewissheit, versorgt und getragen zu sein – auf eine möglichst reduzierte, archaische Weise. Ein leerer Raum etwa, der die Verbindung mit dem Urgrund des Seins ausdrückt. Das kann eine (möglichst schmucklose) leere Kirche sein, in der gerade kein Gottesdienst stattfindet. Oder eine ganz minimalistische Feier, die dem dort mitfeiernden GELBEN Individuum alle Freiheiten lässt – also ohne Predigt, Leitung, Vorschriften, vielleicht sogar ohne feste Anfangs- und Schlusszeiten.

Frühe Vorläufer solcher Formen könnten die »unprogrammierten« Gottesdienste der »Religiösen Gesellschaft der Freunde« sein. Bei dieser Gruppe, die seit Mitte des 17. Jahrhunderts Quäker genannt wurde, versammelt sich die Gemeinde ohne Anleitung oder »Aufsicht«. Jeder versucht, das Bewusstsein unmittelbarer göttlicher Leitung und Gegenwart zu haben. Es gibt weder den vorgefassten Beschluss, zu schweigen, noch den, zu reden. Die Zusammenkunft soll so das Wagnis des Glaubens nachbilden.

Gott 8.0: Türkis

Christus ist das Bild des unsichtbaren Gottes, der Erstgeborene vor aller Schöpfung. Denn in ihm ward alles geschaffen, im Himmel und auf Erden, das Sichtbare und das Unsichtbare.

Kolosser 1, 15

Jede Zeit sah einen anderen Jesus. Aber seltsam: Dabei verbrauchte er sich nicht. Dass man Jesus in so vielen Bildern gespiegelt sehen kann, ist für mich heute ein Zeichen seiner universellen Wichtigkeit.

Jörg Zink

Unsere reinsten Begriffe sind keineswegs Bilder der Dinge, sondern bloß ihre notwendig bestimmten und koexistierenden Zeichen. Weder Gott, noch die menschliche Seele, noch die Welt, sind das wirklich, was wir davon halten.

Friedrich Schiller

Richtet euren Blick auf die Einheit. Haltet euch beharrlich an das, was der ganzen Menschheit Wohlfahrt und Ruhe bringt. Diese Handbreit Erde ist eine Heimat und eine Wohnstatt.

Bahá'u'lláh

Am ersten Tag deutete jeder auf sein Land. Am dritten oder vierten Tag zeigte jeder auf seinen Kontinent. Ab dem fünften Tag achteten wir auch nicht mehr auf die Kontinente. Wir sahen nur noch die Erde als den einen, ganzen Planeten.

Astronaut Sultan Ben Salman Al Saud[117]

Da war es wieder, dieses Leuchten. Nein, eigentlich war es kein Leuchten, eher ein Glühen, aber auch das traf es nicht. Es war einfach so, als ob alles um Judith herum, die ganze Welt, in der sie sich bewegte – als ob alles eine andere, tiefere Dimension bekäme. Es ging ihr neuerdings öfter so, unvermittelt, meistens, wenn sie allein war. Eigentlich änderte sich gar nichts, und doch war alles wie durchsichtig für eine andere, tiefere Realität, die eigentliche Realität, ja für das, was sie früher Gott genannt hatte. Sie wusste, dass das Wort Gott viel zu klein war für das, was sie da ahnte – einerseits. Andererseits wusste sie sich selbst als Teil dieses großen Ganzen, dieses unendlichen Gewebes, des Lebens.

Als sie nach Hause kam, loggte sie sich als allererstes in ihr Netzwerk ein. Sie hatte viele Freunde, in Neuseeland, Vietnam, Costa Rica; die meisten hatte sie noch nie von Angesicht zu Angesicht gesehen. Allenfalls über Skype hatte sie von einigen einen optischen Eindruck bekommen. Sie alle aber vereinte ein Ziel: die Verantwortlichen in ihren Ländern, ihre Regierungen, die Politiker, Konzerne, die ganze Öffentlichkeit zum Umdenken zu bewegen. Sie arbeiteten in einer weltweit konzertierten Aktion. Sie sammelten Daten und Informationen, diskutierten über Werte und Ziele, führten spontane Aktionen durch. An vielen Orten gleichzeitig, jede an ihrem Heimatort und doch global vernetzt. Wie hatte der alte Slogan gelautet? Global denken, lokal handeln! Sie und ihre Mitstreiter handelten lokal und global zugleich, das Internet machte es möglich.

Zu ihrem spirituellen Netzwerk gehörten Muslime aus Iran und der Türkei, Buddhisten aus Thailand und Japan, Juden aus den USA und Frankreich, Hindus aus Indien und Südafrika, Christen aus Australien und Schweden, und Bahá' i aus Deutschland und Panama. Sie hatten vereinbart, jeden Freitag um 18 Uhr – jeweils ihrer Ortszeit – zwanzig Minuten für den Weltfrieden zu beten oder zu meditieren. Jeder nach seiner Tradition, jede auf ihre Art. Judith wusste sich mit allen verbunden auf eine Weise, die schwer zu erklären war. Wie Zellen eines einzigen großen Organismus, alle unterschiedlich und doch in einem Ziel vereint. Sie fühlte diese Einheit tief in ihrem Inneren, und sie fühlte auch, dass diese Einheit nicht nur die Leute in ihrem Netzwerk einschloss. Alle Menschen auf der ganzen Welt waren Zellen in diesem einen großen göttlichen Organismus, und nicht nur die Menschen: Auch Tiere, Pflanzen und sogar die unbelebte Natur gehörten dazu. Judith war sehr dankbar, dass dieses Bewusstsein in ihr gewachsen war; ein Bewusstsein, das Gedanken, Gefühle und die intuitive Wahrnehmung umfasste, und das sich ganz selbstverständlich anfühlte. So selbstverständlich wie die Tatsache, dass sie atmete.

Auch wenn die Menschheit mit der GELBEN Bewusstseinsstufe einen gewaltigen Sprung in den Zweiten Rang gemacht hat – das Ende aller Fragen ist damit nicht erreicht. Mit jedem neuen Update ergeben sich neue Herausforderungen. Aber am Horizont erscheinen auch neue Möglichkeiten, die auf die spezifischen Defizite der vorhergehenden Stufen antworten.

Der größere Überblick, den GELB auf alle vorherigen Bewusstseinsebenen gewinnt, führt noch nicht zur Lösung aller Probleme. Wer die GELBE, systemisch-integrative Stufe betreten hat, kann zunehmend die Probleme der verschiedenen Gesellschaften, Nationalstaaten, Wirtschaftssysteme und Kulturen erkennen. Er sieht, dass sie zusammenhängen wie in einem riesigen Netz, das den gesamten Planeten umspannt. Doch all die großen Fragen, auf die GELB geprägte einzelne Menschen stoßen, können nicht von isolierten Individuen beantwortet werden. Auch wenn sie noch so viel lernen, verstehen und wissen. Dazu braucht es viele integrale Denker, die weltweit zusammenarbeiten, um gemeinsam Probleme zu lösen wie den Schutz des Weltklimas, die Kontrolle der globalen Finanzsysteme, die wirtschaftliche und kulturelle Entwicklung ganzer Kontinente wie Afrika oder die Verankerung eines verbindlichen Weltethos als Ergänzung zu den Menschenrechten.

Mensch 8.0: PURPUR, eine Etage höher

Legt man Clare Graves' Idee zugrunde, dass im Zweiten Rang die Themen der ersten sechs Ebenen noch einmal durchgespielt werden, nun aber in einer höheren Oktave, wäre TÜRKIS die höhere Form von PURPUR. Dem PURPURNEN magischen Denken, das alles in Verbindung mit allem sieht, entspricht ein TÜRKISES Denken, das auf einer kosmozentrischen Reflexionsebene die Verbundenheit von allem mit allem spürt. TÜRKIS empfindet alles als große, dynamische Einheit.

Zwar liegen Welten zwischen PURPUR und TÜRKIS. Die Idee der vieldimensionalen Verbindung stammt nicht mehr aus der angstvollen Ahnung der Naturvölker, sondern wird angeregt von der Speerspitze der aktuellen wissenschaftlichen Diskussion, vor allem der modernen theoretischen Physik und der Quantentheorie. Doch die Schlussfolgerungen sind strukturell ähnlich: Intuition und Instinkt erfahren eine neue Aufwertung. Sie werden dabei nicht das diskursive, analytische Denken ersetzen, die genaue Beobachtung und die Logik, die ihre Schlüsse zieht. Der Weg zurück an einen Ort vor ORANGE ist versperrt. Intuition aber kann die ORANGEN Methoden ergänzen. Neben der Intuition erhalten so auch die von GRÜN erforschten Emotionen wieder ihren Platz, als vertiefte Fähigkeit zu umfassender Empathie.

Mensch 8.0: Körper-Weisheit

Der holistische TÜRKISE Ansatz betrachtet den Menschen als lebendiges Ökosystem aus 50 Billionen intelligenten, eigenständigen Zellen, die sich zu einer Körpergemeinschaft zusammenfügen. Alle kommunizieren miteinander und ermöglichen dadurch Bewusstsein auf einer komplexeren Ebene. Die TÜRKISE Bewusstseinsstufe ist offen für die Weisheit und Wahrnehmungsfähigkeit des menschlichen Körpers. Sie behandelt ihn auf integrale Weise, jenseits des wissenschaftlichen Materialismus. Das äußert sich unter anderem in alternativen Heilweisen, die TÜRKIS teilweise aus früheren Stufen übernimmt – allerdings geläutert und geklärt durch ORANGE Wissenschaft und GRÜNES ökologisches Denken. Es werden also sicher keine Aphrodisiaka aus Rhinozeros-Hörnern verabreicht.

Der transpersonale Psychologe Michael Murphy, Gründer des Esalen-Instituts in Kalifornien, hat in seinem Buch »Der Quantenmensch« eine Fülle ungewöhnlicher phänomenologischer Beobachtungen zum Transformationsvermögen des Körpers zusammengetragen.[118] Die Belege stammen aus unzähligen Kulturen und umfassen Medizin, Anthropologie, Sport, Kunst, Psychologie, Religionen und Religionswissenschaft. Murphy folgert, dass wir diese außergewöhnlichen Fähigkeiten gezielt schulen sollten, um damit die Evolution voranzubringen.

Metanormale Fähigkeiten oder Erfahrungen des Körpers werden im Christentum meist mit »Gnade Gottes« bezeichnet, im Buddhismus mit »Wirken der Buddhanatur«, im Taoismus als »Weg des Tao«. Dank TÜRKIS wird die Fähigkeit[119] ansteigen, den eigenen Körper als geistig-spirituelles Wahrnehmungsinstrument und lernendes System zu gebrauchen, das interessiert ist an maximaler Kommunikation mit allem Lebendigen. Leider sind Murphys Daten noch nicht nach Stufen der Bewusstheit geordnet. Er klärt nicht, welche körperlichen Phänomene ab welcher Stufe und in welchen Versenkungszuständen auftreten. Eine Aufgabe, die GELB und TÜRKIS übernehmen könnten.

Für die Psychotherapie liegt ein integrales Konzept bereits vor. Der Psychologe Wulf Mirko Weinreich erarbeitete auf der Grundlage von Ken Wilbers »Integraler Psychologie«[120] die für jede Stufe typische Erkrankung und dazu passende Therapiemodelle. Dabei geht es einerseits um die erfolgreiche quantitative Reduzierung von Symptomen, andererseits auch um eine Unterstützung der weiteren qualitativen Persönlichkeitsentwicklung des Klienten. TÜRKISE Psychotherapie kann den Bewusstseinsstand des Patienten berücksichtigen und mithilfe einer Differenzialdiagnose auch erkennen, ob es sich bei einer Störung um eine spirituelle Krise handelt oder um psychotische Zustände.

Mensch 8.0: Hinter dem Vorhang des Ich

Die Psychologin und Sprachwissenschaftlerin Susanne Cook-Greuter ist eine weltweit angesehene Spezialistin für die Selbst-Entwicklung bei Erwachsenen.[121] Ihre Forschungen lassen für TÜRKIS folgendes Bild erscheinen: Auf dieser Stufe erfährt man durch scharfe Selbstbeobachtung, dass alle Erkenntnis immer nur ein Konstrukt darstellt. TÜRKIS gibt die Vorstellung auf, dass es überhaupt ein endgültiges Wissen über etwas gibt, auch über sich selbst. Alle eigenen Gedanken, alle inneren Vorstellungen und Urteile werden als »Machenschaften« des Ich durchschaut, das sich damit unentwegt Realität schafft und sich eine Selbstidentität baut. TÜRKIS nimmt eine kritische Position gegenüber allen seinen eigenen Aussagen ein, weil es begreift, welche diffizilen Möglichkeiten das Ich auch noch auf diesen hohen Stufen findet, um seine Egozentrik auszubreiten und sich nur um seine eigene Verherrlichung zu bemühen. Selbst auf der GELBEN Bewusstseinsstufe konnte sich das Ich noch in den Mittelpunkt stellen, diesmal in aller Pseudo-Demut oder umgekehrt als »erleuchtetes Ego«.

Diese Ego-Konstrukte betrachtet TÜRKIS als Ursache menschlichen Leids und Haupthindernis für weiteres Wachstum in Richtung Verständnis und Liebe. TÜRKIS sucht nach dem Punkt, an dem sein Ich endgültig zugunsten des Selbst abtritt. Wenn es TÜRKIS gelingt, das ständig konstruierende Ich loszulassen (etwa durch Meditation), kann es hinter den Vorhang der Konzeptionen gelangen. Hier erfährt TÜRKIS eine neue Freiheit, ein Mit-sich-und-der-Welt-im-Fluss-sein und einfaches Gegenwärtigsein in höchster Wachheit. Es häufen sich Gipfelerlebnisse oder Flow-Erfahrungen, spontane Erfahrungen einer direkten Form des Seins, »in der Beobachter und Beobachtetes für einen Augenblick verschmelzen und das personale ›Ich‹ verschwindet«.[122]

So hält TÜRKIS zahlreiche Polaritäten zusammen: Aktion und Kontemplation, Bewerten und Geltenlassen, Eindeutigkeit und Mehrdeutigkeit, Absolutes und Relatives, logisches und paradoxes Denken, Zweifel und Selbstsicherheit, Wissen und Nichtwissen.

Aus dieser holistischen Haltung heraus sind Menschen der TÜRKISEN Bewusstseinsstufe sehr präsente Gesprächspartner, die sich empathisch einstellen auf die jeweilige Stufe ihres Gegenübers und es bedingungslos annehmen können. Sie überraschen oft mit ungewöhnlichen Ideen, evolutionären Konzepten oder neuen Deutungen. Sie inspirieren Gemeinschaften, zielen aber gleichzeitig darauf ab, sich selbst überflüssig zu machen. Ihre Sprache ist klar, direkt, spielerisch-bildhaft und oft von einem Humor durchzogen, der niemanden angreift. TÜRKIS kann aufgrund seiner komplexen Struktur sowohl stiller Beobachter sein als auch engagierter Gestalter, der Vorschläge einbringt für eine globale, multikulturelle Transformation, die weit hinausgehen über seine eigene Lebenszeit.

Mensch 8.0: Fraktale und übersummative Intelligenz

Die mit der Farbe TÜRKIS bezeichnete holistische Wir-Stufe wird die neue Art von Gemeinschaft schaffen, die den Herausforderungen einer global vernetzten Welt begegnen kann. Während das GELBE Ich noch zurückgezogener lebt, denkt und handelt, wird im gemeinschaftsorientierten TÜRKIS ein globales Verantwortungsbewusstsein entstehen. Es ist ein Gefühl für den großen Zusammenhang, dessen Teil wir sind und der auch ohne unsere Anwesenheit schützens- und erhaltenswert ist. Ein Mensch muss sich auf dem Weg zum integralen GELBEN Bewusstsein radikal lösen aus der manchmal klebrigen GRÜNEN Gemeinschaft. Geht er den Weg weiter nach TÜRKIS, sucht er dort erneut nach dem Zusammenhalt einer Gruppe. Dieses Mal aber wird es eine lockere Gemeinschaft von größerer Leichtigkeit sein, verglichen mit dem emotionalen Anspruchssystem und der Empfindlichkeit, die auf der GRÜNEN Bewusstseinsstufe geherrscht haben. TÜRKIS berücksichtigt die unabhängige Individualität von GELB, lädt aber ein zu einem neuen, globalen Gemeinschaftssinn. Jetzt geht es um Koalitionen jenseits von ethnischen, nationalstaatlichen, konfessionellen oder religiösen Zuordnungen, die zum Wohl der »Mundo-Ebene«, der gesamten Welt, gebildet werden. TÜRKIS beschäftigt sich mit der Frage, welches Makromanagement der Planet Erde als Trägerorganismus braucht und wie das Allgemeinwohl aller Menschen und Lebewesen gefördert werden kann.

Eine besondere Rolle spielt dabei die Idee von der »kollektiven Intelligenz« der Menschheit. Der belgische Kybernetiker Francis Heylighen betrachtet (wie viele seiner Kollegen) das Internet und seine Nutzer als einen Superorganismus, der wie ein Ameisenstaat eine übergeordnete Intelligenz entwickeln könnte. Schon in den 1980er-Jahren mutmaßte der britische Autor Peter Russell, dass so eine globale Superintelligenz denkbar wäre, sobald die Zahl der miteinander vernetzten Menschen ungefähr der Anzahl der Zellen eines menschlichen Gehirns entspräche. Über Internet und Handys ist inzwischen die überwiegende Mehrheit aller bald 7 Milliarden Erdbewohner vernetzt, das menschliche Gehirn hat um die 20 Milliarden Zellen – rein mathemathisch wären die Voraussetzungen also annähernd gegeben.[123]

Das Zusammenwirken so vieler Individuen müsste eine Erkenntnisfähigkeit hervorbringen, die die Möglichkeiten der Einzelnen weit übersteigt. Wenn sich viele Einzelpersonen zusammenschalten zu einem »globalen Gehirn«,[124] ist das Ganze tatsächlich mehr als die Summe der Einzelteile. Eine »übersummative Intelligenz«[125] entsteht.

Während der Blick von GELB vor allem gerichtet ist auf die ungeheure Menge an Details (also gewissermaßen auf die Neuronen und Synapsen des globalen Gehirns), beginnt TÜRKIS, Muster, Felder oder Wellen zu erkennen (also eher den Vorgang der Gedankenbildung). TÜRKIS geht es darum, »alles auf einmal zu sehen, bevor man irgendetwas Bestimmtes tut«.[126]

TÜRKIS entdeckt bei seiner Suche nach universalen Kausalzusammenhängen im Mikro- und Makrobereich, dass auch die Wirklichkeit fraktal strukturiert ist. Der Begriff Fraktal stammt aus der Mathematik und bezeichnet die Selbstähnlichkeit von geometrischen Mustern oder organischen Strukturen in der Natur. Fraktale sind Musterwiederholungen im Kleinen wie im Großen, gut sichtbar an der grünen Blumenkohlsorte Romanesco, bei dem jedes der vielen kegelförmigen Röschen so aussieht wie eine verkleinerte Kopie des gesamten Kohlkopfs.[127]

Das TÜRKISE Bewusstsein versteht die Menschheit als einen Superorganismus aus sieben Milliarden Menschen. Jeder Einzelne von ihnen ist eine bewusste Zelle, die unterschiedlich ausdifferenziert ist – eine fraktale Entsprechung zum menschlichen Körper mit seinen Billionen von zusammenwirkenden Zellen. Die Menschheit selbst ist aber auch nur eins der planetarischen Organe, das zusammenarbeiten muss mit den anderen Großverbänden der Erde wie Meere, Berge, Luft, Tierreich oder Wäldern. Die Erde wiederum gehört als Teil unserer Galaxie zu einem der unzähligen Fraktale, die gemeinsam das Universum bilden. Das Aufregende an dieser Erkenntnis: Wer prinzipiell verstanden hat, wie eins dieser Fraktale funktioniert, kann auch alle anderen Ebenen begreifen. Ganz sicher ist jetzt schon: Es handelt sich oben wie unten, im Mikro- wie im Makrobereich um gigantische Einheiten, die sich darum bemühen, eine kollektive Intelligenz zu erzeugen.

Diese aufs Universale ausgerichtete kollektive Intelligenz muss klar unterschieden werden von reinen Massenphänomenen, die entstehen, wenn sich viele Individuen verbinden zu einem gemeinsamen Muster. Ein anschauliches Beispiel dafür ist ein Fischschwarm oder die La-Ola-Welle im Fußballstadion. So eindrücklich es wirkt, wenn Zigtausende wie *ein* Organismus auf und ab wogen, setzt diese schlichte Bewegung doch keine besondere Intelligenz voraus: Im richtigen Moment nebeneinander schwimmen oder aufspringen, die Arme hochreißen und brüllen kann fast jeder. Schwarm-Intelligenz kann nur niedrige Muster durch alle Anwesenden bilden.

Anders bei der übergeordneten Intelligenz von TÜRKIS, die eine hochdifferenzierte Bündelung vorhandener menschlicher Intelligenzen in einem selbstorganisierenden Netzwerk darstellt. Sie erzeugt transparente, lernende Organisationen, in denen Einzelne, Teams und Großgruppen frei miteinander kooperieren können, um zu Lösungen zu gelangen. TÜRKIS übernimmt dabei die Aufgabe, die Flut von Informationen, mit denen das Netzwerk konfrontiert wird, hierarchisch zu bewerten. Welche Informationen sind qualitativ höherwertig? Welche sind moralisch wertvoller (das Gute), vernünftiger (das Wahre) und eleganter (das Schöne)? Welche dienen dem Wachstum menschlicher Intelligenz im Netzwerk am meisten?

Der Fortschritt auf den Stufen sieht so aus: Von ORANGE (vernunftbetonte Einzelintelligenz) geht es über GRÜN (gefühlsbezogene Teamintelligenz) zu GELB (lernbereite Alle-Stufen-Intelligenz). Danach erfolgt der Schritt zu TÜRKIS als Netzwerkintelligenz, die Intuition und Vernunft, Ich- und Wir-Stufen, Einzelne und Teams, Moral und Wissenschaft einbindet, multiple Ebenen von Interaktion zusammenhält, harmonische Zusammenhänge entdeckt und dadurch einen neuartigen Dienst am Ganzen erzeugt.

Gesellschaft 8.0: Instabilität

Charakteristisch für den Wechsel von einer Bewusstseinsstufe zur anderen ist immer auch eine große Instabilität. In Umbruchsituationen kann niemand genau vorhersagen, wohin die Reise geht. Es ist unmöglich, so umfassende Phänomene wie den Bewusstseinswechsel einer ganzen Gesellschaft zu steuern oder zu regulieren. »Es bleibt nur die Entwicklung von Visionen, das Vertrauen auf Intuition, die Sensibilisierung für die Wahrnehmung aktueller Gegebenheiten und das bewegliche Sich-Einlassen auf jede noch so kleine Veränderung.«[128]

Aus diesem Grund ist es auch noch nicht möglich, bis ins Detail zu beschreiben, wie das Betriebssystem 8.0 funktionieren wird. Dazu ist die erst 30 bis 40 Jahre alte TÜRKISE Stufe noch zu sehr mitten in ihrer Entstehung.[129] Sicher dürfte allerdings jetzt schon sein, dass die globale Vernetzung nicht mehr allein – und auch nicht mehr schwerpunktmäßig – durch persönliche Begegnung vieler Individuen zustande kommt, sondern durch Telekommunikation. Telefon-, Medien- und Datennetze wachsen zusammen und werden durch neue, immer kleinere Endgeräte allgegenwärtig.

Organisationen wie *avaaz.org* binden bereits heute Hunderttausende von (überwiegend GRÜN denkenden) Menschen in allen Kontinenten in die politische Meinungsäußerung ein, ohne dass sich die Mitwirkenden jemals zu Gesicht bekommen. Das Ganze funktioniert also noch eher wie ein Fischschwarm, da auf pure Quantität gesetzt wird. Denkbar wäre aber, dass in Türkis neue globale und durchaus mächtige geistige »Stämme« von reifen Individuen entstehen, die mithilfe des Internets ihre qualitativen TÜRKISEN Charismen zu Strategiezwecken vereinen können: familiäres Verbundenheitsgefühl, intuitives Zusammenklingen, kooperatives Handeln, altruistisches Verantwortungsgefühl, globales Denken und einfühlsame Partizipation.

Bereits jetzt entwickeln sich völlig neue Formen der physischen Gruppenbildung wie der Flashmob: kurzfristig über Internet oder Handy zusammengetrommelte blitzartige Ansammlungen von Menschen, die sich entweder zum Spaß oder (bei einem Smart Mob) zum Zweck einer politischen Demonstration an einem bestimmten Ort treffen. Dort verblüffen sie die Menschen durch gemeinsame Aktionen, indem sich alle gleichzeitig hinlegen, tanzen, sich umarmen, plötzlich in dieselbe Richtung gehen oder sonst etwas tun, das vorher über E-Mail oder SMS vereinbart wurde. Flashmobs lösen sich danach ebenso schnell wieder auf, wie sie gebildet wurden.

Zu den Aufgaben von Türkis gehört es, mit den Unwägbarkeiten solcher Vernetzungsphänomene umzugehen. Die rasante Erhöhung der Vernetzungsdichte rund um den Globus wird nicht ohne Folgen für den Alltag aller Menschen bleiben:

> Wo immer die Vernetzungsdichte steigt, wächst die Komplexität sich stellender Aufgaben [...] Wird in einem System die Vernetzungsdichte erhöht, dann erhöht sich automatisch auch die Zahl der Rückkopplungseffekte im System. Und je mehr Rückkopplungseffekte im System, desto höher ist seine Eigendynamik und damit seine Veränderungsgeschwindigkeit.[130]

Im realen wie im virtuellen Netz sind auch prärational denkende Menschen unterwegs. Rufschädigende Webseiten wie Rottenneighbors.com erzeugen einen Internetpranger für anonymes Denunzieren und asoziale Aufschaukelungseffekte. Cyber-Mobbing und Cyber-Bullying, das gezielte Beleidigen, Demütigen und Attackieren einer Person über das Internet, hat bereits Todesopfer gefordert. Killerspiele, Pornoseiten, Kriegshetze, Rassismus, Inquisition, Zensur oder Menschenhandel vertreten die Schattenseiten der Stufen im Netz. Was passiert, wenn über die digitalen Plattformen rücksichtslos Aggressionen geschürt werden und die Bereitschaft zu realen Angriffen oder sogar gewalttätigen Aktionen steigt? Unzähligen Menschen fehlt das Bewusstsein, dass sie verantwortlich sind für ihr Tun, ganz gleich ob sie analog agieren oder digital-virtuell.

Die mitfühlende Anteilnahme von Türkis am Schicksal aller lebenden Wesen wird darauf dringen, dass der global vernetzte Mensch ein neues, mündiges Verhältnis zur Moral aufbaut und aufhört, sich in seinem Bezug auf kollektive Systeme von seinen irrationalen, egozentrischen Gefühlen leiten zu lassen. Der Philosoph Hans Jonas formulierte schon um 1980 den »Ökologischen Imperativ« für globale Moral:

> Handle so, dass die Wirkungen deines Handelns verträglich sind mit der Permanenz echten menschlichen Lebens auf Erden.

Türkis geht aus von der fundamentalen Einheit der menschlichen Familie auf unserem Planeten Erde. Deshalb wird es dafür sorgen müssen, dass unser Handeln auch aus der Perspektive kommender Generationen als verantwortungsvoll und nachhaltig beurteilt werden kann. Die Menschheit braucht eine »Bedienungsanleitung für das Raumschiff Erde«[131] in Form einer Grund-Ethik, die Geltung finden kann in allen Kulturen.

Gesellschaft 8.0: Weltethos und Weltbürgertum

Ein zentrales Feld, auf dem diese Vermittlungsarbeit höchst wichtig wäre, sind die Religionen. Die meisten Konflikte auf diesem Globus haben zumindest auch eine religiöse Komponente. Weit davon entfernt, für Frieden und Versöhnung einzutreten, gießen Religionsführer und religiöse Menschen – oft aus besten Absichten – Öl ins Feuer der schwelenden Konflikte. Blaue, absolutistisch verstandene Religion, die nichts neben sich gelten lassen kann, sät Hass und Terror. Fundamentalismus, ob christlicher, jüdischer, muslimischer oder hinduistischer Richtung, ist ein bedeutender Risikofaktor für die globale Stabilität. Jede Religion enthält neben einem Ethos des friedlichen Zusammenlebens auch Elemente, die Krieg und Unversöhnlichkeit Vorschub leisten – vom Alten Testament bis zum Koran, überall wimmelt es von Drohsprüchen gegenüber den Feinden.

Mit roten und blauen Augen gelesen, rechtfertigen die hebräische Bibel, das christliche Neue Testament oder der islamische Koran Mord und Totschlag. Ab Orange oder spätestens ab Grün wird zwar deutlich, dass alle Religionen zumindest auch ein friedliches und liebevolles Miteinander aller Völker wollen und ermöglichen. Doch in einer Welt, deren Bevölkerung zu drei Vierteln blau oder rot geprägt ist, bleibt die Religion eine Triebfeder für Gewalt und Unversöhnlichkeit.

Deswegen ist es von entscheidender Bedeutung, dass sich Vertreter der Religionen aufmachen, um ihre Gemeinsamkeiten zu entdecken und zu feiern, wie es beim Parlament der Weltreligionen geschieht. Bereits 1893 trafen sich anlässlich der Weltausstellung in Chicago erstmals Vertreter der großen Weltreligionen. Swami Vivekananda, ein Schüler Ramakrishnas, hielt eine viel beachtete Rede, in der er unter anderem sagte:

> Der Christ soll kein Hindu oder Buddhist werden, noch soll ein Hindu oder Buddhist Christ werden. Aber jeder muss den Geist des anderen aufnehmen und dennoch seine Individualität bewahren und wachsen nach seinem eigenen Gesetz des Wachstums. Wenn das Parlament der Religionen der Welt etwas gezeigt hat, dann ist es Folgendes: Es hat der Welt bewiesen, dass Heiligkeit, Reinheit und Mildtätigkeit nicht ausschließliche Besitztümer irgendeiner Kirche in der Welt sind und dass jedes System Männer und Frauen von erhabenstem Charakter erzeugt hat.[132]

Es dauerte dann allerdings 100 Jahre, bis sich das Parlament zum zweiten Mal versammelte, wieder in Chicago. Seitdem treffen sich Vertreter der Weltreligionen im Abstand von fünf Jahren, zuletzt im Dezember 2009 in Melbourne. Auf dem zweiten Parlament, das 1993 in Chicago unter Beteiligung von 6 500 Menschen aus allen möglichen Religionen tagte, verabschiedeten die Teilnehmer eine Deklaration zum Weltethos. Diese wurde maßgeblich von dem Tübinger Theologen Hans Küng verfasst und beschreibt einen elementaren Minimalkonsens aller Religionen.

Die Deklaration entwirft eine »Vision des friedlichen Zusammenlebens der Völker, der ethnischen und ethischen Gruppierungen und der Religionen in gemeinsamer Verantwortung für unseren Planeten Erde«. Allen Religionen seien vier »unverrückbare Weisungen des Weltethos« gemeinsam. Deshalb sollten sich alle Religionen verpflichten

1. auf eine Kultur der Gewaltlosigkeit und der Ehrfurcht vor allem Leben,
2. auf eine Kultur der Solidarität und eine gerechte Wirtschaftsordnung,
3. auf eine Kultur der Toleranz und ein Leben in Wahrhaftigkeit,
4. auf eine Kultur der Gleichberechtigung von Mann und Frau.

Hans Küng sieht es als vordringlichste Aufgabe der Religionen, dieses Weltethos zu entwickeln und sich gemeinsam darauf zu verpflichten.[133] Es ist eine Überlebensfrage für die Menschheit: »Kein Überleben ohne Weltethos. Kein Weltfriede ohne Religionsfriede. Kein Religionsfriede ohne Religionsdialog.« Hier hat sich das Prinzip der christlichen Nächstenliebe zum globalen Prinzip der »Fernstenliebe« erweitert.

Das Ziel einer gerechten und gewaltfreien Welt verfolgt auch die Weltbürgerorganisation Association of World Citizens (AWC) mit Sitz in San Francisco. Die Arbeitsgrundlage für das Engagement der AWC ist die 1972 entstandene Grundsatzerklärung: »A Human Manifesto« (»Ein Manifest für das menschliche Leben«). Es wurde von Persönlichkeiten des internationalen öffentlichen Lebens unterzeichnet, darunter zahlreiche Friedensnobelpreisträger.

> Weltbürgerin und Weltbürger zu werden ist im Grunde ein emanzipatorischer Prozess, bei dem sich die Einzelne und der Einzelne ihre Verantwortung für die Gestaltung der Welt zurückholen, die sie vorher weitgehend einem Staat überlassen hatten. In transnationalen Vernetzungen haben Weltbürgerinnen und Weltbürger die Chance, dieser Verantwortung gerecht zu werden und als Teil einer sich entwickelnden globalen Zivilgesellschaft Korrektiv scheiternder Politik und Motor einer Vision global gelingenden Lebens zu sein. [134]

Türkis widmet sich dem größtmöglichen Ganzen und engagiert sich auf der politischen Ebene für die Entwicklung eines Wertekonsens', der eine Art Zivilisationscode für Weltbürger definiert, bei aller Ungleichheit, die durch das Leben auf verschiedenen Bewusstseinsstufen besteht.

»Wer, um Gottes Willen, ist hierfür zuständig?«

Gesellschaft 8.0: Das Goldene Buch von Target

Natürlich kann diese Aufgabe nur gelingen, wenn Türkis dafür sorgt, dass jede Stufe kultureller Entwicklung respektiert und auch geschützt wird. Es leuchtet ein, dass vom Aussterben bedrohte purpurne Stammeskulturen ihren Schutz brauchen, um nicht durch die sich rasant ausbreitenden Lebensbedingungen von Orange ausgerottet zu werden. Kriegerische Gesellschaften mit hohem rotem Anteil brauchen Unterstützung, um sich vor ihrem eigenen aggressiven Potenzial zu schützen. Blaue Kulturen verlangen nach Würdigung ihrer Mythen, Werte und hierarchischen Ordnungen. Nur dann ist mit einer Offenheit all dieser Stufen für eine gute Weiterentwicklung zu rechnen. Ohne Würdigung verwandelt sich sonst jede Stufe in ein geschlossenes System und fängt an, die eigene Evolution zu unterdrücken und andere Stufen zu bekämpfen.

Ein gelungenes Beispiel für eine türkise Dreifach-Strategie aus Schutz, Würdigung und Anstoß zur Weiterentwicklung ist die Menschenrechtsorganisation Target (engl. »Ziel«). Gegründet wurde sie von dem Deutschen Rüdiger Nehberg, der sich über Jahrzehnte einen Namen als Risiko-Abenteurer und Überlebenskünstler in den unwirtlichsten Regionen der Erde gemacht hatte. Nehberg war in Brasilien Augenzeuge des drohenden Völkermordes an den Yanomami-Indianern geworden und hatte sich in einem achtzehnjährigen Engagement erfolgreich für die Rechte dieses Urwaldstammes eingesetzt.

Als neue Herausforderung wählte Nehberg im Jahr 2000 den Kampf gegen die weiblichen Genitalverstümmelung in islamischen Ländern. Seine Strategie war von Anfang an, für diesen Feldzug auf den Islam als Partner zu setzen:

> Islam aus drei Gründen: Die meisten Opfer sind Musliminnen, der Brauch wird meist unrichtig mit dem Koran begründet, und ich kenne den Islam. Dass ich noch lebe, verdanke ich islamischer Gastfreundschaft. Das verpflichtet. Als ich für die Islam-Strategie statt Verbündeter vor allem Vorurteile und Angst fand (»Der Islam ist nicht dialogfähig!«), gründete ich, zusammen mit meiner Lebenspartnerin Annette, die eigene Menschenrechtsorganisation »TARGET«. Sie macht uns unabhängig von solchen Bedenkenträgern. Und inzwischen geben uns die Erfolge Recht.[135]

Nehberg kam in Freundschaft, drückte seinen Dank und Respekt gegenüber dem Islam aus und verzichtete auf »westliche« Arroganz. In enger Kooperation mit ranghöchsten Islamgelehrten und islamischen Ärzten erreichte Nehberg nach nur sechs Jahren eine richtungweisende Fatwa[136] gegen Genitalbeschneidung: »Weibliche Genitalverstümmelung ist ein strafbares Verbrechen. Es verstößt gegen höchste Werte des Islam.«

Das Rechtsgutachten konnte auf einer internationalen Islamkonferenz 2006 der hoch geachteten Al-Azhar Universität in Kairo beschlossen werden. Sämtliche politische und religiöse Stammesführer der Afar, einer Nomadengesellschaft in Äthiopien mit 1,6 Millionen Menschen zwischen PURPUR, ROT und BLAU, erklärten nach einer von Target organisierten Wüstenkonferenz Genitalverstümmelung zur Sünde und stellten sie unter Strafe.

Target verbreitet die Fatwa, islamische Gutachten und medizinische Informationen zu den Folgen von Genitalverstümmelung in Form eines illustrierten »Goldenen Buchs«, das in 35 Ländern kostenlos verteilt wird an Universitäten, Koranschulen, bei Frauenrechtsgruppen und Vorbetern in Moscheen. Die Aufmachung des Buches ist bewusst kostbar. Die Druckfarbe ist Grün, die Farbe des Islam, um den hohen Rang des Buches neben dem Koran zu betonen – eine demonstrative Verneigung vor der in dieses Thema verwickelten BLAUEN Stufe, die sich öffnen konnte für medizinische und vernünftige Einsichten aus ORANGE.

Gesellschaft 8.0: Das wissende Feld

In TÜRKIS erwacht eine neue Wertschätzung von Intuition und Instinkt. Der deutsche Wirtschaftswissenschaftler C. Otto Scharmer beschreibt, wie tief greifende Veränderungsprozesse initiiert und gestaltet werden können. Dabei kommt er zu überraschenden Schlussfolgerungen: Menschen, die etwas wirklich Neues hervorbringen wollen, müssen sich verbinden »mit der tieferen Quelle ihres authentischen Selbst«.[137] Man könnte auch sagen, mit dem verborgenen Bereich der höheren Intelligenz, die wir selbst sind. Meistens nennen wir sie Intuition. Wer sich auf diese andere Art von Intelligenz einlässt, bekommt Zugang zu einem größeren Bereich, dem »wissenden Feld«.

»Suche einen Raum der Stille, und lass dein inneres Wissen entstehen.« Das ist nicht der Ratschlag eines esoterischen New-Age-Gurus, sondern das schreibt Scharmer als Mitarbeiter des renommierten *Massachusetts Institute Of Technology* in Boston. Heute, so Scharmer, sei eine neue Wissenschaft notwendig, die das intuitionsbegabte Selbst des Wissenschaftlers einbezieht, das bislang einem blinden Fleck gleicht. Die zentrale Krise unserer Zeit habe damit zu tun, dass Wissenschaftler und Politiker keinen Zugang haben zu ihrem eigenen Innenraum.

Dabei hat die Naturwissenschaft wie Musik, Literatur und Kunst immer wieder davon profitiert, dass ihre Vertreter sich von dieser transrationalen Form des Wissens inspirieren ließen. So suchte der deutsche Chemiker Friedrich August Kekulé (1829–1896) lange Zeit angestrengt nach der Formel für Benzol. Eines Nachts starrte er wie in einem Wachtraum auf das Funkenspiel des Kaminfeuers. Plötzlich sah er die Lösung seiner Forschungsanstrengung: Vor seinen Augen tanzten die Kohlenstoff- und Wasserstoffatome und erschienen ihm wie das alchemistische Symbol der Ourobourosschlange, die sich in den eigenen Schwanz beißt. Der Benzolring war entdeckt.

Scharmer plädiert deshalb dafür, sich zuerst intensiv in ein Fachgebiet oder eine Fragestellung zu vertiefen, dann den Arbeitsfluss zu unterbrechen und für einen Moment alle eigenen Konzepte und Wünsche loszulassen in einer Bewegung der Hingabe – die TÜRKISE Form des Opfers. Dabei wendet man sich nach innen und durchdringt nacheinander drei Schichten: Denken, Fühlen und Willen. Hat man sie losgelassen, stößt man darunter auf einen Möglichkeitsraum mit verdichteter Energie, den Scharmer »Presencing« nennt (Vergegenwärtigung). Hier verbindet man sich mit der Quelle schöpferischen Fließens und kann »von der Zukunft her lernen« und »von der entstehenden Möglichkeit her sprechen«.[138] Die Ideen und Lösungen treten dabei gleichsam durch die Hintertür des Denkens in das Bewusstsein ein. Man kann sich mit der Zukunft verbinden, die gerade jetzt durch einen entstehen will.

Das Presencing-Feld ist auch der intersubjektive Ort der kollektiven Kreativität von TÜRKIS, in dem sich das Gefühl des Voneinandergetrenntseins aufhebt, sobald man den Mut hat, diese Schwelle zu überschreiten:

> Ohne den Schritt über die Schwelle bin ich nicht in der Lage, dieses Ganze, dieses Wesen des Werdenden wahrzunehmen. Wenn wir diese Qualität von gemeinsamer Arbeit erreicht haben, dann verändert das auch meine Individualität. Es hört sich paradox an, aber ich bin gleichzeitig mehr mein individuelles Ich, und meine Individualität geht gleichzeitig mehr in den Gesamtzusammenhang ein […]
> Ich fühle mich wie eine größere Person. Ich fühle mich voller, reicher. Ich fühle, dass meine Aufmerksamkeit fokussiert ist und dass sie von hoher Qualität ist, auch dass sie urteilsfrei und liebend ist. Und ich fühle die Anwesenheit des Ganzen, was eine andere Wesenheit ist, es unterscheidet sich von der Summe der Individuen. Ich kann diese Ganzheit wahrnehmen.[139]

Ein solches »Gesamtfeld« fördert aus der Sicht der Kognitionsforscherin Eleanor Rosch unmittelbares Wissen zutage (»Primary Knowledge«). Dabei entsteht »Wissen entlang miteinander verbundenen Ganzheiten« statt durch isolierte Wissenselemente. Dieses Wissen ist ein offenes Ereignis, ein spontaner Akt, denn es offenbart sich in »direkter Präsentation«, es muss nicht vermittelt werden. Handeln auf der Basis dieses Wissens kann, so Rosch, »geradezu schockierend effektiv sein«.[140]

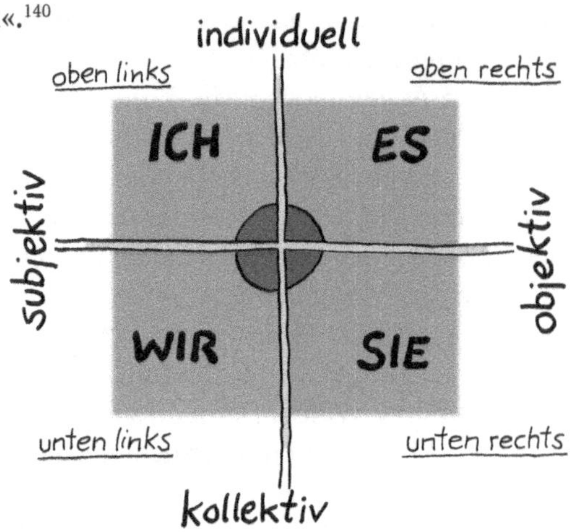

Gesellschaft 8.0: Die vier Quadranten

Mit der intuitiven Innenschau und intersubjektiven Kreativität ist die Perspektive der ersten Person wiedergewonnen, die Orange abgelehnt hatte. Es zählten nur objektiv nachprüfbare, zähl- und messbare Fakten. Viele Phänomene lassen sich auf diese Weise allerdings überhaupt nicht erfassen. Wie kann man beispielsweise Schmerz messen? Natürlich kann ein Arzt die biochemischen und physiologischen Abläufe beschreiben, wenn einem Menschen Schmerz zugefügt wird. Er kann die Intensität der Nervenerregung, die Menge der ausgeschütteten Neurotransmitter und die Reaktion der betroffenen Nerven und Muskelfasern untersuchen und messen. Doch wie empfindet der Patient den Schmerz? Eine Antwort auf diese Frage kann nur der Patient geben, und er wird dabei in der ersten Person sprechen. Doch wie soll man seine Aussage nachprüfen und vergleichen?

Das ist der Grund, weshalb man niemandem durch rationale Argumente den Glauben nehmen kann. Denn Glaube (oder Unglaube) und religiöse Erfahrung sind genau wie das Erleben von Liebe, Hunger, Lust, Geschmack, Farbe, Klang usw. eine Erfahrung in der ersten Person. Forscher können Hirnscans von meditierenden Nonnen machen und feststellen, wie sich die Gehirnwellen verändern, wenn sie in den Zustand der Versenkung gelangen. Wie sich dieser Zustand jedoch anfühlt, können sie nicht messen – dazu sind sie angewiesen auf die Selbstaussagen der Meditierenden. Oder – sie müssen selbst anfangen zu meditieren. Wer das Ganze der Wirklichkeit erfassen will, kommt nicht um die Feststellung herum, dass es verschiedene Dimensionen der Wirklichkeit gibt. Wir kennen inzwischen vier gleichberechtigte Perspektiven, die als Wilbers Modell der vier Quadranten[141] bekannt sind:

1. Quadrant (OL, oben links): Das ist die Ich-Position. Die subjektive Innensicht der, wie man in der Grammatik sagt, ersten Person: Ich fühle beim Meditieren überströmende Freude, ich liebe Pfirsicheis, ich finde Tautropfen schön. Hier geht es um Selbsterfahrung und Selbstausdruck, inneres Erleben, die eigenen Gefühle, Traumbilder, Imaginationen, um persönlichen Geschmack, ästhetisches Empfinden und Schönheit im Auge des Betrachters.

Diese Perspektive einzubeziehen ist keine romantische Schwärmerei. Sie ist notwendig, weil jede Beschreibung der Wirklichkeit, die das Subjekt außen vorlässt, unvollständig ist und deswegen nicht wahr im vollen Sinn des Wortes. In der Physik stellt die Quantenmechanik ausdrücklich fest, dass die Perspektive des Betrachters Einfluss darauf hat, wie Ereignisse im subatomaren Bereich ablaufen. Die eigenen Gefühle beim Gebet, in der Meditation oder im Gottesdienst, mystische Erlebnisse bzw. die Versenkungsgrade gehören ebenfalls zu diesem Quadranten.

2. Quadrant (OR, oben rechts): die objektive Außenperspektive eines individuellen Ereignisses. Diese Perspektive ist die gängige Herangehensweise der modernen Wissenschaften: objektivierend und beschreibend. Postmoderne Wissenschaft würde die Beschränkung auf diesen Quadranten als zu einseitig anprangern. Hier geht es um empirische Daten, Messwerte und Normen, materielle Komponenten, Energie, experimentelle Nachweise, konkrete körperliche Gestalt, Laboruntersuchungen oder nachvollziehbare Erhebungen durch Umfragen. Diese Perspektive könnte die Hirnströme eines Menschen während einer tiefen Meditation messen und diese mit anderem Datenmaterial einer Kontrollgruppe abgleichen. Oder die Zahl der Kirchenmitglieder, ihre Glaubensvorstellungen und durchschnittlichen Gottesdienstbesuche pro Jahr ermitteln.

3. Quadrant (UL, unten links): Neben dem Ich gibt es immer das Wir, das innere Bewusstsein einer Gruppe, die gesellschaftlichen, sozialen Sichtweisen und die Ich-Du-Beziehungen. Hier geht es um Intersubjektivität: das spürbare gegenseitige Verstehen, die Einstellung von Familie und Freunden zu einem Thema, die kulturelle Akzeptanz oder Ablehnung von Lebensformen, die gemeinsamen Überzeugungen, Traditionen, Übereinkünfte und Weltsichten und deren passende Kommunikation. Diese Perspektive konzentriert sich auf die kollektiven Werte, Werturteile, Gefühle und Weltbilder, die in einer Gruppe, z. B. unter katholischen Christen auf der Bewusstseinsstufe Blau, gelten und ausgetauscht werden. Es ist der kulturelle Quadrant der Weltanschauungen.

4. Quadrant (UR, unten rechts): Die letzte Perspektive erfasst das kollektive Es, das Plural-Sie. Hier geht es um materielle, ökonomische und soziale Faktoren innerhalb von Systemen, die Infrastrukturen erzeugen oder Institutionen hervorbringen. Z.B. Logistikunternehmen, Krankenkassen, Parteien, Kirchenparlamente, Universitäten, Konfessionen, Hilfsorganisationen, Orden, Arbeitnehmerverbände, Dekanate, VELKD, Nationen, Ökosysteme, Galaxien. Hierzu könnte auch eine zukünftige Kirche gehören, die in ihrer eigenen konkreten sozialen Struktur die Gesamtheit aller Stufen verkörpert und als spirituelle Entwicklungshelferin die Wanderung der Gläubigen durch alle Stufen ermöglicht und begleitet.

In Türkis wird es zur Selbstverständlichkeit, sämtliche Perspektiven einzubeziehen und darauf zu achten, dass man keine dieser vier Perspektiven überbetont oder vernachlässigt.

Für einen türkis geprägten Menschen ist es außerdem einfach, seine Aussagen über die Wirklichkeit mit einem »Absender« zu versehen, also den Quadranten anzugeben, von dem aus er gerade spricht. Stammt die Aussage aus der Perspektive der ersten Person (OL) und stellt die subjektive Beschreibung einer inneren Erfahrung dar? Oder ist es die Perspektive der dritten Person (OR), also objektivierend und experimentell nachprüfbar?

Zu einer vollständigen »Adresse« gehört auch die Angabe der Entwicklungsstufe, von welcher aus der Betreffende spricht. Und natürlich auch die Wahrnehmung des Adressaten: Ist er auf der Stufe Orange, Grün, Blau oder Purpur anzutreffen? Entsprechend muss die Botschaft formuliert werden, um eine wirkliche Verständigung zu erzielen. Viel unnötiger Streit könnte vermieden werden, wenn jedem die eigene Adresse und die des Gegenübers klar wäre. Allerdings setzt diese Adressierung voraus, dass der Sprechende zumindest in kognitiver Hinsicht bei Gelb oder höher angelangt ist und damit alle Bewusstseinsstufen überblicken kann.

Gott 8.0: Die Diaphanie des Geistes

Gerade weil Menschen auf der türkisen Bewusstseinsebene das Wissen um ihre Umwelt und um die Bedingungen ihres eigenen Daseins ständig vermehren, erkennen sie zunehmend, dass es die Wirklichkeit »an sich« gar nicht gibt. Selbst die vermeintlich »handfeste« physische Welt ist ein Konstrukt, eine Interpretation, die auf bestimmten Perspektiven beruht. Türkis entlarvt die Vorstellung einer Welt, die »da draußen« unabhängig existiert, als »Mythos des Gegebenen«. Wenn man zum Beispiel einen Berg sieht, dann betrachtet man ihn auf eine grundlegende Weise als gegeben und wirklich. Aber was immer in der Wahrnehmung erscheint, ist bereits »vorgeformt« durch den kulturellen Kontext, in dem diese Wahrnehmung geschieht. Somit liegen jeder Wahrnehmung unbewusste kulturelle Interpretationen und Konstruktionen von Wirklichkeit zugrunde. (Für PURPUR ist der Berg vielleicht tabuisierter Wohnort einer Gottheit, für BLAU ein Wallfahrtsort, für ORANGE eine geografische Geländeform, im Traum erscheint er als ein Hindernis oder Symbol für Dauerhaftigkeit.) Der Berg ist also nicht an sich real, sondern Teil einer Weltwahrnehmung. Er ist ein kulturell verknüpftes Konzept wie alle unsere anderen Wahrnehmungen auch.

Dass wir uns in verschiedenen Bewusstseinswelten bewegen, zeigen die unterschiedlichen Weltwahrnehmungen auf den Entwicklungsstufen von BEIGE bis KORALLE. Sie treten als jeweils neue Stufe ins Sein und bringen unterschiedliche Weltdeutungen hervor. Jede dieser Stufen ist der Überzeugung, sie sei der einzig wahre Interpretationsrahmen für die Wirklichkeit. Jede Stufe geht davon aus, dass ihre eigene Sicht die richtige ist.[142]

Wenn es allerdings keine Welt »da draußen« gibt, sondern alles eine Angelegenheit fließender Wahrnehmung, Interpretation und Sinnkonstruktion ist, dann ist einzig »real« nur der Geist: der Geist des Wahrnehmenden ebenso wie der Geist in Form der fließenden Beziehungsmuster und Felder, die der Wahrnehmende als »Welt« interpretiert.

Auf der holistischen TÜRKISEN Ebene nähern sich Wissenschaft und Metaphysik einander an. Es entfällt das Problem, die Existenz eines Gottes beweisen zu müssen. Denn Gott 8.0 ist meilenweit entfernt von dem mythischen »höchsten Wesen«, über dessen Existenz oder Nicht-Existenz man in ORANGE so trefflich streiten kann.

Gott ist auf der TÜRKISEN Stufe pures Bewusstsein oder Geist. Der »spirit«, der allem zugrunde liegt und alles in allem *ist.* Als Geist ist Gott natürlich auch in seinen niedrigeren Manifestationen auf allen früheren Stufen gegenwärtig: auf der PURPURNEN Ebene in heiligen Steinen, Quellen oder im Dornbusch, im unerschrockenen Exoduswillen unter ROTEN Machtgöttern ebenso wie in den BLAUEN mythischen Bildern, Kathedralen und Sakramenten, und den abstrakten, rationalen oder pluralistischen Konzepten von ORANGE und GRÜN. Für das TÜRKISE Denken ist das ganze Universum der All-Raum Gottes. Man braucht nicht mehr auf eine von außen hereinbrechende »Epiphanie« (Gotteserscheinung) zu warten. Die gesamte Wirklichkeit wird zur »Diaphanie«, sie wird durchscheinend für die tiefere Realität, die nichts anderes ist als Geist oder Gott 8.0. Es gibt nicht hier Gott und dort die Realität, sondern Gott ist »vor, in, mit und unter« allem, was ist oder was wir als Seiendes erkennen und interpretieren.

»Es gibt verschiedene Gaben, aber *einen* Geist, und es gibt verschiedene Kräfte, aber es ist *ein Gott*, der da wirkt alles in allem«, schreibt der Apostel Paulus (1. Korinther 12, 4.6). Im Thomasevangelium findet sich eine Aussage Jesu, die auf dieses Wissen hinweist: »Ich bin das Licht, das über ihnen allen ist. Ich bin das All. Das All ist aus mir hervorgegangen und das All ist zu mir gelangt. Spaltet das Holz – und ich bin da. Hebt den Stein hoch: Dort werdet ihr mich finden« (Logion 77).

Gott 8.0: Indras Netz

Das kosmische Bewusstsein von Türkis stellt sich die Frage nach der Verbundenheit und Bezogenheit aller Erscheinungen im Universum. Der Mensch kann nicht mehr als ein vom Universum getrennter, objektiver Beobachter betrachtet werden, der durch eine Art Schlüsselloch auf das sich entfaltende Weltall schaut. Jetzt ist er ein aktiver Teil des Universums. Verändert er sich, so verändert sich auch das Universum. Die Wirklichkeit wird nun als eine Art Netz erfahren, in dem alles auf alles bezogen ist und sich alle Erscheinungen gegenseitig durchdringen. Im Mahayana-Buddhismus gibt es dazu ein anschauliches mythologisches Bild, Indras Netz.[143]

Der altindische Schutz- und Schöpfergott Indra schuf die Welt als ein kosmisches Netz mit unzähligen Verknüpfungen. Dieses Netz hängt über seinem Palast auf dem Berg Meru und umspannt alle Richtungen sowie Raum und Zeit. An jedem Knotenpunkt sitzt ein Diamant: Er verkörpert einen Gedanken, eine Handlung, eine Begegnung, ein Ereignis in Vergangenheit, Gegenwart oder Zukunft. So sind alle Aspekte des Seins ins Netz eingewoben und miteinander verbunden. Außerdem können sich die schimmernden Diamanten alle gegenseitig reflektieren. Blickt man in einen davon, spiegeln sich alle anderen darin wider. Was sich in einem Diamanten zeigt, erscheint gleichzeitig auch in allen anderen und umgekehrt. Was mit einem von ihnen geschieht, beeinflusst auch alle übrigen. Auf diese Weise verkörpert das spiegelnde Diamantennetz die Schönheit und Einheit alles Bestehenden und die wechselseitige Durchdringung aller Phänomene.

Die christliche Prozesstheologie kommt auf der Basis der Philosophie von Alfred North Whitehead (1861–1947) zu ganz ähnlichen Aussagen.[144] Das Universum ist ein Netzwerk von Entwicklungszusammenhängen. Das Netz all dieser Verwobenheiten zeigt sich als kreativer Prozess der gegenseitigen Durchdringung aller Ereignisse. Alle Wirklichkeitsbereiche, alle Erfahrungsebenen, Erscheinungen und Erkenntnisse bilden zusammen einen kontinuierlichen Zusammenhang. Das Netz ist eine »bewegte Ganzheit«, ein offenes Abenteuer Gottes, das den unzähligen Einzel-Erscheinungen den

Übergang in ein unendlich weit geöffnetes Ganzes ermöglicht. Aus Vielheit wird Einheit. Zu diesem Zweck »pulsiert« das Netz gleichsam in einem dynamischen Rhythmus intensiven Ausdifferenzierens: Alle Aspekte werden dadurch eingeladen, sich permanent zu überschreiten, weiter zu wachsen und gemeinsam den Prozess des Werdens voranzubringen. Die Welt bildet eine schöpferische Gemeinschaft, eine universale Kommunität, die sich in unaufhörlicher Kommunikation begegnet und sich darin übt, auf immer neue Weise das Wahre, Gute und Schöne auszuformen.

Gott 8.0: Sophias Spiegel

Ein ähnlich tiefes Bild der Wirklichkeit als göttlich-personales Spiegelspiel des Neuwerdens entwirft die jüdisch-alttestamentliche Schau von der Sophia-Weisheit, die zur Stufe TÜRKIS passt. Die Sophia ist ein »Abglanz des ewigen Lichtes und makelloser Spiegel des Wirkens Gottes« (Weisheit 7, 26). Die Sophia-Weisheit verkörpert das unendliche Meer der Potenziale[145] (vgl. Sprüche 8) und ist damit ein Spiegel für die Art und Weise, wie in Gott als »Raum für radikal Neues« alle möglichen Ordnungen von Welt gegeben sind. In der Weisheit spiegelt sich also das noch nicht Verwirklichte oder Anfanghafte und Künftige wider (z. B. eine umfassendere Bewusstseinsstufe, eine reifere Persönlichkeitsstruktur, eine fürsorglichere Gesellschaft, eine harmonischere Gemeinschaft der Weltreligionen usw.). Im Spiegel der Weisheit kann die Welt ihren von Gott gewollten Selbst-Wert, ihre Selbst-Kreativität und ihre Kraft zur Selbst-Transzendenz erkennen.[146]

Auch für den Prozessphilosophen Alfred North Whitehead ist Gott »der Spiegel, der jedem Geschöpf seine eigene Größe enthüllt«.[147]

Mithilfe der Weisheit findet man auf TÜRKIS zu einer gütigen, liebenden und fürsorglichen Sicht, wo und wie der lebendige Exodusprozess ins Neue für die globale Weltgemeinschaft stattfinden kann und was dafür losgelassen werden muss.

Im Islam spricht man davon, dass in den Stückchen eines zerbrochenen Spiegels nichts als die »Eine Form« reflektiert wird. Auf ähnliche Weise wird die Schönheit der wirklichen Einheit des Seins in den unzähligen Dimensionen des Daseins gespiegelt. Auch Tschuang-Tse lehrte, dass der »höchste Mensch« sein Herz wie einen Spiegel gebraucht. Er spiegelt alle Dinge wider, aber er hält sie nicht fest. Bis aufs Letzte nimmt er entgegen, was der Himmel spendet, und hat doch, als hätte er nichts. Er bleibt demütig.

Wer auf der TÜRKISEN Stufe auf die Wirklichkeit schaut, sieht sie nicht nur mit den eigenen Augen. Er bezieht viele andere Blickrichtungen mit ein, übernimmt gleichsam den Blick Gottes. Um sich darin einzuüben, schlägt Richard Rohr eine Spiegel-Übung für TÜRKISES Sehen vor.[148] Man stelle sich vor, dass man ein Spiegel-Medaillon um den Hals trägt, das alles aufnimmt, was sich gerade in diesem Augenblick vor einem abspielt, unverzerrt und ohne Urteil, ohne Analyse, ohne Kommentar. Eine genaue Aufnahme all dessen, was gerade ist. Das Besondere an diesem Spiegel ist es aber, dass er alles liebend widerspiegelt. Das ist der Blick Gottes für die Welt.

Die ebenfalls verspiegelte Rückseite würde dem Blick Gottes für einen selbst entsprechen. Auch dieser Blick ist unendlich liebevoll und erfüllt die tiefste Sehnsucht des Menschen, gesehen und erkannt zu werden. Auf diese Weise erfährt man die Möglichkeit, »die Herrlichkeit Gottes sowohl zu empfangen, als auch widerzuspiegeln«. Richard Rohr bezieht sich dabei auf Paulus, der in 2. Korinther 3, 18 schreibt:

> Nun schauen wir alle mit offenem Antlitz die Herrlichkeit des Herrn wie in einem Spiegel und wir werden verwandelt in sein Bild von einer Herrlichkeit zur anderen, wie es vom Herrn aus geschieht, der der Geist ist.

Gott 8.0: Gott als Poet der Welt

Angesichts der Fülle von naturwissenschaftlichen Konzepten zur Erklärung des Universums und seiner Entstehungsgeschichte konnte die wissenschaftliche Theologie das alte mythische Konzept vom Schöpfergott nicht mehr vertreten. Durch die Anerkennung der Evolutionstheorie überließ sie die Frage nach den *materiellen* Grundlagen der Entstehung des Lebens und seiner Weiterentwicklung der naturwissenschaftlichen Forschung. Die Schöpfungstheologie hörte aber nicht auf, die Frage nach der *Intention* hinter dem Ursprung und der unfassbar reichen Entfaltung des Lebens zu stellen. Woraufhin ist das alles angelegt? Wozu sind wir da? Ist der Mensch tatsächlich nur ein »Zigeuner am Rand des Universums, das für seine Musik taub ist und gleichgültig für seine Hoffnungen, Leiden oder Verbrechen«?[149] Der biblische Schöpfungsglaube verpflichtet die Theologie dazu, einer solchen beziehungslosen Einsamkeit in einem sinnentleerten kosmischen Materiehaufen ganz entschieden zu widersprechen. Wie aber kann man dann noch von Gott reden? Indem man im Kontext heutiger Kosmologie über ihn nachdenkt. Hier setzt die Prozesstheologie an.

Es gibt nicht nur ein äußeres Universum, das Mathematik, Chemie, Physik oder Biologie beschreiben können. Es gibt auch ein inneres Universum von subjektivem Bewusstsein und intersubjektiver Kultur, in dem wir wohnen. In jedem Aspekt oder Element des Universums steckt ein Stück Bewusstsein, es bildet gleichsam den Urstoff der Schöpfung. Natürlich gibt es graduelle Unterschiede: Ein Atom enthält weniger Bewusstsein als ein Einzeller, ein Delfin oder gar der Mensch. Aber schon in den kleinsten Bausteinen des Universums steckt die rudimentäre Möglichkeit »zu erfassen«, zu kommunizieren, zu interagieren und einen Prozess zu erfahren. So haben alle Bausteine und Erscheinungsformen des Kosmos nicht nur eine Außenseite (Materie, das Objektive), sondern auch eine Innenseite (Bewusstsein) in Form von darin enthaltenen unzähligen »Gelegenheiten zu Erfahrung«. Der Kosmos ist ein einziger kommunikativer Prozess, der nach Intensivierung dieser wechselseitigen Erfahrungen strebt.

Türkis gelangt deshalb zu einer Position des offenen Monotheismus oder auch Panentheismus. Gott ist das konkrete Ereignis, in dem alles zu einer Beziehungseinheit versöhnt wird, was sich im gigantischen Netz des kosmischen Weltprozesses zerspannt hat. Gott ist so sehr auf die Welt bezogen, dass niemand Gott in seiner Beziehungsfähigkeit übertreffen kann. Gott allerdings kann sich selbst übertreffen, er kann »wachsen«, und zwar in unserer stufenweisen Erkenntnis der tatsächlichen Ereignisse, in unserer Freude am Leben und im Bezogensein aufeinander. Für Türkis offenbart sich das Universum als das kreative Versöhnungsabenteuer Gottes, der im »Netz der Verwobenheit« als zugleich gebend und empfangend, innewohnend und umfangend erscheint.

Whitehead bezeichnet Gott als zärtlichen »Poet der Welt« – ein paradoxer Gegenentwurf zu einem omnipotenten, transzendenten, gewaltigen Schöpfergott, der die Welt »aus dem Nichts« schafft (letztlich ein gewaltsamer Akt, der einseitige Gewaltherrschaft begründen kann). Gott als Poet der Welt ist der Welt nicht fern. Er tritt ihr nicht gewaltsam gegenüber, sondern zärtlich, da er mit all seiner Transzendenz in sie verwoben und auf sie bezogen ist. Die Prozesstheologie spricht provozierend von der »Schöpfung aus dem Chaos« und erinnert an 1. Mose/Genesis 1, 2, wo Gott an *tehom*, dem gestaltlosen Meer, und dem *tohuwabohu* des wüsten Landes seinen Schöpfungsakt vollzieht. Gott bestimmt alles, nur nicht die im Chaos eröffnete Selbst-Kreativität eines Ereignisses. Dadurch bekommt die Welt ihre Würde und Freiheit zur Inter-Kreativität, die sich – immer an den Grenzen des Chaos entlang – in lebendiger Evolution entwickelt.

Weil das Universum aber trotz all seiner Bezogenheiten nicht nur aus lebendiger, harmonischer Kommunikation besteht, sondern auch aus Aufruhr und Vernichtung, verlangt dieser Widerspruch nach Erlösung. Sie wird geschenkt von Gott als einer überraschenden Macht, die nicht zwingt, sondern kommuniziert, anderes in sich zulässt, überzeugt, lockt, Raum schafft und befreit. Für Whitehead ist Gott eine geduldige, auf Einheit zielende »sanfte Überzeugung durch Liebe«. In der verlockenden Zartheit dieser Liebe liegt die Erfahrung von Gottes universaler Gnade. Die niedrigeren Stufen erleben die Zugkraft von Gottes Gnade als Eros, der vom Niedrigen zum Höchsten hinaufzieht. Die höheren Stufen spüren sie als Agape, die sich tief hinunterbeugt bis zu BEIGE, um alles umarmen zu können.

Gott als Welt-Poet kann dreifach beschrieben werden: als überraschender Schöpfer und damit der Grund für die in jedem Augenblick hervortretende Neuheit der Welt. Gott ist daneben der mitfühlende Begleiter der Welt, denn er ist der Grund für die Verwobenheit aller weltlichen Phänomene. Und schließlich begegnet er als rettender Glanz der Welt, wenn er als der Grund weltlicher Harmonie und Schönheit erfahren wird.[150]

Auf das Evolutions-Modell der Bewusstseinsstufen angewandt, kann man von Gott 8.0 sagen: Gott ist der Prozess, der zu mehr Wahrem, Gutem und Schönem führt, indem er das bestehende Wahre, Gute und Schöne jeder Stufe aufbricht, um ein noch umfassenderes Wahres, Gutes und Schönes zu ermöglichen. Dabei nimmt im Menschen auch die Erkenntnisfähigkeit zu, dass mit jeder Stufe ein Mehr an Bewusstheit, Komplexität und Einheit erzielt wird.

Gott 8.0: Das göttliche Milieu

Der Franzose Pierre Teilhard de Chardin (1881–1955) verband seine naturwissenschaftlichen Einsichten als Paläontologe mit der Erkenntniskraft seines spirituellen Hintergrunds als Jesuit und kosmozentrischer Mystiker. Teilhards mystische Philosophie wird sich wohl erst mit TÜRKIS richtig durchsetzen können. Ihm selbst wurde lebenslang von seinem Orden untersagt, seine philosophische Position zur spirituellen Evolution des Kosmos zu veröffentlichen,[151] bis heute hält der Jesuitenorden Tagebuchaufzeichnungen unter Verschluss. Teilhard musste zudem fast sein ganzes Leben im Ausland verbringen, wie ein Verbannter. Unbeabsichtigt machte ihn sein Orden damit aber zu einem TÜRKISEN Weltbürger und »Pilger der Zukunft«, der in Europa, Indien, China, Afrika und den USA arbeitete.

Teilhard de Chardin formulierte ein dreigliedriges Evolutionsschema: Zu Beginn entstand die Physiosphäre, die den planetarischen Aufbau der Erde ermöglichte (Festland, Wasser und Lufthülle, also Lithosphäre, Hydrosphäre, Atmosphäre und Stratosphäre). Diese erste Sphäre wird umhüllt von der nachfolgenden Biosphäre, die unzählige Lebensformen hervorbrachte. Schließlich erschien mit dem Menschen das Bewusstsein – die Noosphäre als noch umfassendere Umhüllung. Sie brachte dem Planeten die Fähigkeit zu selbstreflexivem Denken. Erst der Stamm der Menschen kann über sich selbst nachdenken und vergeistigt damit den Kosmos.

Die Menschwerdung hin zu mehr Vergeistigung, Selbstbestimmung und Selbsthingabe ist ein fortlaufendes Projekt der Evolution und wird von einem göttlichen Brennpunkt an der Spitze des Universums angezogen. Das Besondere an diesem Omegapunkt ist die höchste Ausformung des Personalen, die im Universum möglich ist, also ein Höchstmaß an göttlichem Universal-Bewusstsein und Liebe. Das Universum hat allen seinen Elementen bereits die Liebe als Spur zur Vereinigung mit dem All ins Herz gelegt. Das ganze Universum strebt danach, sich selbst zu personalisieren, um sich mit Gott im Omegapunkt zu vereinigen.

Teilhard de Chardin spricht vom göttlichen Milieu, in dem wir leben: »Gott ist überall gegenwärtig und berührbar wie eine Atmosphäre, in die wir eingetaucht sind. Er umhüllt uns von allen Seiten, wie die Welt selbst [...] Es braucht von uns nur eines: Ihn sehen.«[152]

> Gott ist aber auch umgekehrt zu einem gewissen Teil in die Dinge eingetaucht, indem er sich zum »Element« macht, und indem er dann die Führung und den Plan dessen übernimmt, was wir heute Evolution nennen. Als Prinzip universeller Lebenskraft hat Christus, indem er als Mensch unter Menschen erstanden ist, seine Stellung eingenommen, und er ist seit je dabei, den allgemeinen Aufstieg des Bewusstseins, in den er sich hineingestellt hat, unter sich zu beugen, zu reinigen, zu leiten und aufs Höchste zu beseelen. Durch eine immerwährende Aktion von Kommunion und Sublimation sammelt er die ganze Seelenkraft der Erde in sich.[153]

Christus schafft ein Netz der ordnenden Kräfte im Kosmos und steigert im menschlichen Bewusstsein die Tiefe der Wahrnehmung für die Ehrfurcht erweckende planetarische Dynamik unter Führung des göttlichen Geistes, die die Menschheit darstellt. Jede individuelle Biografie ist zugleich ein planetarisches Geschehen. Jeder Mensch ist ein kosmisches Ereignis, hinter dem die großartige, überwältigende Bewegung des unermesslichen Universums steht.[154] Das bedeutet: Der simple, am Eigennutz orientierte, verbindungslose und einsame Individualismus des ersten Ranges wird sich ab dem zweiten Rang verwandeln in eine kosmisch zentrierte Gemeinschaftsbildung, eine zweite Menschwerdung der gesamten Menschheit und ein Vorwärtsschreiten hin zu einer »nicht mehr aufzuhaltenden Vereinigung«.[155] Die Welt erlebt einen »Sturz in die wachsende Einheit« und wird sich bewusst, dass die Liebe das Ziel des Universums ist: »Mit den Kräften der Liebe suchen die Fragmente der Welt einander, auf dass die Welt sich vollende.«[156] Die erwachte Menschheit begreift, dass sie die Aufgabe hat, einmütig am Zusammenschluss der Erde zu einem Ganzen mitzuwirken.

Teilhard de Chardin, der Naturwissenschaftler und Mystiker, gehört zu den großen Vordenkern der TÜRKISEN Stufe. Er forderte bereits 1937 eine weder egozentrisch noch ethnozentrisch oder nationalstaatlich orientierte internationale Zusammenarbeit als Basis für die Erschließung neuer Energiequellen, die Gesundung der Kontinente, den organisierten globalen Kampf gegen Krankheiten und kollektive Forschung nach neuen Lösungsmustern für die Vielfalt menschlicher Probleme auf diesem Planeten.

Jesus 8.0: Der kosmische Christus

Welches Bild von Christus in TÜRKIS für Christen zum Leitbild einer ganzen Bewusstseinsstufe ausreifen wird, ist natürlich noch nicht klar zu sagen. Laut Ken Wilber könnte in TÜRKIS Jesus als eine Verkörperung des transzendentalen, unendlichen selbstlosen Selbst betrachtet werden. Er erscheint dann als ein radikal alles umfassendes Bewusstsein von Licht, Liebe und Leben, das auf den Tod des lieblosen, selbstbezogenen Egos hin aus dem Strom der Zeit erlöst wird und ein Schicksal jenseits von Tod und Leid, Raum und Zeit, Tränen und Schrecken offenbart und deswegen genau hier, genau jetzt in diesem zeitlosen Augenblick, in dem alle Realität ins Sein tritt, zu finden ist.[157]

Die christliche Tradition hat immer schon davon gesprochen, dass »Christus in allen Dingen ist, die es gibt«, so etwa Gregor von Nazianz. Der kosmische Christus hält im kosmischen »Fischernetz« des Lebens (Matthäus 13, 47) Mikro- und Makrokosmos zusammen, Himmel und Erde, Materie und Bewusstsein. Der kosmische Christus ist das musterbildende Fraktal, das die Bezogenheit aller kosmischen Elemente von Protonen und Galaxien, Menschen und Supernovas aufdeckt.

Auf der TÜRKISEN Bewusstseinsstufe erkennt man als Christ auf ganz natürliche Weise im kosmischen Christus das »verbindende Muster« des gesamten Universums:

> Christus ist das Bild des unsichtbaren Gottes, der Erstgeborene vor aller Schöpfung. Denn in ihm ward alles geschaffen, im Himmel und auf Erden, das Sichtbare und das Unsichtbare […] Und er ist vor allem, und alles wird in ihm zusammengehalten (Kolosser 1, 15.17).

Der kosmische Christus personalisiert das verbindende Muster in beide Richtungen. Er webt das Menschsein in die göttliche Textur des kosmischen

Bewusstseins ein und verflicht die universale kosmische Liebe unauflöslich mit der Realität ganz normaler Menschen. Sein eigenes Erdenleben in der Person des Jesus von Nazareth umfasst die paradoxen kosmischen Dimensionen, in denen sich irdisches Leben vollzieht: in der Verbindung von Fülle und Leere, Liebe und Schmerz, Bezogenheit und Getrenntsein, Leiden und Überwinden, Sterben und Geborenwerden, Göttlichem und Menschlichem. Der kosmische Christus ist das Prinzip des maximalen Zusammenhalts aller widersprüchlichen, paradoxen, schmerzlich gegeneinander stehenden Erfahrungen im Universum durch gewaltlose, frei sich verschenkende Liebe. Der personale Aspekt der sanften göttlichen Überzeugung durch Liebe ist als kosmischer Christus überall da gegenwärtig, wo Schmerz erfahren und wo gelitten wird. Auf jeder Bewusstseinsstufe, bis hinunter zu BEIGE.

Das Symbol dafür ist das Kreuz. Es ist ein aufs Äußerste verdichteter Kreuzungspunkt im göttlichen Netz, an dem die unaufhebbare Einheit von vertikaler und horizontaler Dimension vollkommen sichtbar wurde, die Einheit von Gott und Mensch in jeder Erfahrung, auch in tiefster Not und Ohnmacht des Menschen. Vom Kreuz aus kann dieses Wissen für jeden Menschen auf allen Stufen wiedergewonnen werden. Die Erinnerung an den Gekreuzigten hält den maximalen Kreuzungspunkt des Liebens und Mitleidens im Netz der gemeinsamen kosmischen Wirklichkeit wach. Wer auf das Kreuz schaut, ist durch den kosmischen Christus auf eine schockierend unmittelbare Weise mit allen Leidenden verbunden. Christus teilt das Leid der Leidenden, er teilt es aber auch mit jedem, der sich diesem Kreuzungspunkt der Wirklichkeit zuwendet. Vor dem Kreuz gibt es keine unbeteiligten Zuschauer, nur Anteilhabende. In dieser Hinsicht hat das Kreuz eine universelle Reichweite, die nach Erlösung durch Hinwendung zum Leid verlangt. Eine rettende Bewegung, die der barmherzige göttliche, uns innewohnende Geist durch uns vollziehen möchte.

Aber Christus ist nicht nur der erlösende Mit-Leidende in jedem Geschöpf. Er ist auch der Strahlende, der Erleuchtete, der Auferstandene, der in Schönheit glänzende Spiegel göttlichen Geistes im Bewusstsein des Menschen. Als Gottes Glanz ist er das »Heilige Alles«, die Freude des Universums. Der kosmische Christus ist der Immanuel, der »Gott-mit-uns« (Matthäus 1, 23). Er schenkt die Heilige Allgegenwart und pure Präsenz Gottes an alle Dinge und Menschen weiter. Der kosmische Christus ist der Klangkörper, der Resonanzboden für die Musik der Allverbundenheit. Zur christlichen Einsicht in die fraktale Bewusstseinstextur der Wirklichkeit gehört, dass im Mensch und im Kosmos gleichermaßen ein von Christusbewusstsein erfüllter Lobgesang der Materie auf den Geist ertönt. Und umgekehrt bezeugen Mensch und Kosmos eine göttliche Be*geist*erung der Materie, die sich tief ins

Fleisch der Wirklichkeit involviert hat, um in einem Evolutionsprozess der Bewusstwerdung auferstehen zu können.

Der kosmische Christus ist keine bloße Idee, sondern Inkarnation: eine Raum-Zeit-Erfahrung, die wir mit unserem menschlichen Körper machen. Er ist Gottes Gegenwart und Gottes Raum in unserem Körper, unserem Geist und unseren Gefühlen. Die Zellen spüren es, sie reagieren darauf, sie steigern als Träger des Christus-Bewusstseins ihre Energie und Potenzialität auf vielfache Weise. Der menschliche Körper ist der Erfahrungsraum für das Begnadet-Sein mit purem Geist.[158] Diese Zusammenhänge aus den Perspektiven aller vier Quadranten zu betrachten und mit den dazugehörenden wissenschaftlichen Methoden zu erforschen, wird die nächsten Jahrzehnte beschäftigen.

Die Aufgabe eines TÜRKISEN Christentums wird also sein, die Einladung des kosmischen Christus zu einem dem kosmischen Netz entsprechenden Wachstum auszusprechen: zu integralem Denken, kosmischer körperlicher Teilhabe, mystischem Gewahrsein der Allverbundenheit, intuitiver Anteilhabe am wissenden Feld der Zukunft und einem schöpferischen Handeln in tiefem Mitgefühl als Gottes-Dienst an der Welt.

Gott 9.0: Koralle

Und ihr, für wen haltet ihr mich?

Jesus zu seinen Jüngern (Lukas 9, 18)

Würdest du mir bitte sagen, wie ich von hier aus weitergehen soll?
– Das hängt zum großen Teil davon ab, wohin du möchtest, sagte die Katze.

Lewis Carroll, Alice im Wunderland

Fortschritt besteht nicht in der Verbesserung dessen, was war,
sondern in der Ausrichtung auf das, was sein wird.

Khalil Gibran

Wir müssen unser Dasein so weit, als es irgend geht, annehmen;
alles, auch das Unerhörte, muss darin möglich sein. Das ist im Grunde der einzige Mut, den man von uns verlangt: mutig zu sein zu dem Seltsamsten, Wunderlichsten und Unaufklärbarsten, das uns begegnen kann.

Rainer Maria Rilke

Ein Weiser gibt nicht die richtigen Antworten,
sondern er stellt die richtigen Fragen.

Claude Levi-Strauss

Aus der Vergangenheit kann jeder lernen.
Heute kommt es darauf an, aus der Zukunft zu lernen.

Hermann Kahn

Mensch 9.0: Mensch für andere

Für die nächste Bewusstseinsstufe ist die Farbe KORALLE reserviert. Wie der Mensch aber auf dieser Stufe die Wirklichkeit wahrnehmen und sich selbst begreifen wird, kann im Augenblick eher vermutet als beschrieben werden. Noch leben zu wenige Menschen in dieser Form von Bewusstheit. Jenseits von TÜRKIS darf man aber mit einem Bewusstsein rechnen, das eine alle bisherigen Sichtweisen umkreisende universale Perspektive einnehmen kann. Ken Wilber spricht von einem Meta-Geist-Bewusstsein, das brillante Klarheit verknüpft mit unendlicher Liebe zu allen fühlenden Wesen.[159]

Wenn man die einzelnen Ich-Stufen miteinander vergleicht, lässt sich eine Tendenz feststellen: Die einzelnen Eroberungen und Entdeckungen gehen vom Materiellen immer mehr ins Geistige. Auf der Stufe KORALLE wird es neue Formen umfassender Kommunikation geben, von denen wir heute noch nichts ahnen – so wie die Menschen im Jahr 1980 es sich nicht träumen ließen, was es im interaktiven Internet an virtuellen sozialen Netzwerken geben würde.

KORALLE wird eine transpersonale Weiterentwicklung der grenzüberschreitenden ROTEN Ich-Stufe sein, jetzt aber im Zweiten Rang. Auf der KORALLENEN Stufe wird der Einzelne durch sein pures Dasein ein lebendiges Signal sein gegen Grenzziehungen aller Art. KORALLE wird in dem Wissen leben, dass es in Wirklichkeit keine Grenzen gibt, die nicht durch Gedanken, Gefühle, Worte oder Taten erzeugt werden.

Das Einfühlungsvermögen in andere dürfte noch einmal gesteigert sein. Diese Stufe wird unbegrenzte mitfühlende Akzeptanz zeigen, gegenüber allen Erscheinungsformen menschlichen Lebens zu allen Zeiten. Wer hier weilt, verkörpert das Menschsein an sich und liebt es in allen seinen Mitmenschen, wie es ist. Die bloße Nähe einer Person in KORALLE wiederum könnte andere Menschen motivieren, selbst Grenzen zu überschreiten und sich um weiteres spirituelles Wachstum zu bemühen.

Der Mensch 9.0 könnte an sich eine neue Würde, Freiheit, Daseinsfülle und Sicherheit ausstrahlen, die vollkommen gelassen und zugleich spontan daherkommen kann, weil sie ganz und gar eingebettet ist in den zeitlos-schöpferischen Fluss des Lebens. Auch die Wahrnehmungskanäle von KORALLE werden sich noch weiter öffnen, als es TÜRKIS möglich war. Eine unmittelbare kosmische Resonanzfähigkeit von Körper, Seele und Geist wäre denkbar, die Heilungs- oder Wachstumsprozesse für die ganze Spirale aktivieren könnte. KORALLE wird vielleicht intensive kosmische Impulse im Netz der Wirklichkeit wahrnehmen und auf postintegrale Weise an die Menschheitsfamilie weitergeben.

Ein dermaßen komplexes und zugleich ausbalanciertes Selbst wird sich vermutlich zum Ausgleich in äußerste Anspruchslosigkeit, Einfachheit und Schlichtheit hüllen.

Gott 9.0: Den spurlosen Weg finden

Welche Wege der Gotteserkenntnis Koralle beschreiten wird, kann man noch nicht vorhersagen. Aber vielleicht trifft ein Gedanke des Zisterziensers Joachim von Fiore (1130–1202) die Haltung, mit der es geschehen könnte. Joachim meditierte eine Zeile aus Psalm 77: »Dein Weg, Gott, ging durch das Meer und dein Pfad durch große Wasser, doch niemand sah deine Spur« (Psalm 77, 20).Joachim schloss daraus, dass Gottessucher ab einer gewissen spirituellen Reife Wege zu Gott wählen werden, die gänzlich ohne vorgegebene Spur und unmarkierbar sind:

> Die Meerwege sind in der Tat nicht wie die auf der Land-Oberfläche; gelangt man da an eine enge Stelle, kommt man unmöglich anderswo vorbei, sondern wenn sich ein Weg für alle auftut, folgen die einen den anderen. Von Seefahrern hingegen wählt jeder seinen Weg, wie ihn der Winde Wehen leitet, und wenn sich beim Lesen der Himmelszeichen keiner irrt, werden alle zum einzigen Hafen gelangen.

Auf dem Meer aber ist der Weg nicht markiert, sondern kann frei gewählt werden, wenn der Seefahrer sich ständig von einer anderen Energie tragen lässt: der des Windes. Der Wind ist unschwer als Symbol des Geistes zu erkennen. Koralle als fünfte Ich-Stufe wird sich noch weniger wie ein Landbewohner verhalten, der entlang eines gemeinschaftlichen Wegenetzes zu Gott pilgert. Koralle könnte neue über-individualistische Seefahrer hervorbringen, die neue spirituelle Navigationsmöglichkeiten erforschen – geleitet vom Wehen des Geisteswindes und umspült von Versöhntheit mit allen kosmischen Erscheinungsformen. In ihrem Leben wird die ewige Kommunion in den Strömungsmustern des Gottesmeeres sichtbar werden. Vielleicht in der Weise, dass sie eine noch menschlichere Lebenspraxis entwickeln, die ihnen erlaubt, permanent »in der Gottheit zu schwimmen wie ein Adler in der Luft«[160] und zugleich dem Leben zu dienen.

Der Schwerpunkt ihres Fühlens und Handelns würde in einer überaus dichten Beziehung wechselseitigen Ineinanderfließens mit dem ewig dauernden, alles versöhnenden Wesen Gottes liegen.

Falls es bereits Menschen gibt, die damit beginnen, ein solches Leben auf Erden zu verwirklichen, hätten sie unser aller Schutz verdient. Sie wären ähnlich wie Jesus, Sokrates, Halladsch oder Gandhi ihrer Zeit und Kultur weit voraus und – genau wie diese – Fremde für ihre Zeitgenossen. Sie wären gefährdet, weil wir sie noch nicht verstehen und vermutlich ablehnen oder bekämpfen würden. Trotzdem würden sie aus einer aller mit allem versöhnten Zukunft als Zeichen in unsere Gegenwart treten – und ähnlich wie Jesus ganz Mensch für andere sein und sie einladen zur Versöhnung. Sie wären Menschen der Zukunft, die unsere heutigen Werte liebevoll umarmen und trotzdem auch radikal transformieren würden – aus Liebe zum Kosmos und allem, was darin atmet.

Gott 9.0: Raum durch Fragen

Das Gottesbild von Koralle ist noch unbesetzt – eine glückliche Leerstelle, wie sie das Gottesbilderverbot der hebräischen Bibel immer gefordert hat. Wir brauchen sie, um daran erinnert zu werden: Gott, das Göttliche, das Umgreifende, das unendliche DU, der Weltgrund, das Wesen der Wesen, das Absolute ist immer größer, umfassender, tiefer, geheimnisvoller, unfassbarer als alles, was wir darüber aussagen können. Gleichzeitig sind wir in unserer Menschwerdung mit ihm aufs Engste verwoben. Laut Nikolaus von Kues (1401–1464) ruft Gott jedem den Satz zu: »Sei du dein und ich werde dein sein.« (»Sis tu tuus – et ego ero tuus« in: De Visione Dei 7). In diesem Sinne gilt auch für Gott 9.0, dass sein Sein unentwegt für uns im Werden ist und er in höchster Zugeneigtheit unser Werdenkönnen durch sein Werdenwollen bewirkt. Geradezu klassisch hat es Martin Luther auf den Punkt gebracht:

> Das Leben ist nicht ein Sein, sondern ein Werden. Wir sind's noch nicht, wir werden's aber. Heilig sind wir jetzt im Werden, nicht im Gewordensein.

Wie dieses Werdenkönnen auf der Stufe 9.0 aussieht, wird sich zu zeigen beginnen, wenn Probleme und Lebensbedingungen auftauchen, für die Türkis nicht genug Antworten weiß. Koralle wird dann neue, ungewöhnliche Fragen stellen, um das Werdenkönnen auf den Stufen voranzutreiben. Das Fragenkönnen wird immer eine Art Pilgerherberge für alle sein, die auf Gott als ihr Werdenkönnen vertrauen und es wagen, den abenteuerlichen spirituellen und kulturellen Wandlungsweg durch die Stufen zu gehen.

Aber man muss gar nicht auf Koralle warten. Schon heute können Menschen ab Orange und Grün damit beginnen, in unseren Kirchen und

Religionsgemeinschaften nicht mehr Institutionen zu sehen, die den Menschen fertige Antworten auf ihre Frage nach Gott zu geben haben. Vielmehr könnte Kirche sich in einen offenen Möglichkeiten-Raum verwandeln, der sich als Anwalt der lebendigen Frage nach Gott versteht und sie nicht sofort wieder mit einer Antwort zudeckt. Antworten sind immer begrenzt, vorläufig und zeitbedingt. Ihre Aussagen sind gebunden an die bisher durchlaufenen Wertestufen, auf denen sie gegeben werden.

Die Frage dagegen durchbricht die Begrenzung und verbindet sich mit den Potenzialen, Einsichten und Spielräumen der folgenden Stufen. Die Frage sucht nach immer befriedigenderen Verbindungen und Beziehungen jenseits des bereits Entdeckten. Die Frage ist gegenüber der Antwort das Universalere, das Primäre, das Bleibende und zugleich wesentlich Progressivere. Die Frage eröffnet Prozesse des Überschreitens, während die Antwort Prozesse abschließt oder sogar untersagt. In leichter Abwandlung eines Zitates von Ludwig Marcuse könnte man sagen: Die Frage ist immer revolutionärer als die Antwort. Die Frage ist permanent, in ihr sind Revolution und Evolution permanent.

Glaube 9.0: Die Parabel vom Gottesberg

Wie kann man sich das Zusammenleben der verschiedenen Religionen auf dieser Erde vorstellen? Ein Bild für ein Miteinander, wie es der KORALLENEN Bewusstseinsstufe entsprechen könnte, ist das folgende: Die Religionen leben in einzelnen Gruppen rings um einen riesigen Berg. Dieser Berg ist Gott, das Ewige, die Unendlichkeit, das Nirwana, der Unbeschreibliche.

Am Anfang lebten die einzelnen Glaubensgemeinschaften ziemlich wild campierend auf der weiten Ebene, in sicherem Abstand von dem gigantischen Gebirge. Jede Gruppe lebte für sich, sie hatten keine Ahnung, dass sie nicht die Einzigen waren. Man sammelte sich in PURPURNEN Zirkeln um alte, erfahrene Männer und Frauen, die eine Ahnung zu haben schienen von den Geheimnissen des großen Berges. Man lauschte ihren Geschichten und staunte über die uralten Rituale, die ihre Kraft ganz offensichtlich von der Energie der fernen Berge erhielten.

Irgendwann wagten es die Ersten, dem Berg näherzukommen. Sie sammelten ein paar Mutige um sich, trainierten ROTE Techniken des Überlebens und eroberten die wilden Schluchten und Höhlen am Fuß des Berges. So nahe war dem Berg bisher noch niemand gekommen. Das Leben hier war härter und gefährlicher als in der Ebene, aber zugleich boten sich ungeahnte Möglichkeiten: Bodenschätze und Wälder, wilde Tiere und fantastische Pflanzen. Das Leben in ständiger Bedrohung zwang dazu, nach und nach feste Strukturen zu errichten, Hütten und Häuser, sichere Mauern und befestigte Straßen.

So wurde der Alltag ungefährlicher, aber auch immer geregelter. Es gab eine wachsende Zahl von Gesetzen, an die sich jeder halten musste, auch der oberste Herrscher. Im Lauf der Zeit entstanden immer festere BLAUE Strukturen. In der Mitte jeder Stadt wurden eindrucksvolle Heiligtümer errichtet: numinose Steine, Obelisken, geheiligte Höhlen. Bald baute man darüber Tempel, Kathedralen oder Moscheen, man legte heilige Haine an und versammelte sich in eigens dafür eingerichteten Räumen.

Längst hatten die einzelnen Religionen entdeckt, dass sie nicht die einzigen waren. Man wusste von der Existenz anderer Städte, in denen Heiligtümer ganz anderer Art standen. Man besuchte sich und staunte über die Andersartigkeit der anderen. Weil die Städte wuchsen und das Land manchmal schon etwas knapp wurde, blieben auch Streitigkeiten nicht aus, von anstrengenden Kleingefechten bis zu erbitterten Kriegen. Das ging über eine lange Zeit so, bis die ersten einzelnen Bewohner protestierten. Sie hatten es satt, wegen der Unversöhnlichkeit ihrer Anführer Leid, Not und Gewalt über sich ergehen zu lassen.

In einem Akt großer ORANGER Anstrengung machten sie sich frei von den Fesseln der zentralistischen Städte. Sie ließen sich in einzelnen Behausungen abseits der Metropolen nieder. Wieder eroberten sie neue, bisher unbewohnte Gebiete, die vorher keiner zu betreten gewagt hatte. Sie siedelten an den Hängen des Berges und bauten dort furchtlos waghalsige Konstruktionen. Zur Verehrung des großen Berges brauchten sie die Heiligtümer im Zentrum der Großstädte nicht mehr. Ja, manche lehnten diese Verehrung sogar grundsätzlich ab. Zum Erstaunen vieler hielten die Bauten am Berg. Kein göttliches Strafgewitter, das sie wie befürchtet wegriss. Die Erde tat sich nicht auf, als die Ersten begannen, tiefe Stollen in den Berg zu treiben, um Bodenschätze abzubauen und die Struktur des Gebirges zu erforschen.

Es begann eine Phase enormer Expansion. Die Menschen bauten neue Städte, in Zonen, die als unerschließbar galten. Enorme Leistungen der Bautechnik und die Furchtlosigkeit der Pioniere machten es möglich. Was anfangs nur wenige wagten, trauten sich nach und nach immer mehr. Neue Heiligtümer entstanden, die jedoch vielerorts gar keine klassischen Heiligtümer mehr waren, sondern Meditationsräume. Es gab nach wie vor Streitigkeiten zwischen den einzelnen Bergstädten, aber in den neuen Kriegen ging es weniger um die Zerstörung der gegnerischen Tempel und Kirchen. Die Heiligkeit des Berges geriet mehr und mehr aus dem Blick.

Einige bekamen es mit der Angst zu tun. Sogar die, die selbst nicht mehr an die Heiligkeit des Berges glaubten, waren voller Sorge über dessen Zerstörung. Viele wurden außerdem wütend über die zahllosen umzäunten Bauten, die den Berghang verschandelten. Deswegen öffneten sie ihre eigenen Häuser, gründeten GRÜNE Gemeinschaften und versuchten in vielen einfallsreichen Aktionen, mehr Verständnis für die Schutzbedürftigkeit des Berges zu wecken. Ganz gleich, ob diese Menschen nun an die göttliche Natur dieses Berges glaubten oder nicht. Die unterschiedlichsten Gruppen hätten nun einträchtig auf den ausgedehnten Flächen in der Ebene, in den Vorgebirgen und auf den Hängen des Berges miteinander leben können.

Leider blieb es trotzdem nicht friedlich. Ständig machte sich eine Gruppe über die andere lustig oder sprach ihr das Verantwortungsbewusstsein für die Pflege der Berglandschaften ab. Es wollte einfach keine Ruhe einkehren in den herrlichen Landschaften rund um den gigantischen Gebirgszug. Da erinnerten sich einige an den Gipfel des Berges. Merkwürdig, dass sich in der Vergangenheit offenbar niemand bis zur Spitze des früher hochverehrten Berges aufgemacht hatte. So rüsteten sich wieder einzelne Bewohnerinnen und Bewohner der Städte aus, um den ultimativen Aufstieg anzugehen. Dazu war erstklassige GELBE Technologie erforderlich, denn es ging in völlig unbekannte Höhen und man rechnete mit ungekannten Strapazen.

Wie staunten aber dann die Bergsteiger, als sie selbst in größten Höhen einzelne Hütten und andere Spuren von Wanderern fanden, die zum Teil schon lange vor ihnen hier gewesen sein mussten. Überrascht waren die Bergsteiger auch, wie viele andere mit ihnen unterwegs waren. Je näher der Gipfel kam, je dünner die Luft wurde und je atemberaubender die Sicht, umso größer wurden die Gruppen der Abenteurer, die sich aus den verschiedensten Ländern aufgemacht hatten, um die Spitze des Berges zu entdecken. Einige waren hochtechnisch ausgerüstet, mit beheizter Kleidung und Sauerstoffgeräten. Andere hatten sich in langwierigem Training an die extremen Bedingungen hier oben gewöhnt. Alle gemeinsam waren begeistert von der Stille auf der Höhe des Berges und von dem unglaublichen Blick, den sie von hier oben auf die weit entfernten Städte und Siedlungen am Fuß des Berges hatten.

Erstmals sahen sie mit eigenen Augen, wie viele verschiedene Städte da unten lagen. Hier oben waren sich alle so nah, und sie machten eine TÜRKISE Entdeckung: Sie verstanden die Sprache der anderen, denn sie hörten nicht mehr mit den Ohren, sondern in der endlosen Stille der Höhe mit dem Herzen. Vor allem aber sahen sie, dass all ihre Heimatstädte ein klares, sinnvolles Muster bildeten. Eine faszinierend schöne Struktur, die sich nur von hier, aus der enormen Höhe begreifen ließ. Sie sahen, dass jede einzelne Stadt genau am richtigen Platz stand, dass in diesem Netz kein einzelnes Haus, keine Siedlung fehlen durfte. Von hier oben wurde klar, wie unsinnig und gefährlich die Kämpfe der Städte gegeneinander und untereinander waren. Wer von hier oben auf das brillante Muster der Welt blickte, griff unwillkürlich nach der Hand seines Nachbarn. Alle, die hier oben standen, verwandelten sich, obwohl sie alle Einzelkämpfer waren, zu einer eigentümlichen Gemeinschaft.

Es gab noch eine weitere Überraschung. Der Berg hatte keinen Gipfel. Die Spitze, die alle zu erreichen gehofft hatten, lag in ewigem Nebel und war umtost von undurchdringlichen Stürmen. Manchmal lichteten sich die dichten Wolken, und einige konnten ein paar Meter weiter vorrücken nach oben. Schließlich verstanden einige das KORALLENE Geheimnis, das sich ihnen da offenbarte: Der Berg wuchs mit jedem Aufstieg weiter. Wer auch immer gedacht hatte, mithilfe seiner perfekten Ausrüstung, seiner Trainingsmethoden oder seiner Fitness das endgültige Ziel erreichen und so den Berg endgültig entzaubern zu können, musste umdenken. Zugleich war das auch eine Erkenntnis, die alle mit einer tiefen Freude erfüllte: Der Berg, den sie seit Urzeiten verehrt, gefürchtet und geliebt hatten, war eigentlich gar kein Berg. Er war ein lebendiges Wesen, ihnen viel ähnlicher, als sie jemals geahnt hatten.

Viele der Bergsteiger kehrten zurück in ihre Heimatstädte, um von ihren Erkenntnissen zu berichten. Manche gingen bewusst nicht in ihre eigene Stadt, sondern in eine andere, weil sie fasziniert waren von der Einsicht in die übergeordnete Struktur der Städte rund um den Berg. Ab jetzt war es selbstverständlich, dass sich die Bewohner der Städte mischten und ihre Traditionen sich auf ungeahnte Weise veränderten. Alle besuchten sich und zogen bewusst hin und her, damit die Feindseligkeit der einzelnen Städte keinen Nährboden mehr fand.

Linien

Da jeder Mensch aus einem ganzen Bündel von Begabungen, Talenten und Veranlagungen besteht, kann man in der Regel gut an sich selbst beobachten, dass man in verschiedenen Bereichen unterschiedlich weit entwickelt ist. Vielleicht ist man sportlich ein Ass, aber tut sich schwer mit Kommunikation. Oder man ist musisch sehr weit gekommen, aber auf emotionalem Gebiet äußerst unsicher (wie so mancher Künstler). Man kann hochintelligent und gleichzeitig moralisch auf niedrigem Niveau stecken geblieben sein (wie die meisten James-Bond-Schurken). Man kann ein mathematisches Genie sein und in praktischen Dingen eine Niete.

Anhand dieses Phänomens haben Entwicklungspsychologen wie Jean Piaget, Robert Kegan, Abraham Maslow, Jane Loevinger, Daniel Goleman, Susanne Cook-Greuter oder Lawrence Kohlberg verschiedene Entwicklungslinien herausgearbeitet. Verkürzt spricht man auch einfach nur von Linien.

Der Psychologe und Erziehungswissenschaftler Howard Gardner, Professor in Harvard, USA, entwickelte ein populäres Konzept zur Wahrnehmung verschiedener Linien und nannte sie »multiple Intelligenzen«. Jeder Mensch hat demnach nicht nur die klassische intellektuelle Intelligenz (die sich testen und mit dem Intelligenzquotienten messen lässt), sondern daneben auch körperliche, praktisch-handwerkliche, musikalische, schöpferische, emotionale, soziale, spirituelle Intelligenzen und viele mehr. Am bekanntesten ist für viele das Konzept der Emotionalen Intelligenz, das durch Daniel Golemans Bestseller von 1995 weite Verbreitung gefunden hat.

Diese Linien ragen nun unterschiedlich weit nach oben in die Bewusstseinsstufen hinein. Während beispielsweise die intellektuelle Linie bereits auf der GELBEN Bewusstseinsstufe angelangt sein kann, bleibt die emotionale Linie möglicherweise noch auf der GRÜNEN Stufe und die spirituelle Linie ist erst bei ORANGE.

Stufen und Linien

Linien und Stufen markieren also zusammen den Raum des Bewusstseins. Alle Linien beginnen ganz unten bei BEIGE und schieben sich Stufe für Stufe nach oben, wie Kletterpflanzen, die nach Licht streben. Keine Stufe kann dabei übersprungen werden. Erst wenn genug einzelnen Linien dieser Prozess gelungen ist, kann man sagen, dass eine neue Stufe erreicht ist. Dank der Linien, die immer weiter nach oben entwickelt werden können, tauchen also neue Bewusstseinsschichten auf, die dann nach und nach zu bleibenden, dauerhaften Stufen werden.

Das ist etwa wie beim Bau eines Wolkenkratzers. Zuerst wird die tragende Stahlkonstruktion nach oben gezogen, danach werden die Stockwerke roh ausgebaut, mit Fenstern versehen, dann kommen Bodenbeläge, am Schluss Möbel, die Klimaanlage wird in Betrieb genommen usw. Das Stockwerk war also schon lange in verschiedenen Ausbauzuständen vorhanden, bevor man wirklich sagen kann, dass es dauerhaft bewohnt wird.

Drei Felder von Linien-Intelligenzen

Die Entwicklungslinien eines Menschen lassen sich zur Vereinfachung drei Feldern zuordnen, die den drei Bewegungen der Dreifaltigkeit entsprechen:

Feld A – Die Linien der Erkenntnis: Kognition oder Erkenntnisfähigkeit sorgt für Verstehen und Begreifen dessen, was Wahrheit ist. Hierzu gehören unter anderem räumliches und mathematisches Vorstellungsvermögen, kinästhetisches Talent, sprachliche Kompetenz oder logisches Denken. Ohne ein gewisses Wachstum dieser Linien kommt man auf den Bewusstseinsstufen nicht sehr weit. Die kognitiven Linien fragen: Was ist wahr?

Feld B – Die Linien des Einfühlens: Zu ihnen zählen die ästhetischen, emotionalen und zwischenmenschlichen Linien. Hier geht es um Intuition, Sensibilität, Empathie und Empfindungsfähigkeit bei sich und anderen. Diese Linien helfen dem Bewusstsein, immer einfühlender und mitfühlender zu werden. Die emotionalen Linien fragen: Was ist schön?

Feld C – Die Linien des Wollens: Sie beziehen sich auf den menschlichen Willen als Wahrnehmungsorgan für Werte, Weltsicht und Ethik. Hier geht es um das Bewusstsein für die Weiterentwicklung der selbstbestimmten Absichten, um Zielstrebigkeit, freien Willen, Beurteilung von Wirklichkeit und den moralischen Schwerpunkt in allem, was man tut. Die moralischen Linien fragen: Was ist gut?

Wenn ein Mensch eine in Feld B angelegte künstlerische Begabungslinie nicht entwickeln will, dürfte das zwar für die Welt bedauerlich sein, muss sich aber für ihn persönlich nicht unbedingt schlimm auswirken: Vielleicht wäre aus ihm ein hervorragender Zeichner, Tänzer oder Sänger geworden, er kann aber auch gut leben, ohne dieses Talent bis zur Meisterklasse entfaltet zu haben. Weitaus mehr Störungen würde es dagegen für ihn und andere erzeugen, wenn seine moralische Linie in Feld C auf einer frühen, vorkonventionellen Stufe (z.B. Rot) stehen geblieben wäre und er seinen aggressiven Impulsen ungehemmt folgen würde.

Damit das deutlicher wird, haben wir hier als Beispiel die moralische Linie (Feld C) durch die Stufen durchdekliniert:
Beige: Was mich am Leben hält, ist gut.
Purpur: Was die Familie zu ihrem Schutz macht, ist gut.
Rot: Was ich will, ist gut, alles andere zählt nicht.
Blau: Was unser Gesetz sagt, stimmt immer und ist gut.
Orange: Was vernünftig ist und mich voranbringt, ist gut.
Grün: Was uns an gemeinsamem Einfühlen gelingt, ist gut.
Gelb: Was der Weiterentwicklung aller im System dient, ist gut.
Türkis: Was zum selbstlosen Dienst an der ganzen Menschheit führt, ist gut.

Manche Menschen halten eine dieser drei Gruppen für die einzig relevante. Sie betonen entweder nur den Bereich des Fühlens oder nur der Erkenntnis oder nur der Moral. Fachleute sprechen dann von »Linienabsolutismus«. Das passiert meistens mit der Linie, die man selbst am weitesten nach oben geschoben hat und in der man sich am stärksten fühlt. Das beste Gegenmittel: sich bewusst den beiden anderen Gruppen zuwenden, die bisher zu kurz gekommen sind. Sobald man diese fördert, kommt es dem Wachstum der Gesamtpersönlichkeit zugute.

Die spirituelle Linie

Die Linie der spirituellen Entwicklung ist eine ganz spezielle Linie. Wir gehen in diesem Buch davon aus, dass sie von der Anlage her jedem Menschen zur Verfügung steht und durch alle Stufen läuft. Jeder hat also eine Entwicklungslinie für spirituelle Intelligenz, auch wenn er sich dieser Eigenschaft nicht bewusst ist.

Mit dem protestantischen Theologen und Religionsphilosophen Paul Tillich (1886–1965) definieren wir Spiritualität möglichst weit und umgreifend als das, »was auf das höchste Anliegen eines Menschen verweist und das, was uns unbedingt angeht«. Das Wesen der Religion besteht nach Tillich darin, dass sie sich befasst mit dem Ewigen. Sobald der Mensch nach dem Sinn seines Lebens fragt, aktiviert er seine spirituelle Linie und bewegt sich im Raum des Religiösen. Dort kann er das »Unbedingte« (was ihn unbedingt angeht) in mystischen, symbolischen oder dichterischen Bildern ausdrücken, ebenso gut aber auch in theologischen, philosophischen oder politischen Begriffen. Er kann religiöse Symbole und Sprache sogar ganz meiden. Aber allein schon mit der Sinnfrage bewegt er sich auf der spirituellen Linie, die ihm die »Dimension der Tiefe« in allen Funktionen des menschlichen Geisteslebens erschließt. Für Paul Tillich hat die spirituelle Linie der Religion folgende Aufgabe:

> Sie öffnet die Tiefe des menschlichen Geisteslebens, die zumeist vom Staub unseres Alltagslebens und vom Lärm unserer profanen Arbeit verdeckt ist. Die Religion lässt uns das Heilige erfahren, etwas, das unberührbar, Ehrfurcht gebietend, letzter Sinn, Quelle des höchsten Mutes ist. Das ist die Größe dessen, was wir Religion nennen.[161]

Zur spirituellen Linie gehört vor allem das menschliche Streben nach Ganzheit. Darum kann sie auch nicht einem der drei Felder Erkennen, Fühlen und Wollen allein zugeordnet werden, sondern will das Wahre, Schöne und

Gute zusammenhalten. Der Religionsphilosoph David Ray Griffin unterstreicht:

> Wir werden von dem Schönen, Wahren und Guten angezogen, weil diese Werte dem Eros des Universums ein inneres Bedürfnis sind, und wir fühlen dieses Bedürfnis des Eros.[162]

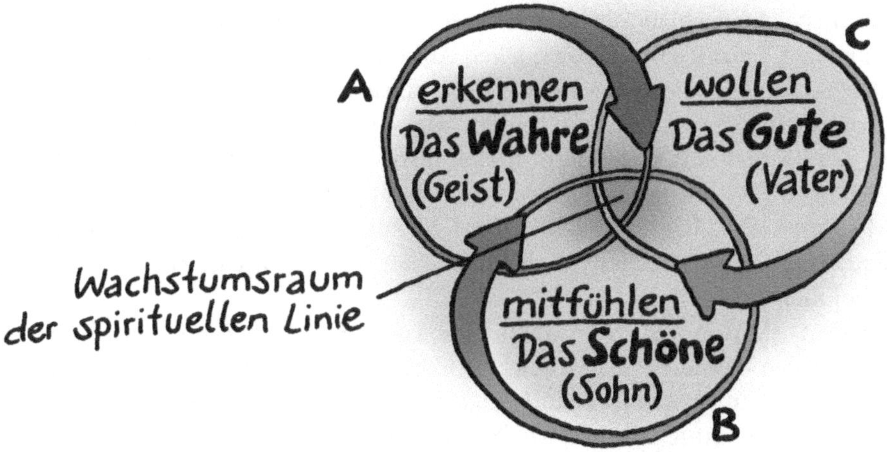

Für ihr ausgeglichenes Wachstum braucht die spirituelle Linie Unterstützung aus allen drei Sphären, hat also gleichsam ein trinitarisches Interesse. Das Wahre würde dabei dem Heiligen Geist entsprechen, das Schöne, Empathische dem Sohn und das Gute dem Vater. Die spirituelle Linie verlangt ein Zusammenspiel verschiedenster Linien aus allen drei Feldern. Dabei fördert sie auch diese Linien und balanciert sie aus:

Religion und Spiritualität kann nicht nur aus Gefühl (B) bestehen, sie muss über sich und die Welt theologisch nachdenken (A) und ethisch verantwortlich handeln (C).

Religion darf auch nicht nur aus abstrakten Denkgebäuden und dogmatischen Lehrsätzen (A) bestehen. Sie bekommt Fleisch und Blut erst durch eine Empfindungsfähigkeit für das Erhabene (B) und eine Lebenspraxis nach den Werten, die Gläubige für wichtig erachten (C).

Schließlich darf man Religion nicht einfach als Moral (C) definieren. Sie ermöglicht staunendes Bezogensein und hingebungsvolle Liebe (B) ebenso wie eine außerordentliche geistige Beweglichkeit und Erkenntnisfähigkeit (A).

Die spirituelle Intelligenz erforschen

Im Anschluss an Paul Tillich kann man sein eigenes höchstes Anliegen erforschen und anschließend analysieren, in welcher Bewusstseinsstufe es verankert ist, also »welche Farbe« es hat:

Wer als allerhöchstes Anliegen hat, die Gebote Gottes zu halten, ein ordentlicher Mensch zu sein oder ein traditionsreiches Familienunternehmen zu führen, ist mit seinem spirituellen Anliegen verwurzelt in BLAU. Wessen allerhöchstes Anliegen es wäre, viel Geld in der Wirtschaft zu verdienen, eine prominente Persönlichkeit zu werden oder ein erfolgreicher Wissenschaftler zu sein, findet sich mit diesem materialistischen bzw. rationalen höchsten Anliegen in ORANGE wieder. Hat man als höchstes Anliegen den Wunsch, Menschen glücklich zu machen, Leid zu lindern oder die Natur und den Reichtum dieses Planeten zu bewahren, liegt die spirituelle Heimat wahrscheinlich in GRÜN.

Kein Mensch lebt ohne irgendeine Form spiritueller Intelligenz oder spirituellen Gewahrseins. Möglicherweise ist es jedoch minimal entwickelt oder es ist hängen geblieben auf einer der unteren Stufen – häufig auf einer prärationalen Stufe, also unterhalb von ORANGE. Das macht es rationalen, aufgeklärten Menschen oft so schwer, diese Linie weiterzuentwickeln. Sie empfinden Religion als mythisch und prärational und betrachten sie als etwas, das ein aufgeklärter Mensch vernünftigerweise hinter sich gelassen hat.

Für viele Menschen ist es eine wichtige und erstaunliche Erkenntnis, dass die spirituelle Linie nicht prinzipiell bei BLAU aufhört, sondern ebenso wie alle andere Linien durch alle Stufen läuft und nach oben strebt. Das ist eine der wichtigsten Einsichten, die sich aus dem Modell der Entwicklungsstufen gewinnen lässt: Die spirituelle Intelligenz lässt sich gezielt weiterentwickeln!

Linien und Handeln

Eine weit entwickelte spirituelle Linie allein sagt noch nichts aus über den wahren Schwerpunkt einer Person und deren Selbst-System. Weder viel spirituelles Wissen noch tiefe spirituelle Erfahrungen entscheiden darüber, was einen Menschen als Person ausmacht. Es kommt auf die Gesamtentwicklung an, also darauf, auf welcher Stufe die Mehrheit der Entwicklungslinien eines Menschen ihren Handlungsschwerpunkt haben.

Ken Wilber brachte es auf die Kurzformel: »Das Sein ist dort, wo das Handeln ist.«[163] Das deckt sich mit uralter jüdisch-christlicher Weisheit. Abraham Heschel (1907–1972), der große jüdische Religionsphilosoph, formulierte es so: Der Mensch wird von Gott immer aufgerufen zu einem »Sprung ins Tun«, nicht bloß zu einem Gedankensprung. »Das Göttliche singt in unseren Taten, es wird in unserem Tun enthüllt.« Was ein Mensch tut oder lässt, wie er sich anderen gegenüber verhält – erst das enthüllt, was er wirklich ist. Jüdische Spiritualität steht und fällt mit dem Handeln des Menschen, nicht mit seinen frommen Gefühlen oder intellektuellen Einsichten. »Die Tat ist die Quelle der Heiligkeit«, weil der Mensch gegenwärtig ist in seinem Handeln. Er ist aufgerufen, mit Körper, Geist und Seele die Realität Gottes im eigenen praktischen Leben sichtbar werden zu lassen.

Auch in der christlichen Mystik gilt, dass »die kleinste Tat ein gewaltiges Ereignis ist«, wie die französische Mystikerin Madeleine Delbrêl (1904–1964) schreibt:

> Was immer wir zu tun haben, ob wir einen Besen oder eine Füllfeder in der Hand haben, reden oder schweigen, etwas flicken oder einen Vortrag halten, einen Kranken pflegen oder auf der Schreibmaschine schreiben: All das ist nur Rinde einer herrlichen Realität.

Eine lebendige spirituelle Linie lässt sich stets daran erkennen, dass ihre geistige Kraft das Fühlen, alltägliche Verhalten und praktische Handeln eines Menschen durchdringt. Ähnlich wie eine »vorauseilende« kognitive Linie kann die spirituelle Linie helfen, die anderen Linien zu beleuchten und damit mehr über sich zu erfahren. Eine starke spirituelle Linie sendet aber starke Impulse an die anderen Linien aus, sich mit ihr weiterzuentwickeln und so den Schwerpunkt des Seins und Handelns immer weiter nach oben zu verschieben.

Zustände

Gott offenbart, was tief
und verborgen ist;
er weiß, was in der Finsternis
liegt, denn bei ihm ist lauter Licht.

Daniel 2, 20.22

Ich schließe meine Augen
und lenke meinen Geist der Tiefe zu.

Symeon der Theologe

Niemand kann zu Gott aufsteigen,
der nicht zuerst in die eigene Innerlichkeit hinabgestiegen ist.

Francisco de Osuna

Uns aber hat es Gott offenbart durch seinen Geist;
denn der Geist erforscht alle Dinge, auch die Tiefen der Gottheit.
Denn welcher Mensch weiß, was im Menschen ist,
als allein der Geist des Menschen, der in ihm ist?
So weiß auch niemand, was in Gott ist, als allein der Geist Gottes.
Wir aber haben nicht den Geist der Welt empfangen, sondern den Geist aus Gott, dass wir wissen können, was uns von Gott geschenkt ist.
Und davon reden wir auch nicht mit Worten, wie sie menschliche Weisheit lehren kann, sondern mit Worten, die der Geist lehrt, und deuten geistliche Dinge für geistliche Menschen. Der natürliche Mensch aber vernimmt nichts vom Geist Gottes; es ist ihm eine Torheit und er kann es nicht erkennen; denn es muss geistlich beurteilt werden.

Apostel Paulus in 1. Korinther 2, 10–14

Wenn man auf alle bisher bekannten Stufen der Entwicklungsspirale schaut und diese mit den Studien anderer Entwicklungsforscher[164] vergleicht, ist der gemeinsame Befund eindeutig: Das menschliche Bewusstsein, auch das religiöse und spirituelle, entwickelt sich in einem historischen Prozess fortlaufend weiter.

Warum aber, fragt man sich dann verwundert, haben die vielen spirituellen Schulen, geistlichen Begleiter, Weisheitslehrer und Mystiker der großen religiösen Traditionen diese Bewusstseinsstufen nicht dank ihrer Meditation erkannt?

Die Antwort auf diese Frage fand erst Ken Wilber, der selbst Jahrzehnte lang über diese verwirrende Sachlage gegrübelt hatte. Wilbers Lösung bestand darin, dass er – unterstützt durch Allan Combs – die Stufen des Bewusstseins ganz klar von den erfahrbaren meditativen Zuständen des Bewusstseins unterschied. Wir teilen Wilbers Überzeugung, dass die saubere Unterscheidung zwischen Stufen und Zuständen das heutige Verständnis von Religion revolutionieren kann, weil sie »den einzigen und wichtigsten Schlüssel zum Verständnis des Wesens spiritueller Erfahrungen enthält«.[165]

Zum seltsamen Verhältnis von Stufen und Zuständen

In der Geschichte der Religionen gibt es immer wieder das merkwürdige Phänomen, dass Schamanen, Heilige, Gurus, Zenlehrer, Propheten oder Apostel, die besondere spirituelle Erfahrungen gemacht hatten, sich trotzdem im »wirklichen Leben« schauerlich unerleuchtet, destruktiv oder unmoralisch verhielten. Die Erfahrung eines besonderen Verzückungs- oder Erleuchtungszustandes bedeutet keineswegs das automatische »Vorrücken« zu einer hohen, moralisch integren Stufe des Bewusstseins und einer damit verbundenen höher entwickelten ethischen Haltung.

Ein bekanntes Beispiel aus dem christlichen Bereich dafür ist Bernhard von Clairvaux (1090–1153). Einerseits finden wir bei diesem Heiligen und Gründer von über 70 Zisterzienserklöstern eine überaus lebendige und innige Christusmystik, die eindeutig belegt, dass Bernhard tiefe Zustandserfahrungen in der Kontemplation erlebt hat. Andererseits betrieb Bernhard eine massive kirchliche Machtpolitik und agierte als flammender Einpeitscher (»Deus lo vult!« – »Gott will es!«) für den Zweiten Kreuzzug gegen die Moslems, der 1149 in einer Katastrophe endete. Wie kann jemand, der Christus liebt, die »Feinde« hassen und zu deren Vernichtung aufrufen? Diese Widersprüchlichkeit ist eklatant – aber man nimmt sie erst von ORANGE aufwärts wahr. Bernhard dagegen war ein Mensch des Hochmittelalters, der nie aus einem ROT-BLAUEN Bewusstsein herausgefunden hatte.

Im Buddhismus bekannte sich in der Restaurationsepoche der Meiji-Zeit zwischen 1868 und 1945 der größte Teil der japanischen Zen-Meister zum nationalistisch-kaisertreuen Staat und ließ sich im Zweiten Weltkrieg bereitwillig in die japanische Kriegsmaschinerie einbauen.[166] Sie pflegten ein krasses Feindbilddenken mit faschistoiden Zügen und lehrten einen martialisch ROT-BLAUEN »Soldaten-Zen« oder »Reichs-Zen«, der sich massiv abhebt vom heutigen »sanften« Buddhismus der GRÜNEN Stufe.

Religiös aufgeklärt dank Stufen, spirituell erfahren dank Zuständen

So könnte man ein Ziel unseres Buches beschreiben. Wer die Bewusstseinsstufen kennt, hat damit Kriterien an der Hand, um sich mit den inhaltlichen Aussagen seiner spirituellen Lehrer, Theologen oder Gurus kritisch auseinanderzusetzen und hier die Spreu vom Weizen zu trennen. Es geht darum, beide Stränge, die historische Bewusstseinsevolution und die kontemplative Tradition gleichzeitig zusammenzuhalten und unterscheiden zu können. Als Klammer, die Stufen und Zustände verbindet, eignet sich sehr gut das Wort Jesu über das »Reich Gottes« (Lukas 17, 21). Der griechische Urtext lässt sich in zwei Richtungen übersetzen: »Das Reich Gottes ist mitten unter euch« passt zu den Stufen. »Das Reich Gottes ist inwendig in euch« passt zu den Zuständen. Zur Orientierung und Anregung finden Sie rechts eine Gegenüberstellung von Stufen und Zuständen.

Zustände erlebt man im Inneren

In den 1960er-Jahren wurde es Mode, sich für Bewusstseinserweiterung zu interessieren. Man wollte sein Bewusstsein gezielt beeinflussen, um dadurch eine Verschiebung zu »altered states of consciousness« zu erreichen, veränderten Zuständen der Wahrnehmung. Allerdings wurde dabei auch mit süchtig machenden Drogen, gefährlichen pflanzlichen Substanzen oder schädlichen Medikamenten experimentiert. Deshalb löst die Vorstellung, sein Bewusstsein gezielt verändern zu können, bei vielen aufgeklärten Menschen erst einmal Skepsis und berechtigten Widerstand aus.

Dabei sind veränderte Zustandserfahrungen etwas ganz Natürliches. Schon ein einfacher Stimmungswechsel markiert eine Zustandsverschiebung hin zu Langeweile oder Aufregung, Heiterkeit oder schlechter Laune, Angst oder Gelassenheit.

Stufen	**Zustände**
Außenwelt	Innenwelt
Übersetzung: Das Reich Gottes ist *zwischen* euch (»mitten unter euch«)	Übersetzung: Das Reich Gottes ist *in* euch (»inwendig in euch«)
Das Kreuz als historisches Ereignis der Heilsgeschichte	Das Kreuz als Zeichen des Zusammenfallens aller Gegensätze
Jesus nackt wie alle leidenden Menschen	Jesus nackt wie der »nackte Grund« des Seins
Lauf der Welt	Pfad der Mystik
Paulus: »natürliche Menschen«	»geistliche Dinge für geistliche Menschen«
Der Geist der Welt (1. Korinther 2, 10)	Die Tiefen der Gottheit (1. Korinther 2, 10)
Symeon der Theologe: Weltsinn, Menschengeist	Symeon der Theologe: Geistsinn, Gottesgeist
Meister Eckhart: der äußere Mensch	Meister Eckhart: der innere (nach innen gewendete, inwendige) Mensch
Wir sehen die Dinge so, wie wir auf dieser Stufe sind.	Wir sehen immer mehr »durch die Dinge hindurch« bis zum letzten Grund Gottes.
Richard Rohr: »der Baum der Erkenntnis« = Kognition	Richard Rohr: »der Baum des Lebens« = Kontemplation
Sichtbare Kirche	Unsichtbare Kirche
Selbst-Entwicklung	Selbst-Vergessen
Werdenkönnen mit Gott	Seinkönnen in Gott
Viel-Faltigkeit	Ein-Faltigkeit
Erweitern, Zunehmen, Erwerben	Abnehmen, Loslassen
Kontinuierlich, bleibend	Vorübergehend, flüchtig
Aus schrittweisem Entwicklungsprozess hervorgegangen, zum Teil ganz unspektakulär	Oft sehr bewegend, mit Gipfelerfahrungen, die lebenslang erinnert werden können
Die gesamte Evolutionsgeschichte umgreifend, eschatologisch, auf Zukunft gerichtet	Nur im Hier und Jetzt des gegenwärtigen Moments erfahrbar
Ermöglichen Reflexion / Interpretation / Deutung der Erfahrung entsprechend der Ebene, auf welcher der Interpret gerade steht	Ermöglichen die spirituelle Erfahrung in verschieden tiefen Graden der Versenkung
Dokumentierbares Wissen der Welt	Verborgene Weisheit
Messbare, datierbare Höhe, Tiefe, Länge und Breite evolutionärer Prozesse	Tiefe, die zugleich Höhe ist; Gipfel, der zugleich Urgrund ist
Geschichtlicher Wandel, Paradigmenwechsel	Innere Transformation

Seit jeher bemühen sich Menschen, ihre Bewusstseinszustände gezielt zu verändern, um Grenzen zu überschreiten und sich neu erfahren zu können: Man erlebt sie aufgrund körperlicher Anstrengung, als Kick und Flow beim Sport, als Getragensein beim Tanzen, als Höhepunkt beim Sex oder als Glücksgefühl nach der Geburt. In unserer Kultur dienen Stimulanzien wie Koffein und Alkohol dem erlaubten Verschieben innerer Zustände, während bewusstseinserweiternde Drogen verboten sind. In der Medizin werden Bewusstseinszustände therapeutisch verändert, etwa bei einer Narkose oder der Einnahme von Beruhigungs- und Schmerzmitteln. Den geistigen Zustand verändern nachweislich auch kognitive Techniken wie Musizieren, Gedächtnistraining oder Studieren.

Die meditativen Praktiken haben die gelenkte rein geistige Bewusstseinserweiterung ohne jedes äußere Hilfsmittel als Ziel. Yoga, Atemarbeit, das Wiederholen eines Mantras, das »Geleier« beim Rosenkranzgebet, das Drehen der tanzenden Sufi-Derwische, das charismatische Sprachengebet »in anderen Zungen« oder das ohnmachtsähnliche »Ruhen im Geiste«, die orthodoxe Versenkung ins immerwährende Herzensgebet – all das sind spirituelle Techniken, um Gläubigen erweiterte Bewusstseinszustände zu ermöglichen. Alle Religionen haben Wege der Zustandsschulung entwickelt, mit denen Suchende »nach Hause« geführt werden und Gott (oder das Numinose, Transzendente) erleben können. Besondere, ungewöhnlich erhöhte Zustände werden Gipfelerfahrungen genannt.

Meine Seele stammt woanders her

Woher kommt diese Sehnsucht, sich zu überschreiten? Es ist die Frage nach dem Woher und Warum des »Ich«, in das wir als Kinder geschlüpft sind und mit dem wir uns vollständig identifiziert haben.

Viele Menschen kennen diesen vagen Heimatverlust in ihrem Inneren, wenn sie sich fragen: »War das schon alles?« Es gibt inzwischen hinreichend Belege dafür, dass auch Kinder spontan solche ungewöhnlichen Zustandserfahrungen haben können – vom Eintreten ins Ich-Bewusstsein ebenso wie vom plötzlichen Blick auf das Eine. Dazu jeweils ein Beispiel:

Der Psychologe Dolph Kohnstamm konnte breit belegen, dass sich viele Erwachsene noch daran erinnern können, wie sie in frühem Kindesalter ihr »Ich« entdeckten. Sie erlangten eine Identifizierung, die zuvor noch nicht da war. Eine Fünfjährige spürte während eines Kindergartenausflugs mit dem Bus plötzlich einen inneren »Energiestoß« in ihrem Kopf:

> Es schien wie ein kurzer elektrischer Impuls, der mich weckte, als ob ich aus dem Alltag geweckt würde. Ich begriff, dass ich eine einzelne Person war, welche nur einmal existierte.[167]

Auch der Dichter Jean Paul erlebte das als »sehr junges Kind«:

> Ich sah ein inneres Gesicht – Ich bin ein Ich –, das wie ein Blitzstrahl vom Himmel vor mich fuhr und seitdem leuchtend stehend blieb; da hatte mein Ich zum ersten Male sich selber gesehen und auf ewig.[168]

Der große evangelische Theologe Jörg Zink spricht in seinen Erinnerungen davon, dass er als etwa Achtjähriger viel allein in der Natur umherstreifte. Dabei hatte er an einem hellen Abend folgendes Erlebnis:

> Vor meinen Augen lösten sich die Bäume und die Berge und die wenigen Häuser auf. Alles wurde durchscheinend, als wäre es aus Glas. Die Bäume verloren ihre Dichte und Konturen und wurden, als wären sie aus Licht. Aber das kam nicht von der Sonne. Es kam überall her aus dem Hintergrund des ganzen Landes. So ist das also, durchfuhr es mich. Alles ist nur Vordergrund! Dahinter ist alles Licht! Unsere ganze sichtbare Welt tut nur so, als sei sie da! In Wirklichkeit fängt, was wichtig ist, erst dahinter an! [...] Heute ist es mir eines der Zeichen, die mir deuten, was eigentlich wir Christen meinen, wenn wir von einer anderen Welt reden.[169]

Daraus lässt sich ganz allgemein folgern: Spirituelle Zustandserfahrungen decken *andere Dimensionen* hinter dem »Normalbewusstsein« auf. Sie lösen sich ab, sind nichts Bleibendes und gehören dem *gegenwärtigen* Augenblick. Das Hier und Jetzt ist der einzige Ort, an dem man seine spirituellen Bewusstseinszustände klar wahrnehmen kann.

Das Sakrament des Augenblicks

Genau hier setzen die Achtsamkeitsübungen der großen spirituellen Schulen in Ost und West ein. Achtsamkeit erzeugt die nötige Wachsamkeit für das »ewige Nun«, das gegenwärtige »Jetzt!«.[170]

Der französische Jesuit und Mystiker Jean Pierre de Caussade sprach vor 300 Jahren vom kostbaren »Sakrament des Augenblicks«, in dem sich alle Zustandserfahrungen vollziehen, auch die spirituellen. Wer die Augen schließt und sich in wacher Aufmerksamkeit in seine eigenen Bewusstseins-

zustände vertieft, gelangt nicht automatisch zu einer Gotteserfahrung – auch wenn es Spontanerlebnisse gibt, bei denen die Gottesliebe sich erlaubt, einfach in ein Menschenleben »einzubrechen«.[171] Trotzdem sind sich spirituelle Lehrer aller Traditionen einig: Eine dauerhafte Innenschau tieferer spiritueller Zustandserfahrungen bedarf in der Regel der Einübung. Die eigenen Zustandsveränderungen geduldig und wach wahrzunehmen ist die Königsdisziplin für spirituelle Sucher.

Weil sich dabei die Erfahrung von Wirklichkeit immer mehr verdichtet, nannte Romano Guardini den gegenwärtigen Augenblick zu Recht den »Verdichtungspunkt der lebendigen Führung Gottes«.

Mystiker sind die Tiefseetaucher des Bewusstseins

Was unterscheidet eigentlich Mystiker oder Kontemplative von anderen Menschen? Sie sind besonders geübt darin, sich ganz im Gegenwärtigen zu verankern und sich von hier aus hinabzulassen in die eigene Tiefe. Sie ähneln Tiefseetauchern, die geleitet vom »Geist aus Gott« unermüdlich dabei sind, sich in »die Tiefen der Gottheit« hinabzusenken, um sie zu erforschen (so Paulus im 1. Korintherbrief 2, 10). Zugespitzt könnte man wie der Kulturphilosoph Emil Cioran sagen: »Gott verdankt den Mystikern alles: seinen Ruhm, sein Geheimnis, seine Ewigkeit.«

Kontemplative Menschen vertrauen dem Wahren, Guten und Schönen so sehr, dass sie alles überschreiten können, was ihre jeweilige religiöse Tradition dazu lehrt. Sie benutzen ihre Religion als eine Art Sprungbrett in die Tiefe des GEISTES. Auf diese Weise können sie dem folgen, was ihnen der GEIST dort offenbart.

Mystikerberichten zufolge kann man unterschiedlich tief in sein eigenes Inneres hinabsinken und dabei auch unterschiedlich tiefe Gotteserfahrungen machen. Die kontemplativen Schulen der großen spirituellen Traditionen haben zahllose Berichte Einzelner über ihre inneren Erfahrungen kartografiert, gebündelt und daraus nachvollziehbare Schulungswege in drei, fünf, sechs, sieben oder mehr Schritten entwickelt.[172] Die christliche Mystik nennt diese in völliger Wachheit des Bewusstseins erlebten spirituellen Zustände auch *Versenkungsgrade.* Das Gleiche meint die Rede von *himmlischen Entrückungen.* Andere mystische Begriffe dafür sind *Stufenleiter des Gebets, geistliche Liebestreppe, Aufstieg auf den Gottesberg* oder die *Wohnungen in der Seelenburg.* Mystiker sehen darin keinen Gegensatz: In der inneren Welt sind Aufstieg und Abstieg dasselbe.

Hauptzustände (Versenkungs-grade)	1. Versenkungsgrad **Wachsein**	2. Versenkungsgrad **Träumen**	3. Versenkungsgrad **Traumloser Tiefschlaf**	4. Versenkungsgrad **Nichtzweiheit**
Wer	Ego	Seele	Reines Selbst	ICH BIN
Vertreter	Schamanen, Yogis	Heilige	Weise	Voll verwirklichte (Siddhas), Jesus, Buddha, Meister Eckhart, Plotin
Wie	Grobstofflich, physisch, wahrnehmen mit den fünf Sinnen	Feinstofflich, subtil-bildlich	Formlos, bilderlos, kausal-nichtmanifest, reine Achtsamkeit, Gebet der Sammlung, Zeugenschaft	Nondual
Was wird wahrgenommen	»Ich sehe einen Stein.« Sich betrachtend in das versenken, was konkret sichtbar und fühlbar in der äußeren Welt da ist.	Gott oder ein Gottesbild steht im Zentrum. Die Erfahrung läuft über innere Bilder als seelischer Prozess.	Die Gottheit hinter den Gottesbildern erfahren. Weite Leere in unendlichem Urgrund. Reine, bilderlose Schau.	Grund der Gottheit, »Verklärung«, Erleuchtung. Erfahrungen fließender Zustände, bei denen ein Individuum sich eins fühlt mit allem, in welchem Zustand es auch immer auftaucht.
Einssein mit allen Phänomenen des jeweiligen Grades	**Naturmystik:** Einswerden mit der sichtbaren Natur. »Heidentum« (Ken Wilber), »Babymystik« (Richard Rohr)	**Gottesmystik:** Bildhafte innere Erfahrungen der Vereinigung (z. B. »das fließende Licht«), Gottes-schau	**Formlose Mystik:** Kontemplation, bilderlose Erfahrungen des Einswerdens mit dem Urgrund	**Nonduale Mystik:** Einssein mit allen Phänomenen in allen Zuständen

Drei vertraute, natürliche Zustandserfahrungen

Wie lassen sich die vielen Arten von Zustandserfahrungen sortieren? Ken Wilber schlägt vor, sie über drei alltägliche Hauptzustände des Seins zu erfassen, die allen zugänglich und vertraut sind. Wie wir aus der Schlafforschung wissen, durchläuft jeder Mensch innerhalb von 24 Stunden drei Bewusstseinszustände: Wachsein, Träumen und traumlosen Tiefschlaf. Wilbers Idee ist nun, dass diese Zustände im Wachen und Schlafen den Zuständen

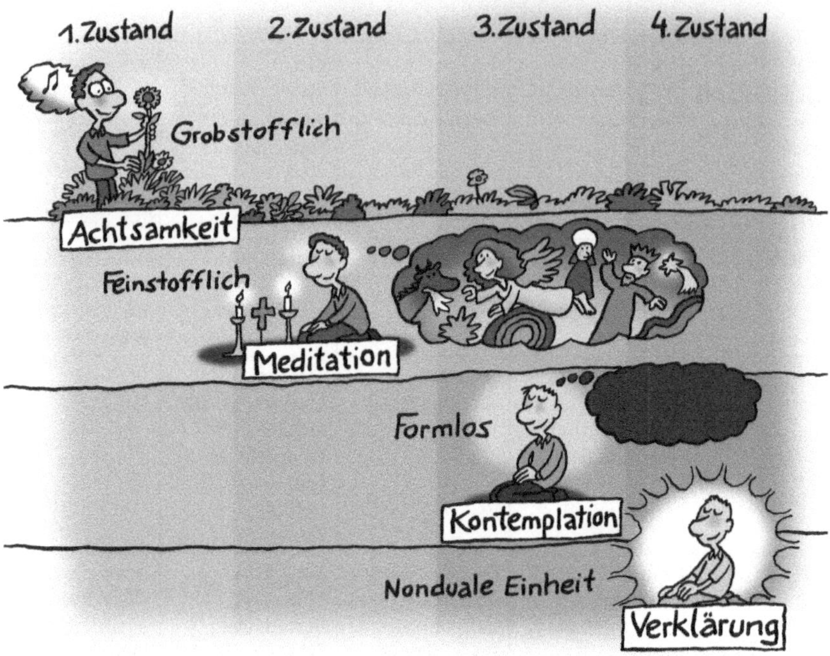

entsprechen, die man in der spirituellen Versenkung erleben kann. Dabei macht man verschiedene Erfahrungen mit seinem Körper, mit Objekten und der eigenen Energie:

- Im *Wachsein* (1. Zustand) erlebt man den vertrauten physischen Körper und identifiziert sich mit ihm. Man befasst sich mit manifesten Objekten, also materiellen Dingen. Diese Energie wird darum *grobstofflich* oder manifest genannt und dem Ego zugerechnet.
- Im *Traum* (2. Zustand) identifiziert man sich mit einem »feinstofflichen« Körper, der nicht gebunden ist an die Gesetze von Raum und Zeit. Er kann fliegen, sich in seiner Gestalt verwandeln usw. Man sieht innere Bilder und Gestalten, hat subtile Empfindungen. Mithilfe von Imaginationstechniken kann man diese inneren Bilder auch wach erleben. Diese Energie wird *feinstofflich* oder subtil genannt und gehört zur Seele.
- Im traumlosen *Tiefschlaf* (3. Zustand) wird die Energie noch einmal feiner. Es gibt hier gar keine Objekte oder Bilder mehr, mit denen man sich identifizieren könnte. Man nimmt die reine Leere wahr, also den *formlosen* kausalen Urgrund, der noch vor der Form kommt. Darum erinnern wir uns normalerweise nicht an die Erfahrungen der Tiefschlafphase. Christliche Mystiker, die hierher vorgedrungen sind, sprechen von der »rein geistigen Schau«, die ein körperloses, leeres, aber hoch bewusstes »reines Selbst« erlebt.

Je wacher man durch diese Hauptzustände des Seins gehen kann, desto freier wird man in der Versenkung und desto umfassender wird man sich des Seins an sich bewusst. Einigen wenigen gelingt es, bewusst einen vierten Zustand zu erfahren:

- In der *Nichtzweiheit* (4. Zustand) erleben sie die Nondualität der alles umfassenden Wirklichkeit. Ihr Ichbewusstsein geht schließlich ein in das große ICH BIN, das *alle* Erscheinungen und Phänomene schaut und bezeugt, selbst aber kein Wahrnehmungsinhalt mehr ist. Alle Wirklichkeit ist darin enthalten und eins. Traditionell wird das »*volle Verwirklichung*«, »*Verklärung*« oder »*Erleuchtung*« genannt.

Trotz dieser Aufteilung sollte man sich keine abrupten Wechsel vorstellen. Die Übergänge sind fließend und bei jedem Menschen anders. Die Mystikforscherin Evelyn Underhill verglich sie mit einer kontinuierlich abfallenden Böschung. Alle Mystiker können ja nur nachträglich gedankliche Unterscheidungen treffen bei dem Versuch, die eigenen Erfahrungen zu systematisieren, um sie anderen nahezubringen.

Das Wilber-Combs-Raster

Weil die mystischen Versenkungsgrade wache Erlebnisse der natürlichen Bewusstseinszustände sind, kann sie im Prinzip jeder Mensch auf jeder der neun Bewusstseinsstufen erleben. Zahllose Zeugnisse aus allen spirituellen Traditionen legen das nahe.

Kombiniert man die (bisher) neun vertikalen Stufen der Entwicklungspsychologie und die vier Zustände der kontemplativen Schulen, so ergibt sich das von Ken Wilber und Allan Combs entwickelte Wilber-Combs-Raster. Die Entwicklungsstufen entsprechen der Evolution des Bewusstseins. Die im Raster horizontal angereihten Zustände stehen als Chiffre dafür, wie tief jemand in die mystische Schau oder in die kontemplative Erfahrung eingetaucht ist, die sich immer in einem ewigen Jetzt abspielt. Das Wilber-Combs-Raster ermöglicht drei Grundeinsichten:

1. Auf allen Stufen können mystische Erfahrungen gemacht werden. Die Vergangenheit ist nicht heiliger, als es die Gegenwart ist. Heute wie damals können Menschen auf allen Bewusstseinsstufen zu tiefsten Einheitserfahrungen gelangen.

2. Man muss immer unterscheiden zwischen einer Versenkungs*erfahrung* und ihrer *Deutung*. Wie man eigene oder auch fremde Zustandserfahrungen interpretiert, hängt allein ab von der Reife, Reflexionsfähigkeit und

Komplexität der Entwicklungsstufe, auf der man steht. Gleiches gilt für die Verfasser und Redakteure der biblischen Texte oder anderer heiliger Schriften. Sie standen auf verschiedenen Stufen, waren unterschiedlich gebildet, hatten unterschiedliche Gottesbilder und legten entsprechend unterschiedliche Deutungen von Zustandsschilderungen vor. Beim Lesen der Bibel oder von Mystikertexten hilft einem dieses Raster, zu erkennen, ob man es mit einer PURPURNEN, ROTEN, BLAUEN oder sonstigen Interpretation einer Zustandserfahrung zu tun hat. Es lässt sich fragen, ob diese Interpretationen aus dem ersten Rang allein noch tragfähig sind und heute ergänzt werden müssten durch komplexere Deutungen aus dem zweiten Rang ab GELB.

3. Mystische Zustandserfahrungen haben einen stark richtungsweisenden Charakter. Wer sie erlebt hat, ist ein anderer und sieht die Welt mit anderen Augen. Trotzdem offenbaren solche Erlebnisse keinerlei Wissen über die Stufen. Generell gilt: Egal wie mächtig die inneren Versenkungszustände auch sind und wie lange man Meditation, Zen, Yoga oder kontemplatives Gebet praktiziert – die Stufen kann nur die objektive wissenschaftliche Forschung enthüllen, nicht die Mystik.

Das Wilber-Combs-Raster	1. Zustand / Versenkungsgrad	2. Zustand / Versenkungsgrad	3. Zustand / Versenkungsgrad	4. Zustand / Versenkungsgrad
	Naturmystik	Gottesmystik	Formlose Mystik	Einheits-Mystik
	grobstofflich physisch	**feinstofflich** subtil	**bilderlos, formlos** kausal	**nondual**
	Ein-Bildung	Aus-Bildung	Ent-Bildung	Einung
KORALLE	*	*	*	*
TÜRKIS	*	*	*	*
GELB	*	*	*	*
GRÜN	*	*	*	*
ORANGE	*	*	*	*
BLAU	*	*	*	*
ROT	*	*	*	*
PURPUR	*	*	*	*
BEIGE	*	*	*	*

Erster Zustand mystischer Versenkung

Das Grobstoffliche aufmerksam wahrnehmen

Um wie die Mystiker im »Buch der Zustandserfahrungen« lesen zu lernen,[173] beginnt man mit wachem, absichtslosen, aufmerksamen Wahrnehmen. Man geht ins Hier und Jetzt und erlaubt sich, in jedem Moment genau und unverstellt zu erfassen, was wirklich ist: Ich sehe einen Stein. Ich lese diesen Text. Jesus setzte sich hin und beobachtete Tempelbesucher und Fischer, er nahm Senfkörner wahr, Unkraut und Sauerteig, Schafe und Weinberge, entdeckte das Ungewöhnliche im Gewöhnlichen und wies darauf in seinen Gleichnisgeschichten hin. Für die protestantische Theologin Dorothee Sölle führt genau dieser Weg des offenen Blicks zur Wiederentdeckung des Staunens:

> Der erste Schritt auf dem mystischen Weg ist das Staunen [...] Die Seele braucht das Staunen, das immer wieder erneute Freiwerden von Gewohnheiten, Sichtweisen, Überzeugungen, die sich wie Fettschichten, die unberührbar und unempfindlich machen, um uns lagern.[174]

Verwunderung und Staunen

Verwunderung macht die Augen auf und durchstößt den Raum des Offensichtlichen. Man wird »einer anderen, lebendigen Gegenwart inne«, so der »Vater der christlichen Mystik«, Gregor von Nyssa. Der Mystikspezialist und Jesuit Josef Sudbrack rät, jeden Augenblick mit allen Sinnen zu schmecken, um das Gewahrsein im Jetzt verankern zu können. Dieses Ausschmecken (lateinisch »sapere«) führt irgendwann zur »sapientia«, der Weisheit des Erkennens, dass die ganze Schöpfung nach Gott schmeckt, wie Meister Eckhart sagte.

Auch bewusste Körperwahrnehmung durch Sport, Tanz, Yoga, das Sitzen im Zen, Fasten, ein zeitweiliger Rückzug in Stille und Einsamkeit vertiefen die Wahrnehmungsfähigkeit im Hier und Jetzt. Laut William James[175] kann auch die Lektüre mystischer Zeugnisse eine erste »Sensibilisierung für das mystische Erleben« erzeugen und empfindungsfähig für den »Göttlichen Bereich« machen.

Oder man zerbricht sich den Kopf mit paradoxen Denkübungen, Koans, um feste Vorstellungen über die Wirklichkeit zu »zersplittern«. Etty Hillesum (1914–1943), die in Auschwitz ermordete jüdische Mystikerin, nannte es »die Dinge bis zur nackten Realität erforschen«.[176] Viele Menschen finden

den Zugang durch weitere »irrationale Einfallstore«, die ihnen das Herz öffnen: Musik, Tanz, Poesie, Kunst, Natur, liebevolle oder schmerzliche Begegnungen. Sie alle können das Geheimnis der Wirklichkeit mitten in der Welt spürbar machen. Meister Eckhart nannte diese erste Phase das Ein-Bilden, das gezielte Hereinholen von Bildern in die eigene Wahrnehmung, das Schauenlernen anhand von ganz realen Dingen und Phänomenen.

Die Natur als Lehrmeisterin

Oft ist es die Schöpfung, das Wilde, Erhabene und Schöne in der Natur, das einen vorbereitet auf die Begegnung mit Gott.[177] Nichts anderes empfahl Jesus in der Bergpredigt, als er auf die Vögel am Himmel und die Lilien auf dem Felde hinwies – sie leben im reinen Jetzt. Sie unverstellt wahrzunehmen macht gegenwärtig. Viele christliche Mystiker sind ihm gefolgt und haben Naturphänomene meditiert, um diese irdische Wirklichkeit radikal neu zu erfahren. Bernhard von Clairvaux sprach sogar einmal davon, er habe gar keine anderen geistlichen Lehrer gehabt als die Buchen und die Eichen.

Man mag das als »Heidentum« bezeichnen, aber diese Verbundenheit mit der sichtbaren Schöpfung führt im besten Fall zu einer tief empfundenen Naturmystik, bei der man »den Dingen ihr Maximum an Wirklichkeit geben« kann, wie Teilhard de Chardin sagte. Ein zeitgenössisches Beispiel für ein nonduales Einswerden mit Phänomenen der sichtbaren Welt findet sich bei dem Befreiungstheologen Leonardo Boff:

> Eines Morgens beschloss ich, mal wieder in den Wald zu gehen. Ich umarmte den einen Baum, streichelte den anderen und hielt mich bei wieder einem anderen auf, dessen Stamm sich mit seinen vielleicht dreißig Metern wie geballte Energie in die Höhe erhob [...]
>
> Als Erstes spürte ich meine eigene Atmung. Die Luft, die ich ein- und ausatmete, brachte mich in ganz feine Fühlung mit der universalen Energie. Danach versuchte ich, mein Blut wahrzunehmen, um so mit dem Blut des Baumes in Einklang zu kommen, das heißt mit seinem Saft, der ja alles durchdringt. Ganz allmählich wurde ich selbst Baum. Der Kopf wurde zur Krone, die Haare wurden zu Blättern, der Rumpf zum Stamm, die Arme zu den zahllosen Zweigen und die Füße zu Wurzeln, die sich in den Boden senken. Ich fühlte eine wohltuende Energie vom Himmel herabkommen und von der Erde aufsteigen und mein ganzes Sein mit Kraft erfüllen. Mit einem Mal hatte ich das Empfinden, gar nicht mehr ich zu sein. Ich war zu purer kosmischer, vitaler Energie geworden. Der Baum war ich. Ich war der Baum.[178]

Zweiter Zustand mystischer Versenkung

Innere Bilder und subtile Phänomene erfahren

Hat man die wache Durchdringung der äußeren, sinnlichen Dingwelt eingeübt, so kann man sie als ein Senklot nutzen hinunter zur Wahrnehmung der inneren subtilen Wirklichkeit. Das Reich der Seele, zu dem man hier vordringt, entspricht den bekannten bilderreichen Zuständen, in die man beim Träumen eintaucht. Nacht für Nacht machen wir dabei Erfahrungen mit einem inneren feinstofflichen Körper und einer Welt, die nicht an physikalische Gesetzmäßigkeiten gebunden ist. In die Traumgeschehnisse kann man normalerweise nicht eingreifen, die Bilder laufen einfach ab. Häufig kann man sich nicht einmal an die eigenen Träume erinnern.

Wer den zweiten Versenkungsgrad erreicht, ist dagegen in der Lage, sich bei völlig wachem Bewusstsein frei in diesem subtilen Reich zu bewegen. Er hat das Gefühl, »erwacht« zu sein. Er weiß nun, dass er nicht nur ein »natürlicher Mensch« ist, sondern auch ein »geistlicher Mensch«. So sagt es Paulus (1. Korintherbrief 2, 1–5).

Die Kunst des Erwachens

Das Neue Testament enthält viele Stellen, in denen Jesus das geistliche Erwachen betont und die Kunst des Wachbleibens. Er mahnt seine Jünger immer wieder: »Seht euch vor, wachet! Denn ihr wisst nicht, wann die Zeit da ist!« (Markus 13, 33). Er kleidet sein Wissen vom inneren Erwachen in mehrere Gleichnisse, darunter das von den zehn Jungfrauen (Matthäus 25, 1–13): Nur fünf von ihnen gelingt es, in der Nacht (Traumzustand) für brennende Lampen (wachsames Traumbewusstsein) zu sorgen und so den Bräutigam (Gott) und die Hochzeit (die Erfahrung des Einsseins mit Gott) zu erleben. Jesus selbst musste erleben, dass nicht einmal seine engsten Freunde in der Lage waren, sich in der Nacht in Gethsemane gemeinsam mit ihm zu versenken in diese bewusste Wachtraumkonstanz und tiefer. Die Jünger wurden vom Schlaf überwältigt, wie es auch Ungeübten bei der Meditation passiert.

Paulus legte seinen Gemeinden darum das betende »Wachen« als spirituelle Übung ans Herz (1. Korintherbrief 16, 13). Der Paulus-Schüler und Verfasser des Epheserbriefes benutzt für das subtile Erwachtsein die wunderschöne Metapher von den »erleuchteten Augen des Herzens« (Epheserbrief 1, 18). Durch sie kann man das »reiche, herrliche Erbe« erfassen, das der »Geist der Weisheit allen Heiligen«, also spirituell Erwachten, stiftet.

Der heilige Augustinus schloss sich an: »Unsere einzige Aufgabe in diesem Leben besteht darin, das Auge unseres Herzens wieder zu heilen, mit dem wir Gott sehen können.«[179] Ähnlich äußerte sich Platon, der 400 Jahre vor Christus gelehrt hatte: »Es gibt ein Auge der Seele, das kostbarer ist als 10 000 Augen, denn nur durch dieses ist die Wahrheit zu erkennen.«

Träume, Gesichte, Visionen

Subtile Phänomene werden wahrgenommen als *persönliche* Erlebnisse der Seele. Man begegnet einer Fülle von inneren und teilweise ungewöhnlichen Bildern. Es gibt Visionen, bedeutungsvolle Träume, direkte Eingebungen, Auditionen, Ekstasen und Verzückungen. Da ist ein inneres Licht, man sieht Gestalten, Dinge und Landschaften, begegnet seltsamen Wesen und wird von starken Emotionen ergriffen. Eine Vielzahl solcher subtilen Erlebnisse wird in der Bibel unter dem Begriff »Gesichte« geführt. Dazu gehören große Träume, prophetische Visionen und endzeitliche Offenbarungen. Darin wird Gott geschaut oder als der »Absender« erkannt (4. Mose/Numeri 12, 6), der das Volk oder Einzelne zur Umkehr auffordert oder ihnen eine neue Einsicht schenkt.

Die Apostelgeschichte berichtet in Kapitel 11, dass der Apostel Petrus betend »in Verzückung« geriet: Er sah dreimal ein Tuch voller Tiere vom Himmel kommen und hörte dabei die Worte »Schlachte und iss [...]«. Petrus wurde dank dieser bildhaften Erscheinung frei von seiner Bindung an das strenge jüdische Reinheitsgebot und fand zur Tischgemeinschaft mit den Heidenchristen.

An Petrus wird deutlich, dass die Erfahrung innerpsychischer Bilder dazu beiträgt, eigene Fehlhaltungen zu erkennen und zu überwinden. Darum ist es sinnvoll, diese Stufe des bildhaften Sehens auf dem spirituellen Weg nach innen nicht zu überspringen, wie es heute gerne getan wird. Viele spirituelle Sucher probieren es gleich mit gegenstandsloser Kontemplation, kämpfen auf dem Meditationskissen oder dem Gebetshocker mit ihrem Ego vergeblich gegen ihre Bilder an und geben dann irgendwann frustriert auf.

Für Meditations-Einsteiger wäre es oft sinnvoller, die inneren Bilder und Symbole erst einmal zuzulassen. Meister Eckhart nennt diese Phase das bewusste Aus-Bilden. Hier kann man die Sprache der Seele verstehen lernen und sich vertraut machen mit dem Unbewussten.

Ins Herz der Bilder eindringen

Wer sich dem subtilen Traumbewusstsein nähern und eindringen möchte in das »Herz der Bilder«, sollte sich in Begleitung eines Psychologen, Therapeuten oder Seelsorgers mit seinen Traumbildern auseinandersetzen oder meditativ-imaginative Methoden wählen.

Ein neuer, aber schon solide erforschter Weg, der sich vorzüglich für diese zweite Zustandsebene eignet, ist die Wertimagination.[180] Sie hat den Vorteil, dass man sich dabei nicht wie sonst nur problemorientiert mit den unreifen Aspekten, unbewussten Schattenanteilen und negativen Projektionen in der eigenen Psyche auseinandersetzt. Als wertorientierte Methode fördert sie vor allem die persönliche Begegnung mit den inneren sinnstiftenden Geisteskräften des Guten, Wahren und Schönen, an denen es heute so sehr mangelt.

Nach einer Eingangsphase in die subtile Versenkung mit geschlossenen Augen beginnen etwa 30 Minuten lange imaginative Wanderungen durch die Landschaften der eigenen Seele – ganz individuell wie beim Träumen. Allerdings ist man die ganze Zeit bewusst und kann aktiv den Verlauf der Wanderung mitbestimmen. Hier trifft man auf die Werte in der eigenen Seele in Form von Gestalten. Mut beispielsweise erscheint in Form der »Mutigen«, jeweils als Mann und Frau. Diese Wertgestalten sind die unterstützenden Aspekte des unbewussten Geistes, und in den Imaginationen vertraut man sich ihrer Führung an. Sie fördern die Selbstwahrnehmung und Sinnfindung, aber auch die Begegnung mit inneren Gottesbildern.

Das folgende Beispiel schildert die Wertimagination einer Frau, die sich nach einer lebendigen Gottesbeziehung sehnte. Dabei sah sie Bilder, die sie sehr bewegten:

> Ich trete in einen Baum und seile mich innen an langen Wurzeln ab, die durch verschiedene Weltenschichten reichen. Ich durchdringe sie leicht und lande sanft auf hellen Kieselsteinen, die sich als Steinspirale in die Tiefe drehen. Unten angekommen, liegen die Kieselsteine einzeln als Zeichen am Boden. Jeder Stein macht Sinn und auch jeder Schritt. Plötzlich sehe ich den ganzen Weg aus der Vogelperspektive von oben. Die Steine leuchten wie pures Gold und bilden einen Lichtpfad in der Nacht. Er windet sich durchs ganze Land, um die ganze Erde.
>
> Ich sehe das nun aus dem All und werde ganz weit. Der Pfad führt auf einen Berggipfel in weißem Licht. Oben verdichtet sich alles zu ei-

ner gleißenden »Sonne«, in deren Mitte Gott erscheint. Direkt sehen kann ich ihn oder sie nicht, aber ich fühle eine unfassbare Energie, in der die Präsenz einer Person enthalten ist, obwohl ich nur dieses überhelle, blendende Licht wahrnehme. Ich kniee tief bewegt nieder. Um den Lichtkreis herum bilden prallvolle Ähren einen goldgelben Strahlenkranz. Hingabe überflutet mich, eine lebenslange Sehnsucht wird gestillt. Lange nehme ich das in mich auf, verneige mich und danke. Da neigen sich alle Ähren und die Körner regnen sanft auf mich herab. Ich empfange tiefen Frieden, dazu Freude und Kraft. Ich fange die Körner auf, gehe den leuchtenden Kieselsteinweg zurück und pflanze die Samen in die Erde. Überall wachsen daraus goldene Weizenfelder hervor. Ein großes, fruchtbares Land liegt im warmen Sonnenschein vor mir.

Ein solches inneres Bilderleben wirkt lange nach, vertieft die Sinnerfahrung und stärkt das Vertrauen in die Sicherheit des inneren Weges. Entscheidend dabei ist, dass man sich die Bilder nicht ausdenkt, sondern sie aus der Tiefe des unbewussten Geistes aufsteigen lässt, sie also in ruhiger Betrachtung »empfängt«.

Zeuge-Bewusstsein: Der Geist bezeugt unseren Geist

Wer zusätzlich zu seinen Wertimaginationen kontemplativ betet oder meditiert, wird dadurch auch wacher und bewusster träumen. Sein Bewusstsein betrachtet die Traumbilder wie ein unbefangener Zeuge.

»Geistliche Menschen«, so Paulus, erlangen ein lebendiges, radikal neues Bewusstsein davon, dass der Geist Gottes in ihnen wohnt. Sie gewinnen ein dauerhaft erwachtes Zeuge-Bewusstsein: »Der Geist selbst gibt Zeugnis unserem Geist« (Römer 8, 16). Das Bewusstsein verweilt in unbewegter Aufmerksamkeit als innerer Zeuge und gewahrt die inneren Bilder, ohne sich mit etwas zu identifizieren. Dadurch identifiziert man sich immer weniger mit dem, was man sonst im Alltagsbewusstsein als »Ich« betrachtet. Ab jetzt kann man auch Klarträume oder luzide Träume haben – also Träume, bei denen man sich die ganze Zeit im Traum bewusst ist, dass man träumt und einen Traumcharakter hat.

Wer öfter Wertimaginationen übt, kann bei einem erfahrenen spirituellen Begleiter lernen, sich weiter hinabzusenken in die kontemplative Tiefe, also die Schicht »unterhalb der Bilder«. Manche erleben es so, als ob sie einfach aus den Bildern »heraustreten« würden in den leeren Raum und gelangen so zum dritten Versenkungsgrad.

Die Bilder zerschmelzen lassen

Auf der ganzen Welt haben Menschen sakrale Bilder, Symbole, Räume und Kunstwerke geschaffen, deren stille, ungeteilte Betrachtung ebenfalls subtile Erfahrungen auslösen kann und sie zum Fenster für das Göttliche werden lässt. Dazu gehören Tempel, Synagogen, Kirchen, Moscheen, Ikonen, Kreuze, Heiligenfiguren, heilige Schreine, Götterbilder oder Buddhastatuen, aber auch Lieder, Liturgien, Tänze oder Sakramente.

Viele Mystiker konnten dank ihrem Verweilen an solchen konkreten Stützpunkten der Kontemplation zu subtilen Erfahrungen kommen. Jakob Böhme wiederfuhr es bei der Betrachtung eines blankpolierten Zinngefäßes. Franz von Assisi oder Juliane von Norwich erlebten es bei der unverwandten Betrachtung eines Kruzifixes. Katharina von Siena bei der Heiligen Kommunion. Teilhard de Chardin berichtet von einer tiefen Erfahrung des kosmischen Christus vor einem Herz-Jesu-Bild:

> Ich betrachtete das Bild, als die Schau begann. Als ich meinen Blick über die Konturen des Bildes laufen ließ, bemerkte ich plötzlich, dass sie zerschmolzen, aber in einer besonderen Art und Weise [...] Man hätte sagen mögen, die trennende Oberfläche zwischen Christus und der umgebenden Welt verwandle sich in eine vibrierende Schicht, in der alle Grenzen verschmolzen. Mir scheint, die Transformation berührte zunächst nur einen Punkt am Rande des Porträts, breitete sich dann aus und erreichte alle Dinge. Ich bemerkte, dass die vibrierende Atmosphäre, die Christus wie ein Lichtschein umgab, nicht auf eine kleine Schicht um ihn herum begrenzt war, sondern bis ins Unendliche ausstrahlte [...] eine Art von Adergeflecht oder Nervennetz, das sich durch alles Leben zog. Das ganze Universum vibrierte![181]

Den inneren Spiegel reinigen

So großartig die Zeugnisse subtiler Zustände auch sind, sie stellen keineswegs das Ende des Versenkungsweges dar. Wer noch tiefer nach Gott oder der letzten Wirklichkeit sucht, leidet darunter, dass er es ja immer noch mit Bildern und Vorstellungen zu tun hat, die zwischen ihm und Gott stehen. Die Versuchung ist groß, sich auf die Visionen, Stimmen und Ekstasen in »geistlicher Eitelkeit« etwas einzubilden. Im subtilen zweiten Versenkungsgrad geht es aber gerade darum, den inneren »Spiegel« von allen möglichen Selbsttäuschungen, Anhaftungen und Egobedürfnissen zu reinigen. Dazu gehört auch der spirituelle Hochmut, von dem gerade fortgeschrittene spirituelle Sucher, Heilige und Gurus gerne befallen werden. Es braucht eine Schule des Lassens, die der Vorbereitung auf eine noch größere Schau dient.

Das deckt sich mit Meister Eckharts Mahnung:

> Ihr sollt wissen, dass alles, was man in Worte fasst und den Leuten in Bildern vorlegt, nur eine Lockung ist zu Gott. Und dass wir Gott nicht finden, liegt daran, dass wir in Bildern und Gleichnissen stehen bleiben, da wir doch den suchen, der nicht Gleichnisse hat. Auch was die Schrift bieten kann, sind Gleichnisse, Gott mehr ungleich als ihm gleich. Versinkt aber die Seele in die Gottheit, so verliert sie alles äußere Bild.

Wie die bilderlose Schau aussieht, zeigt der dritte Versenkungsgrad.

Dritter Zustand mystischer Versenkung

Formlose Zustände erfahren – die bilderlose Schau

Bereits 1901 bezeichnete der amerikanische Religionspsychologe William James in einer der ersten religionsübergreifenden Studien das *bilderlose* Sehen als untrügliches Zeichen fortgeschrittener Versenkung: »Wir werden sehen, dass die mystischen Autoritäten aller Religionen das *Fehlen* klarer sinnlicher Bilder zur Bedingung sine qua non erheben für eine erfolgreiche Anbetung oder Betrachtung der höheren göttlichen Wahrheiten.«[182] James hat dabei auch die großen Mystiker der christlichen Tradition hinter sich. Einer davon ist Johannes vom Kreuz, der kategorisch erklärt: »Zur Höhe der göttlichen Vereinigung kann die Seele nie durch das Medium von Formen oder Bildern gelangen.« Auch der evangelische Mystiker Gerhard Tersteegen (1697–1769) war mit diesem Versenkungsgrad vertraut und warnte davor, die Stille der Kontemplation nicht »durch mancherlei Betrachtungen zu stören [...] Still dann mit Affekten, Gedanken, Willen und eigenem Wirken«. Ebenso ist für heutige Mystagogen wie den Jesuiten Franz Jalics die bilderlose, rein geistige Schau die Hauptsache: »In dieser Tiefe gibt es keine Gedanken, keine Bilder, keine Überlegungen und kein Machen. Alles geht nur durch das Schauen und das Sein.«[183]

Gerade die reiferen Mystiker bemühen sich nur noch ums Loslassen und Leerwerden von allen Gedanken, Vorstellungen und Bildern. Nichts soll mehr zwischen ihnen und Gott stehen. Im Johannesevangelium heißt es ganz schlicht und tief: »Er muss wachsen, ich aber muss abnehmen« (Johannes 3, 30). Hier im dritten Versenkungsgrad geht das Erwachen weiter: Jetzt lernt man das Zustandsaggregat des traumlosen, bilderlosen Tiefschlafs vollständig wach zu erfahren. Eckart Tolle nennt es die erwachte »Reise ins Unmanifeste«, die man sonst Nacht für Nacht unternimmt, ohne je etwas davon mitzubekommen. Im »wachenden« Tiefschlaf verlässt man endgültig die Welt der Formen und Bilder, die man am Tag und subtil auch noch in den Träumen wahrnimmt. Nun geschieht das »Erwachen des Bewusstseins aus dem Traum der Form«.[184]

Das Leeren der Bilder

Wer sich dem dritten Versenkungsgrad nähert, räumt sein Bewusstseinsfeld und kann sich bei vollem Wachbewusstsein nach und nach von allen Bildern lösen, vor allem von den Gottesbildern. Keine menschliche Vorstellung, kein Bild kann Gott erfassen. Jesus formulierte es so:

> Gott ist Geist, und die ihn anbeten, müssen ihn im Geist und in der Wahrheit anbeten (Johannes 4, 24).

Meister Eckhart verglich das Abziehen aller Kräfte von den Bildern mit einer abgewischten, leeren Tafel, auf die Gott selbst »das lebendige Wort« schreiben könne. Er prägte für das Loslassen der Bilder, Vorstellungen und Absichten eigens die Wortneuschöpfung »Ent-bilden«. Dabei werden die Kräfte der Seele, die vorher an Gedanken, Bilder und Wünsche gebunden waren, befreit, entbunden. Werden im fortgeschrittenen »stillschweigenden Geist« alle Bilder und Vorstellungen der manifesten Welt losgelassen, findet man sich im »nackten Gebet« jenseits der Gedanken und Reflexionen wieder. Ein solches Beten übt man in der christlichen Tradition beispielsweise beim Herzensgebet der Ostkirche,[185] beim Gebet der Sammlung[186] oder beim Mantra-Gebet.[187] Jedes Mal wird ein einziger Satz (z. B. »Erbarme dich meiner«), ein Wort (Maranatha) oder auch nur der Name Jesus Christus unablässig in der Stille wiederholt. Im Geist des Judentums kann man den unaussprechlichen Gottesnamen »Jah-we« still ein- und ausatmen. Alle diese Übungen lenken den Geist in die Tiefe. Die Bewegung geht nun nicht mehr *zu* Gott *hin*, sondern eher *in* Gott *hinein*, wie es Richard von St. Victor (gest. um 1173) ausdrückte. Teresa von Avila bezeichnet das Gefühl dabei als ein »großes Maß an Losgelöstheit von allem«, wobei man »am liebsten alleine ist oder etwas tun möchte, was der Seele nutzt«.[188]

Nicht-Gott und Nicht-Bild erfahren

Gelassenheit, Nichtsheit, Entwerdung sind andere christliche Mystikerworte für das vollständige Ruhen, ja »Vergessen« aller Kräfte, Bilder und Vorstellungen. Der Dominikaner Johannes Tauler (1310–1361) sagt es mit einfachen Worten:

> Da ist es so stille, so heimlich und einsam. Da ist nichts als lauter Gott. Da hinein kam nie Fremdes, nie Kreatur, nie Bild noch Weise. Diese Einöde, das ist seine stille, einsame Gottheit.[189]

Meister Eckhart bestand darauf, dass nur durch das Eingehen in den »Grund, der grundlos ist« der Weg zur Seligkeit führt:

> Du sollst Gott bildlos erkennen, unmittelbar und ohne Gleichnis [...] Du sollst ihn lieben, wie er ist ein Nicht-Gott, ein Nicht-Geist, eine Nicht-Person, ein Nicht-Bild [...] Denn von nichts anderem wird die Seele vollkommen selig, als dass sie sich in die Wüste der Gottheit stürzt. Wo weder Wort noch Bild ist – damit sie sich dort verliert und versenkt und sich selbst so zunichte wird [...]Gott wird geboren in dem »Nichts«.[190]

Tauler sprach vom »abgründigen Nichts«, dem abgründigen Meer ohne Grund oder dem ungeschaffenen Abgrund, wo sich der menschliche Geist in Gottes Geist versenkt. Dabei ist das Nichts nicht zu verwechseln mit dem Nicht-Sein. Es ist eher das Noch-Nicht-Sein, die Abwesenheit des Seins. Nada heißt es im Spanischen, was von »non natum« kommt (»nicht geboren«), und die ungeborene, ursprüngliche Quelle des Seins meint.

Laut Meister Eckhart ist es nun die »Gottheit«, Gottes Sein an sich, das im dritten Zustand erfasst wird. Sie löst die bisherigen Vorstellungen von »Gott« ab. Statt der jeweiligen Gottesbilder begegnet man dem »nackten Gott«, dem »namenlosen Wesen, dem ersten Ursprung, der Gott allein ist«. Für Tauler war es schon vor 700 Jahren klar, dass diese Zustandserfahrung selbstverständlich auch Nicht-Christen (»Heiden«) machen. Er fand es außerdem skandalös, dass die allermeisten Christen trotz der klaren Lehren ihrer eigenen kontemplativen Meister »wie blinde Hühner« herumrannten und keine Ahnung hatten, dass sie über die Versenkung in ihrem eigenen Inneren Gott begegnen konnten.

Die Ebene des Nichts erreichen

Auch die jüdische Mystik kennt das »göttliche Nichts«. Rabbi Lawrence Kushner betont, dass jüdische Mystiker sehr genau wussten, dass der Weg zu Gott über das »Nichts« führt. Als Beispiel nennt er den Anfang des beliebten Psalms 121: »Ich erhebe meine Augen auf zu den Bergen. Woher kommt mir Hilfe?« Nun lässt sich aber das hebräische Wort »woher« (me ajin) auch anders übersetzen: »aus dem Nichts«. Daraus folgerten jüdische Mystiker, dass Gott nicht im definierten »Etwas« zu finden sei, sondern im »Nichts«. »Ajin«, das verborgene Nichts, erscheint hinter allen Definitionen, es ist unbegrenzt, ohne Anfang und Ende, der Raum, aus dem Gott in jedem Augenblick hervortritt. Darum sehnten sich die jüdischen Mystiker danach, »die Ebene des Nichts zu erreichen«, indem sie in das Ajin eintraten, das göttliche Nichts, das Eine, das alles Sein enthält und zugleich allem Sein vorausläuft. Der chassidische Mystiker Dow Bär von Mesritsch (gestorben 1772) rät daher:

> Denk von dir als Ajin und vergiss dich selbst völlig! Dann kannst du die Zeit transzendieren und dich in die Welt des reinen Bewusstseins erheben, wo alles gleich ist: Leben und Tod, Ozean und Festland. Das ist nicht so, wenn du noch dem Materiellen dieser Welt verhaftet bist. Wenn du dich dir als *etwas* vorstellst, kann Gott sich nicht in dich kleiden, denn Gott ist unendlich. Kein Gefäß kann Gott enthalten, daher musst du von dir als Ajin denken.[191]

Im Zustand des Ajin erlebt man nach Issachar Bär von Zlotshov, der im 18. Jahrhundert lehrte, den Zustand echter Demut, man hat jetzt kein unabhängiges Selbst mehr, sondern ein Zeuge-Bewusstsein und ist nichts als ein »Kanal für die göttlichen Eigenschaften«.[192]

Das Zeuge-Bewusstsein taucht ein in die unsichtbare Quelle des Seins oder die Leere, den unendlichen Abgrund, den reinen Urgrund. Es »begegnet« sich als einfaches, reines Bewusstsein, frei von Eigenschaften, frei von Inhalten. Es schaut die kausale Ursache aller Dinge und erkennt das, was immer und ewig gleich bleibt, auch wenn sich die Zustandsformen ständig ändern mögen: »Mit anderen Worten, das Selbst wird das Wandellose, das Zeitlose, das Raumlose erkennen, es wird sein eigenes ursprüngliches Antlitz, seine eigene ursprüngliche Natur, die allgegenwärtige Leerheit erkennen oder wiedererkennen, in der alle Zustände entstehen, eine Weile bestehen bleiben und wieder vergehen.«[193]

Die inwendige Gottesschau

In aller Dichte zusammengefasst beschreibt auch Peters Gerlach (1378–1411), ein niederländischer Mystiker und Theologe, den dritten Versenkungsgrad:

> Die unverstellte, bilderlose Wahrheit erfüllt jetzt mein Bewusstsein. Sie zeigt mir ihre Schätze, unvergleichlich allem. Einfach ist ihr Wort und eins in allem. Anderes such ich nicht, alles ist hier beschlossen.
>
> Wenn ich versenkt bin in die Schau, erfasse ich mein eigenes Nichts. So schaue ich das wahre Wesen aller Dinge.
>
> Ich schaue nicht von unten mehr nach oben. Die Perspektive hat sich völlig umgedreht. Das Ganze zeigt sich mir von oben jetzt nach unten.
>
> Die Wahrheit ruft – für mich – auf alles Fremde, das in mir mit ihr uneins ist, hinab: Komm näher nicht. Der Ort, an dem du stehst, ist heilig!
>
> Sie zeigt sich mir beim Chorgebet, im Bette, bei Tisch, in Lärm und meiner täglich Arbeit.
>
> So lehrt sie mich: Mach alle äußeren Dinge in dir einfach, verwandle dich von innen her, gewinne die beständige, innere Schau!
>
> Die Schau erlebe ich als übermächtig, sie überwältigt so gewaltig Herz und Leib, dass sie mit allen Kräften nur dem Licht noch folgen wollen.
>
> Ich bin ein Nichts geworden durch das Licht. Aus seinem und aus meinem Schauen wird die Schau.
>
> In ihr und mit ihr schaue ich, doch nicht nach meiner Weise, ich schaue Gott so, wie Gott selbst sich schaut.
>
> So bin ich völlig unbesorgt und auch getrost in allem. Mag kommen, was da will, ich bin in ihm.[194]

Das letzte Hindernis

Peters Gerlach streift am Ende seiner Schilderung bereits den vierten Versenkungsgrad des nondualen Seins: Es gibt keine Identifizierung mit einem »Ich« mehr, es ist ein »Nichts« geworden und dadurch wird der Weg frei zur Einheitserfahrung mit Gott, die reine Gottesschau. Kabir, der große hinduistische Mystiker (1440–1518), lehrte: »Wenn alle Liebe zu Ich und Mein tot ist, dann tut Gott sein Werk in mir.«

Denselben Weg wählte Gerhard Tersteegen, der evangelische Mystiker, als er betete:

> Lass dieses Ich untergehn und sei du allein alles in allem. Führe so mich ganz aus mir selbst und aus dem Meinen heraus in dich, o mein Gott, mein Ursprung und mein Ziel. So bin ich nicht mehr im Schein, sondern im Wesen.

Ein mystisches Sufi-Wort lautet: Tritt heraus aus allem, was ist! Jetzt geht es um das letzte Heraustreten, die Ablösung von der Identifikation mit dem eigenen Selbst, die letzte Selbst-Hingabe. Abu Yazid Al-Bistami (803–875) seufzte:

> Wie lange noch wird ein Ich sein und ein Du zwischen Dir und mir? Nimm mein Ich weg zwischen uns, dass ich ganz in dich eingehe und zu nichts werde [...] Lass du mich an deinem Geheimnis teilhaben. Hole mich zu dir.

Poetisch, aber genauso radikal klingt es bei Dschelaleddin Rumi, dem großen Dichter unter den persischen Mystikern:

> Zuckerauflöser, löse mich auf, wenn es jetzt an der Zeit ist.

Was bleibt, wenn der Zucker sich ganz aufgelöst hat? Der *eine* Geschmack. Das Sein selbst.

Vierter Zustand mystischer Versenkung

Nonduales Sein

Josef Sudbrack, Jesuit und Mystikspezialist, lehnt es aufgrund seiner profunden Kenntnis christlicher Mystikerquellen schlichtweg ab, die personale Beziehungsmystik auf Gott hin von der nondualen Einheitsmystik zu trennen. Man kann offensichtlich beides erfahren, und in christlichen Mystikerzeugnissen finden sich laut Sudbrack genügend »fließende Übergänge«.

»Wenn die Ekstase auf Gott hin dem Menschen zur ›Einheits‹-Erfahrung wird, beginnt dieser zu ahnen, dass Gott nicht nur das DU ist, dem er in Liebe begegnet, sondern auch der grundlose Grund, der die Einheitserfahrung trägt. Ein eindimensionales Sprechen von Gott und damit von Gotteserfahrung – nur ›gegenüberstehendes Du‹ oder nur ›Meer der Seinseinheit‹ – wird der göttlichen Wirklichkeit nicht gerecht.«[195]

Das Verschwinden des Ich

Zu Beginn darum eine Geschichte, die diese zwei Wege hinein in die Non-Dualität illustriert.

> Ein Jesuitenpater weilte als Gast in einem japanischen Zen-Kloster. Dort fragte ihn der Zenmeister, nach welcher Methode er meditiere. Der Pater schilderte ihm den dritten Versenkungsgrad: dass er still, ohne Worte, Gedanken, Bilder oder Ideen, in der Gegenwart Gottes sitze. Der Zenmeister wollte wissen, ob sein Gott überall sei. Der Pater konnte das bejahen. Dann fragte der Meister, ob er »ganz in Gott eingehüllt« sei. Auch das bestätigte der Jesuit. »Und das *erleben* Sie?«, hakte der Meister nach. Wieder ein Nicken. Der Zenmeister fand das sehr gut: »Weiter so. Mit der Zeit wird Gott verschwinden und nur noch Sie werden übrig bleiben.« Das schockierte den Pater, weil es allem zu widersprechen schien, was ihm als Christ heilig war. Er schüttelte also den Kopf: »Nein, nein. Gott wird nicht verschwinden. Aber vielleicht ich. Dann ist nur noch Gott übrig.« »Ja, ja«, erwiderte der Zenmeister lächelnd. »Das ist dasselbe.«

Der Weg des Zen-Buddhisten wie der Weg des kontemplativen Christen führt zum Verschwinden der Dualität. Natürlich gibt es immer wieder Verwirrung, wenn es heißt, das Ich verschwindet. Und für westliche Ohren klingt es bisweilen noch lästerlicher, wenn man sagt, Gott verschwindet. Aber es ist das Gleiche, worauf Meister Eckhart zielte, als er sagte: »Darum bitte ich Gott, dass er mich quitt mache von Gott.« Das »Ich« des Wachzustandes bleibt zwar vollkommen zugänglich, aber man weiß, dass es eben nicht mehr ausschließlich dieses Ich ist, was das eigene tiefste Wesen ausmacht. Genauso ist es mit den Gottesvorstellungen.

In den tieferen Versenkungsgraden sollen sämtliche *Vorstellungen* von »Ich« oder von »Gott« samt den damit verbundenen Wahrnehmungs-Beschränkungen verschwinden dürfen. Am Ende des Weges ist nur noch ein Subjekt übrig. Es gibt keine Zweiheit von Ich und Gegenüber-Ich mehr, es gibt keine Gegensätze mehr, alle sind zusammengefallen in ihre ursprüngliche ungetrennte, ungeschaffene Einheit. Es gibt in diesem Bewusstseinszustand auch keinen Graben zwischen Himmel und Erde, kein Getrenntsein von Wahrgenommenem und Wahrnehmendem mehr.

Von Shankara, einem hinduistischen Philosophen und Mystiker, der im 8. Jahrhundert lebte, ist folgender Spruch überliefert:

> Der Narr denkt: Ich bin der Körper! Der verständige Mensch denkt: Ich bin eine individuelle Seele, vereinigt mit dem Körper. Der weise Mensch aber sieht in der Größe seiner Erkenntnis und seiner spirituellen Unterscheidung das Selbst als die einzige Wirklichkeit und er denkt: Ich bin Brahman, das unendliche Eine.

Hindus sagen also: Das All bist du. Im Bewusstsein ist nur noch das Große Selbst übrig geblieben und es ist das Ganze, unendliche Eine, Brahman.

Bei den Sufis, den islamischen Mystikern, verschmelzen laut Halladsch (857–922) der Geist des Menschen und der Geist Gottes, »wie sich Wein mengt mit reinem Wasser«. Eine Unterscheidung ist da nicht mehr möglich:

> O Gott, bei uns hat aufgehört das Ich und Du. Ich bin nicht Ich, Du bist nicht Du. Du bist nicht Ich. Ich bin zugleich das Ich und Du, Du bist zugleich das Du und Ich. Ich bin verwirrt: bist Du nun Ich oder bin Ich Du?

Katharina von Genua (1447–1510) spricht als katholische Christin von dieser Erfahrung. Hier ist nur noch Gott übrig geblieben:

> Soll ich von mir sprechen, so sage ich: Mein Ich ist Gott. Ich kenne kein Ich mehr als nur meinen Gott. Es geht nicht mehr um Einung, denn ich sehe nicht, was vereint werden soll. Ich sehe nur ihn. Ich weiß nicht, wo mein Ich ist, ich suche es auch nicht. Mir ist, als wäre ich im Meer ganz unter Wasser, ich könnte nichts mehr fühlen oder tasten als Wasser. Gott ist Mensch geworden, um mich zu Gott zu machen, so will ich ganz zu seinem Geist werden.[196]

Gottes Auge ist mein Auge

Hier gehen einem die Augen auf: Der Blick Gottes auf die Welt und der eigene Blick sind eins geworden. In den Worten von Ken Wilber:

> Ich bin das Auge des Geistes. Ich sehe die Welt, wie Gott sie sieht. Ich sehe die Welt, wie die Gottheit sie sieht. Ich sehe die Welt, wie der Geist sie sieht [...] Der ganze Kosmos entsteht im Auge des Geistes [...] in meinem eigenen inneren Gewahren.[197]

Das entspricht tiefer christlicher Mystik, wie man bei Meister Eckhart nachlesen kann:

> Das Auge, mit dem ich Gott schaue, es ist dasselbe, darin mich Gott sieht. Mein Auge und Gottes Auge, das ist ein Auge und ein Sehen und ein Erkennen und ein Lieben.

Das Gleiche erfuhr Mechthild von Hackeborn (1241–1299):

> Da zog Gott die Seele ganz in sich, sodass es ihr erschien, sie sehe mit Gottes Augen, sie höre mit seinen Ohren, sie rede mit seinem Mund und habe kein anderes Herz als das Herz Gottes.[198]

Alles ist Ganzheit, ist eins, nichts ist mehr von Gott getrennt: »Selig sind, die reinen Herzens sind, denn sie werden Gott schauen« (Matthäus 5, 8).

Eingefaltetsein

Die deutsche Mystik hat dafür einen wunderbaren Begriff gefunden: die *Ein*faltung, die vollständige Rückkehr aus der bildlichen oder gedanklichen Vielfalt der dualistischen *Ent*faltung in ein Subjekt und seine Objekte. Es handelt sich um eine Nicht-Vielheit, die alle Vielfalt hervorbringt und die Plotin (20–70 n.Chr.), der Philosoph der Nondualität, das »Gesamtsein« nennt, die man in »immerwährender Wachsamkeit« erfährt.

Kardinal Nikolaus von Kues (1401–1464), selbst ein großer Mystiker, beschrieb das Zusammenfallen aller Gegensätze so:

> In Gott ist alles eingefaltet, was ist. Gott ist die Entfaltung von allem. Er ist so in allen Dingen, dass alle Dinge in ihm sind.

In der wiedererlangten Einfaltung wird Gottes Geist und unser Geist als eins erfahren, Subjekt und Objekt verschwinden. Nonduales Bewusstsein besagt: Egal, was übrig bleibt, es ist die unüberbietbare Einheit des Seins selbst. Man empfindet ein tiefes Aufgehobensein und größtmögliche Klarheit. Es ist die uralte Erfahrung der Einheit aller Wesen im Sein.

Hier endlich ist Gott die Einheit allen Seins, Gott ist »alles in allem« (1. Korintherbrief 15, 28). »Unser ganzes Leben sollte *ein* Sein sein«, sagt Meister Eckhart und fügt hinzu: »Hier ist Gottes Grund mein Grund und mein Grund ist Gottes Grund. Gott und ich, wir sind eins.«

Einssein in Christus

Natürlich hatte auch Jesus all dies selbst erfahren. Er war der erste große nonduale Lehrer des Westens, der diese Wahrheit verkündet hatte mit den Worten: »Ich und der Vater sind eins.« Jesu Zeitgenossen bezichtigten ihn der Gotteslästerung, weil er »ein Mensch sei und sich selbst zu Gott mache« (Johannes 10, 33). Da erinnerte Jesus seine Kritiker an das Psalmwort ihrer eigenen jüdischen Tradition: »Ich habe gesagt: Ihr seid Götter« (Psalm 82, 6).

Jesus hatte seinen Jüngern versprochen, dass auch sie »den Geist der Wahrheit« empfangen und schließlich erkennen würden, »dass ich in meinem Vater bin und ihr in mir und ich in euch« (Johannes 14, 20). In diesem Versprechen ist die Lehre der nondualen Einheit vollständig enthalten. In der christlichen Mystik wird sie Vergottung genannt. Martin Luther wies darauf in einer Predigt aus dem Jahr 1526 hin:

> Also siehst du, wie Gott sich selbst und Christus, seinen lieben Sohn, ausschüttet über uns und sich in uns eingießt, wie er uns in sich hineinzieht, sodass er ganz und gar vermenscht wird und wir ganz und gar vergottet werden.[199]

Traurig, dass die meisten Christen bis heute davon keine Ahnung haben, obwohl sich die Evangelisten Matthäus, Markus und Lukas größte Mühe geben, darauf hinzuweisen: In der Verklärungsgeschichte versuchen sie aus der Sicht der Jünger zu beschreiben, wie Jesus versunken war in diesen Zustand der nichtdualen Erleuchtung. Sein Angesicht sah ganz anders aus, es leuchtete wie die Sonne, seine Kleider wurden weiß und glänzend wie das Licht. Dieses Ereignis höchster Luminosität markiert Jesu Ruhen im absoluten Geist allgegenwärtigen nondualen Gewahrseins. Es zeigt Jesu ursprüngliches Gesicht, das Gesicht Gottes, das unser aller Gesicht ist:

> Wir alle spiegeln mit enthülltem Angesicht die Herrlichkeit des Herrn wider und werden so in sein eigenes Bild verwandelt von Herrlichkeit zu Herrlichkeit durch den Geist des Herrn (2. Korintherbrief 3, 8).

Es ist das Gesicht des »Menschensohns«, das befreit ist von allen Qualen der Trennung zwischen dem eigenen Selbst und der absoluten Wirklichkeit Gottes. Für Christen ist es das Gesicht des Christusbewusstseins, das immer schon war, immer ist und immer sein wird. »Durch ihn haben wir auch den

Zugang zu der Gnade erhalten, in der wir stehen« (Römerbrief 5, 2). Wer dieses Gesicht des »Menschensohns« als das seine erkennt, entdeckt auch, dass er niemals von Gott getrennt war und niemals getrennt sein kann – weil es im nondualen Bewusstsein keine Trennung gibt.

Im vierten Versenkungsgrad wird man vom Christ zum Christus. Wie Jesus wird man in seinen eigenen ursprünglichen, ewig leuchtenden Zustand des göttlichen All-Einsseins mit allem verherrlicht. Das Einssein in der Christuswirklichkeit wird wahrgenommen im tiefsten Inneren und umspannt gleichzeitig die gesamte Wirklichkeit, den gesamten Kosmos. Ein Zustand unendlicher und unermesslicher Freiheit in zeitlos leuchtender Gegenwart. In ihm erkennt man, dass man nicht »da drinnen« ist und die Welt »da draußen« betrachtet. Statt dieser alten Dualität ist nur noch Gott da, in reiner Gegenwart und strahlender Unmittelbarkeit.

Man begreift sogar, dass man in diesen Zustand nicht eingetreten ist, sondern immerzu schon darin war und ist und niemals aus ihm herausfallen kann. Es ist so, als hätte man die Tür entdeckt in einer nicht vorhandenen Wand, wie die Sufis sagen. Oder die torlose Schranke, wie es im Buddhismus heißt. Man sehnt sich nicht mehr nach Gott, ganz einfach, weil man in Gott ist. Es ist das Ende, ja der »Tod« der großen Suche.

Die Auferstehung leben

Man könnte die nonduale Erfahrung auch die »eigene Auferstehung« nennen. Das korrespondiert mit einer geheimnisvollen Bemerkung im gnostischen Philippusevangelium aus dem 3. nachchristlichen Jahrhundert, wo es seltsamerweise in Spruch 21 heißt:

> Jesus ist zuerst auferstanden und dann gestorben.

Das ist nur sinnvoll aus der nondualen Perspektive: Jesus hatte zuerst die volle Verwirklichung erlangt, er war zuerst auferstanden in das nonduale Bewusstsein, bevor er aufgrund seiner anstößigen Reden vom Einssein mit Gott seine Passion erleiden musste.

Weil Christus der vollkommen in Gott erwachte, auferstandene Mensch ist, wurde er zum Erwecker schlechthin. Durch ihn wurde das nonduale Bewusstsein zum Weg der Auferstehung für unzählige Menschen. Wo sollte Christus auch auferstehen, wenn nicht im Innersten eines jeden Menschen? Im nondualen Christusbewusstsein wird jeder Mensch selbst zum Kelch der Gottesfülle, der die große Weite und unendliche Freiheit des alles umgreifenden Seins ist.

Wohin nach der nondualen Erfahrung?

Wer in der nondualen Schau das Wesen Gottes und die Einheit allen Seins erfasst hat, der würde sein wahres, innerstes Menschsein verfehlen, wenn er nun nur »bei sich« bliebe. Das Neue Testament berichtet, wie Jesus mit seinen Jüngern auf dem Berg der Verklärung war. Als Petrus, Johannes und Jakobus ihm vorschlugen, dort oben Hütten zu bauen und sich für immer dort niederzulassen, wollte Jesus keineswegs bleiben. Er stieg den Berg hinab und stellte sich dort unten sofort dem Leid der Welt: Seine erste Aktivität nach seiner Verklärung war, einen kleinen Jungen zu heilen, der an Epilepsie litt – ein symbolisches Bild für das dualistische Hin-und-her-Gerissensein, unter dem Menschen leiden (Lukas 9, 37–42).

Dieser Dienst der Barmherzigkeit ist für Meister Eckhart das wahre Erkennungszeichen des absoluten Seins. Unendliche Barmherzigkeit ist die »allem vorauslaufende erste Wirkung« Gottes, das Versöhnungszeichen zwischen der nondualen Wirklichkeit selbst und den dualistischen Leidensformen dieser Welt. Jesus hat diese heilsame Barmherzigkeit so gelebt, dass er selbst zum Heiland, Versöhner und Diener seiner Mitmenschen wurde. Der freie, liebevolle Dienst am Mitmenschen drückt die Rückkehr des Erwachten vom »Berg der Verklärung« aus. Er ist aber gleichzeitig auch ein Mittel für jeden, um den Berg zu erklimmen und zum Erwachen zu gelangen. Meister Eckhart, der die nonduale Erfahrung gemacht hatte, schrieb allen Christen diesen heilsamen Satz ins Stammbuch:

> Wäre einer in solcher Verzückung wie einst Sankt Paulus und wüsste einen kranken Menschen, der eines Süppleins von ihm bedürfte: Ich achtete es weit besser, er ließe ab von Liebe und Verzückung und diente Gott in einer größeren Minne!

Die drei Gesichter Gottes

Ich werde den Willen Gottes in keine Schranken, keine Symbole und keine Grenzen einengen, sondern ich werde ihn in allen Gestalten entgegennehmen, in denen er sich mir mitteilt. Und ich werde alle Formen achten, in denen es ihm gefällt, sich mit den anderen zu vereinigen.

Jean-Pierre de Caussade[200]

Im Jahr 1957 formulierte der Religionsphilosoph Martin Buber ein spätes Nachwort zu seinem 1923 erschienenen berühmten Buch »Ich und Du«.[201] Darin skizziert er mit ein paar kurzen Sätzen eine Antwort auf die Frage, wie wir von Gott sprechen können. Für den Juden Buber war immer klar, dass er unter Gott keine abstrakte Idee verstand, sondern ein lebendiges, personhaftes Gegenüber, das zu Menschen in eine unmittelbare Beziehung tritt. Aber an dieser Stelle gibt Buber zu bedenken, dass man nicht exklusiv sagen könne, Gott sei *nur* Person. Vielmehr sei es erlaubt und nötig zu sagen: Gott sei *auch* Person. Was aber ist Gott dann noch? Buber nennt drei Möglichkeiten, wie das Wesen Gottes von Menschen erfahren wird:

Gott ist erstens erfahrbar als »Naturhaftigkeit«, die sich in allem darstellt, was uns als Natur bekannt ist. Zweitens begegnet Gott als »Personhaftigkeit«, von der alles menschliche Personsein abstammt. Drittens erfährt man Gott als »Geisthaftigkeit«, in der alles seinen Ursprung hat, was wir Geist nennen.

Bubers Gedanken wirken wie eine frühe jüdische Spur zu einem Konzept von den Drei Gesichtern Gottes, das der praktizierende Buddhist Ken Wilber erstmals 2006 in seinem Buch »Integrale Spiritualität«[202] vorgestellt hat. Hier verwendet er zum ersten Mal das Bild von GEIST[203] in der ersten, zweiten und dritten Person. Später spricht er auch von den »Drei Gesichtern Gottes« oder dem »3-2-1 Gottes«.

Dieser Ansatz ist so vielversprechend, weil er personale und apersonale Gotteserfahrungen nicht mehr gegeneinander ausspielt. Außerdem drückt die integrale Bewegung darin eine neue Wertschätzung für die westlichen monotheistischen Religionen aus. In Wilbers Veröffentlichungen finden sich vermehrt Beispiele aus dem christlichen, jüdischen und islamisch-sufistischen Kontext. Früher hatte er unter »Spiritualität« meist ausschließlich buddhistische oder hinduistische Praxis verstanden. Seit einigen Jahren lehren an seinem Integral Institute in Boulder, Colorado, auch jüdische Gelehrte wie Michael Lerner und Zalman Schachter-Shalomi sowie christliche Kontemplative wie Thomas Keating, David Steindl-Rast und Richard Rohr.

Das »3-2-1-Gottes«-Modell hat großes Potenzial, die vielfältigen Gotteserfahrungen der großen Weltreligionen auf eine nonduale Weise zusammenzuhalten. Es kann Menschen in allen Religionen helfen, ihre eigenen Gotteserfahrungen besser einzuordnen. Alle drei Gesichter Gottes können auf allen Stufen erfahren werden, und für alle liegen mystische Zeugnisse in beeindruckender Zahl vor.

Das dritte Gesicht Gottes: GEIST in der dritten Person

Das dritte Gesicht Gottes wird erfahren als das »Große Es«, die große unpersönliche, evolutionäre Ordnung aller lebendigen Systeme oder das »Große Nest des Seins«, das nichts ausschließt und alles in sich birgt. GEIST in der dritten Person wird oft als »Das Göttliche« umschrieben oder als »Das Eine«, Namenlose, Wirkliche, Unüberbietbare. Es begegnet als die unfassbare Tiefe des Seins oder der absolute Urgrund unserer Existenz. Manche sprechen vom ewigen kosmischen Prozess oder dem Erfassen des multidimensionalen Gewebes des Lebens, das alles durchdringt. Andere vergleichen es mit einem Netz, in dem alles miteinander verknüpft ist, was Augenblick für Augenblick als reines, vollkommenes So-Sein erscheint: als Muster und Strukturen, als Energien und Farben. Es ist die Kunst des Kosmos, sich immer wieder neu zu offenbaren in komplexen Strukturen, Ebenen, Verbindungen und Sphären. Es wird auch verehrt als Gaia, schöpferisches Chaos, Akasha-Chronik oder ultimatives Geheimnis.

> Das Göttliche der dritten Person zeigt sich in allem Wahrgenommenen, der Schönheit der Natur, der Ästhetik einer mathematischen Formel, den Bewegungen einer Tänzerin – und die objektivierende Wissenschaft und Erkenntnis singt das Lied dieses manifestierten Gottes der äußeren Betrachtung, und erforscht und würdigt ihn im Erkennen seines Wirkens: Tätiges Wirken, das Entdecken und Gestalten eines sich entwickelnden Gottes bzw. einer Göttin, der bzw. die Form, Fleisch und Gestalt angenommen hat.[204]

In der spirituellen Praxis hilft die Kontemplation, um sich dem GEIST in der dritten Person zuzuwenden. Hier wird über ein Objekt (Es) reflektiert, etwa über ein faszinierendes Kunstwerk, die betörende Schönheit von Musik oder das geheimnisvolle Zusammenwirken des unendlichen Kosmos. Eine solche

Übung erlaubt es, in sich Platz zu schaffen für die Unermesslichkeiten des Göttlichen. Der Apollo-14-Astronaut Edgar Mitchell hatte eine tiefe Erfahrung mit GEIST in der dritten Person auf dem Rückflug zu seinem Heimatplaneten Erde:

> Auf dem Weg zurück vom Mond, nach draußen sehend, geschah diese Einsicht, die ich eine transzendente Erfahrung nenne. Plötzlich merkte ich, dass die Moleküle meines Körpers und die Moleküle des Raumschiffs und die Moleküle in den Körpern meiner Kollegen auch in einer uralten Generation von Sternen enthalten sind. Das war ein überwältigendes Gefühl von Einheit und Verbundenheit, begleitet von einer echten Ekstase, oh mein Gott, wow, ja, eine Erkenntnis, eine Epiphanie.[205]

Im Christentum findet man Hinweise auf die dritte Person Gottes beispielsweise in der mystischen Sprache des Apostels Paulus: »Damit Gott sei Alles in Allem« (1. Korintherbrief 15, 28). Meister Eckhart knüpft daran an: »In Gott sind alle Dinge gleich und sie sind Gott selber.« Ähnlich Nikolaus von Kues: »In Gott ist alles eingefaltet, was ist. Gott ist die Entfaltung von allem. Er ist so in den Dingen, dass alle Dinge in ihm sind.«[206] Der Benediktiner Willigis Jäger weist auf die dynamische Entfaltung des Göttlichen so hin:

> Was wir »Wirklichkeit« nennen, ist ein Prozess. Das Göttliche tritt aus der Ruhe heraus und ergießt sich in Formen, die wir »Kosmos« nennen, ohne die Ruhe dabei zu verlieren. Die Wirklichkeit ist Ruhe und Bewegung in einem.[207]

Das Göttliche kann erlebt werden als eine universelle und unendliche Kraft, die in allen Bewusstseinsstufen wirkt. Sie bringt dadurch immer komplexere Erscheinungsformen von Bewusstsein und Leben hervor und transzendiert sich selbst unentwegt. Viele spirituelle Sucher, die mit Kirche nichts mehr anfangen können, wählen heute diesen Zugang zum Göttlichen.

Wer sich allerdings nur auf GEIST in der dritten Person bezieht, kann sich damit auch nur die Gottesfrage vom Hals halten wollen. Er bleibt dann in seinen vagen Vorstellungen einer abstrakten göttlichen »Hintergrundfolie« stecken, die für ihn persönlich keinerlei Auswirkung hat. Damit setzt er sich auch nicht dem Risiko einer wirklichen Transformation aus. Die beiden anderen Dimensionen des ursprünglichen GEISTES sind ein wichtiges Korrektiv.

Das zweite Gesicht Gottes: Geist in der zweiten Person

Die Begegnung mit Geist als dem göttlichen Du, also einem lebendigen, alles umarmenden Gegenüber steht im Mittelpunkt der theistischen Religionen. Es ist der unverzichtbare Beitrag von Judentum, Islam und Christentum, dass sie die unverwechselbare Klangfarbe der Ich-Du-Liebe zwischen Mensch und Gott ins Konzert der Religionen einbringen.

Die Heiligen Schriften und die mystischen Zeugnisse dieser drei Religionen quellen geradezu über vor einer Liebe, die erfahren wird in der Begegnung mit Gott als einem persönlichen, geliebten, unbegrenzten, absoluten Du. Die Liebe dieses unvorstellbaren Geistes weist dem Ich den Weg in die Demut, Dankbarkeit und Hingabe. Geist in der zweiten Person ist, wie Wilber in Übereinstimmung mit der mystischen Tradition sagt, der »große Zerstörer des Ego«. Angesichts der überwältigenden Schönheit, Fülle und Majestät dieses göttlichen Du kann man gar nicht anders, als sich tief zu verneigen.

Deshalb bitten Mystiker immer wieder Gott darum, sie zu befreien von ihrer Ich-Bezogenheit. Der Schweizer Einsiedler Nikolaus von Flüe (1417–1487) tut das mit den folgenden berühmt gewordenen Worten:

> Mein Herr und mein Gott,
> nimm alles mir, was mich hindert zu dir.
> Mein Herr und mein Gott,
> gib alles mir, was mich führet zu dir.
> Mein Herr und mein Gott,
> nimm mich mir und gib mich ganz zu eigen dir.

Dieses Ego wetzt sich am besten ab, indem es sich tief verneigt vor der allerhöchsten Erscheinungsform des göttlichen Du und dabei seine Vergebung und seinen Segen empfängt. Ohne Kapitulation des eigenen Ich vor dem Geist in der zweiten Person läuft man Gefahr, in der Meditation immer nur höheren Ebenen seiner selbst zu begegnen. Es entwickelt sich auf subtile Weise eine Form spiritueller Egozentrik und Arroganz.[208]

Wer sich dem zweiten Gesicht Gottes nicht öffnet, in dessen Seele entsteht eine Art Vakuum, das gefüllt werden will. Denn es gehört zu den Grundbedürfnissen eines spirituellen Menschen, sich hinzugeben an ein Du. Bei Menschen, die ein personales Gottesbild (also Geist in der zweiten

Person) ablehnen, muss dieser Wunsch nach Verehrung aber irgendwohin. Häufig wird diese Hingabe dann projiziert auf einen Guru, Lehrer oder Zen-Meister. Er wird zu einem angebeteten, gottgleichen Subjekt gemacht, dem man sich bedingungslos unterwirft. Eine ungesunde Überhöhung von Menschen, vor der die prophetische Kritik der drei Buchreligionen immer wieder warnt. Für Christen ist Jesus als der Christus der innere Meister, der sie davor bewahrt, auf falsche Weise abhängig zu werden von spirituellen Lehrern. Ken Wilber findet für das zweite Gesicht Gottes Worte, die von tiefster Verehrung für Gott zeugen:

> Geist in der zweiten Person ist das große Du, das große Ihr, der leuchtende, lebendige, ewig gebende Gott, dem ich mich in Liebe, Andacht, Opfer und Erlösung hingeben muss. Im Angesicht von Geist in der zweiten Person, im Angesicht Gottes, der reine Liebe ist, kann ich nur eines tun: Um Gott in diesem Augenblick zu finden, muss ich lieben, bis es schmerzt; lieben bis in alle Ewigkeit; lieben, bis es mich nirgendwo mehr gibt; nur dieses leuchtende, lebendige Du, das allem Glanz verleiht, das Quelle alles Guten ist, allen Wissens, aller Gnade und mir meine eigene Manifestation, die anderen unweigerlich Leid zufügt, zutiefst verzeiht; die dieser liebende Gott der Du-heit dieses Augenblicks jedoch erlösen kann und auch erlöst, verzeiht, heilt und ganz macht; aber nur, wenn ich mich im innersten Kern meines Wesens hingeben kann, durch Liebe, Anbetung, Anteilnahme und Bewusstheit mein kleines Ich aufgeben kann. Wenn ich mich zutiefst und radikal in Liebe und Andacht der Großen-Du-Dimension dieses Jetzt hingeben kann.«[209]

Dieses göttliche Gegenüber ist nicht regressiv zu verstehen im Sinne des berüchtigten alten Mannes mit weißem Bart, der auf einer Wolke sitzt und wahlweise gütig lächelt oder Blitze schleudert. Ein längst abgetanes Bild, Orange hat gründlich damit aufgeräumt. Wenn Christen es schaffen, ihr Gottesbild zu reinigen von den traditionellen, mythischen Bildern und dadurch zu Zeugen werden für eine authentische Erfahrung dieses großen Du, können sie sich und anderen einen wichtigen Zugang zu Gott erschließen.

Eine intensivere Beziehung zum zweiten Gesicht Gottes stiften persönliche Gebete unter Einbeziehung der vertrauten Gottesnamen, die eine Beziehung von Angesicht zu Angesicht ausdrücken: Du, Geliebter, Geliebte, Jesus, Christus, Abba, lieber Vater, Mutter, Jahwe, Allah, Maria, Heiliger Geist, Tröster, Amitabha … Man kann auch die 99 Gottesnamen des Islam anrufen oder Gott eigene, ganz persönliche Ehrennamen geben. Das Gebet beschließt man mit einer tiefen Verneigung vor dem lebendigen GEIST, der sich als personhaft erfahrbare, unendliche Liebe allen Menschen zuwendet.

Die Liebe zum GEIST in der zweiten Person drängt zu Hingabe, aber sie zerstört nicht. Sie ist, wie Martin Buber sagt, ein wechselseitiges »Fluten von Ich zu Du« und zielt auf Vereinigung zweier Liebenden. In den Worten von Richard Rohr:

> Gott ist das ewige »Ich«, das auf Menschen wartet, die für ihn ein »DU« sein wollen.[210]

In ihrer letzten Radikalität führt diese Hingabe dazu, dass zwischen Gott und Mensch nicht mehr unterschieden werden kann. Johannes vom Kreuz (1542–1591) lehrt:

> In der liebenden Seele gibt es eine Skizze der Liebe, die das Bild des Geliebten so komplett und lebendig wiedergibt, dass man – wenn die Vereinigung in Liebe vollzogen ist – wirklich sagen kann: Der Geliebte lebt im Liebenden und der Liebende im Geliebten. Solch ein Ähnlichwerden bewirkt die Liebe durch die Überformung der Liebenden, dass der eine der andere ist und dass beide eins sind.

Am knappsten hat wohl Pedro Ruiz de Alcaraz ausgedrückt, was durch das zweite Gesicht Gottes erfahren werden kann:

> Die Gottesliebe im Menschen ist Gott.

Man kann aber auch sagen: Die Menschenliebe im Menschen ist Gott. Denn das zweite Gesicht Gottes wendet sich allen Menschen zu. Der andere Mensch ist der bevorzugte Ort, an dem man dem DU Gottes begegnet. Gerade für das Christentum fängt die Liebe zu Gott bei der liebevollen Hinwendung zum Mitmenschen an. Im Neuen Testament wird das so ausgedrückt:

> Wenn jemand spricht: Ich liebe Gott, und hasst seinen Bruder, der ist ein Lügner. Denn wer seinen Bruder nicht liebt, den er sieht, der kann nicht Gott lieben, den er nicht sieht (1. Johannesbrief 4, 20).

Man kann also GEIST in der zweiten Person dadurch erfahren, dass man Gott im Nächsten liebt und diesem ganz praktisch dient – einfach so, ohne jede Forderung und Hintergedanken, als liebevolles Gegenüber.

Das erste Gesicht Gottes: GEIST in der ersten Person

Das erste Gesicht Gottes ist jedem Juden und Christen aus der Heiligen Schrift vertraut. GEIST in der ersten Person ist der Name des alttestamentlichen Gottes, der sich in seiner Selbstoffenbarung bezeichnet hatte als der »ICH BIN der ICH BIN« (2. Mose/Exodus 3, 14). Auch Jesus spricht in der ersten Person und beginnt seine Reden immer wieder mit einem einfachen, selbstverständlichen »ICH BIN …«.

Doch es stellt ein vollkommenes Tabu dar, diese »ICH«-Aussagen Jesu als Gotteserfahrung zu begreifen, die prinzipiell jeder machen kann.

Das »ICH BIN« wird dabei erfahren als ein »Singular ohne Plural«. Es gibt nur dieses eine Gewahrsein, diese eine anstrengungslose, offene Bewusstheit, die alles durch unsere Augen betrachtet und in der Meditation plötzlich als die Bewusstheit Gottes erkannt wird. Das große »ICH BIN« ist auch bekannt als Ich-Ich, Maha-Atman, der Geist selbst oder der große Zeuge in jedem Menschen und in jedem Augenblick. »ICH BIN« wird beschrieben als das höchste, ungeborene, leuchtende, alles erschaffende Selbst des gesamten Kosmos. Es ist gegenwärtig als die ICH-BIN-heit, die jede und jeder in sich fühlt.

Geist in der ersten Person ist das reine Bewusstsein in uns, das seine Identität mit dem allumfassenden Göttlichen erkennt. Die Trennung zwischen Schöpfer und Geschöpf ist aufgehoben. Man ruht in Gott als dem usprünglichen Selbst, dem »ICH BIN, der ICH BIN« bzw. »ICH BIN, die ICH BIN« und ist eins mit Allem. »Ich und der Vater sind eins« heißt diese Erfahrung bei Jesus (Johannes 10, 30). Jesus spricht selbst davon, dass jeder seiner Freunde diese Erfahrung machen kann:

> Wenn ihr in mir bleibt und meine Worte in euch bleiben, werdet ihr bitten, was ihr wollt, und es wird euch widerfahren (Johannes 15, 7).

Es ist die Erfahrung des ersten Gesichtes Gottes, auf die sich Jesus in seinen sieben »ICH-BIN-Worten« im mystischen Johannesevangelium bezieht. Jesus hat immer wieder deutlich darauf hingewiesen, dass im »ICH BIN« der Schlüssel zur Einheit mit dem Vater liegt. Die Erfahrung des »ICH BIN« ist nach der Lehre Jesu der Weg, die Wahrheit und das Leben.

Heute wissen wir, dass nicht wenige Mystiker im Christentum und Islam diese »ICH BIN«-Erfahrung machten, aber es kaum wagen konnten, darüber zu sprechen. Sie brachten sich in Lebensgefahr, weil sie damit gegen die BLAUE Doktrin verstießen, dass es nur eine personale Mystik (Zweites Gesicht Gottes), niemals aber eine Einheitsmystik mit Gott (Erstes Gesicht Gottes) geben könne. Letztere hätte das hierarchische Gefälle zwischen BLAUEM Schöpfergott und Geschöpf aufgehoben und die Rolle der Religion als Heilsvermittlerin beschnitten. Im Christentum hat man das Problem damit zu lösen versucht, dass man in der offiziellen Lehre ausschließlich Jesus allein die volle Einheit mit Gott zusprach. Die Mystiker aber machten natürlich trotzdem Einheitserfahrungen wie »ICH BIN das Licht«, »ICH BIN das Leben«, »ICH BIN Gott«.

Im Christentum wagte Meister Eckhart (1260–1328) folgendes Bekenntnis:

> Das Auge, mit dem ich Gott schaue, es ist dasselbe, darin mich Gott sieht. Mein Auge und Gottes Auge, das ist ein Auge und ein Sehen und ein Erkennen und ein Lieben.

Katharina von Genua (1447–1510) wurde noch deutlicher:

> Soll ich von mir sprechen, so sage ich: Mein Ich ist Gott. Ich kenne kein Ich mehr als nur meinen Gott. Es geht nicht mehr um Einung, denn ich sehe nicht, was vereint werden soll. Ich sehe nur ihn. Ich weiß nicht, wo mein Ich ist, ich suche es auch nicht. Gott ist Mensch geworden, um mich zu Gott zu machen, so will ich ganz zu seinem Geist werden.[211]

Auch im Islam sind Zeugnisse zum ersten Gesicht Gottes erhalten, besonders unter großen Sufis wie Al Halladsch (857–922), der auf bestialische Weise für folgendes Bekenntnis hingerichtet wurde:

> Ich schaute auf Gott mit dem Auge der Wahrheit und sagte zu ihm: Wer ist das? Er sagte: Das bin weder ich noch ist es ein anderer als ich. Es gibt keinen Gott außer mir. Dann verwandelte er mich: meine Identität ging über in sein Sein […] Dann sprach ich mit seinem Mund und sagte: Wie ergeht es mir mit Dir? Er sagte: Ich bin durch Dich, es gibt keinen Gott außer Dir.[212]

Der in Andalusien lebende Sufi-Meister Ibn al-Arabi (1165–1240) lehrte:

> Wenn du dich selber erkennst, löst sich dein Ich-Sein auf, und du erkennst, dass du und Gott ein und dasselbe sind.[213]

Ein Bild aus der Natur verwendet der persische islamische Mystiker Bayasid Bistami (803–875):

> Unter meinem Gewand ist nichts als Gott; ich streifte mein Ich ab wie eine Schlange, die ihre Haut abstreift. Dann sah ich mein Wesen an und es zeigte sich, dass ich Er war.[214]

Alle drei Gesichter leuchten lassen

Nur das dritte Gesicht Gottes (»Das Göttliche«) konnte sich in Ost und West relativ gut behaupten. Die monotheistischen Religionen verwarfen Berichte über Erfahrungen des ersten Gesichtes Gottes als Gotteslästerung und fixierten sich auf das zweite Gesicht Gottes. In den östlichen Religionen betonte man dagegen das erste Gesicht und neigte dazu, eine personale Erfahrung Gottes völlig zu leugnen. Man betrachtete jeweils die andere Religion als defizitär, ohne zu bemerken, dass die eigene Verneinung eines der drei Gesichter Gottes zu einer Beschneidung und Verarmung, ja sogar Unterdrückung der eigenen spirituellen Tradition führten.

Die Wiedervereinigung der ebenbürtigen Erfahrungsmöglichkeiten Gottes in seinen drei Gesichtern aber könnte dieses Ungleichgewicht endlich beseitigen, das immer noch zwischen den Weltreligionen besteht.

Die Prä-Trans-Verwechslung

Das 21. Jahrhundert wird religiös sein – oder es findet nicht statt.
André Malraux

Stets gilt es zu bedenken, dass nichts schwieriger zu bewerkstelligen,
nichts von zweifelhafteren Erfolgsaussichten begleitet
und nichts gefährlicher zu handhaben ist als eine Neuordnung der Dinge.
Niccoló Macchiavelli

Wer sich in seiner Bewusstseinsstufe gut eingewöhnt hat, sieht im Lauf der Zeit auch die Probleme und Begrenzungen dieser Stufe. Er hält Ausschau nach neuen, unkonventionellen Lösungen, die meist aus anderen Bewusstseinsstufen kommen. Das Problem: Es gibt Unkonventionelles von früher, und es gibt Unkonventionelles von morgen. Also Lösungen, die in die Vergangenheit weisen, und Lösungen, die in die Zukunft zeigen. Beide sehen sich oft verblüffend ähnlich.

Hier handelt es sich um ein weitverbreitetes Phänomen, das Ken Wilber als Erster erkannt und beschrieben hat. Auf der ORANGEN und vor allem der GRÜNEN Stufe kann es zu höchst problematischen Verwechslungen führen. Wenn man sich auf die ORANGE Stufe stellt, befindet man sich im rationalen Bewusstsein aufgeklärter Vernunft. Darunter liegen die Stufen der *prä*rationalen religiösen Erfahrungen: das archaische BEIGE, das magische PURPUR und das mythische BLAU. Oberhalb von ORANGE befinden sich die Stufen, auf denen *trans*rationale religiöse Erfahrungen gemacht werden können: GRÜN, GELB, TÜRKIS usw.

Transrationale spirituelle Erfahrungen überschreiten das rationale Bewusstsein, schließen es aber nicht aus, sondern ein. Ein transrationales Bewusstsein anerkennt die Ergebnisse der Wissenschaft und denkt logisch und vernünftig wie ORANGE. Es *trans*zendiert aber gleichzeitig noch die von ORANGE gesetzten Grenzen und akzeptiert nun neben dem Verstand auch Intuition, Imagination, Körperwahrnehmung und andere Erkenntniszugänge.

Prärationale spirituelle Erfahrungen entstehen dagegen auf den Stufen, die noch gar keinen Zugang zum Rationalen gefunden haben.

Diese zwei Bereiche höchst unterschiedlicher Zustandserfahrungen können leider sehr leicht verwechselt werden, da sie beide *nicht*-rational sind.

Das sorgt für ein heilloses Durcheinander. Wer sich um eine lebendige Spiritualität bemüht, steht vor dem Problem, erkennen zu müssen, ob ihn ein spirituelles Angebot zurück in die prärationalen Erfahrungen führt oder ob es ihn weiter nach vorne bringt hinein in trans-rationale Bewusstseinszustände.

Die Verklärung prärationaler Religiosität

Kaum ein Zeitungsartikel über die Yanomani-Indianer Brasiliens oder ein Fernsehbericht über die Yalimek in Neuguinea, in dem nicht irgendwo angemerkt wird, wie viel wir von der Spiritualität dieser ursprünglichen Naturvölker lernen könnten. Das ist auch der Tenor zahlreicher kritischer Kommentare über unsere »religiös unmusikalische« rationale Gesellschaft: Wenn wir wieder nur so ursprünglich und spirituell werden könnten wie die Aborigines in Australien, die Buschmänner der Kalahari oder die Inuit am Polarkreis – dann ginge es »der Seele des weißen Mannes« und unserer Zivilisation viel besser.

Besonders Menschen der GRÜNEN Bewusstseinsstufe neigen dazu, alles Prärationale zu verklären. Mit Vorliebe wird die eingeschränkte Erkenntniskraft der magisch-mythischen Religiosität von PURPUR als besser und höher dargestellt als das vernünftige, wesentlich differenzierte und rationale ORANGE. Das ursprüngliche PURPUR macht ja so tiefe spirituelle Zustandserfahrungen in der Natur, ORANGE hat da nichts vorzuweisen. ORANGE scheint also spirituell gesehen unterhalb davon zu liegen. Doch was passiert da genau? Prärationale Glaubensvorstellungen, spirituelle Halbwahrheiten und Aberglaube werden fälschlicherweise überhöht und als uraltes, nicht zu überbietendes transrationales Wissen angepriesen.

Das Gefährliche daran ist, dass man auf diese Weise schnell an einen Punkt gerät, wo man generell alles Irrationale für höchste Spiritualität hält. Die kritisch nachfragende Skepsis und die nüchterne Vernunft stellen dann ein lästiges Hindernis dar auf dem Weg zu Gott – also setzt man sie am besten gar nicht ein. Eine kritische Auseinandersetzung ist nicht erwünscht. Gut ist es dagegen, sich einfach »fallen zu lassen« oder den »Kopf zu vergessen, um zur Erleuchtung zu gelangen«.[215] Oft ist es nichts als das magische Denken von PURPUR, das zu »echter« Transformation beim »Zurücksinken in die Urquelle« führen soll. Dafür steht ein wilder Mix an prärationalen Erfahrungsmöglichkeiten zur Verfügung: Dieses Wochenende verbringt man in der indianischen Schwitzhütte, das nächste mit Wicca-Zeremonien, am übernächsten wandert man zu den Naturgeistern, Devas und Feen im Frühlingswald, und dann geht's zum Sonnen-Ritual nach Stonehenge.

Die Vertreter dieser Form der Prä-Trans-Verwechslung glauben daran, dass man möglichst viele moderne Menschen von ORANGE zurück in den »Seelenstrom der Natur« führen muss, damit »die industrialisierten Länder zu nährenden, ökozentrierten und seelenzentrierten Gemeinschaften reifen«.[216]

Die ökologische Bewegung war lange Zeit gefangen in der Falle der Prä-Trans-Verwechslung. Dass man mit computerbasierten Systemen oder Satellitenfotografie eine gesündere und umweltverträglichere Landwirtschaft betreiben könne, war vielen ökologisch Orientierten lange suspekt. Hier haben sich inzwischen viele ideologische Verspannungen gelöst. Aber die Prä-Trans-Verwechslung feiert nach wie vor fröhliche Urständ.

Avatar und der böse Rationalismus

Der indianerfilmartige 3-D-Blockbuster »Avatar« (2010, Regie David Cameron) ist dafür ein gutes Beispiel: Das naturverbundene Volk der blauhäutigen Na'vi lebt im Regenwald auf dem Planeten Pandora. Ihre PURPUR-ROTE Religiosität verleiht ihnen geradezu magische Kräfte. Mit denen widersetzen sich die Na'vi der Ausbeutung und Kolonialisierung durch die ihnen technisch haushoch überlegenen ORANGEN irdischen Eroberer. Der Film bedient das neoromantische GRÜNE Bild vom »edlen Wilden«, erzeugt wegen seiner Prä-Trans-Verwechslungen aber auch permanente Widersprüche.

Das angeblich friedfertige Volk wird als hoch entwickelter Kriegerstamm dargestellt, dessen ethnozentrisches Denken jedem Fremden gegenüber extrem feindselig ist. Sie sind nicht in der Lage, transrationale Fähigkeiten wie Chaosmanagement oder gewaltfreie Kommunikation zu nutzen oder wenigstens ORANGE diplomatische Beziehungen mit den Eindringlingen aufzunehmen. Weder der Häuptling noch die Schamanin der prärationalen Na'vi können sich hineinversetzen in das komplexe Denken ihrer Feinde. Trotzdem besiegen sie mit ihren steinzeitlichen Waffen eine Hochtechnologie-Armee, deren Operationsmöglichkeiten sie auch nicht ansatzweise begreifen können.

Die rationalen Erdlinge dagegen werden mit ihrem technisch-wissenschaftlichen Denken fast ausschließlich dargestellt als bedrohlich und böse. Sie haben keinerlei Spiritualität und wirken seelenlos. Die prämodernen Stammesangehörigen dagegen sind beziehungsfähig, gemeinschaftsorientiert, weise und gut. So entsteht der Eindruck, als wären ihr prärationaler Schamanismus, Ahnenkult und magisch-animistischer Naturmythos höchste transrationale Bewusstseinsformen. Ein typischer – und erfolgreicher – Fall von Prä-Trans-Verwechslung durch spirituelle Überhöhung einer prärationalen Stufe inklusive einer negativen Verzerrung der rationalen Stufe.

Bestellungen beim Universum

Eine weitere Form aktueller Prä-Trans-Verwechslung geschieht zwischen prärationaler PURPURNER Magie und transrationaler Quantenphysik. Der Film »What the Bleep Do We (K)Now?« ist dafür ein besonders peinliches Beispiel. Hier werden auf unseriöse Weise Ausschnitte aus Physiker-Interviews mit PURPURNEM New-Age-Spiritismus und ORANGER Wissenschaftsgläubigkeit verknüpft. Dadurch wird suggeriert, jeder Einzelne könne sich seine Wirklichkeit selbst erschaffen. Das ist vor allem eine pseudospirituell verbrämte egozentrische Allmachtsfantasie. Genau wie bei dem Bestseller »Bestellungen an das Universum« ist es einfach prärationaler Aberglaube, wenn man meint, man könne sich seine materiellen Wünsche durch das Pushen seiner Gedanken erfüllen. Mit transrationaler Bewusstwerdung und echter Spiritualität, echter Mystik hat das alles nichts zu tun. Zur raschen Unterscheidung der beiden noch einmal die kurze Faustregel: Magie (prärational) will etwas *haben*, echte (transrationale) Mystik will *loslassen.*

Den Kinderglauben verteidigen

Auch unter kirchlich geprägten Menschen findet sich diese unbewusste Verklärung des Prärationalen. Sie wird oft von Katholiken vertreten, die es für das Kennzeichen von wahrer Religion halten, »wenn man glaubt, was man nicht versteht«. Sie hatten in ihrer Kindheit meistens gute religiöse Erfahrungen bis zur mythischen BLAUEN Stufe gemacht. Weil sie sich eine religiöse Heimat wünschen, die sie in ihrem ORANGE geprägten Alltag nicht erleben, möchten sie wenigstens in ihrer Kirche wieder in den warmen Uterus eines prärationalen Kinderglaubens eintauchen dürfen. Auch wenn sie dafür ihren ORANGEN Verstand an der Kirchentür abgeben müssen. Gern wird dann der Satz Jesu ins Feld geführt: »Wenn ihr nicht umkehrt und werdet wie die Kinder.« (Matthäus 18,3) Aus dem Zusammenhang gerissen kann dies tatsächlich so wirken, als würde Jesus es gut heißen, dass wir zurückfallen in infantile Bewusstseinsstrukturen.

Auch unter Protestanten gibt es diese Tendenz zum Prärationalen. So äußerte sich Bundesminister Schäuble in einem Interview seiner evangelischen Kirche, dass er in ihr »Halt, Geborgenheit und Gemeinschaft« suche. Zu seiner spirituellen Entwicklung befragt, meinte er: »Ich versuche, mir meinen Konfirmandenglauben zu bewahren. Dann wird es nicht so kompliziert«.[217] Man stelle sich vor, der Finanzminister würde das in Bezug auf seine kognitive Linie sagen: »Ich versuche, mir das Denken eines Vierzehnjährigen zu bewahren. Dann wird es nicht so kompliziert«!

Natürlich kann man ihm das nicht persönlich ankreiden. Es ist das Versäumnis seiner Kirche, Menschen wie ihm die weitere Entfaltung ihrer spirituellen Entwicklungslinie über die rationale Stufe hinauf in transrationale Bewusstseinsräume zu ermöglichen. Für unzählige Menschen wäre es ein Segen, von erfahrenen und kirchlich autorisierten Lehrern eingeführt zu werden in reife, erwachsene und transrationale Erfahrungsmöglichkeiten des christlichen Glaubens.

Die rationale Ablehnung alles Religiösen

So ist es nicht verwunderlich, dass viele bei all dem Durcheinander jede Form von Religion als irrational und überholt ansehen. Das ist die Position der alten und neuen Atheisten und vieler Religionskritiker wie Feuerbach, Marx oder Freud. Für sie war Religion mit der Aufklärung erledigt. In ihren Augen ist die aufgeklärte, von jedem religiösen Ballast befreite Rationalität der Gipfelpunkt persönlicher wie gesellschaftlicher Entwicklung.

ORANGE bedeutet für sie die unüberbietbare »Hochwassermarke der Evolution« (Ken Wilber), die definitive Spitze der geistigen Fahnenstange. Wer trotzdem noch religiös ist und an Gott glaubt, ist eben neurotisch, unaufgeklärt oder stecken geblieben in kindlich-naiver Abhängigkeit. Alles Spirituelle wird hier nach unten reduziert und gleich gesetzt mit einer Regression ins prärationale Feld. Dass es existenzielle, transrationale mystische Zustandserfahrungen gibt, welche die Vernunft nicht verabschieden, sondern einschließen, bleibt diesen Reduktionisten verborgen.

Dabei fehlt es keineswegs an großen Beispielen für einen transrationalen spirituellen Weg, der die Vernunft über ORANGE hinaus einschließt. Für den christlichen Glauben können zahlreiche Kontemplative und Mystiker genannt werden: Nikolaus von Kues, Meister Eckhart, Teilhard de Chardin, Evelyn Underhill, Albert Schweitzer, Bede Griffiths, Thomas Merton, Simone Weil, Edith Stein, Dag Hammarskjöld, Henri le Saux, Willigis Jäger, Richard Rohr, David Steindl-Rast, Thomas Keating, Gerhard Wehr, Dorothee Sölle, Sebastian Painadath oder Beatrice Bruteau.

Dass diese Pioniere einer transrationalen christlichen Spiritualität von Atheisten oder Kirchenfernen nicht wahrgenommen werden, ist bedauerlich. Viel schwerer wiegt, dass sie für die meisten Christen unbekannte Größen darstellen, deren Namen sie in ihren Gemeinden noch nie gehört haben. Auf diese Weise schafft es die Kirche leider immer noch, ihre eigene Entwicklungsspitze und spirituelle Zukunft zu ignorieren.

Die Religionen als Motor des Wandels

Was wir Wandel nennen, ist nichts anderes als das Resultat gelungener Synchronisationsarbeit zwischen den Ebenen der menschlichen Kultur.
Matthias Horx

Was ist denn der Glaube anderes als unser Fahrzeug, auf dem wir in die Heimat fahren?
Aelred von Rievaulx

Was ist Religion? Sich in alle Ewigkeit weiter und höher entwickeln wollen.
Christian Morgenstern

Das Wahre ist das Ganze. Das Ganze aber ist nur das durch seine Entwicklung sich vollendende Wesen.
Georg Wilhelm Friedrich Hegel

Mitte der 1980er-Jahre hielt ein evangelischer Pfarrer an Christi Himmelfahrt eine Rundfunkpredigt. Dabei erwähnte er beiläufig, dass Jesus mit an Sicherheit grenzender Wahrscheinlichkeit nicht physisch nach oben geschwebt sein dürfte, um schließlich in einer Wolke zu verschwinden. Dieser Satz hatte mächtige Auswirkungen. Der Landeskirchenrat – quasi das Kabinett der betreffenden Landeskirche – setzte sich zusammen und diskutierte, ob man »der Gemeinde« solch ungeheuerliche Aussagen zumuten dürfe. Das Ganze endete mit einem Rüffel an den Prediger, und die beanstandete Rundfunkpredigt wäre um ein Haar seine letzte gewesen.

Wie kann das sein? All die Theologen im Landeskirchenrat, die den Kollegen maßregelten, hatten an einer Universität ein wissenschaftliches Studium der Theologie absolviert. Sie waren ausgebildet in historischen und literaturwissenschaftlichen Künsten und konnten antike Legenden wie die von der physischen Himmelfahrt des Gottmenschen Christus sehr wohl einordnen als das, was sie sind: Legenden eben. Seit mehr als 150 Jahren untersuchen Theologen die Bibel als historisches Stück Literatur. Dass sie keine »vom Himmel gefallene« direkte Selbstoffenbarung Gottes ist, gilt als Selbstverständlichkeit. Für christliche Theologen ist die Bibel längst ein geschichtliches Dokument neben anderen, das den Glauben früherer Generationen widerspiegelt. Als Quelle dafür, »wie es wirklich gewesen ist«, taugt sie nur bedingt. Diese ORANGE Sichtweise auf die Bibel wird seit mehreren Generationen an der Universität gelehrt. An der Gemeindebasis jedoch darf sie offenbar nicht ankommen.

Der schwierige Übergang zu Orange

Dieses erstaunliche Missverhältnis hat historische Wurzeln, die weit zurückreichen bis in die Zeit der Aufklärung. Die Theologie, die als akademische Wissenschaft an staatlichen Universitäten betrieben wird, hat sich dem ORANGEN, historisch-kritischen Zeitgeist weit geöffnet. Die Kirche als religiöse Institution aber hat sich lange gewehrt, den ORANGEN Geist durch die Kirchentüren hineinzulassen. Auch die evangelische Kirche, eigentlich ein Produkt der ORANGEN Geistesrevolution, ist in ihrer Grundstruktur trotzdem hierarchisch-BLAU geblieben – ja, vielleicht in den letzten Jahrzehnten wieder BLAUER geworden. Auch in der katholischen Kirche gibt es nach dem vorsichtigen ORANGEN Aufbruch der 1960er-Jahre eine starke Tendenz zurück nach Blau.

Wir halten das für eine der wichtigsten Ursachen, weshalb den Kirchen seit einem Jahrhundert die Leute weglaufen.

Eine verhängnisvolle Verwechslung

Der etablierten katholischen Kirche waren die philosophischen und wissenschaftlichen Neuerungen nicht geheuer, die sich da ab etwa 1500 im Zuge von Renaissance und Aufklärung einstellten. Der Kirche galt die Natur als Schöpfung Gottes, an der der Mensch nichts zu manipulieren hatte. Nun aber gewannen Wissenschaftler mit neuen Werkzeugen – etwa dem Teleskop – und neuen Methoden Einblicke in das Wesen der Schöpfung, die dem Wortlaut der Bibel widersprachen. Das durfte nicht sein: Galileo Galilei wurde zum Widerruf genötigt, Giordano Bruno auf den Scheiterhaufen gebracht.

Die Kirche sperrte sich gegen die neuen Erkenntnisse und war dabei nicht zimperlich. Kein Wunder, dass die Denker der Aufklärung zunächst verdeckt, dann aber immer offener Kirche, Religion und Glauben ablehnten.

In ihrem Streben nach rational begründeter Wahrheit und individueller Freiheit warfen die Aufklärer nicht nur den mythischen Gott über Bord, der nicht mehr in ihr rationales Weltbild passte.

Doch in ihrem aufklärerischen Eifer unterlief ihnen ein verhängnisvoller Fehler: Vor lauter verständlichem Zorn auf die autoritäre, auf Macht und

Mythos fixierte Kirche verwechselten sie die damals gültige BLAUE Ebene, auf der sich die Religion bewegte, mit der gesamten religiösen Linie. So verwarf die Aufklärung nach und nach die Religion an sich – ohne zu sehen, dass sie eigentlich nur eine bestimmte, historisch bedingte Form der Religion auf der BLAUEN Stufe meinte.

Die Aufklärung verpasste weitgehend die Aufgabe, neben der wissenschaftlichen und philosophischen Entwicklungslinie auch die spirituelle oder religiös-praktische Linie weiterzutreiben auf die neue ORANGE Stufe. Ken Wilber meint sogar: »Die westliche intellektuelle Tradition, die um die Aufklärung herum begann, hat die höheren Ebenen ihrer eigenen spirituellen Intelligenz aktiv unterdrückt.«[218] Eine verhängnisvolle Entwicklung, durch die die Moderne ihre eigenen Wurzeln abgeschnitten und die tieferen Dimensionen des Lebens verschüttet hat.

Es setzte sich in den Köpfen der Menschen eine Überzeugung fest, die sich in unserer Farbcode-Sprache kompakt ausdrücken lässt: Alles bis BLAU ist Glauben, alles ab ORANGE ist Unglauben.

Die Kirchen hätten die Entwicklung der religiösen Linie vorantreiben können, hinauf auf die ORANGE, GRÜNE und weitere Stufen. Aber sie verschanzten sich gegen die Attacken der neuen Denker in einer Wagenburg aus Orthodoxie und Tradition. So verhinderten sie die Weiterentwicklung der religiösen Linie, in ihren eigenen Mauern und sogar außerhalb davon. Es dauerte lange, bis ab den 1965er-Jahren Spiritualität als Import aus anderen Religionen populär wurde. Die Beatles mussten bis nach Indien reisen, um dort eine Spiritualität zu erleben, die einigermaßen zum modernen Weltbild passte.

Die Kirchen verstanden die Attacken der modernen Denker als Angriffe auf die Religion als Ganzes. Sie erkannten nicht, dass sich die Kritik eigentlich nur gegen bestimmte, zeitgebundene Erscheinungsformen von Religion richtete. Die Kirchen wiederum waren überzeugt, die Gralshüter der alten ewigen Wahrheiten zu sein. Aus Angst, auch nur ein Stück des geerbten Tafelsilbers wegzugeben, zogen sie sich zurück auf die altbewährten BLAUEN Positionen.

GRÜN ohne ORANGE

Bis heute betrachtet die römisch-katholische Kirche das moderne Denken als verhängnisvolle Entwicklung weg vom Glauben. »Individualismus« (ORANGE) und »Pluralismus« (GRÜN) gelten im Vatikan als Feindbilder. Auch in den evangelischen Kirchen ist – außerhalb der theologischen Fakultäten – die ORANGE Kritik weitgehend nicht angekommen.

Stattdessen kommt es zu einem Phänomen, das ziemlich komplex ist und sich eigentlich erst mit dem Modell der Bewusstseinsstufen und seinem Farbcode transparent machen lässt: Viele moderne Christen überspringen den notwendigen ORANGEN Schritt der intellektuellen Befreiung und wechseln von der Wir-Stufe BLAU direkt zur nächsten Wir-Stufe GRÜN. Kirchen und andere große Gemeinschaften haben eine natürliche Nähe zu den Wir-Stufen. Die Ich-Stufen, bei denen die Stärke des Individuums im Vordergrund steht, sind größeren Organisationen tendenziell suspekt.

So wölbt sich die Kirche gleichsam über den ORANGEN Abgrund nach GRÜN. Sie glaubt, ihren Leuten auf dieser Hängebrücke eine Schnellstraße von BLAU direkt nach GRÜN bieten zu müssen. Dadurch aber fehlt der GRÜNEN Spiritualität die scharfe, (selbst-)kritische Gedankenkraft von ORANGE. Wirklich funktionierendes, gutes GRÜN besteht aber aus selbstverantwortlichen, ORANGE durchtrainierten Individuen.

Die vermeintliche kirchliche Autobahn von BLAU nach GRÜN ohne ORANGE birgt noch ein tiefergehendes Problem: Der Tod des mythischen Gottes wird nicht wirklich wahrgenommen und betrauert. Es kann sich kein modernes, rational verantwortetes Gottesbild entwickeln. Vielleicht ist das auch eine Erklärung, weshalb in GRÜN und seiner Spiritualität so viel unkritisches, teilweise hanebüchenes PURPUR auftaucht: die Weisheit der Schamanen und Naturvölker, die Kraft der Hexen, die Einsichten der Alchimisten. Wir sind überzeugt, dass Sie mit dem in diesem Buch vorgestellten Modell der Bewusstseinsstufen endlich Ordnung in das spirituelle Kuddelmuddel bringen können.

Im Dampftopf

Die Vermischung von BLAU und GRÜN ohne ORANGE ergibt eine höchst problematische Situation: Wer seine intellektuelle, ästhetische, politische und andere Linien bis ORANGE vorangetrieben hat, muss auf Religion und Spiritualität ganz verzichten, weil religiöse Sprache und mythische Bilderwelt nicht mehr zum ORANGEN Kosmos passen. Oder er muss – was durchaus viele tun – in Sachen Spiritualität und Religion seinen kritischen Verstand an der Garderobe abgeben und gegen den Augenschein an den althergebrachten, mythisch-religiösen Bildern festhalten. Er hält seine spirituelle Linie künstlich klein, bewahrt sich seinen Kinder- oder Konfirmandenglauben und vertraut allen Ernstes darauf, sich in schweren Lebenskrisen darauf zurückziehen zu können.

Oder er springt gleich nach GRÜN, lässt die rationalistische Kritik am herkömmlichen Gottesbild aus und muss sich nun herumschlagen mit ungeklärten religiösen Grundaussagen. Das führt oft dazu, dass in einer GRÜN organisierten Gemeinde de facto ein verwaschenes BLAUES Gottesbild regiert. Wer umgekehrt als moderner, ORANGE denkender Mensch beten will, geht ins stille Kämmerlein, um seine religiösen Bedürfnisse zu verstecken, für die er sich vor den anderen schämt – und manchmal sogar vor sich selbst.

Die wissenschaftliche Theologie ist zum Teil weit über ORANGE, GRÜN und GELB hinaus bis zur TÜRKISEN Stufe vorgestoßen, aber in den Gemeinden vor Ort bekommt man davon nichts mit. Denn die Theologie hat sich weitgehend auf die Seite der Aufklärung geschlagen und vermittelt angehenden Pfarrerinnen und Pastoren zwar eine solide Ausbildung in exegetischen, historischen und systematischen Fächern. Sie lässt sie aber weitgehend allein, wenn es darum geht, diese Erkenntnisse selbst zu leben und den Gemeindemitgliedern zu vermitteln.

Die Fronten sind festgefahren: Die Moderne und die Postmoderne lehnen Religion weitgehend ab. Die religiösen Institutionen wiederum halten fest an althergebrachten Bildern (wie der oben erwähnten physischen Himmelfahrt Jesu). Dadurch bildet sich ein geistig-religiöser Stau, der die Weiterentwicklung der spirituellen Linie verhindert – mit katastrophalen Auswirkungen: Die Kirchen können sich nicht weiterentwickeln, verlieren immer mehr Mitglieder und bluten aus; Menschen mit Schwerpunkt in ORANGE und GRÜN verkümmern spirituell.

Auch der moderne Terror ist fast ausschließlich von BLAUEN fundamentalistischen religiösen Ideologien getragen, ganz gleich, ob von militanten Islamisten, christlichen Fanatikern (die etwa in den USA Abtreibungskliniken bombardieren), Sikh-Separatisten oder Anhängern neuerer Kulte. Gefährlich wird es vor allem dann, wenn diese BLAUE fundamentalistische Gesinnung in Menschen heranwächst, deren Schwerpunkt noch weitgehend in der ROTEN Bewusstseinsstufe liegt. Paaren sich ROTE Rücksichtslosigkeit und Durchschlagskraft mit einer BLAUEN Ideologie, zählen Menschenleben nur noch wenig, auch das eigene – vor allem, wenn die eigene BLAUE Religion den Märtyrertod verherrlicht und jenseitige Belohnungen verheißt.

ROT und BLAU bilden dann ein hochexplosives Gemisch: Glaubenskriege, verheerende Terroranschläge mit enorm leidensfähigen Kämpfern und Tausenden unschuldiger Opfer. Vor diesem Hintergrund ist es dringend notwendig, endlich eine tragfähige, intellektuell verantwortbare ORANGE Spiritualität zu entwickeln. Wir stehen, wie bei jedem Wechsel von einer Bewusstseinsstufe zur nächsten, vor einer epochalen Herausforderung. Die geistlich-spirituellen Fähigkeiten der Menschheit brauchen ein Upgrade. Religion und Frömmigkeit sind dabei keine Zierleisten, auf die man ruhig mal verzichten kann. Sie sind eine entscheidende Kraft, damit eine Gesellschaft zusammenhält und ihre Mitglieder persönliches Glück erleben.

Das Förderband der Religionen

Wer aber kann das leisten? Ken Wilber sieht hier die großen Weltreligionen in der Pflicht. Sie allein, so seine sicher korrekte Analyse, verfügen über die großen Mythen und die heiligen Schriften. Heutzutage können keine echten Mythen mehr entstehen – »nicht weil die Menschheit keine Phantasie mehr hat, sondern weil heute jeder mit einer Videokamera herumläuft«.[219] Heutige Mythen – von »Star Wars« bis zu »Matrix« und »Avatar« – sind nur ein Aufguss der alten Stoffe. Die alten Mythen aber sind unentbehrlich für die spirituelle Entwicklung, weil jeder Mensch auf der BEIGEN Stufe geboren wird und sich über PURPUR, ROT, BLAU etc. weiterentwickelt.

Denn die Weltreligionen verfügen auch über die Deutungshoheit für diese Mythen. Sie sind die einzigen Systeme, die wie eine Art großes Förderband Menschen helfen können, sich auf den Bewusstseinsstufen auch spirituell weiterzuentwickeln, von ROT über BLAU und ORANGE zu GRÜN, TÜRKIS und darüber hinaus. »Nur die Weltreligionen können diese Stufen für legitim, heilig und akzeptabel erklären und innerhalb ihrer eigenen Überlieferungen freigeben.«[220]

Sehr viel hängt davon ab, ob es den Weltreligionen – in unserem Fall den Kirchen – gelingt, ihre Fixierung auf die BLAUE mythische Stufe hinter sich zu lassen und sich den rationalen und transrationalen Entwicklungsstufen zu öffnen. Die Aufgabe ist groß, aber nicht unlösbar. In jeder Kirche, in jeder Religion gibt es Vordenkerinnen und Vordenker, die geistig den Weg in die nächsten Bewusstseinsstufen längst vorbereitet haben.

Die Beharrlichkeit des Mythos

Obwohl die Theologie weit vorgedrungen ist in ORANGE und höhere Ebenen, und obwohl es durchaus ORANGE Strukturen in den Kirchen gibt, bleibt das spirituelle Bewusstsein der meisten Christen, die noch in den Gemeinden ausharren, BLAU geprägt. Und das unabhängig davon, wie weit diese Menschen andere Linien ihres Selbst entwickelt haben. Der ORANGE wissenschaftlich-aufgeklärte Blick auf die Bibel und die Inhalte des Glaubens kommen beim Kirchenvolk weitgehend nicht an. Die Ideen von Paul Tillich, Bischof Robinson oder Dorothee Sölle haben niemals große Resonanz in den Kirchengemeinden gefunden. So ORANGE oder GRÜN manche Strukturen auch sein mögen, die Inhalte bleiben BLAU. Wie kommt das?

1. Grund: Der Sonntagsgottesdienst ist immer noch die hauptsächliche Lebensäußerung der Kirchen und bestimmt weitgehend die Identität einer Gemeinde. Doch dieser Gottesdienst ist bis heute von Grund auf BLAU: Seine Grundformen stammen aus dem antiken Kaiserkult, was schon in Kirchenbau und Bestuhlung sichtbar wird: Dem (jedenfalls dem Anspruch nach) wissenden und erfahrenen Weisen steht das unmündige, gläubige Volk gegenüber. Dieses Volk darf nicht wirklich mitwirken, außer in genau festgeschriebenen liturgischen Elementen. Erst recht hat es keine Möglichkeit zum Widerspruch oder zur Diskussion der vorgetragenen ewigen Wahrheiten. Die Lieder stammen zum größten Teil aus der vormodernen, mythisch geprägten Welt; vor allem die Passionslieder spiegeln reinstes BLAU. Daneben wird oft von Himmel und Hölle gesungen, von ewigem Verderben und gnadenhafter Erlösung, von Engeln und Teufeln. Auch die Melodien entsprechen nicht modernem Musikempfinden. Das gilt auch für das Begleitinstrument Orgel.

Selbst der Termin des Gottesdienstes wurzelt in der mythisch geprägten, agrarischen Gesellschaft. Statt sich an den Bedürfnissen des modernen mobilen Menschen zu orientieren, für die der Sonntagsgottesdienst höchst ungeschickt mitten im freien Wochenende liegt, hält man fest an der Zeit zwischen der ersten und der zweiten Stallfütterung.

Und schließlich die liturgischen Texte. Auch hier ist in mythischer Sprache die Rede von Sünde und Verlorenheit, von Gnade und Heil, von Unwürdigkeit und Erbarmen – pures BLAU.

Da kann die Predigt noch so aufgeklärt, das Fürbittengebet noch so zeitgenössisch formuliert sein, es hilft nichts. Die BLAUEN Formen mit ihrem Gewicht von Jahrtausenden sprechen lauter als die frei formulierten Texte der Pfarrerin oder des Priesters – so sehr sich die auch bemühen, innerhalb dieser BLAUEN »festen Burg« eine moderne Sprache zu sprechen.

2. Grund: Theismus. Als Theismus bezeichnet man die Vorstellung von Gott als höchstem »supranaturalistischem« Wesen, das jenseits der Welt existiert und kein Teil von ihr ist.

Für den britischen Bischof John A. T. Robinson ist diese Sichtweise überholt. Er plädiert für einen A-Theismus, einen Abschied vom jenseitigen, über allem schwebenden und letztlich leidenschaftslosen Gott. Der Weg aus dem Theismus führt heraus aus der sicheren Institution Kirche und hinein in eine eigenverantwortliche, individuelle Spiritualität. Mithilfe des Farbschemas der Bewusstseinsstufen wissen wir, warum: weil es der Weg aus der BLAUEN Wir-Stufe in die ORANGE Ich-Stufe ist.

BLAUE Gottesdienste sind leer, weil nur noch sehr wenige Menschen ein BLAUES Gottesbild haben. Sie bräuchten dringend Gesprächspartner, Gottesdienstformen und Gemeindeerfahrungen, die ihren Bewusstseinsstufen Orange oder Grün entsprechen.

Vom Nicht-theistischen Gott kann man nur noch in Metaphern reden. Das erfordert entweder eine tiefe Erfahrung, eine ebenso tiefe Entschiedenheit oder eine hohe Bereitschaft, sich vorzuwagen auf unbekanntes Terrain.

3. Grund: Der Bildersturm. »Du sollst dir kein Bildnis machen«, so lautet das zweite der Zehn Gebote. Es gehört zu den Geboten, die am wenigsten eingehalten werden. Durchaus auch mit theologischen Begründungen: Seit sich Gott in Jesus, dem Christus, anschaubar machte, können sich Christen durchaus ein Bild von Gott machen. »Wer mich sieht, sieht den Vater«, sagt Jesus (Johannes 14, 9). Konsequenterweise hat Martin Luther das Bilderverbots-Gebot in seinem Kleinen Katechismus einfach weggelassen und dafür das zehnte Gebot in zwei aufgeteilt, um die Zehnzahl zu wahren. Bildliche Darstellungen sind (außer natürlich im Judentum und im Islam) nur in der reformierten Kirche verpönt, alle anderen – Orthodoxe, Katholiken, Lutheraner – haben ein ausgesprochen produktives Verhältnis zur bildenden Kunst.

Orange macht zum allerersten Mal wirklich ernst mit dem Bilderverbot. Ja, eigentlich ist ein Verbot sogar unnötig. In Orange vergehen die gängigen Gottesbilder von selbst. Genau das ist jedoch das Problem. Religion vermittelt sich in erster Linie durch Bilder. Für viele stellt sich Gott heute immer noch dar als der alte Mann mit langem weißem Bart, auch wenn sie längst wissen, dass dieses Bild nicht zutrifft. Das Bild dominiert, es übernimmt praktisch die Herrschaft über den Verstand. Bilder aus Kinderliedern (»Breit aus die Flügel beide«) und dem Religionsunterricht haben stark prägende Kraft bis ins Erwachsenenleben und ins hohe Alter. Der 23. Psalm etwa (»Der Herr ist mein Hirte«) mit seinen starken Bildern von grüner Aue, finsterem Tal und voll eingeschenktem Becher behält oft selbst bei Demenzkranken lange seine Wirkung.

Und nun sollte es auf einmal kein Bild von Gott mehr geben? Keinen lieben Vater, der mitsamt seinen Engeln über uns wacht? Auch keinen strengen Richter, der am Ende der Zeiten entscheidet über Himmel oder Hölle samt Fegefeuer? Viele streng erzogene Katholiken leiden unter diesen Bildern, und doch fällt es ihnen unendlich schwer, ohne sie auszukommen. Gott zu verstehen als die Tiefe des Seins, das Sein selbst, als »stilles Geschrei«, erfordert Abstraktionsvermögen – das in Orange allerdings entwickelt sein sollte. Wir wissen, dass die Planeten durch die Gesetze der Anziehung um die Sonne kreisen. Wir lernen im Physikunterricht die Regeln von Stromstärke und Stromspannung und wir benutzen täglich die Geräte, die von dieser höchst abstrakten Energie betrieben werden. Wir vertrauen den vollkommen unanschaulichen Regeln der Chemie, bei jedem Medikament und jedem Putzmittel.

Auf der ORANGEN Bewusstseinsstufe kommt es darauf an, dieses Abstraktionsvermögen endlich auch anzuwenden auf die religiösen Inhalte. Und wer könnte dazu mit mehr Legitimität anleiten als die Vertreter der religiösen Institutionen? Solange Pfarrerinnen und Religionslehrer hier nicht vorangehen und den Weg weisen, solange es keine von der Kirche abgesegneten Formen der ORANGEN spirituellen Praxis gibt, solange ORANGE Prediger vor die Kirchenleitung zitiert werden, solange muss sich jede und jeder einzeln aufmachen in die Wüste, als Pionier und Abenteurer auf eigene Faust.

Das Förderband anlaufen lassen

Eine Kirche, die ihre Mitglieder nicht festhalten will in einem BLAUEN Gitterkäfig, sondern ernst genommen werden möchte als Gesprächspartnerin im modernen und postmodernen Diskurs, muss notwendigerweise den schwierigen Weg durch ORANGE hindurch antreten. Dazu müssten die Kirchen endlich ihre eigene Theologie ernst nehmen und fruchtbar machen – für die Gemeindearbeit, für die Seelsorge und für die spirituelle Begleitung. Denn theologisch ist das ja alles längst gedacht.

Der protestantischen Kirche hatte schon Martin Luther ins Stammbuch geschrieben, sie sei eine »Ecclesia semper reformanda«, eine ständig zu erneuernde Kirche. Er fand, Christen sollten sich in der Kunst des Werdens üben, nicht in der Kunst des Beharrens:

> Das christliche Leben ist nicht Frommsein, sondern Frommwerden, nicht Gesundsein, sondern Gesundwerden, nicht Sein, sondern Werden, nicht Ruhe, sondern Übung. Wir sind's noch nicht, wir werden's aber. Es ist noch nicht getan und geschehen, es ist aber im Gang und Schwang. Es ist nicht das Ende, es ist aber der Weg. Es glüht und glänzt noch nicht alles, es bessert sich aber alles.[221]

Würde dieser Wunsch Luthers Wirklichkeit werden, könnte man voller Zuversicht seine spirituellen Entwicklungsprozesse und Bewusstseinswechsel unter dem schützenden Dach der Kirchen vollziehen – in der Gewissheit, dass gerade der religiöse Rahmen allen menschlichen Entwicklungsebenen Platz bietet, von BEIGE bis TÜRKIS. Dazu wäre dreierlei notwendig:

1. Die großen Kirchen – beziehungsweise die Vertreter aller großen Weltreligionen – müssten sich bewusst machen, dass ihre Institutionen, ihr Kul-

tus und ihr Denken in mythischem BLAU verhaftet sind. Sie müssten die Weiterentwicklung über BLAU hinaus für ein notwendiges Anliegen halten, sowohl für Einzelne als auch für ganze Institutionen. Sie müssten die höheren Stufen anerkennen, selbst mit Leben füllen und ihre eigenen theologischen, spirituellen und kirchenpolitischen Linien auf höhere Stufen vorantreiben.

2. Dabei dürften sie frühere Stufen nicht abwerten. Jede Stufe muss positiv zum Ausdruck kommen können, ohne die anderen Stufen zu verurteilen oder zu belasten. Keine leichte Aufgabe.

3. Wenn sich aber möglichst viele verantwortliche Frauen und Männer in den großen Religionen bis zur Bewusstseinsstufe GELB entwickeln, könnte es klappen. Die Religionen sollten das nicht nur zulassen, sondern aktiv fördern. Auf jeder Stufe gibt es den Drang, sich weiterzuentwickeln. Es ist höchste Zeit, dass Religionen und Kirchen die Blockaden abbauen, die solches Wachstum verhindern.

Trotzdem von Gott reden

In den Pfarrgemeinden und Ortskirchen wären Seelsorgerinnen und geistliche Begleiter vonnöten, die selbst durch die Wüste gegangen sind. Menschen, die den Tod des mythischen Gottes erlebt, betrauert und verarbeitet haben. Die selbst Erfahrungen gesammelt haben mit dem »inneren Weg«. Die frei sind von kirchlichem Egoismus. Die Verständnis haben für Christen, die in den BLAUEN mythischen Strukturen (oder in dem kirchlich vereinnahmenden GRÜN) nicht mehr leben und glauben können, sondern weitergehen zu den Ich-Stufen ORANGE und GELB.

Es bräuchte Gemeinden, die diesen »inneren Weg« ermöglichen: durch Kurse in Kontemplation und Meditation, Einzelexerzitien, Zeiten des Schweigens, vielleicht eine Visionssuche, bei der man vier Tage und vier Nächte ganz allein fastend in der Natur verbringt – das wären Formen, die an die Schwelle führen.

Es bräuchte Seelsorger und spirituelle Lehrerinnen, die den Menschen Mut machen für den Weg in die Wüste. Die sinngemäß sagen können:

»Wenn du ans Ende des BLAUEN Gottesbildes gelangst und dein mythischer Gott tot ist, geh weiter. Bleib nicht stehen. Dreh dich nicht um wie Lots Weib. Schau nicht auf das Vergangene. Erstarre nicht zur BLAUEN Salzsäule. Brich auf wie die Israeliten aus der Knechtschaft in Ägypten. Es ist gut, dass der mythische Gott stirbt. Er muss sterben. Er ist gestorben. Für dich ist er gestorben, und jetzt suche Gott nicht mehr draußen! Gib deinen kritischen Verstand nicht auf. Er ist ein wertvolles Geschenk, halte ihn in Ehren. Geh in die Wüste, geh in die Tiefe. Denn wo kannst du nach Gott suchen, wenn er draußen in der Welt oder noch weiter draußen, jenseits der Welt, nicht mehr zu finden ist? Gehe den Weg der Mystik. Wer diesen Weg geht, taucht ein in die beglückende Wirklichkeit des unsichtbaren Gottes, die sich auftut am Grund der eigenen Seele.«

Was auf uns wartet

Wenn wir gewillt sind, das Leben loszulassen, das wir geplant haben, können wir das Leben empfangen, das auf uns wartet.

Joseph Campbell

Warum unsere Gesellschaft wachsen muss

Das Modell der Bewusstseinsstufen ist besonders erhellend im Umgang mit gesellschaftlichen Krisen. Mit seiner Hilfe lassen sich Bedrohungen analysieren und sinnvolle Strategien entwickeln. Am 11. September 2001 zerstörten Terroristen das World Trade Center in New York, Teile des US-Verteidigungsministeriums und hatten einen dritten Angriff geplant, bei dessen Verhinderung alle Passagiere des vierten gekaperten Flugzeugs starben. Insgesamt wurden bei diesem Angriff 3.056 Menschen getötet. Wenn auch mit ORANGER Technik durchgeführt, war es doch ein Angriff des ROTEN impulsiven Terrorismus.

Der damalige US-Präsident George W. Bush erkannte sofort die archaische Gewalt dieser Aggression. Seine simple Logik: Einem ROTEN Angriff dieser Wucht kann man nur begegnen, wenn man die eigenen Urkräfte des ROTEN Bewusstseins nutzt. Bush brachte es auf die einfache Formel: Das ist Krieg.

Schwierig war nur, dass es keine feindliche Nation gab, die mit diesem Akt den USA den Krieg erklärt hatte und die man sinnvollerweise angreifen konnte. Terrorismus ist ein modernes, die alten Staatsgrenzen überschreitendes Phänomen. Obwohl Terrorismus befeuert wird von archaischer ROTER Energie, konnte er sich erst entwickeln auf dem Boden von ORANGER Technologie und Machtpolitik, und er nutzt die Schwächen des GRÜNEN Bewusstseinsfortschritts. Eine Geiselnahme etwa würde in einem rein BLAUEN Staatswesen nicht funktionieren: Ein BLAUER Herrscher ließe sich nicht erpressen. Er nähme den Tod der Geiseln in Kauf und müsste sich von niemandem dafür Vorwürfe machen lassen.

In einer – nachträglich gesehen – abenteuerlichen Kette von Falschmeldungen und Wirtschaftsinteressen hatten die USA bald den Öl-Staat Irak als Aggressor ausgemacht. Ein zermürbender, lange andauernder Krieg begann. Inzwischen hat er weit über eine halbe Million Tote gefordert. Allein die Zahl der getöteten US-Soldaten liegt bei offiziell über 4.000, vermutlich sind es aber durch die Spätfolgen wie Traumatisierungen, Selbstmorde und Krankheiten durch radioaktive und andere Giftstoffe an die 15 000. Zudem wurde die gesamte Region destabilisiert und die globale Sicherheitssituation bis hinein in den normalen Alltag radikal verändert.

Heute, mehr als ein Jahrzehnt nach der Zerstörung der Twin Towers, muss man klar feststellen: Es war falsch, auf einen ROTEN Angriff mit ROTER Gegenaggression zu reagieren. Es war ein verhängnisvoller Downshift im Bewusstsein, der sich leicht hätte vermeiden lassen.

2005 gab es einen konzertierten terroristischen Angriff in England. Am 7.7. explodierten in den Londoner U-Bahnen zeitgleich vier Rucksackbomben. Als Organisator bekannte sich Al-Qaida, dieselbe Terrorgruppe wie beim 11.9.2001 in den USA. In London wurden inklusive der Attentäter 56 Menschen getötet und über 700 teilweise schwer verletzt. Wieder ein ROTER terroristischer Akt, der die Gegenaggressionen des Angegriffenen provozieren sollte. Doch in London reagierte man intelligenter als damals in den USA. Königin Elizabeth II. sagte in einer Ansprache kurz nach dem Anschlag:

> Die Terrorangriffe werden unseren Lebensstil nicht ändern. Grausamkeiten wie diese werden uns nur bestärken in unserer Gemeinschaft, unserer Menschlichkeit und unserem Glauben an die Macht des Gesetzes. Das ist eine eindeutige Botschaft von uns allen.

Anstatt den Kriegszustand auszurufen, einigten sich die Londoner in einer GRÜNEN Vereinbarung, einfach weiter mit der U-Bahn zu fahren. Jede einzelne, eigentlich harmlose Benutzung eines öffentlichen Verkehrsmittels wurde damit zu einem politischen Bekenntnisakt. Man sandte an den Aggressor die Botschaft: Wir lassen uns nicht hinunterziehen auf eure Stufe. Wir sind überzeugt, dass unser weiter entwickeltes Bewusstsein letztlich überlegen ist gegenüber eurem wütenden und letztlich sinnlosen Akt. Diese Form von stufenbewusster Intelligenz brauchen wir in unserer Gesellschaft, um die komplexen Fragen und Probleme des 21. Jahrhunderts lösen zu können.

Wohin wir spirituell wachsen werden

Das Modell, das wir Ihnen in diesem Buch aus christlicher Perspektive vorgestellt haben, ist ein Wachstumsmodell. Es geht davon aus, dass sich etwas verändert und weiterentwickelt. Es enthält zwangsläufig einen gewissen Optimismus, es kann Hoffnung machen und Energien wecken für eine bewusste spirituelle Gestaltung der Zukunft. Für naive Träume von einer schönen neuen Welt ist darin allerdings ebenso wenig Platz wie für apokalyptische Schreckensszenarien. Aus unserer Sicht wäre eine neu zu entdeckende heilig-heitere Sachlichkeit eine Haltung, die zum gelungenen Beschreiten dieses neuen spirituellen Stufenweges betragen könnte.

Wir hoffen, dass unser Buch den vielen Gottessucherinnen und Gottessuchern zwischen Blau und Gelb ein Gefühl vermittelt, wohin ihre spirituelle Entwicklung gehen kann. Wir hoffen, dass wir sie inspirieren und ermutigen können, diese wunderbare Reise zu wagen. Und natürlich hoffen wir auch, dass sich viele Seelsorgerinnen und Seelsorger, geistliche Begleiterinnen und Begleiter finden, die bereit sind, mithilfe dieses Modells andere bei ihren Wachstumsprozessen zu unterstützen.

Wir selbst sehen täglich in unserer seelsorgerlichen Praxis, wie sehr dieses Modell dazu beiträgt, spirituelle Prozesse zu verstehen. Wir erkennen, dass Glaubenszweifel, Verwirrung und Unsicherheit keine spirituellen Krankheiten sind, sondern Symptome eines heilsamen Stufenwechsels. Ein sicher nicht immer leichter Wechsel, an dessen Ende aber immer eine neue herrliche Freiheit steht. Was immer noch viel zu oft als Abfall vom Glauben und von Gott missdeutet wird, entpuppt sich als Tor zu einer neuen, vertieften und reiferen Gottesbeziehung – die auch zu einer neuen Verbindlichkeit führt.

Wer die Abfolge der Stufen und ihre Charakteristik kennt, wird diese spirituellen Wandlungsprozesse bei sich selbst besser begreifen und bei anderen wesentlich stimmiger unterstützen können. Dazu trägt besonders die klare Unterscheidung von Stufen und Zuständen bei.

Mit dem Modell von Gott 9.0 wollen wir zeigen, dass Glaube kein ein für alle Mal feststehendes Set von Überzeugungen ist. Glaube ist nicht statisch, sondern lebendiges Wachstum. Er lebt von immer neuen Wandlungen. Das Markusevangelium fasst die Botschaft Jesu bündig in einem Satz zusammen:

> Das Reich Gottes ist im Anbrechen. Ändert euren Sinn, wandelt euch, erneuert euer Bewusstsein! Glaubt diese gute Nachricht! (Markus 1, 15).

Wandlung ist die Kernbotschaft Jesu. Wer Jesus nachfolgen will, muss sich immer wieder trennen von lieb gewordenen, festgefahrenen Überzeugungen. Er darf erleben, wie sein Glaube, seine Einstellungen und seine Überzeugungen immer wieder neu werden. Das ist das erstaunliche Paradox der Spiritualität: Nur durch Wachstum und Veränderung bleiben wir Menschen uns selbst und unserem Gott treu. Wer dagegen festhalten will an seinem vertrauten Gottesbild, wird Gott verlieren. Es ist wie mit unserem Körper:

Er bleibt nur am Leben, weil er sich permanent erneuert. Etwa 50 Millionen Zellen sterben pro Sekunde in unserem Körper und werden durch neue ersetzt. Wir Menschen sind wie die gesamte Natur in einem steten Wandel und Wachstum begriffen. Darin besteht unsere eigentliche Identität.

Wer das akzeptiert hat, kann den ungeheuren Reichtum der Stufen zu schätzen wissen. Jede Stufe leistet ihren eigenen wertvollen Beitrag zum Ganzen. Keine Stufe kann übersprungen werden, jede hat ihre einzigartige Gabe, ohne die dem Ganzen etwas Entscheidendes fehlen würde:

Beige bringt die Würde des Körpers mit ein, das Nähren und Sich-nähren-Lassen. Purpur steuert die engen Bindungen in Familie und Gemeinschaften bei. Ohne den Mut und Entdeckergeist von Rot, ohne die klare Ordnung und treue Beständigkeit von Blau wären Gemeinschaften und Individuen arm. Die orange Rationalität lässt uns die Welt und uns selbst verstehen, die Warmherzigkeit von Grün bezieht alle mit ein, sie integriert Minderheiten und Außenseiter. All das erkennt Gelb und kann es würdigen. Gelb verhilft allen früheren Stufen zu ihrem Recht und gibt ihnen ihren wertvollen Platz im großen Ganzen. Türkis erweitert den Horizont so weit, dass er die Erde mit all ihren Lebensformen umgreift, ja den gesamten Kosmos. Koralle schließlich findet in diesem umfassenden Ganzen neue spirituelle Aufgaben für das unendlich vernetzte Individuum.

Wer sich darüber hinaus einübt in den verschiedenen mystischen Zustandserfahrungen, wird auf allen Stufen Gott authentisch erfahren können. Gott wohnt im Jetzt. Der Mensch, der sich dem Sakrament des Augenblicks öffnet, kann Gott jederzeit begegnen, ganz gleich, auf welcher Stufe er gerade seinen Schwerpunkt hat. Der Mensch wird Gottes Augenblick[222] – indem er im Zustand der mystischen Vereinigung Gottes pure Präsenz erlebt. Oder indem er das sich stufenweise entwickelnde gesellschaftliche Bewusstsein wahrnimmt und anfängt, die Welt mit den Augen Gottes zu sehen. Gott wohnt in unserem Menschsein – in allen seinen evolutionären Entfaltungen von Gott 1.0 bis Gott 9.0 und darüber hinaus.

Paulus, der wichtigste Verbreiter des christlichen Glaubens, besuchte gegen Ende seiner ausgedehnten Reisen Athen, die geistige Hauptstadt der Antike. Dort stieß er auf einen Altar mit der Inschrift »Dem unbekannten Gott« (Apostelgeschichte 17, 23). Paulus versuchte, in seiner berühmten Areopagrede an die führenden Philosophen der Stadt den unbekannten Gott bekannt zu machen: »Nun verkündige ich euch, was ihr unwissend verehrt.«

Der Altar »Dem unbekannten Gott« aber blieb stehen, und er steht immer noch: in allen Städten und Dörfern aller Länder der Erde, in den Herzen und im Bewusstsein aller Menschen. Gott, das Göttliche, der Urgrund bleibt in seiner letzten Tiefe unbekannt. Und doch wissen wir immer mehr über ihn. Wir wissen jetzt, dass dieser unbekannte Gott immer neue Möglichkeiten anbietet, ihn zu erfahren. Wir wissen auch, dass er alle bisher erschienenen Bewusstseinsstufen und alle Zustandserfahrungen durchdringt und umarmt. So wie er in Christus alles Lieben und Leiden und alles Sein im Kosmos umarmt und in sich einschließt. Er umspannt unendliche Fernen in Raum und Zeit und ist uns zugleich unglaublich nah, wie Paulus es am Ende seiner Rede (Apg 17,27-28) sagte:

»In Wirklichkeit ist Gott
jedem von uns überhaupt nicht fern.
Denn wir leben in ihm.
Wir sind mit unserem ganzen Leben und Sein
in ihn hinein verwoben.
An seinem göttlichen Wesen
haben wir teil.«

Tabellenanhang

	Entstanden seit etwa	Betonung	Dominante Werte	Motto
1.0 Beige	100 000 Jahren	Ich	Existieren	Irgendwie den Tag überstehen
2.0 Purpur	50 000 Jahren	Wir	Sicherheit: Zugehörigkeit und Schutz	Überall Stimmen, Geister, Monster, Engel; »Es gibt keine Zufälle«
3.0 Rot	10 000 Jahren	Ich	Macht: Ausbruch und Eroberung	Das Recht des Stärkeren ausüben: »Ich will alles und zwar jetzt«
4.0 Blau	5 000 Jahren	Wir	Wahrheit: Ordnung und Heiligung	Die ganze Welt ehrt den Allmächtigen: »Ich gehorche seinem Gesetz«
5.0 Orange	650 Jahren	Ich	Freiheit: Rationalität und Wohlstand	Das Leben effizient organisieren: »Ich strebe maximalen Erfolg an«
6.0 Grün	150 Jahren	Wir	Verbundenheit: Integration und Versöhnung	Das Leben einfühlsam gestalten, alle einbinden und versorgen: »Ich fühle mich ein«
7.0 Gelb	60 Jahren	Ich	Zusammenschau: Komplexität und Nondualität	Widersprüchliche Ansätze nutzbringend einbeziehen: »Ich erkenne die Struktur im Chaos«
8.0 Türkis	40 Jahren	Wir	Universalität: Kosmische Allverbundenheit und Harmonie	Dem Überleben des Lebens dienen: »Ich wirke für die Menschheit und darüber hinaus«
9.0 Koralle	heute	Ich		

Symbole	Die Welt ist wie eine/ ein ...	Farbe erinnert an ...	Pathologien
Fußspuren	Busch	Savanne	Angst, Hilflosigkeit, Gleichgültigkeit, Verwirrung, Selbstaufgabe
Magische Zeichen Tatoos	Zauberwald	Stammeshäuptlinge	Aberglauben, Dämonenwahn, Menschenopfer, fügt sich Gruppe / Familie, Fatalismus
Fahnen Kriegsbeute	Kampfplatz	heißblütiges Feuer im Blick des Kämpfers	Aggressivität, Gewalt, Destruktivität, Grobheit, Schamlosigkeit, Korruption, Missbrauch
Gebotstafeln Heiliges Buch	Kathedrale	Himmel der Rechtgläubigen	Intoleranz, Zwang, Dogmatismus, Fundamentalismus, Ideologien, Fanatismus, Untertanengeist, rigides Strafsystem
Industriegebiet Konsumartikel	Marktplatz	Energie des Stahls im Hochofen	Materialismus, Gier, Nihilismus, Ausbeutung, Skrupellosigkeit, Selbstbezogenheit, Konkurrenzdrang, workaholics
Umarmung Friedensgruß Peacezeichen	Basisgemeinde	Umweltbewusstsein, grüne Politik	Werterelativismus, Narzissmus, Leugnung von Hierarchien, Geringschätzung von ORANGE und BLAU, ausgepumpte Sozialtransfers
Kaleidoskop Strömende Prozesse	natürlicher, sich ständig ändernder Lebensraum	Sonnenenergie, alternative Technologien	Derzeit noch Einsamkeit, findet kaum Gegenüber für Austausch über seine komplexe Weltsicht; elitär anmutende Ungeduld, kann abgehoben wirken
Holone Fraktale	globales Dorf	Ozeane, vom Weltraum aus betrachtet	Möglich: Global agierende »Bewusstseins-Stämme« kämpfen um Einfluss auf Weltgeschehen

	Krisenreaktion	**Dualismus**	**Organisation**
1.0 Beige	Ich gebe mich auf	Überleben oder Sterben, ich will leben	Horde, kleine Schar
2.0 Purpur	Ich fürchte mich und muss mich schützen	Gute Geister oder böse Geister, ich beschwöre die guten	Blutsverwandte, Clan, Stamm, eingeschworene Gemeinschaft
3.0 Rot	Ich mach dich fertig	Starke oder Schwache, ich gehöre zu den Starken	Autokratie, Bande, Gang, Schlägertrupp
4.0 Blau	Ich zwinge dich unter mein Gesetz	Heilige oder Sünder, ich bin rechtgläubig und damit gerettet	Patriarchat, Hierarchie, Ständegesellschaft, Kastensysteme, Bürokratie, Nationalstaaten, Vereine, Ordensgemeinschaften
5.0 Orange	Ich steche dich aus und verdränge dich vom Platz	Erfolgreiche oder Verlierer, ich gehöre zu den Gewinnern	Demokratischer Rechtsstaat, Staatenbündnisse, Marktwirtschaft, Kapitalismus, Materialismus, Expertenrunden
6.0 Grün	Ich ertrage deine unsensible Art nicht und trenne mich von dir	Sensible oder Unsensible, ich bin einfühlsamer als du	Abgeflachte Strukturen, Team, Sozialstaat, Freundeskreise, Hilfsorganisationen, Basisgemeinden
7.0 Gelb	Ich suche mir eine andere Möglichkeit, ohne dich	Kein Dualismus mehr, erstmals paradoxes Zusammenfallen der Gegensätze, erkennt das dahinterliegende Gesamtbild	Autonomie, Chaosmanagement, Netzwerke, lernende Systeme, Projekte in Selbstorganisation
8.0 Türkis	Mit dir kann ich nichts anfangen, es fehlt mir Wesentliches	Kein Dualismus, kosmische Umarmung aller Perspektiven	Gestaltung fraktaler Unternehmenskulturen und dynamischer Netzwerke quer durch alle Kontinente und Religionen, globales Wirken
9.0 Koralle			

Typische Vertreter	**Charismen**
Neugeborenes, Findelkind, Traumatisierte, Katastrophenopfer, Demenzkranke, Sterbende	Überlebenswille, Wahrnehmen mit allen fünf Sinnen, Instinkt, Urvertrauen ins Leben
Schamane, Druide, Heiler, Hellseher, Traumdeuter, Geisterbeschwörer, Wahrsager, dunkler Magier, Voodoo-Priester	Familiensinn, Unschuld, Zusammengehörigkeit, Gespür für natürliche Zyklen und Übersinnliches, starke Vorstellungskraft für Zauber der Welt, Nähe zur Natur, Vertrauen in Familie
Kriegerfürsten, epische Helden, Abenteurer, heroische Märtyrer, Eroberer, Kolonialherren, Sklavenhalter, militante Zeloten, Zuhälter, Ausbeuter von Schwächeren	Pioniergeist, Entdeckerlust, Spontaneität, Mut, Eros, Unerschrockenheit, Stärke, Durchsetzungskraft, Enthusiasmus, Vertrauen in sich selbst
Beamter, König, Kaiser, Zeremonienmeister, Sittenwächter, Anstandsdame, Schriftgelehrte, Wächterrat, (Hohe-)Priester, Bischof, Papst, Guru, Würdenträger, Zuchtmeister, Inquisitor, Zensor	Langer Atem, Loyalität, Treue, Erhalt der Traditionen, Glaubensstärke, Pflichtgefühl, Dienstbereitschaft, Disziplin, Strukturiertheit, Ehrfurcht, Liebe zum Wahren, Guten und Schönen, Vertrauen in Werte
Wissenschaftler, Experte, Coach, Businesstrainer, das »unternehmerische Selbst«, Geschäftsführer, kalte Verächter religiöser Vorstellungen	Forschergeist, dialektisches Denken, Objektivität, Kompetenz, mündige Eigenverantwortung, Leistungsbereitschaft, Hoffnung, Effizienz, Toleranz, Vertrauen in die Vernunft
Teams, Therapeuten, Supervisoren, Sozialarbeiter, Übersensible, Personen in Identifikation mit der Opferrolle	Multiperspektivisches Wahrnehmen, Mitgefühl, Herzenswärme, innere Harmonie, Friedfertigkeit, Konsens- und Integrationsfähigkeit, Nächstenliebe, Feindesliebe, Vertrauen in Liebe und Mitmenschlichkeit
Eigenverantwortlicher, selbstmotivierter Projekt-auf-Zeit-Mitarbeiter in Szenarien, bei denen der jeweils Kompetenteste das Sagen hat	Nonduales Erfassen fließender Prozesse, systemischer Blick auf komplexe Netzwerke, lebenslange Lernmotivation und Wandlungsbereitschaft, freies Kommen und Gehen, Vertrauen in Intuition, paradoxe Weisheit
Vorerst: Leiter, Lehrer in globalen, virtuellen Gemeinschaften, der die holistische Schönheit des großen Ganzen sieht	Holistisch-integrales Wahrnehmen, Tiefenschärfe jenseits von Wissen und Nichtwissen, Makrosicht auf lebendige Systeme, Koordination simultaner Realitäten, kosmisches Vertrauen

	Bei starken Barrieren	Mangelerfahrungen, die Veränderungen hin zur nächsten Stufe einleiten
1.0 Beige	Bleibt liegen und stirbt	Der Lebensraum reicht nicht, um die Horden mit Nahrung zu versorgen
2.0 Purpur	Befragt Orakel, Karten, Sterne durch Hellseher; schützt sich durch Talismane und Rituale, opfert den Geistern, versucht Gott magisch zu beeinflussen	Die Stammesordnung oder Familie zerfällt, die bösen Geister können nicht mehr genug mit Tabus, Opfern und Ritualen abgewehrt werden
3.0 Rot	Durchbricht die Hindernisse oder wehrt sich mit Händen und Füßen, kämpft bis zum letzten Atemzug, arbeitet mit schmutzigen Tricks, hinterlässt verbrannte Erde	Die mächtigen Besitzenden werden hinterfragt, der »Schutzherren-Vertrag« zwischen Besitzenden/Feudalherren und Habenichtsen bekommt Risse, größer werdende Reiche erfordern neue Verwaltungsstruktur
4.0 Blau	Zieht in den Heiligen Krieg, verteufelt den Feind, installiert Inquisition, erlaubt Hexenjagden gegen die Ungläubigen, spricht der Spitze des eigenen Lagers Unfehlbarkeit zu	»Die Wahrheit« garantiert nicht länger Ordnung und Zukunft (da Zweifel, Skepsis und neue Möglichkeiten auftauchen), leidet an fehlenden Zielen, lähmender Schuld
5.0 Orange	Trickst und lässt sich auf illegale Geschäfte ein (Steuerhinterziehung, Bestechung), um weiter Gewinn machen zu können; bezieht aggressiv-arrogante atheistische Position	Das gute Leben nutzt sich ab, Wachstum bleibt aus, die Suche nach inneren, nicht-materiellen Werten steigt, das Konkurrenzgefühl nimmt ab
6.0 Grün	Verfällt in rigide Haltung persönlicher Heiligkeit und politischer Korrektheit und zieht arrogant die Motive des anderen in Zweifel	Die warmen Hoffnungen schwinden angesichts der Komplexität gesellschaftlicher Probleme und begrenzter Mittel
7.0 Gelb	Schätzt die Lage ein, um zu bleiben (nur wenn positives Handeln oder sinnvolle Entwicklung sich abzeichnen) oder zu gehen; reagiert mit Ungeduld, wirkt schroff und elitär	Die Freiheit und die Entscheidung des Einzelnen allein genügen nicht, die notwendigen gemeinschaftlichen Schritte für das globale Überleben der Menschheit einzuleiten
8.0 Türkis	Verliert das Verbundenheitsgefühl, wird ignorant, abgehoben und weltfremd	Die globalen Netzwerke und Informationsstämme decken nicht ausreichend den kosmischen Bewegungsraum des Einzelnen ab
9.0 Koralle		

Ablehnung aller, die ...	**Die Werte dieser Stufe**
... Leben bedrohen	Hilfe und Halt durch andere, am Leben sein
... nicht zur eigenen Familie, Sippe, Verwandtschaft, Stammesgemeinschaft gehören	In Mythen, heiligen Ritualen und Mysterien verpackt, die von den Ahnen ererbt wurden; man muss »auf die Ältesten hören«
... sich den eigenen Machtinteressen nicht fügen oder nicht genug Schutz vor mächtigen Feinden bieten	Dramatische Heldenepen und Legenden erinnern an den Sieg eines einzelnen Tapferen gegen jede Wahrscheinlichkeit; man muss »seine Sache durchkämpfen«
... nicht Mitglieder der eigenen Nation, Konfession oder Religion sind (und deshalb nicht die eine Wahrheit besitzen)	In Stein gemeißelte Gesetze haben ewige Gültigkeit, ein Heiliges Buch enthält die absolute Wahrheit einer höheren Macht, die allen Sinn gibt
... nicht aufgeklärt-rational denken, auch gegenüber Gläubigen, die als antiquiert betrachtet werden	Alle sind freie Wettbewerber im Unternehmensspiel des Marktes, persönliche Leistung, Einsatzfreude, Risikobereitschaft und pragmatische Lösungen sichern den Sieg
... die hierarchische Strukturen anerkennen und egoistisch oder dogmatisch auftreten	Situationsbezogene, oft symbolisch vermittelte Beziehungswerte in den Herzen und Köpfen der Menschen stiften warmes Gemeinschaftsgefühl
Zwar erstmals Wertschätzung aller Stufen, lehnt aber ab, was individuelle und kollektive Entwicklung beeinträchtigt	Berücksichtigt alle beteiligten Stufen und ihre Werte-Positionen, kann zu Fragestellungen, die alle Stufen betreffen, klare Prioritäten und Hierarchien benennen und erzielt so nützliche Ergebnisse
Zwar Wertschätzung für den ganzen Kosmos, aber Ablehnung von allem, was dem Planeten schadet	Erzeugt globale Gemeinschaft und Verantwortung, Harmonie und Verbindung aller Lebewesen, vermittelt Weltethos; stellt sein Leben in den Dienst für das Überleben des Planeten

	Gottesbild	Jesus
1.0 Beige	Mutterbrust, Nahrung, »große Hand«	Nackt als Säugling in der Krippe, nackt am Kreuz sterbend, Pietà
2.0 Purpur	Geister, Monster, Dämonen, Totenreich der Ahnen, Jenseits, Stammesgötter (Gott Abrahams etc.)	Wunderheiler, Magier, Beherrscher der Naturgewalten, Stifter von Symbolen und Sakramenten
3.0 Rot	Machtgötter, Kriegsgott Jahwe, Vernichter der Feinde	Dämonenaustreiber, spiritueller Held im Kampf mit Satan, Überwinder der Familienbande, Befreier von Fesseln
4.0 Blau	Einziger Gott und Schöpfer, unsichtbarer Allmächtiger, Gottvater als Erzieher, Geber des Gesetzes, Richter	Gottessohn, Opferlamm, König, Weltenrichter, Rabbi, Überbringer ewiger Gesetze, Meister, Messias und Retter des auserwählten Volkes, guter Hirte, einziger Erlöser, Stifter der Kirche
5.0 Orange	Verlorener oder toter Gott, verborgener Gott, persönlicher Gott (außerhalb der Kirche); apersonaler Gott: das Umgreifende (was den Menschen unbedingt angeht), Geheimnis des Lebens, Urgrund des Seins, Tiefe	Menschensohn, Kritiker der Gesetzlichkeit, Provokateur durch Regelbruch, überzeugendes vollkommenes Vorbild für wahre Menschlichkeit (Mensch für andere)
6.0 Grün	Freund der Menschen, barmherziger und mütterlicher Gott; Gott als Liebe, Gott in allen Religionen	Verwundeter Heiler, zärtlicher Freund der Verlorenen, Liebhaber, sanftmütiger Bruder, Versöhner, einer von vielen Lehrern der Friedfertigkeit und Feindesliebe
7.0 Gelb	Paradoxes trinitarisches Gottesbild, Koinhärenz von Mensch und Gott	Wahrer Mensch und wahrer Gott, Mystagoge und Lehrer der Nondualität, Christus in uns und wir in ihm
8.0 Türkis	Gott als GEIST, pulsierender Prozess, zärtlicher Poet der Welt, Netz der Verwobenheit mit allem, All-Raum, göttliches Milieu	Kosmischer Christus, musterbildendes Fraktal im Universum, maximaler Kreuzungspunkt des Liebens und Mitleidens im Netz der kosmischen Wirklichkeit
9.0 Koralle		

Familie	**Kleidung**
Mutter / Vater als Versorger	Nackt, verletzt, krank, braucht wärmende Hülle, Brutkasten zum Überleben
Blutsverwandtschaft als soziales Netz, Versorgung und Absicherung durch Stamm oder Großfamilie, Verwandtenehen, Kinderopfer	Gleiche Stammesabzeichen, Anstecknadeln, Trikots, Krawatten für alle; Körperbemalung, Tätowierungen, Clubjacken, Vereinstrikots, magische Amulette, Häuptlingsschmuck
Räuberische Eroberungen fremder Frauen, hoher Blutzoll durch Revierkämpfe, Vendettas mit anderen Clans, rechtlose Frauen und Kinder als totale Verlierer	Aggressive Symbole (Totenkopf), kriegerisch-militante Ausrüstung, Tabubruch durch Stilbruch, heischt um Aufmerksamkeit durch wilde, provozierende Hingucker
Strenger Verhaltenskodex, Ehe und Familie durch Moral geregelt und geschützt, Männer »gezähmt« und als Erzeuger in Versorgung und Erziehung eingebunden, zum Ausgleich sind sie Familienoberhaupt; von Eltern arrangierte Ehen, Scheidung unerwünscht, Kinder als Altersvorsorge	Ständegesellschaft mit strenger Kleiderordnung: Kleidung signalisiert Rang, Beruf, Herkunft, Kaste, familiären Status (Haube für verheiratete Frauen) und konfessionelle Zugehörigkeit. Uniformen, Roben, Trachten. Insignien der Macht (Szepter, Tiara), Zeichen der Anerkennung (Orden, Verdienstkreuz)
Strebt nach Aufstieg, Einfluss, materiellem Wohlstand (Neureiche »kaufen« sich ein); Vermögen, höhere Bildung oder besondere Leistung als Wettbewerbsvorteil; Liebesheirat, Scheidung wird toleriert	Kleidung als Erfolgssignal, Edel-Accessoires (Uhren, Schmuck, Taschen, Schuhe); Schaulaufen, Nobelmarken als Bekenntnisakt, Business-Dresscode
Familie als liebevolle Gefühlsgemeinschaft, politisch korrekte gleiche Rechte von Mann und Frau, teilnehmendes Handeln und emotionale Akzeptanz, Patchworkfamilien und gleichgeschlechtliche Lebenspartnerschaften werden toleriert	Ökologisch-politisch korrekt, Naturfaser, authentisch, gesund, bequem, kein Platz für Polyester und Pelze; teils unkonventionelle »Parodien« korrekter Kleidung wie T-Shirt zum Frack, Turnschuhe zum Anzug als Ausdruck von Nonkonformismus
Familiär zirkulierende Rollenverschiebungen aller Art, erwartet Kompetenzen für Umgang mit allen Stufen, hohes Informationsniveau, würdigt Familienkonzepte früherer Stufen	Funktional, unspektakulär, schlicht, bei Bedarf aber frei, sich passend zur Situation in jedem Stil zu zeigen
Globales Verbundenheitsgefühl für Weltfamilie	

	Lernen	Braucht zur Unterstützung bei Veränderungsprozessen
1.0 Beige	Instinktiv mit den Sinnen, je nach Intensität der Sinnesreizung	Liebevolle Fürsorge für den Körper, Geborgenheit, Gehaltensein, Veränderung gelingt durch geduldige, nicht fordernde Zuwendung
2.0 Purpur	Vorbild, Wiederholung, Rhythmus, Tanz, Gesang, Geschichtenerzählen im Kreis, Spiel	Verehrung der Ältesten (Gründer), symbolische Objekte, Zeremonien, Weihen; Veränderung gelingt durch Übergangsriten und Abschiedsrituale
3.0 Rot	Bei Aktivitäten packen alle mit an, dabei gibt es direkte Verstärkung von außen	Mächtige egozentrisch-impulsive Personen verlangen Respekt; bei Veränderungen muss klar sein, »was für mich drin ist«
4.0 Blau	Bücherlernen, Fakten und Inhalte statt Prozesse und Ideen (Büffeln, Paukstudio), standardisierte Tests, Bestrafung von Fehlern	Verkündigung einer Mission, Veränderung muss zur Tradition passen, von ganz oben genehmigt werden und die ganze Kette nach unten durchlaufen
5.0 Orange	Erwartungslernen im Blick auf reales Leben, Versuchsanordnungen, Wettbewerbsspiele mit Aussicht auf Preise, Fallstudien, Simulationen	Veränderungen dienen dem persönlichen sichtbaren Vorteil und dem Erschließen neuer Wachstumsmöglichkeiten (Märkte), Statusrangfolgen und erzielbare Gewinne dienen als Anreizsystem
6.0 Grün	Wahrnehmen von Gefühlen, beobachtendes Lernen mit Reflexion, Interaktion und Feedback	Gruppentreffen sorgen für Akzeptanz und Austausch gemeinsamer Ansichten, Veränderungen werden diskutiert, bis sie allen gefallen und so zur Norm werden
7.0 Gelb	Individuelles Lernen nach eigenen Interessen und Bedürfnissen bei hoher Selbstmotivation (Lernen und eigenes Entdecken ist die Belohnung)	Bemüht sich um breit angelegtes, umfassend praktisches Denken, basierend auf besten Informationen aus allen verfügbaren Quellen; strebt Veränderungen an, die führen zu besseren Ergebnissen, weniger Aufwand, weniger Schäden
8.0 Türkis	Experimentelles Lernen in gemeinschaftlichen Netzwerken aller Art, dabei tief empfundenes Teilen von Bewusstsein und Einsichten	Multidimensionale Einsichten werden dem »großen Ganzen« zur Verfügung gestellt; Veränderungen peilen Makrolösungen globaler Natur an
9.0 Koralle		

Organisationsstile von religiösen Gruppen	**Stärken und fördern durch**
Verkörpert nacktes Dasein	Lebenserhaltende Maßnahmen, achtsame Sterbebegleitung
Beschützender Stil: magische Momente in Natur, Familie, Kirche	Jahreszeitliche Rituale, Festtage, Übergangsriten feiern, poetische Erinnerung an Wunder des Lebens pflegen
Kämpferischer Stil: ausbeuterisch, aggressiv, expansiv, rauschhaft-dionysisch	Aufbruchgeschichten von Eroberern, Helden, »getöteten Drachen« erzählen; Sport, Aktionen mit Abenteuercharakter im Freien anbieten
Verordnender Stil: moralisch belehrend, gesetzlich, pyramidal	Nationale, religiöse, weltliche Traditionen ehren, Vergangenheit achten, Appelle an Patriotismus, Treueprämien, Dienstjahre feiern
Ökonomischer Stil: rational, professionell, wachstumsorientiert	Symbole für Fortschritt, Erfolg und Wachstum ausstellen, herausragende Leistungen würdigen
Sozial engagierter Stil: spirituell interessiert, teamorientiert	Alle dürfen sich als soziale Gruppe voller Fürsorglichkeit ausführlich darstellen
Informationeller Stil: projektbezogene Präsenz, minimale Strukturen	Persönliche Freiheit für eine wichtige Arbeit gewähren, Informationen und Prozess freigeben, flexible Bedingungen schaffen
Multidimensionaler Stil: globale spirituelle Geistesstämme	Spirituelle Partnerschaften in aller Welt stiften, die dem planetarischen Wohl dienen

Anmerkungen

1. Berechnungen des US Population Reference Bureau von 2000: 106,6 Mrd. Als »Menschen« gelten laut einer Definition der UN alle Hominiden seit 50 000 v. Chr. Um das Jahr 8000 v.Chr. lebten 5 Mio. auf der Erde, um Christi Geburt 300 Mio., 1650 waren es schon 500 Mio., rasant wurde das Wachstum dann seit 1850: 1900 gab es 1,6 Mrd., 2000 bereits 6,2 Mrd.
2. Siehe dazu ausführlich Wulf Mirko Weinreich, Integrale Psychotherapie, Leipzig 2005.
3. »Gott berührt den Willen des Menschen mit sanften Verlockungen; und wie die Magnetnadel vom Nordpol angezogen sich diesem zuwendet, so erhebt und schwingt sich der Wille zu Gott empor, sobald er von himmlischer Liebe berührt wird. Er lässt alle irdischen Neigungen hinter sich und tritt ein in ein Kraftfeld des Hinweggerissen-Werdens.« Franz von Sales, zitiert nach Gerhard Ruhbach / Josef Sudbrack, Große Mystiker. Leben und Wirken, München 1984, S. 248.
4. Don Edward Beck / Christopher C. Cowan, Spiral Dynamics, Bielefeld 2007, S. 107.
5. Romano Guardini schrieb 1940: »In der Regel steht der Christ allein. Dieser neuen und entscheidenden Tatsache: der Einsamkeit des Christen in einer aus den christlichen Ordnungen herausgelösten Welt, geschieht ihr Recht nicht, wenn sie einfach als falsch angesehen und der frühere Zustand als Ideal aufgerichtet wird. Dadurch wird der Christ zu etwas verpflichtet, was nicht mehr möglich ist, und das, was ist, zu einem nur noch mit Geduld zu tragenden Übel gemacht. So liegen aber die Dinge nicht. Die Aufgabe besteht darin, das, was nun einmal ist, zur Voraussetzung des eigenen Handelns zu machen. In dieser Aufgabe steht aber der, den sie trifft, sehr allein. Wenn aber jede Zeit wenigstens die Möglichkeit christlich positiven Werdens enthält, dann gewinnt die Verantwortung des Einzelnen eine neue und größere Bedeutung, von dem angerufen zu sein, was noch nicht ist. Was jetzt gefordert wird, scheint mehr und anderes zu sein: das zu Tuende entdecken, für das es noch keine Ordnung gibt, und ihm zur Verwirklichung zu helfen.« Romano Guardini, in seiner Einleitung zu J. P. de Caussade, Ewigkeit im Augenblick, Freiburg i. Br. 1940, S. 17ff.
6. Jörg Zink, Ufergedanken, Gütersloh 2007, S. 55.
7. Der englische Biologe Rupert Sheldrake untersucht diese Phänomene mit einem breit angelegten Forschungsprojekt, das von einer Stiftung des Trinity College in Cambridge getragen wird. Siehe Rupert Sheldrake, Der siebte Sinn des Menschen, Frankfurt am Main 2006.
8. Siehe Jean Gebser, Ursprung und Gegenwart, Schaffhausen 1999.
9. Hannah Arendt, Vita activa oder Vom tätigen Leben, München 1999.
10. Jörg Zink, Unter dem großen Bogen, Stuttgart 2001, S. 35.
11. Klaus E. Müller, Schamanismus, München 1997, S. 9.
12. Zum Priesterjahr 2010 zitierte Papst Benedikt XVI. eine PURPURNE »Verherrlichung« des magischen Priesterverständnisses durch Johannes Maria Vianney, den Pfarrer von Ars (1786–1859): »Oh, wie groß ist der Priester! […] Wenn er sich selbst verstünde, würde er sterben […] Gott gehorcht ihm: Er spricht zwei Sätze aus, und auf sein Wort hin steigt der Herr vom Himmel herab und schließt sich in eine kleine Hostie ein […] Ohne das Sakrament der Weihe hätten wir den Herrn nicht. Wer hat ihn da in den Tabernakel gesetzt? Der Priester. Wer hat Eure Seele beim ersten Eintritt in das Leben aufgenommen? Der Priester. Wer nährt sie, um ihr die Kraft zu geben, ihre Pilgerschaft zu vollenden? Der Priester. Wer wird sie darauf vorbereiten, vor Gott zu erscheinen, indem er sie zum letzten Mal im Blut Jesu Christi wäscht? Der Priester, immer der Priester. Und wenn diese Seele (durch die Sünde) stirbt, wer wird sie auferwecken, wer wird ihr die Ruhe und den Frieden geben? Wieder der Priester […] Nach Gott ist der Priester alles!« Vianney wurde 1925 als »Patron aller Priester« heiliggesprochen, beim Weltjugendtag 2005 in Köln wurde sein Herz als Reliquie zur Verehrung ausgestellt.
13. Josef Quint, Meister Eckhart, Deutsche Predigten und Traktate, Predigt 16, S. 227.
14. Joseph Campbell, Der Heros in tausend Gestalten, Frankfurt am Main 1999, S. 45 und 82f.

15. Joseph Campbell, Mythologie der Urvölker, München 1996, S. 272.
16. Sigmund Freud, Der Mann Moses und die monotheistische Religion, Frankfurt am Main 1975, S. 115.
17. Der jüdische Erziehungswissenschaftler und klinische Psychologe Ofer Grosbard erarbeitete an der Universität von Haifa mit muslimischen Beduinen-Studenten das »Quranet«-Projekt. Darin werden Koranverse zur Unterstützung einer humanen Erziehung vorgestellt und durch kleine Beispielgeschichten erläutert. Siehe www.qantara.de, eine Website zum Dialog mit der islamischen Welt.
18. In den Synagogen gibt es dafür spezielle Plätze, *geniza*, hebräisch für »Versteck«.
19. Richard Rohr, Ins Herz geschrieben. Die Weisheit der Bibel als spiritueller Weg, Freiburg i. Br. 2008, S. 195.
20. Brian Victoria, Zen, Nationalismus und Krieg. Eine unheimliche Allianz, Berlin 1999.
21. Zitiert nach Ken Wilber, Integrale Psychologie, Freiamt 2001, S. 79.
22. So Jean Paul in seinem Roman Siebenkäs. Jean Paul, Werke in zwölf Bänden, München 1975, Band 3, S. 271.
23. Sigmund Freud, Gesammelte Werke, Frankfurt am Main 2007, Band 8, S. 127.
24. Carl Gustav Jung, Erinnerungen, Träume, Gedanken, Zürich 1962, S. 98.
25. Aniela Jaffé, C. G. Jung Bild und Wort. Eine Biografie, Olten 1983, S. 209.
26. Der spätere Urwalddoktor wollte einerseits den »Weg vom Denken zur Religion bahnen«, andererseits eine praktische Ethik der »Ehrfurcht vor dem Leben« realisieren: »Meine Überzeugung ist es, dass das Denken zu allen tiefen Wahrheiten der Religion gelangt, und dass die Menschen religiös werden, wenn sie denkend werden. Die Ethik der Ehrfurcht vor dem Leben ist nichts anderes als das große Gebot der Liebe Jesu vom Wege des Denkens aus erreicht; Religion und Denken begegnen sich in der Mystik der Angehörigkeit zu Gott durch die Liebe.« Albert Schweitzer, Leben, Werk und Denken in seinen Briefen, Darmstadt 1987, S. 118.
27. Rudolf Bultmann, Neues Testament und Mythologie, Vortrag von 1941, S. 18.
28. Paul Tillich, Der Mut zum Sein, in: Schriften zur Zeit. Neue Folge, Stuttgart 1953, S. 133.
29. Heinz Zahrnt, Gott kann nicht sterben. Wider die falschen Alternativen in Theologie und Gesellschaft, München 1970, S. 61 und 86.
30. Paul Tillich, Systematische Theologie, Berlin 1987, Band 1, S. 247.
31. Die Formulierung stammt von dem aufklärerischen Rechtsphilosophen Hugo Grotius, der Anfang des 17. Jahrhunderts forderte, dass das Recht Gültigkeit besitzen müsse, »etsi deus non daretur« (als ob es keinen Gott gäbe). Das Naturrecht gilt unabhängig von irgendeiner göttlichen Legitimierung.
32. Der französische Atomphysiker Jean E. Charon (1920–1998) hat auf seiner Suche nach der »Weltformel« eine solche Kraft postuliert und diese – für einen Physiker etwas ungewöhnlich – als »Liebe« bezeichnet.
33. Dietrich Koller, Trinitarisch glauben, beten, denken. Die Dreieinigkeit als Liebessymbol, Münsterschwarzach 1999, S. 13.
34. Hanna Wolff, Jesus der Mann. Die Gestalt Jesu in tiefenpsychologischer Sicht, München 1975, S. 15.
35. Zum Beispiel Dschelaleddin Rumi: »Ich blickte in mein eigenes Herz. Da sah ich ihn. An keinem anderen Ort war er.«
36. »Die Menschen wissen heute nicht, wozu sie die Kraft ihrer Arme verwenden sollen. Sie wissen vor allem nicht, auf welches universelle und endgültige Ziel hin sie den Elan ihrer Seelen lenken sollen. [...] die gegenwärtige Krise ist eine geistige Krise [...] Die gegenwärtige Menschheit zögert und leidet auf dem Gipfel ihrer Macht, weil sie ihren geistigen Pol nicht bestimmt hat. Ihr fehlt eine Religion.« In: Teilhard de Chardin, Das Tor der Zukunft, München 1984, S. 118.
37. Dorothee Sölle, Die Hinreise. Zur religiösen Erfahrung. Texte und Überlegungen, Stuttgart 1975.
38. Ebd., S. 72.
39. Ebd., S. 85.
40. Dorothee Sölle, Predigt bei der Ökumenischen Mahlfeier beim Katholikentag in Hamburg am 2. Juni 2000.

41. Siehe dazu auch Dorothee Sölle, Mystik und Widerstand, München 1999.
42. Zitiert nach Cyrus Atabay, Die schönsten Gedichte aus dem klassischen Persien, Hafis, Rumi, Omar Chaijam, München 1998, S. 188.
43. Zitiert nach Gerhard Schweizer, Der unbekannte Islam. Sufismus – die religiöse Herausforderung, Stuttgart 2007, S. 147.
44. Zitiert nach Uto von Melzer und Vincenz Ritter von Rosenzweig, Rumi. Nie ist wer liebt allein. Graz 1994, S. 90.
45. Hanna Wolff, Jesus der Mann. Die Gestalt Jesu in tiefenpsychologischer Sicht, Stuttgart 1975, S. 158.
46. A. T. Robinson, Gott ist anders, München 1963, S. 82.
47. Zitiert nach Reinhard Kirste, Die Bibel interreligiös gelesen. Band 7 der Interkulturellen Bibliothek, Nordhausen 2006, S. 48.
48. Ralph Waldo Emerson: »Vertraue dir selbst: Jedes Herz schwingt mit dieser metallenen Saite. Die magnetische Kraft allen ursprünglichen Handelns erklärt sich, wenn wir nach dem letzten Grund des Selbstvertrauens fragen. Wer ist die Vertrauensperson? Was ist dieses uranfängliche Selbst, auf das man sich so allumfassend verlassen darf? Das Fragen führt uns zu diesem Quell, der Essenz sowohl des Genies als auch der Tugend als auch des Lebens. In dieser tiefen Kraft finden alle Dinge ihren gemeinsamen Ursprung.«
49. Peter Sloterdijk im Vorwort zu William James, Die Vielfalt religiöser Erfahrung, Frankfurt am Main 1997, S. 28.
50. Werner Lachmann / Karl Farmer, Theorie der Wirtschaftspolitik, Entwicklungspolitik und Wirtschaftsethik, Wien 2006, S. 146 ff. Anzahl der Katholiken in Deutschland 2004: 26,0 Mio. (31,5 % der Bevölkerung). 2005: 14,5 Mio. (21,6 %). Protestanten 2004: 25,6 Mio. (31 %), 2050: 11,9 (17,8 %).
51. Charles Taylor, Die Formen des Religiösen in der Gegenwart, Frankfurt am Main 2002, S. 55.
52. Manfred Kock / Jürgen Thiesbonenkamp (Hrsg.), Gerhard Tersteegen – Evangelische Mystik inmitten der Aufklärung, Schriftenreihe des Vereins für Rheinische Kirchengeschichte 126, Köln / Bonn 1997.
53. Simone Weil, Aufmerksamkeit für das Alltägliche, München 1994, S. 12.
54. Ebd., S. 132.
55. John Shelby Spong, Was sich im Christentum ändern muss. Ein Bischof nimmt Stellung, Düsseldorf 2004, S. 59.
56. Ebd., S. 158.
57. Jeremy Rifkin, Die empathische Zivilisation. Wege zu einem globalen Bewusstsein. Frankfurt/New York 2010, zitiert nach Johannes Schloemann, in: Süddeutsche Zeitung vom 19.1.2010, S. 11.
58. Hans Magnus Enzensberger, Aussichten auf den Bürgerkrieg, Frankfurt am Main 1993, S. 37.
59. Roland Tichy in: Wirtschaftswoche Nr. 21 vom 22. Mai 2010, S. 3.
60. Novalis, aus dem Romanfragment »Die Lehrlinge zu Sais«. Zitiert nach Lothar Pikulik, Frühromantik, München 2000, S. 251.
61. Ralph Waldo Emerson, Ausgewählte Texte, München 1987, S. 56.
62. Ludwig van Beethoven: »Allmächtiger im Walde! Ich bin selig, glücklich im Walde. Jeder Baum spricht durch Dich. O Gott, welche Herrlichkeit! In einer solchen Waldgegend ist Ruhe. Ruhe, Ihm zu dienen.«
63. Ein früherer Soldat der Volksarmee erzählte uns, dass sich viele junge Soldaten in den Kasernen in der kritischen Nacht vor der Grenzöffnung mit allen Mitteln alkoholisierten, damit sie nicht ausrücken mussten.
64. Don Edward Beck / Christopher C. Cowan, Spiral Dynamics, Bielefeld 2007, S. 107.
65. M. K. Gandhi, in: Young India, 22. Oktober 1925.
66. Paul Watzlawick, Wie wirklich ist die Wirklichkeit?, München 1976.
67. Ken Wilber, Boomeritis, Hamburg 2008.
68. Das Gleichnis findet sich in der buddhistischen Textsammlung des Pali Kanon, der zwischen 400

und 500 Jahre vor Christus entstand. Dort erzählt Buddha die Geschichte der vier Blindgeborenen. Rund 1400 Jahre später formuliert der islamische Korangelehrte und Sufi Rumi in seinem Werk Mathnawi eine persische Version.

69. Reinhard Kirste und Paul Schwarzenau, Gespiegelte Wahrheit. Biblische Geschichten und Kontexte anderer Religionen, Nachrodt 2003, S. 1.
70. Martin Buber, zitiert nach Gerhard Wehr, Der Stimme der Mystik lauschen, München 2005, S. 66.
71. Morris Berman, The Reenchantment of the World, Ithaca 1981.
72. U. a. bei den christlichen Mystikern Rulman Merswin, Nikolaus von Löwen, Johannes Ruysbroeck, Johannes Tauler und Margareta Ebner. Im Islam werden fromme und verdienstvolle Menschen, aber auch Mystiker als »Gottesfreunde« bezeichnet, die man ähnlich wie Heilige verehrt.
73. Aus: Güte – mit Klugheit gepaart. Hundert Worte von Johannes XXIII., herausgegeben von Hans-Peter Röthlin, München 2000, S. 71.
74. Yasar Nuri Öztürk, Rumi und die islamische Mystik. Über das Menschenbild im Islam, Düsseldorf 2000, S. 91.
75. Gerhard Schweizer, Der unbekannte Islam. Sufismus – die religiöse Herausforderung, Stuttgart 2007, S. 186.
76. »Ich will euch trösten, wie einen seine Mutter tröstet.« Jesaja 66, 13.
77. »Deinen Fels, der dich gezeugt hat, hast du außer Acht gelassen und hast vergessen den Gott, der dich gemacht hat.« 5. Mose / Deuteronomium 32, 18.
78. »Wie die Augen der Magd auf die Hand der Gebieterin, so blicken unsere Augen auf Jahwe, unseren Gott.« Psalm 123, 2.
79. Elaine Pagels, Das Geheimnis des fünften Evangeliums. Warum die Bibel nur die halbe Wahrheit sagt, München 2004, S. 13.
80. Eine schöne Darstellung des geistlichen und geistigen Hungers einer jüdischen Frau nach der Beschäftigung mit der Heiligen Schrift ist der Film *Yentl*. Hauptdarstellerin und Regie: Barbra Streisand. Eine junge Frau sehnt sich so sehr nach der Thoraschule, dass sie sich als Mann verkleidet und so Rabbiner werden möchte.
81. So der Titel eines Buches von Schalom Ben-Chorin, der darin Jesus aus jüdischer Sicht darstellt und ihn als großen Lehrer würdigt.
82. Laurence Freeman, Jesus der Lehrer in Dir, Bielefeld 2005.
83. Grüne Bücher dazu sind: Richard Rohr, Der wilde Mann, München 1986; Hanna Wolff, Jesus der Psychotherapeut. Jesu Menschenbehandlung als Modell moderner Psychotherapie, Stuttgart 1978; Franz Alt, Jesus der neue Mann, München 1990; Franz Alt, Der ökologische Jesus. Vertrauen in die Schöpfung, München 2003.
84. Benedikta Hintersberger, Zärtlichkeit, in: Praktisches Lexikon der Spiritualität, herausgegeben von Christian Schütz, Freiburg / Basel / Wien 1988, Sp. 1458.
85. Richard Reschika, Theologie der Zärtlichkeit. Von der Liebe Gottes, Münsterschwarzach 2009.
86. Walter Wink, Bibelauslegung als Interaktion, Stuttgart 1976.
87. Den Bibliolog entwickelte der jüdische Amerikaner Peter Pitzele in Anlehnung an die Midraschtradition biblischer Exegese durch Erzählen. Literatur dazu: Uta Pohl-Patalong, Bibliolog. Impulse für Gottesdienst, Gemeinde und Schule, Stuttgart 2009.
88. Siehe im Internet unter www.engel-der-kulturen.de.
89. Rabbi Michael Lerner, Jewish Renewal: A Path to Healing and Transformation, New York 1996.
90. Yajurveda 36, 18.
91. Sebastian Painadath, Der Geist reißt Mauern nieder. Die Erneuerung unseres Glaubens durch interreligiösen Dialog, München 2002, S. 146ff.
92. Der englische Begriff »Second Tier« kann auch mit »Zweite Ordnung« oder »Zweite Etage« übersetzt werden. In der deutschsprachigen Literatur gibt es keine einheitliche Übersetzung für »Second Tier«. Am gängigsten scheint »Zweiter Rang« zu sein, daneben gibt es »Zweite Ordnung«. Viele Übersetzer lassen den Begriff auch unübersetzt. Die Theorie der aufeinander folgenden

Sechserzyklen wird nicht von allen Autoren geteilt. Ken Wilber spricht von einem Dritten Rang (Third Tier), der bei Stufe 9 (Koralle) beginnt. Übereinstimmung herrscht aber darüber, dass mit Gelb etwas grundlegend Neues ins Dasein tritt.

93. Steve McIntosh, Integrales Bewusstsein, Hamburg 2009, S. 82.
94. Matthias Horx, Das Buch des Wandels. Wie Menschen Zukunft gestalten, München 2009, S. 219f.
95. Don Edward Beck / Christopher C. Cowan, Spiral Dynamics, Bielefeld 2007, S. 453.
96. Zitiert nach Steve McIntosh, Integrales Bewusstsein und die Zukunft der Evolution. Wie die integrale Weltansicht Politik, Kultur und Spiritualität transformiert, Hamburg 2009, S. 88.
97. Robert Kegan, In Over Our Heads, Harvard 1994, S. 351.
98. So Steve McIntosh, Integrales Bewusstsein und die Zukunft der Evolution. Wie die integrale Weltansicht Politik, Kultur und Spiritualität transformiert, Hamburg 2009, S. 16–70.
99. Werner Heisenberg, Schritte über Grenzen: gesammelte Reden und Aufsätze?., München 1971, S. 69.
100. Beatrice Bruteau, Radikaler Optimismus, Bielefeld 2007, S. 162.
101. Der Begriff Hierarchie stammt ursprünglich von dem christlichen Mystiker Dionysios Areopagita und bedeutet wörtlich »sein Leben heiligen Prinzipien unterordnen«. Der politische und militärische Gebrauch des Begriffs auch durch die Kirche hat das leider vergessen lassen.
102. Vgl. z. B. Ken Wilber, Eros, Kosmos, Logos, Frankfurt am Main 2001, S. 36–42.
103. 2005 gab die Zeitschrift »Nature« zufällig ausgewählte Artikel aus Wikipedia und der »Encyclopaedia Britannica« an jeweilige Fachleute zur Begutachtung. Pro Artikel fanden sich bei Wikipedia im Schnitt vier Fehler, in der Britannica drei. Dafür waren die Wikipedia-Artikel aktueller, sodass die Zeitschrift im Wettstreit der beiden Lexika für »unentschieden« plädierte.
104. Sebastian Painadath, Der Geist reißt Mauern nieder. Die Erneuerung unseres Glaubens durch interreligiösen Dialog, München 2002, S. 38.
105. Richard Rohr, Ins Herz geschrieben. Die Weisheit der Bibel als spiritueller Weg, Freiburg i. Br. 2008, S. 297–301; siehe auch sein Buch: Pure Präsenz, München 2010, S. 156f. und Kapitel 20: Das Paradox feiern, S. 171ff.
106. Richard Rohr, Pure Präsenz, München 2010, S. 181.
107. Beatrice Bruteau, Radikaler Optimismus, S. 167.
108. Ebd., S. 161.
109. Alexandre Ganoczy, Chaos, Zufall, Schöpfungsglaube. Die Chaostheorie als Herausforderung der Theologie, Mainz 1995, S. 106.
110. Ein Begriff, den Carl Friedrich von Weizsäcker prägte.
111. Friedhelm Mennekes, Joseph Beuys: Christus denken – Thinking Christ, Stuttgart 1996, S. 71.
112. Alle weiteren Zitate, wenn nicht anders angegeben, stammen aus folgendem Interview: Horst Schwebel im Gespräch mit Joseph Beuys, in: Glaubwürdig. Fünf Gespräche über heutige Kunst und Religion, München 1979, S. 15–42.
113. Siehe Rainer Rappmann, in: Soziale Plastik 1984, S. 61.
114. Khalil Gibran, Jesus Menschensohn. Seine Worte und Taten, berichtet von Menschen, die ihn kannten, Solothurn / Düsseldorf 1988, S. 40f.
115. Simone Weil, Aufmerksamkeit für das Alltägliche, München 1994, S. 134.
116. Ebd., S. 135.
117. Aus: Der Heimatplanet, hrsg. von Kevin W. Kelley. Frankfurt am Main, 1989, Text zu Bild 82.
118. Michael Murphy, Der Quantenmensch, Ein Blick in die Entfaltung des menschlichen Potentials im 21. Jahrhundert, Wessobrunn 2004.
119. Don Edward Beck / C. Cowan, Spiral Dynamics, Bielefeld 2007, S. 459: »Es scheint, dass man in dem Maß, wie man Schmerz und Körpersignale verstehen lernt, auch routinemäßig beginnt, eine neue Kontrolle über Körpervorgänge, vom Blutdruck bis zur Geisteshaltung, zu haben.«
120. Ken Wilber, Integrale Psychologie. Geist, Bewusstsein, Psychologie, Therapie, Freiamt 2001.
121. Die Sprachwissenschaftlerin Susanne Cook-Greuter ist gebürtige Schweizerin und lehrt in den USA, u. a. am Integrale Institute von Ken Wilber. An der Harvard University baute sie den SCTi-MAP aus, einen Satzergänzungstest zur Analyse der Entwicklungsstufen von Erwachsenen.

Weitere Informationen über ihre Website www.cook.greuter.com. Die hier genannten Einsichten stammen aus unseren Mitschriften aus einem ihrer Seminare an der Universität Köln im Oktober 2009 über Leadership Maturity Framework (LMF).
122. Susanne Cook-Greuter, a. a. O., S. 57.
123. Laut Internationaler Fernmeldeunion gab es weltweit Ende 2009 vier Milliarden Handynutzer, wodurch 61 Prozent aller auf der Erde lebenden Menschen mit dem Handy zu erreichen sind. Die Experten können allerdings nicht exakt die Anzahl der Handys ermitteln. Mobilfunknetze haben jedenfalls auch in ärmsten Ländern eine kommunikative Infrastruktur geschaffen.
124. Peter Kruse, next practice – Erfolgreiches Management von Instabilität. Veränderung durch Vernetzung, Offenbach 2004, S. 14.
125. Ebd., S. 133.
126. Don Edward Beck / Christopher C. Cowan, Spiral Dynamics, Bielefeld 2007, S. 461.
127. Der Begriff Fraktal wurde von dem Mathematiker Benoît Mandelbrot geprägt (lat. *fractus:* gebrochen, von *frangere:* brechen, in Stücke zerbrechen). Er bezeichnet natürliche Strukturen oder geometrische Gebilde, die einen hohen Grad von Skaleninvarianz aufweisen.
128. Peter Kruse, next-practice, Offenbach 2004, S. 48.
129. Vgl. Don Edward Beck / Christopher C. Cowan, Spiral Dynamics, Bielefeld 2007, S. 457.
130. Peter Kruse, next practice – Erfolgreiches Management von Instabilität. Veränderung durch Vernetzung, Offenbach 2004, S. 33.
131. Eine Formulierung des amerikanischen Architekten und Ingenieurs R. B. Fuller (1895–1983).
132. Zitiert nach Stephan Schlensog, Der Hinduismus, München 2006, S. 378.
133. Hans Küng, Projekt Weltethos, München1990; ders., Denkwege. Ein Lesebuch, München 2008, darin die Kapitel »Weltökumene« und »Das Projekt Weltethos«.
134. Das Zitat aus der Website der deutschen Sektion der AWC ist unter www.worldcitizens.de zu finden.
135. Zitiert nach Rüdiger Nehbergs Internet-Seite www.ruediger-nehberg.de/biographie.htm.
136. Ein muslimisches Rechtsgutachten, das meist auf Anfrage einer Einzelperson zu einer konkreten Frage von einem islamischen Theologen verfasst wird.
137. C. Otto Scharmer, Theorie U. Von der Zukunft her führen, Heidelberg 2009, S. 37.
138. Ebd., S. 271.
139. Ebd., S. 185.
140. Alle Zitate von Professor Elenor Rosch finden sich bei C. Otto Scharmer, Theorie U. Von der Zukunft führen, Heidelberg 2009, S. 173.
141. Diese Erkenntnis ist Ken Wilber zu verdanken, der sie in zahlreichen seiner Schriften entfaltet hat, am ausführlichsten in: Eros, Kosmos, Logos. Eine Jahrtausend-Vision, Frankfurt am Main 2001, S. 11–96.
142. Ken Wilber, Integrale Spiritualität, München 2007, S. 133.
143. Entwickelt wurde dieses Bild in den Schriften des Avatamsaka-Sutra des Mahayana-Buddhismus aus dem 3. Jahrhundert, es findet sich später auch in der chinesischen Huyan-Schule zwischen dem 6. und 8. Jahrhundert.
144. Alfred North Whitehead lebte und wirkte in Großbritannien. Er war ursprünglich Professor für angewandte Mathematik, hatte aber später einen Lehrstuhl für Theologie inne. Sein philosophisches Hauptwerk ist »Process and Reality. An Essay in Cosmology« von 1929. Wichtige Vertreter der Prozesstheologie sind John Cobb, David Griffin, Marjorie Suchocki, Lewis S. Ford, Catherine Keller, Helmut Maasen und Roland Faber.
145. So bei Marjorie Suchocki, God – Christ – Church: A Practical Guide to Process Theology, New York 1995.
146. Roland Faber, Gott als Poet der Welt. Anliegen und Perspektiven der Prozesstheologie, Darmstadt 2004, S. 220.
147. Zitiert nach Roland Faber, Gott als Poet der Welt, Darmstadt 2004, S. 4.
148. Richard Rohr, Pure Präsenz. Sehen lernen wie die Mystiker, München 2010, S. 214.
149. Jacques Monod, Zufall und Notwendigkeit, Philosophische Fragen der modernen Biologie, München 1988, S. 151.

150. Roland Faber, Gott als Poet der Welt. Anliegen und Perspektiven der Prozesstheologie, Darmstadt 2003, S. 18.
151. Der Druck kam aus Rom. Noch 1962, sieben Jahre nach Teilhard de Chardins Tod, lehnte die Oberste Kongregation des Heiligen Offiziums Teilhards spirituelle Evolutionslehre heftig ab.
152. Pierre Teilhard de Chardin, Der göttliche Bereich, Olten / Freiburg i. Br. 1961, S. 21.
153. Pierre Teilhard de Chardin, Der Mensch im Kosmos, München 1959, S. 305.
154. Pierre Teilhard de Chardin, Das Tor in die Zukunft, München 1984, S. 124.
155. Pierre Teilhard de Chardin, Die Entstehung des Menschen, München 1961, S. 103.
156. Pierre Teilhard de Chardin, Der Mensch im Kosmos, München 1959, S. 272.
157. Ken Wilber, Integrale Vision, München 2009, S. 145.
158. Maria ist im Christentum die Kronzeugin für diese physische Erfahrung der Gnade göttlicher Geistesgegenwart.
159. Ken Wilber, Integrale Spiritualität, München 2007, S. 352.
160. So die Züricher Dominikanerin und Mystikerin Elsbeth Stagel (1300–1360), zitiert nach Richard Reschika, Praxis christlicher Mystik, Freiburg i. Br. 2007, S. 29.
161. Paul Tillich, Die verlorene Dimension. Not und Hoffnung unserer Zeit, Hamburg 1962, S. 28f.
162. David Ray Griffin, Religion and Scientific Naturalism: Overcoming the Conflicts, Albany, New York 2000, S. 294.
163. Ken Wilber, Das Wahre, Schöne, Gute, Geist und Kultur im 3. Jahrtausend, Frankfurt am Main 2002, S. 327.
164. Kegan, Fowler, Piaget, Kohlberg, Loevinger, Cook-Greuter.
165. Ken Wilber, Integrale Spiritualität, München 2007, S. 108.
166. Brian Victoria, Zen, Nationalismus und Kriege, eine unheimliche Allianz, Stuttgart 1999.
167. Vgl. Dolph Kohnstamm, Und plötzlich wurde mir klar: Ich bin ich! Die Entdeckung des Selbst im Kindesalter, Bern 2004.
168. Jean Paul, Wahrheit aus meinem Leben, in: Dichtungen, Leipzig 1940, S. 29.
169. Jörg Zink, Ufergedanken, Gütersloh 2007, S. 22.
170. Ob Vertreter aus Judentum, Christentum, Islam, Hinduismus oder Buddhismus – sie alle weisen auf die Bedeutung des Augenblicks hin. Etwa Rabbi Abraham Heschel: *kawaná* als vollständige innere, ehrfürchtige Beteiligung in der Gegenwart Gottes; Jean Pierre de Caussade: Das Sakrament des Augenblicks; Thomas Keating: Das Gebet der Sammlung; Richard Rohr: Pure Präsenz, Das nackte Nun; David Steindl-Rast: Das Jetzt, das nicht vorübergeht; T. S. Eliot: Gegenwärtige Konzentration, die nichts ausgrenzt; Eckhart Tolle: Jetzt! Die Kraft der Gegenwart; Meister Thich Nhat Hanh: Der gegenwärtige Augenblick als »wahres Zuhause«; Jon Kabat-Zinn: Achtsamkeit für den Augenblick als »Akt der Befreiung«.
171. Vgl. Dorothee Sölle, Mystik und Widerstand, München 1999. Zahlreiche Berichte dieser Spontanerfahrungen finden sich in: Peter Sloterdijk (Hrsg.), Mystische Zeugnisse aller Zeiten und Völker gesammelt von Martin Buber, München1993 (Originalausgabe: 1909).
172. Das Feld variiert schon im Christentum sehr stark: Isaak von Syrien nennt drei Schritte Reue, Reinigung, Vervollkommnung, Teresa von Avila spricht in ihrer »inneren Burg« von sieben »Wohnungen«, Johannes Klimakos kennt 30 Schritte von der inneren Umkehr (Metanoia) bis zur Gleichheit mit Gott. Evelyn Underhill untersuchte 1911 die Zeugnisse zahlreicher christlicher Mystiker und kam auf so auf ein 5-Schritte-Schema: 1. Erwachen, 2. Still werden, 3. Erleuchtung, 4. dunkle Nacht, 5. Vereinigung. Die indische Vedanta-Tradition kennt fünf Hauptzustände des Bewusstseins: Wachen, Träumen, Tiefschlaf, Zeuge-Bewusstsein und Nichtduales Bewusstsein.
173. Der Ausdruck »liber experientiae« stammt von Bernhard von Clairvaux.
174. Dorothee Sölle, Mystik und Widerstand, München 1999, S. 124f.
175. William James (1842–1910), Die Vielfalt religiöser Erfahrung, Frankfurt am Main 1997. Ein Klassiker der Religionspsychologie.
176. Etty Hillesum, Das denkende Herz. Tagebücher 1941–1943, Reinbek bei Hamburg 2003, S. 113.
177. Passende Naturwahrnehmungen finden Sie in: Marion Küstenmacher, Der Seele einen Garten schenken, München 2010. Mehr dazu auch unter www.gottneunpunktnull.de.

178. Am Rand des Himmels. Geschichten von Gott und Welt, Patmos Verlag. Zitiert nach Publik Forum 1/1997, S. 58.
179. Augustinus, Sermon 88, V. 5.
180. Entwickelt wurde sie von dem evangelischen Theologen und Psychotherapeuten Uwe Böschemeyer. Ders., Unsere Tiefe ist hell. Einführung in die Wertimagination, München 2005. Mehr dazu auch unter www.gottneunpunktnull.de oder www.gott90.de.
181. Pierre Teilhard de Chardin, Lobgesang des Alls, Olten / Freiburg i. Br. 1966, S. 46f.
182. William James, Die Vielfalt religiöser Erfahrung, Frankfurt am Main 1997, S. 86.
183. Franz Jalics, Kontemplative Exerzitien, Eine Einführung in die kontemplative Lebenshaltung und in das Jesusgebet, Würzburg 1994.
184. Eckart Tolle, Jetzt. Die Kraft der Gegenwart, Bielefeld 2001, S. 132ff.
185. Anleitung dazu u. a. in Franz Jalics, Kontemplative Exerzitien. Eine Einführung in die kontemplative Lebenshaltung und in das Jesusgebet, Würzburg 1994; Peter Dyckhoff, Einfach beten, München 2001.
186. Thomas Keating, Das Gebet der Sammlung, Münsterschwarzach 1984.
187. John Main, Das Herz der Stille. Anleitung zum Meditieren, Freiburg i. Br. 2000.
188. Teresa von Avila, Seelenburg oder die sieben inneren Wohnungen der Seele, 7. Wohnung, Kap. 3.
189. Johannes Tauler, Das Segel ist die Liebe, Zürich 1998, S. 134.
190. Meister Eckhart, Das System seiner religiösen Lehre und Lebensweisheit, München 1926, S. 64.
191. Das Herz der Kabbala, Jüdische Mystik aus zwei Jahrtausenden, Hrsg. Daniel C. Matt, Bern 1996, S. 90.
192. Ebd., S. 91.
193. Ken Wilber, Das Wahre, Schöne, Gute. Geist und Kultur im 3. Jahrtausend, Frankfurt am Main 2002, S. 383.
194. Zitiert nach Jörg Zink, Unter dem großen Bogen, Stuttgart 2001, S. 322, sprachlich überarbeitet von Marion Küstenmacher.
195. Gerhard Ruhbach / Josef Sudbrack, Große Mystiker, München 1984, S. 10.
196. Zitiert nach Jörg Zink, Unter dem großen Bogen, Stuttgart 2001, S. 306.
197. Ken Wilber, Das Wahre, Schöne, Gute, Geist und Kultur im 3. Jahrtausend, Frankfurt am Main 2002, S. 419.
198. Zitiert nach Jörg Zink, Unter dem großen Bogen, Stuttgart 2001, S. 324.
199. Ebd., S. 306.
200. Jean-Pierre de Caussade, Ewigkeit im Augenblick, Freiburg i. Br. 1940, S. 76. Caussade war ein französischer Jesuit und Mystiker und lebte von 1675 bis 1751.
201. Martin Buber, Das Dialogische Prinzip, Heidelberg 1973, S. 134.
202. Ken Wilber, Integrale Spiritualität. Spirituelle Intelligenz rettet die Welt, München 2007, S. 218f.
203. GEIST in Großbuchstaben (*Spirit*) meint bei Wilber den göttlichen Geist, der allem zugrunde liegt, der den Kosmos nicht nur durchwaltet, sondern der Kosmos *ist*, im Unterschied zum Geist (*spirit*) des Menschen, der Dimension, die neben Körper und Seele den Menschen ausmacht.
204. Michael Habecker, Ken Wilber – die integrale (R)Evolution, Frankfurt am Main 2007, S. 117.
205. Aus einem Interview mit Edgar Mitchell in dem Dokumentarfilm »Im Schatten des Mondes« von David Sington und Christopher Riley (GB 2007).
206. Nikolaus von Kues (1401–1464), zitiert bei Jörg Zink, Unter dem großen Bogen, Stuttgart 2001, S. 296.
207. Willigis Jäger, In jedem Jetzt ist Ewigkeit, München 2003, S. 110.
208. Im Einklang mit der christlichen Tradition sagt z. B. der Gründer der Anthroposophie, Rudolf Steiner (1861–1925): »Streben nach Selbsterkenntnis treibt nur allzu oft, wenn sie irregeleitet ist, zu einer besonderen Form des Egoismus. Der Mensch kann sich selbst zu wichtig nehmen und dadurch das Interesse für alles verlieren, was sich außer ihm abspielt. [...] Selbsterkenntnis wird das Tor zur Welterkenntnis werden. Erfasst man es in irriger Art, so wird man sich mit der Selbstbetrachtung in das eigene Wesen einsperren und die Anteilnahme für die Welt verlieren.« In: Anthroposophische Leitsätze, Dornach 1954 (GA 26), S. 72.

209. Ken Wilber, Integrale Spiritualität, München 2007, S. 219.
210. Richard Rohr, Ins Herz geschrieben, Freiburg i.Br. 2008, S. 255.
211. Zitiert nach Jörg Zink, Unter dem großen Bogen, Stuttgart 2001, S. 306.
212. Zitiert nach Llewellyn Vaughan-Lee, Die Karawane der Derwische. Die Lehren der großen Sufi-Meister, Frankfurt am Main 1997, S. 115.
213. Ibn al-Arabi, Urwolke und Welt. Mystische Texte des Größten Meisters, München 2002, S. 43.
214. Zitat nach Gerhard Schweizer, Der unbekannte Islam. Sufismus – die religiöse Herausforderung, Stuttgart 2007, S. 119.
215. »Lose your mind and come to your senses« lautete ein beliebter Hippie-Slogan der 60er-Jahre.
216. Bill Plotkin in seinem Buch Soulcraft, Die Mysterien von Natur und Seele, Uhlstädt-Kirchhasel 2005, S. 344.
217. Süddeutsche Zeitung vom 12./13. Mai 2010, S. 13.
218. Ken Wilber, Integrale Spiritualität, München 2007, S. 252.
219. Ebd., S. 264.
220. Ebd., S. 265.
221. Martin Luther, Grund und Ursach aller Artikel D. Martin Luthers so durch römische Bulle unrechtlich verdammt sind. BoA 2, S. 75.
222. Heinrich Schlier (1900–1978).

Über die Website www.gott90.de können unsere Leserinnen und Leser signierte Exemplare (inklusive Tiki-Zeichnung) sowie kostenlos die farbigen Lesezeichen zum Verteilen an Freunde und Bekannte bestellen. Ausschließlich über die Website können Sie jetzt auch die englische Version GOD 9.0 bestellen, bitte informieren Sie sich dort über die genauen Konditionen. Natürlich können Sie sich über die Website auch mit Fragen und Anregungen direkt an uns drei Autoren wenden. Falls Sie bei Facebook sind, kommen Sie doch in unsere Lesergruppe zu Gott 9.0 und diskutieren Sie mit uns! Wir freuen uns über den Austausch mit Ihnen.

Herzlich, Ihre Marion Küstenmacher, Tilmann Haberer
und Werner Tiki Küstenmacher

Namensregister

(Zahlen in Klammern bezeichnen die Nummer einer Anmerkung)

Ideen für eine spirituelle Praxis von Marion Küstenmacher

Mein fliegender Teppich des Geistes
Wie sich aus Kindheitserfahrungen eine lebendige Spiritualität weben lässt

256 Seiten / gebunden
ISBN 978-3-579-06617-2
Auch als E-Book erhältlich

In 17 Kapiteln berichtet Marion Küstenmacher von Augenblickserfahrungen, aus denen sich die sehr persönliche Geschichte eines spirituellen Weges entwickelt hat.

Integrales Christentum
Einübung in eine neue spirituelle Intelligenz
Grafiken und Illustrationen: Werner Tiki Küstenmacher

448 Seiten / gebunden
ISBN 978-3-579-08547-0
Auch als E-Book erhältlich

»Ein großartiges Buch mit einer Fülle von wertvollen Inspirationen. Wer sich auf einen spirituellen Pfad begibt, sollte dieses Buch unbedingt intensiv studieren.«
Roland Ropers

GÜTERSLOHER VERLAGSHAUS

Erfahren Sie mehr unter **www.gtvh.de**